ULDIS ZARINS
Y
SANDIS KONDRATS

ANATOMÍA PARA ESCULTORES

Anatomy Next, Inc.
291 Main Street
Beacon, NY 12508, USA
support@anatomy4sculptors.com

Todos los derechos reservados–© 2014 Anatomy Next, Inc.

Por favor lea este acuerdo de licencia atentamente antes de usar este eBook. El uso de este eBook supone el acuerdo a los términos y condiciones fijados en este Acuerdo de Licencia. Esta obra está protegida bajo los derechos de autor de Anatomy Next, Inc. para conceder al usuario de este eBook una licencia no exclusiva e intransferible para descargar y usar el mencionado eBook bajo los siguientes términos y condiciones:

1. Este eBook puede ser descargado y usado por un único usuario. El usuario puede hacer una copia de seguridad de esta publicación para evitar su pérdida. El usuario no puede dar copias de esta publicación a otros, ni ponerla a disposición para que otros la copien o descarguen. Para obtener una licencia multiusuario, póngase en contacto con support@anatomy4sculptors.com
2. Todos los derechos reservados: Todo el contenido de esta publicación está protegido por los derechos de autor, los cuales pertenecen a Anatomi Next Inc. No está permitido copiar, duplicar, reproducir, modificar, eliminar, suprimir, aumentar, añadir, publicar, transmitir, vender, revender, crear obras derivadas de esta, o explotar de ningún modo cualquier contenido de esta publicación, en ningún formato o por ningún medio, total o parcialmente, sin previo permiso escrito por parte de Anatomy Next, Inc.
3. El usuario no puede imprimir páginas de este eBook o el eBook entero para uso personal ni para distribución general, para su promoción, creación de nuevas obras, o para su reventa. Para tales requisitos se debe obtener un permiso específico por parte del editor. Las solicitudes deben enviarse a support@anatomy4sculptors.com
4. El uso o distribución no autorizados de contenido protegido por derechos de autor u otro contenido patentado es ilegal y podría someter al comprador a perjuicios económicos sustanciales. El comprador será responsable de cualquier daño que resulte del mal uso de esta publicación o de cualquier violación de este Acuerdo de Licencia, incluida cualquier infracción de derechos de autor o derechos de propiedad.

Exclusión de garantías: El editor no garantiza que la información de esta publicación esté libre de errores ni garantiza que cumplirá con los requisitos de los usuarios o que el funcionamiento de la publicación será ininterrumpido o sin errores. La publicación se proporciona "tal cual" sin garantía de ningún tipo, ya sea expresa o implícita o legal, incluidas, entre otras, las garantías implícitas de comerciabilidad y aptitud para un propósito particular. Todo el riesgo en cuanto a los resultados y el rendimiento de esta publicación es asumido por el usuario. En ningún caso el editor será responsable de ningún daño, incluidos, entre otros, daños incidentales y consecuentes y daños por pérdida de datos o beneficios resultantes del uso o la imposibilidad de usar la publicación. Toda la responsabilidad del editor se limitará a la cantidad real que el usuario pagó por el eBook o por el acuerdo de licencia del eBook.

Descargo de responsabilidad del producto eBook: Anatomy Next, Inc., su personal o miembros del Consejo de Administración no asumen ninguna responsabilidad por cualquier lesión y/o daño a personas o propiedad como una cuestión de responsabilidad de productos, negligencia u otras cuestiones, o por cualquier uso de la operación de cualquier método o idea contenido en la publicación comprada o leída por el/los usuario(s). Cualquier disputa se regirá exclusivamente por las leyes de los Estados Unidos.

ULDIS ZARINS
Y
SANDIS KONDRATS

ANATOMÍA PARA ESCULTORES

COMPRENDER LA FIGURA HUMANA

2019

Autor y Diseñador: Uldis Zarins
Director de Proyecto: Sandis Kondrats
Maquetación y Diseño Gráfico: Edgars Vegners
Fotografía: Sabina Grams
Editora: Johannah Larsen
Editor: Dr. Pauls Keire
Revisión y Edición: Monika Hanley
Escaneo en 3D: Chris Rawlinson (3dscanstore.com)
Escultura en 3D: Sergio Alessandro Servillo (página 99)

Copyright 2019 ANATOMY NEXT, INC.

Todos los derechos reservados. Este libro está protegido por los derechos de autor. Ninguna parte de este libro puede reproducirse de ninguna forma ni por ningún medio, incluyendo
fotocopiado, ni puede utilizarse por ningún sistema de almacenamiento y recuperación de información sin permiso por escrito del propietario de los derechos de autor.

Tercera edición, 2019

Los editores han hecho todo lo posible para rastrear a los titulares de derechos de autor del material prestado. Si han pasado por alto a alguno sin percatarse de ello, estarán encantados de hacer los arreglos necesarios a la primera oportunidad.

Para comprar copias adicionales de este libro, visite anatomy4sculptors.com

ACERCA DE, HISTORIA Y ANTECEDENTES

Grandes esperanzas

A principios de los años 90, sobre las ruinas de la Unión Soviética, en la recién formada nación letona, un joven llamado Uldis Zarins, lleno de ideales y esperanzas, soñaba con llegar a ser escultor. En 1994 fue aceptado en la Escuela de Arte de Riga. Los estudios eran difíciles y la competencia, feroz, pero el resultado era satisfactorio. Cada día realizaba réplicas de famosos retratos clásicos griegos, bustos y figuras de arcilla. El pronóstico prevaleció, aquella réplica frecuente de esculturas clásicas le facilitaría la comprensión de la creación de formas y volúmenes. Después de tan solo medio año, Uldis comprendió que los ojos, por supuesto, se adaptan, y las manos se vuelven más ágiles; sin embargo, la comprensión de las formas no se materializaba.

La Mejilla de la Amazona

Un día, mientras copiaba la cabeza del retrato de la Amazona realizado por el famoso escultor Policleto, se encontró con un problema: ¿Cómo se construye una mejilla? Estaba claro que esta no era solo esférica, sino una combinación de varias formas complejas. Pensó: "¡Sería estupendo comprender qué son estas formas y cómo se combinan!". Los profesores solo le desanimaban, diciéndole: "¡Estudie, investigue, mida!" – Pero, ¡¿qué hay que medir, si no hay ni siquiera ángulos ni articulaciones?! Un profesor respondió: "Estudie anatomía, tal vez se las arregle de alguna manera".

Primeros estudios de anatomía

Un profesor de modelado le dijo a Uldis: "Si quiere comprender todo, aquí tiene un cráneo humano y un libro de anatomía. ¡Estudie y cree un écorche para nosotros!" Uldis decidió crear un busto con hombros. Todos los músculos estaban en su lugar, sin embargo, la escultura se veía mal. ¡Lo principal era que su comprensión de los volúmenes no había mejorado ni siquiera un poco! En lugar de estudiar los volúmenes, había estudiado los músculos. Al adentrarse en un montón de libros de anatomía, Uldis se dio cuenta de que todos ellos estaban hechos para pintores y dibujantes. Descubrió que todos estos libros eran igual de aburridos, con dibujos escasos y caóticos. "¡Resulta que nadie ha pensado en los escultores!". Uldis encontró solo un libro de anatomía, el cual solo tocaba por encima el cuerpo y sus partes como formas anatómicas, Gottfried Bammes', /Der nackte Mensch/. Entonces se preguntó a sí mismo: "¡¿Por qué hay tan pocas imágenes en los libros y tanto texto?!"

Estudios Académicos

Después de la escuela, Uldis se apuntó a la Academia de Arte de Letonia (Latvijas Mākslas Akadēmija). Allí, al igual que en la escuela, se hizo hincapié en los ejercicios, no en comprender cómo crear las formas. Cada vez que Uldis creaba una nueva escultura, hacía preparativos, no solo para montar la armadura y la arcilla, sino que también dibujaba un pequeño boceto en papel en el cual pudiese analizar la forma de un modo comprensible.

En el transcurso de varios años, se acumularon dibujos, bocetos, libros de anatomía y fotografías exitosas. Uldis empezó a percatarse de que los bocetos que había creado, al igual que las imágenes, estaban muy demandados entre sus compañeros. A menudo oía la sugerencia de que debería reunirlo todo y publicar un libro, el cual sería un análisis completo de los volúmenes, al igual que una fuente de información fundamental sobre anatomía que los escultores necesitarían conocer. Así fue como a Uldis se le ocurrió la idea de crear un libro de referencia sobre Anatomía Para Escultores.

Kickstarter

Pasaron los años y Uldis creó la página web anatomy4sculptors.com, una calculadora de proporciones y una página de Facebook donde publicaba imágenes de referencia sobre anatomía y sus dibujos. En la página de Facebook, Uldis entabla conversaciones y prueba los modos de explicar la anatomía humana. En la primavera de 2013, con la ayuda de su amigo Sandis Kondrats, se organizó una campaña de Kickstarter y se creó un equipo internacional, con cuya ayuda Uldis cumplió su sueño de publicar el libro, Anatomía para Escultores. Durante la fase de desarrollo del proyecto, Sabina Grams y Edgars Vegners, amigos de Letonia, se unieron a Sandis y Uldis, y contribuyeron con su experiencia en Diseño Gráfico y Fotografía. Amistades, creadas durante el proyecto con Chris Rawlinson y Sergio Alessandro Servillo, rellenaron los espacios en blanco con escaneos en 3D y materiales de referencia sobre escultura. El servicio de Shutterstock, el cual proporcionó a Uldis muchas piezas de arte para incluir en el contenido del libro, fue de gran ayuda. Amigos de la comunidad internacional de escultores de arena, con quienes Uldis y Sandis mantuvieron conversaciones durante sus viajes a festivales de escultura y competiciones de todo el mundo, también ayudaron enormemente. El apoyo de la comunidad letona en Seattle también fue muy especial mientras trabajaron en el proyecto. Además, sin el apoyo y la comprensión de las familias y amigos de Uldis y Sandis, este proyecto no habría sido posible.

Finalmente, el libro se ha materializado después de un duro y apasionado trabajo en el transcurso de 20 años, cuando a Uldis le surgió el sueño de crear un libro así. Le tomó 11 años de estudios de arte clásico, más de 200 festivales internacionales de escultura, simposios y exposiciones durante 9 años, y los últimos 4 años se dedicaron a investigar para este libro, estudiando la anatomía humana con todo detalle, y realizando ilustraciones para dar vida a este libro.

ÍNDICE

FIGURA Y TORSO — 7
EL ESQUELETO HUMANO — 8–12
FORMAS MASCULINAS VS FORMAS FEMENINAS — 11–14
SILUETA — 15
CONTRAPPOSTO — 16
SERPENTINATA — 16–17
MASAS MÓVILES — 18–19
DE REALISTA A SIMPLIFICADO — 20–21
RELACIÓN ANGULAR — 22
SECCIONES TRANSVERSALES HORIZONTALES — 23
ÉCORCHÉ — 24
FIGURA MASCULINA — 5
MÚSCULOS Y PUNTOS DE REFERENCIA — 26–27
MÚSCULOS ABDOMINALES — 28–29
MÚSCULOS MÁS IMPORTANTES, TORSO — 30–32
CLAVÍCULA — 33
MÚSCULOS DEL PECHO — 34–36
SENOS — 37–40
MÚSCULOS DEL HOMBRO — 41–45
MÚSCULO TRAPECIO — 46–47
SERRÁTIL ANTERIOR — 48–49
MÚSCULO MÁS ANCHO DE LA ESPALDA (DORSAL ANCHO) — 50–51
MÚSCULO REDONDO MAYOR, MÚSCULO REDONDO MENOR Y MÚSCULO INFRAESPINOSO — 52
MÚSCULO OBLICUO EXTERNO DEL ABDOMEN — 53
CADERAS — 54
NALGAS — 55
ALMOHADILLAS DE GRASA SUBCUTÁNEA — 58–59
CAMBIOS PROPORCIONALES EN OBESOS — 60–61
ACUMULACIÓN DE GRASA — 62
ESCÁNER EN 3D — 63–71
REFERENCIAS DE BRAZOS — 72–88
OMÓPLATOS — 89
PROPORCIONES — 90–92

CABEZA Y CUELLO — 93
HUESOS DEL CRÁNEO — 94
MÚSCULOS — 95–97
CRÁNEO — 98–99
FORMA Y MASAS DE LA CABEZA — 100
CABEZA DE BEBÉ — 101
FORMA DE LA CABEZA — 102
OJOS — 103–109
MANDÍBULA — 110
BOCA — 111–116
MÚSCULO PLATISMA — 117
MÚSCULO ESTERNOCLEIDOMASTOIDEO — 118
MÚSCULOS DEL CUELLO — 119–120
OREJA — 121
NARIZ — 122–123
MÚSCULOS FACIALES — 124
ARRUGAS — 125
PROPORCIONES — 126–130
DIFERENCIAS DE GÉNERO — 131
EMOCIONES — 132–142

EXTREMIDAD SUPERIOR — 143
MÚSCULOS DE LA MANO Y LA MUÑECA — 144–145
HUESOS DE LA MANO Y LA MUÑECA — 146
MÚSCULOS DE LA EXTREMIDAD SUPERIOR — 147
SUPINACIÓN Y PRONACIÓN — 148–153
BRAZO PARCIALMENTE FLEXIONADO — 154
BÍCEPS Y TRÍCEPS — 155–159
BRAQUIAL Y CORACOBRAQUIAL — 160–161
BRAQUIORRADIAL Y EXTENSOR RADIAL LARGO DEL CARPO — 162–163
ANCÓNEO, EXTENSOR CUBITAL DEL CARPO, EXTENSOR PROPIO DEL MEÑIQUE Y EXTENSOR COMÚN DE LOS DEDOS — 164
SUPINACIÓN Y PRONACIÓN — 165
MÚSCULOS FLEXORES — 166–168
ABDUCTOR LARGO DEL PULGAR Y EXTENSOR CORTO DEL PULGAR — 169
EL CÚBITO COMO PUNTO DE REFERENCIA — 170
CÓMO SE CONECTAN LOS BRAZOS CON EL CUERPO — 171
BOCETOS DEL BRAZO — 172–173
CONSEJOS ÚTILES — 174–175
DEDOS — 176
PROPORCIONES — 177
LA MANO — 178
MODELAR MANO Y DEDOS — 179
MOVIMIENTOS DE LA MANO — 180
POSTURAS DE LA MUÑECA — 181
DEDOS — 182
ENVEJECIMIENTO DE LAS MANOS — 184

EXTREMIDAD INFERIOR — 185
HUESOS — 86–187
MÚSCULOS — 188–189
ESCÁNER EN 3D — 190–191
PUNTOS DE REFERENCIA ÓSEOS — 192–194
FORMAS EN PIERNAS MASCULINA — 195
CUÁDRICEPS — 196
MÚSCULO SARTORIO — 197
MÚSCULOS ADUCTORES DE LA CADERA — 198
FLEXORES DEL MUSLO — 199
GEMELOS — 200–201
MÚSCULOS EXTENSOR LARGO DE LOS DEDOS Y TIBIAL ANTERIOR — 202
MÚSCULOS PERONEO LATERAL CORTO Y PERONEO LATERAL LARGO — 203
CONSEJOS — 204
SECCIÓN TRANSVERSAL — 205
MECÁNICA DE LA RODILLA — 206
LA RODILLA — 207
ESCÁNER EN 3D — 208–210
PIERNAS FEMENINAS — 211
PIERNAS MASCULINAS — 212
ESCÁNER EN 3D — 213
RECORRIDO DE LOS MÚSCULOS — 214
FORMAS ADICIONALES — 215
MÚSCULOS DEL PIE — 216
FORMAS DEL PIE — 217–219
ESCÁNER EN 3D — 220–221
PIES DE BEBÉ — 222

ANATOMÍA PARA ESCULTORES

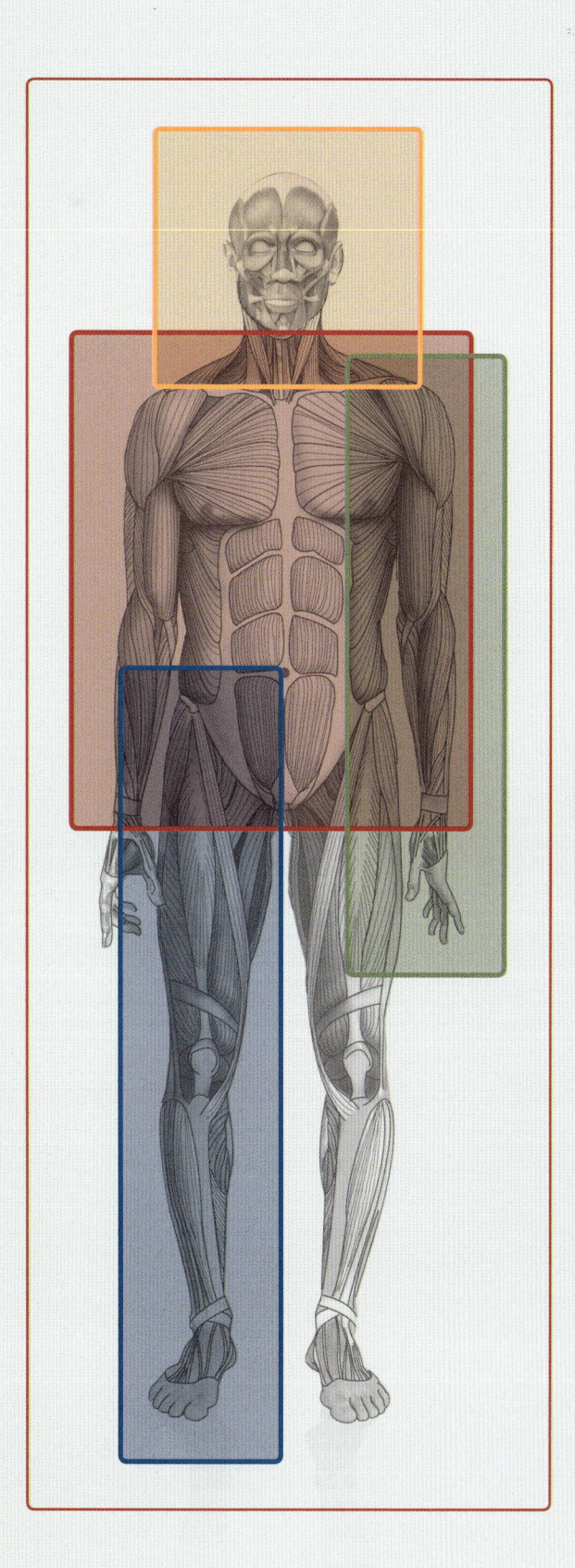

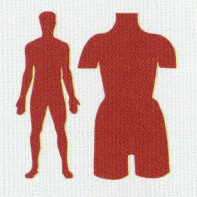

FIGURA Y TORSO — 7

CABEZA Y CUELLO — 93

EXTREMIDAD SUPERIOR — 143

EXTREMIDAD INFERIOR — 185

ANATOMÍA PARA ESCULTORES

ANATOMÍA PARA ESCULTORES

EL ESQUELETO HUMANO

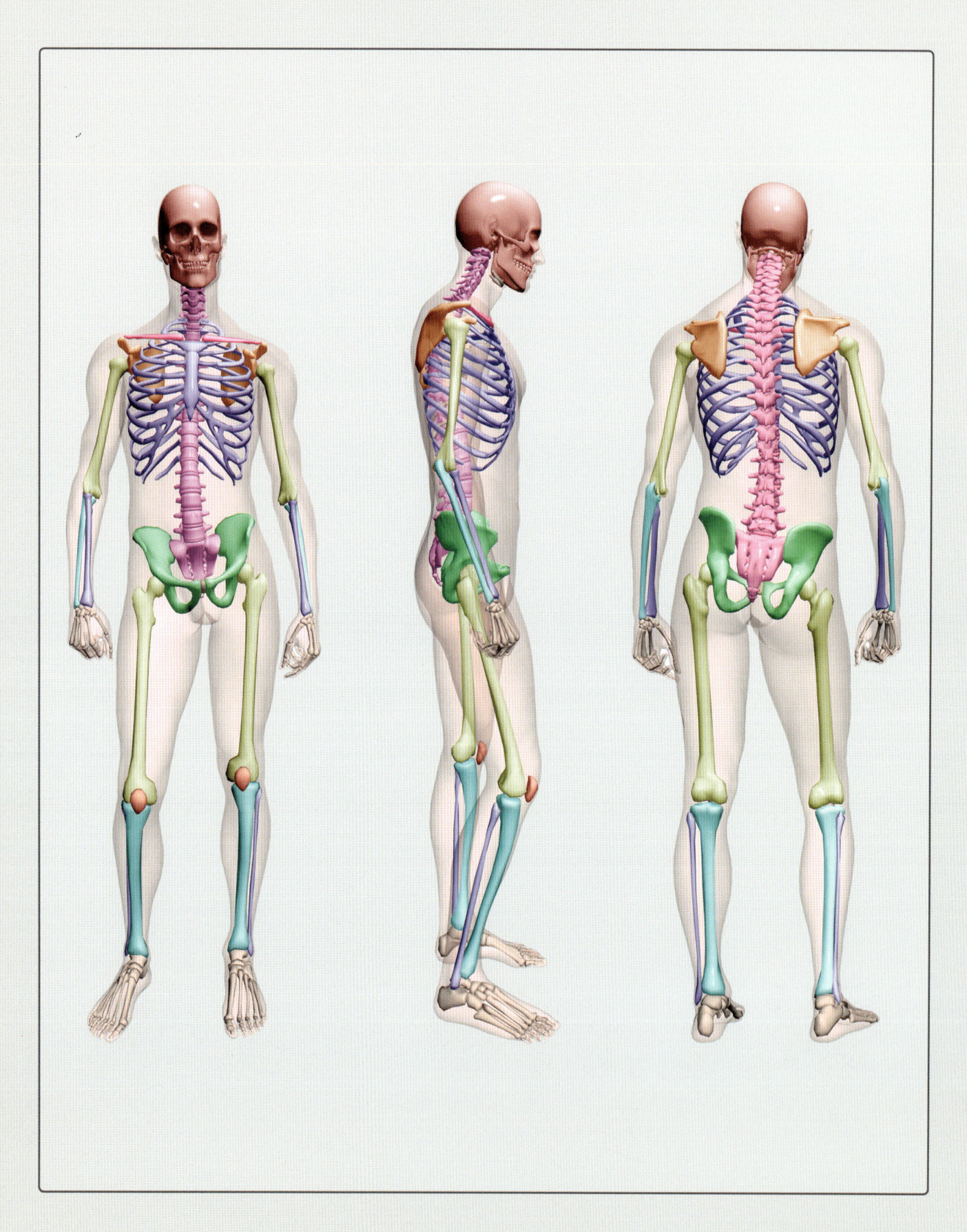

PUNTOS DE REFERENCIA IMPORTANTES DEL TORSO

LAS PROTRUSIONES SUBCUTÁNEAS PROMINENTES – GENERALMENTE PUNTAS DE HUESO-, AUNQUE A VECES ESTÁN FORMADAS POR HUESOS ENTEROS, SE LLAMAN PUNTOS DE REFERENCIA ÓSEOS O SIMPLEMENTE PUNTOS DE REFERENCIA. PUEDEN SERVIR COMO PUNTOS IMPORTANTES DE MEDICIÓN PROPORCIONAL DEL CUERPO. LOS PUNTOS DE REFERENCIA SON LA CLAVE PARA ENTENDER LA POSICIÓN EXACTA DE TODO EL ESQUELETO, EL CUAL ESTÁ EN SU MAYOR PARTE INTEGRADO EN LOS TEJIDOS BLANDOS DEL CUERPO.

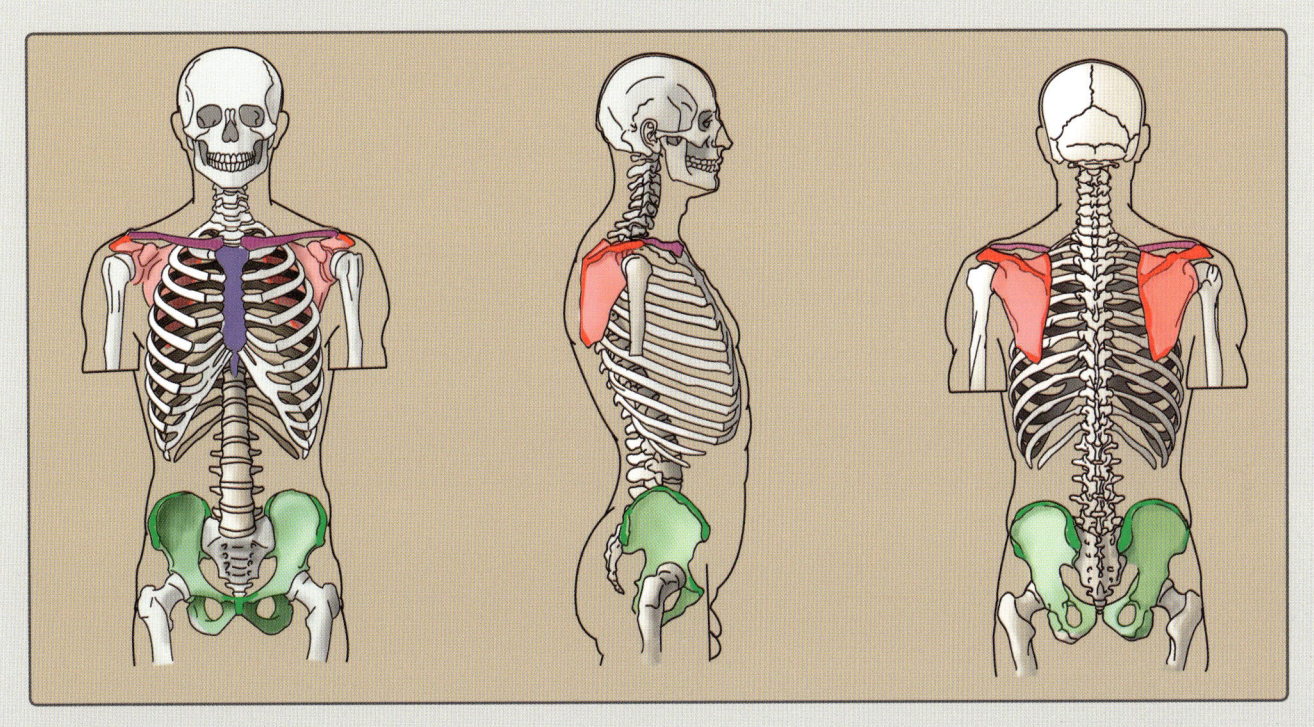

OMÓPLATO (ESCÁPULA)

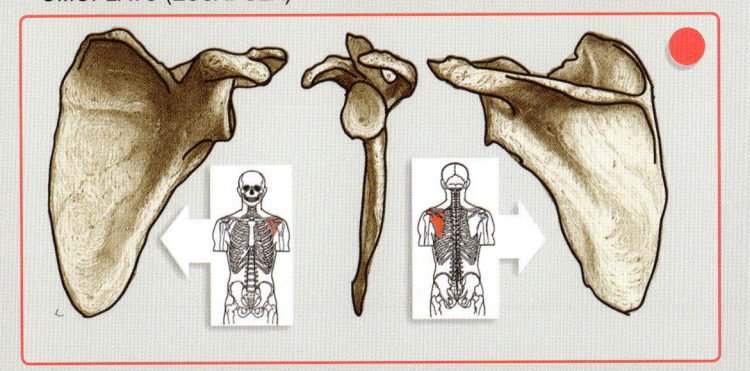

HUESO DEL PECHO (ESTERNÓN)

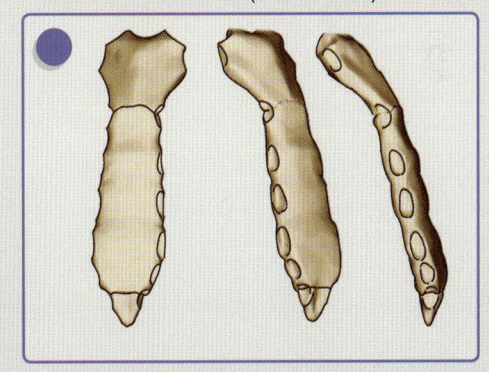

PELVIS

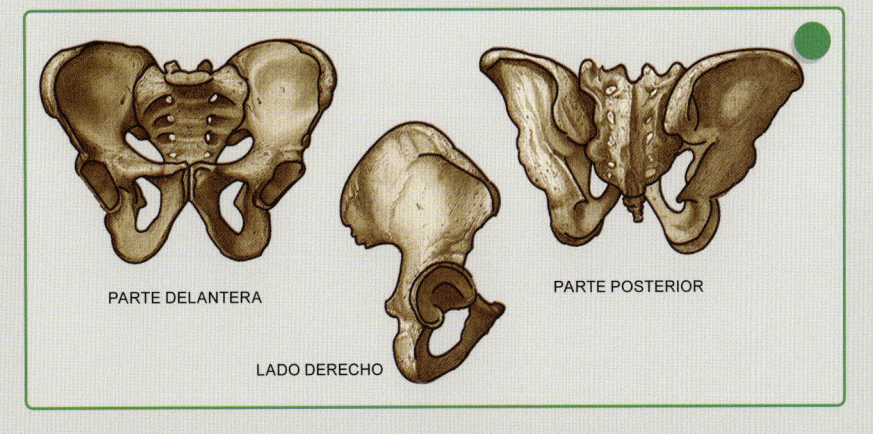

PARTE DELANTERA

LADO DERECHO

PARTE POSTERIOR

CLAVÍCULA

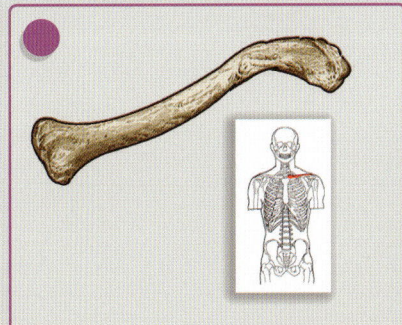

PUNTOS DE REFERENCIA PRINCIPALES EN LA PARTE POSTERIOR DEL TORSO

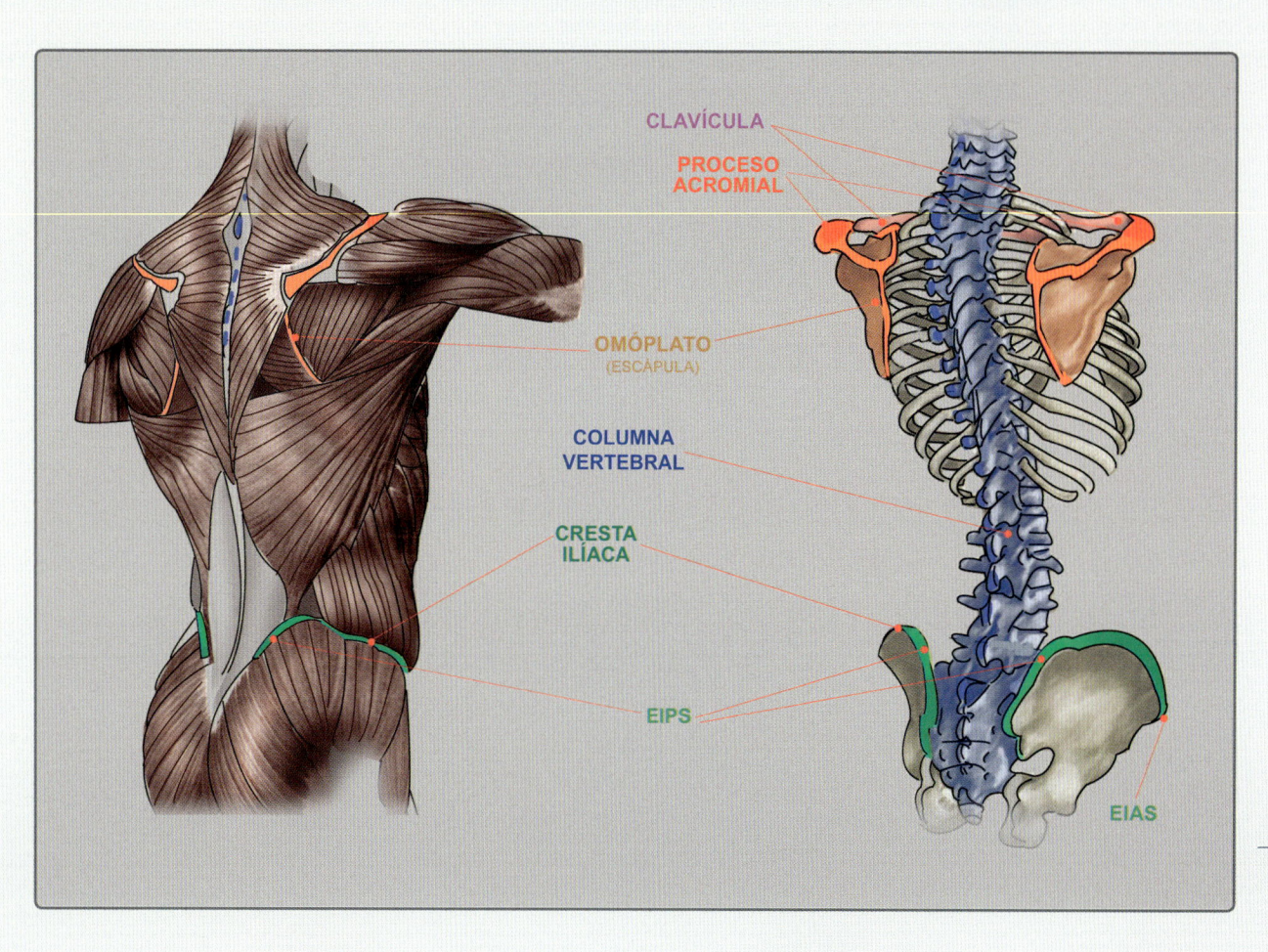

- CLAVÍCULA
- PROCESO ACROMIAL
- OMÓPLATO (ESCÁPULA)
- COLUMNA VERTEBRAL
- CRESTA ILÍACA
- EIPS
- EIAS

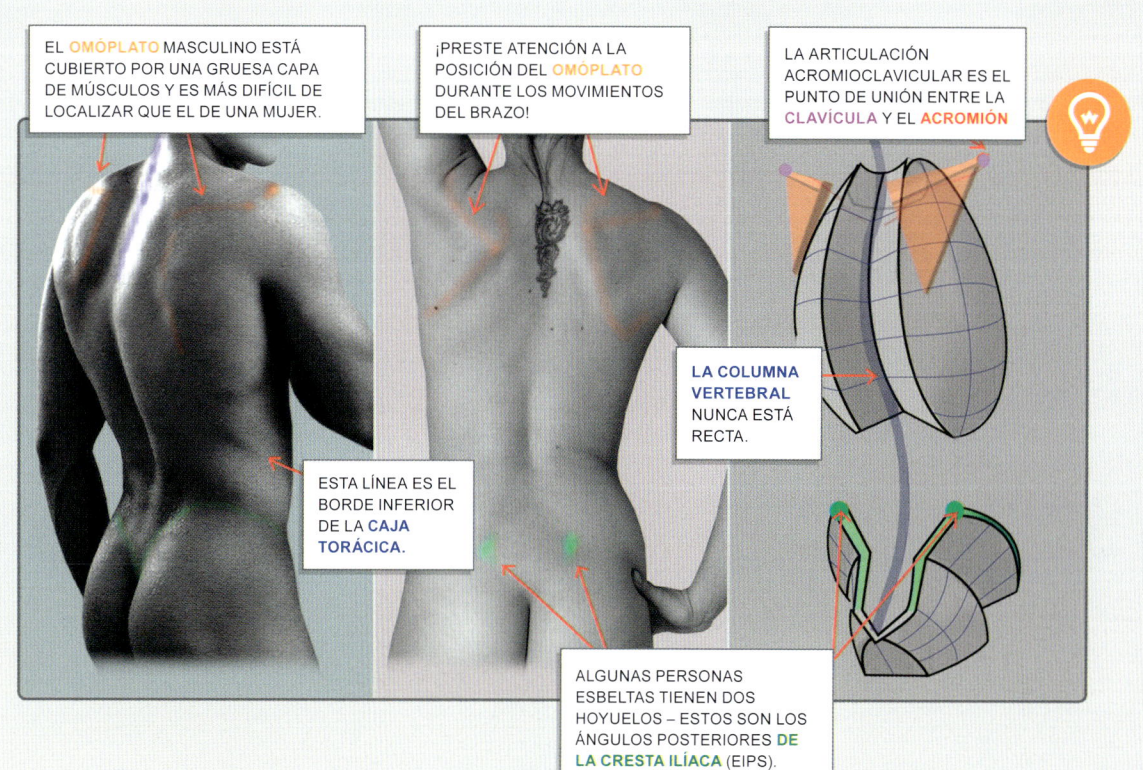

EL OMÓPLATO masculino está cubierto por una gruesa capa de músculos y es más difícil de localizar que el de una mujer.

¡PRESTE ATENCIÓN A LA POSICIÓN DEL OMÓPLATO DURANTE LOS MOVIMIENTOS DEL BRAZO!

LA ARTICULACIÓN ACROMIOCLAVICULAR ES EL PUNTO DE UNIÓN ENTRE LA CLAVÍCULA Y EL ACROMIÓN

ESTA LÍNEA ES EL BORDE INFERIOR DE LA CAJA TORÁCICA.

LA COLUMNA VERTEBRAL NUNCA ESTÁ RECTA.

ALGUNAS PERSONAS ESBELTAS TIENEN DOS HOYUELOS – ESTOS SON LOS ÁNGULOS POSTERIORES DE LA CRESTA ILÍACA (EIPS).

ANATOMÍA PARA ESCULTORES

PUNTOS DE REFERENCIA PRINCIPALES EN LA PARTE FRONTAL DEL TORSO

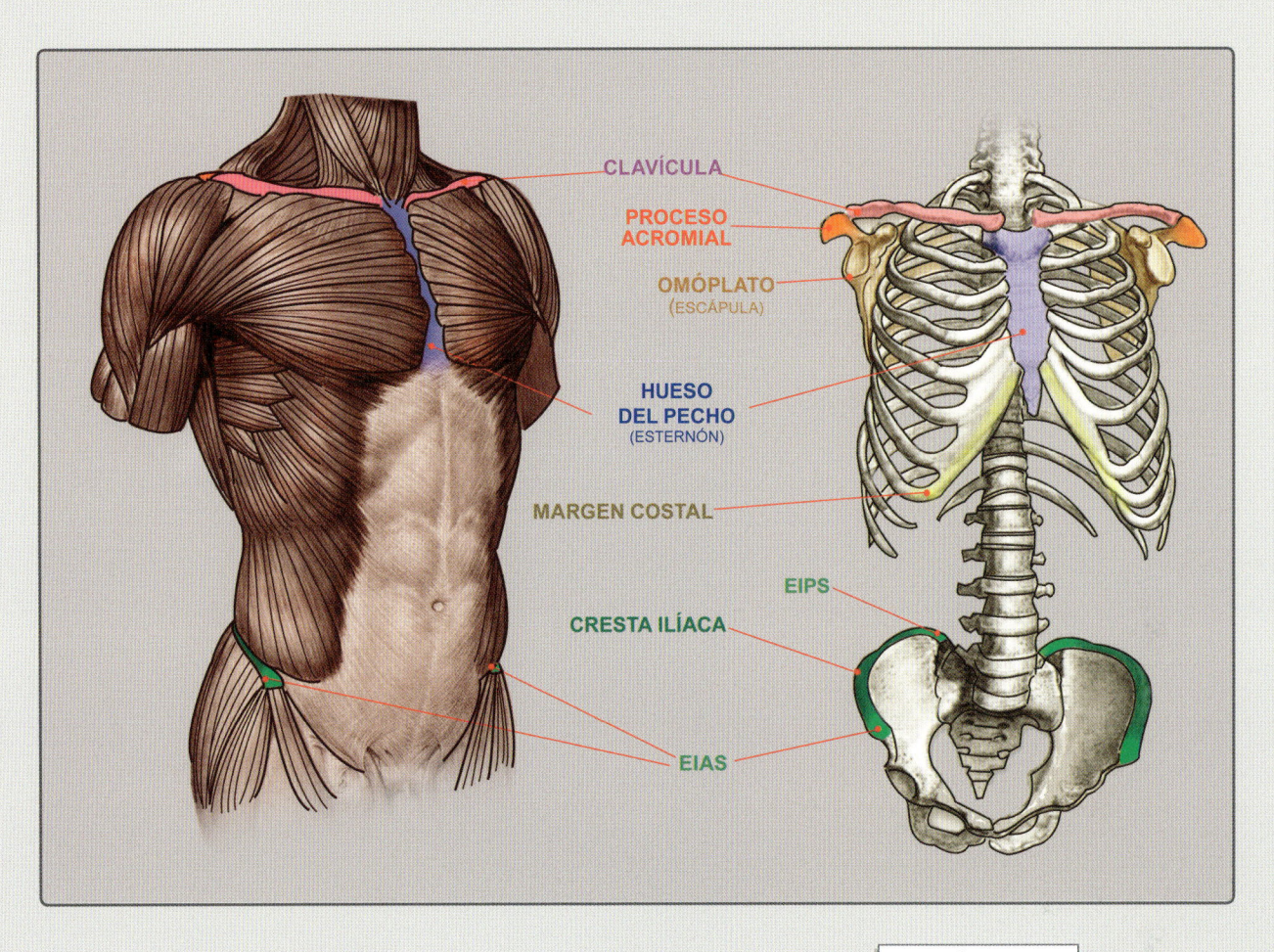

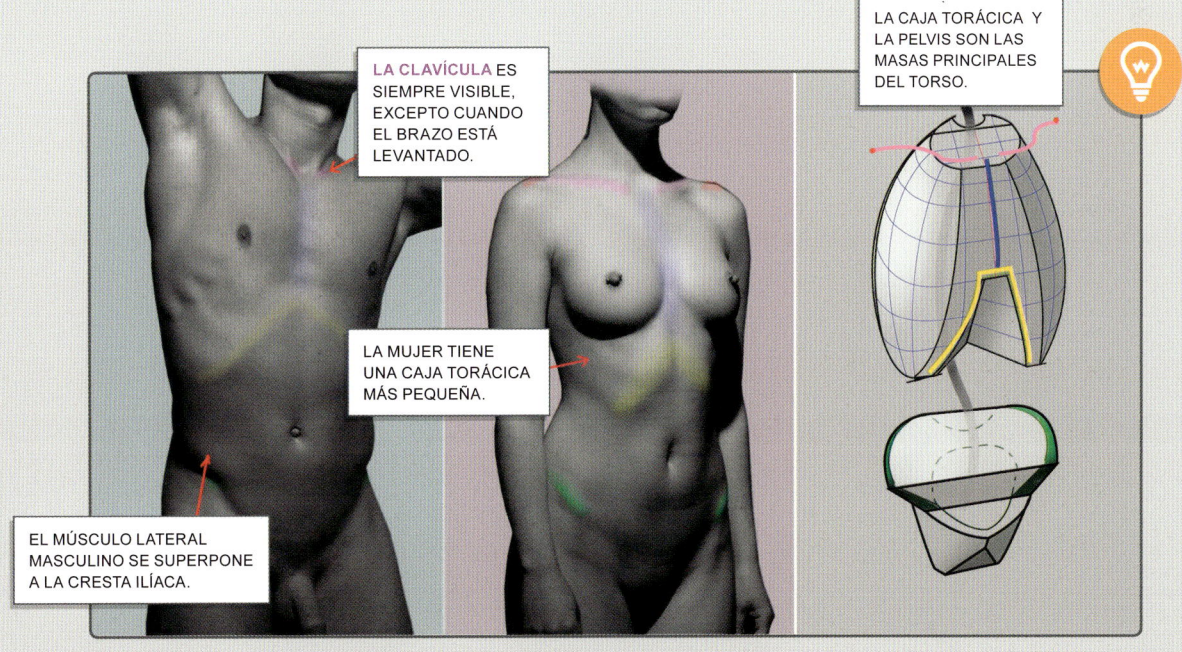

- CLAVÍCULA
- PROCESO ACROMIAL
- OMÓPLATO (ESCÁPULA)
- HUESO DEL PECHO (ESTERNÓN)
- MARGEN COSTAL
- EIPS
- CRESTA ILÍACA
- EIAS

LA CLAVÍCULA ES SIEMPRE VISIBLE, EXCEPTO CUANDO EL BRAZO ESTÁ LEVANTADO.

LA MUJER TIENE UNA CAJA TORÁCICA MÁS PEQUEÑA.

EL MÚSCULO LATERAL MASCULINO SE SUPERPONE A LA CRESTA ILÍACA.

LA CAJA TORÁCICA Y LA PELVIS SON LAS MASAS PRINCIPALES DEL TORSO.

DIFERENCIAS PRINCIPALES ENTRE LOS ESQUELETOS MASCULINOS Y FEMENINOS

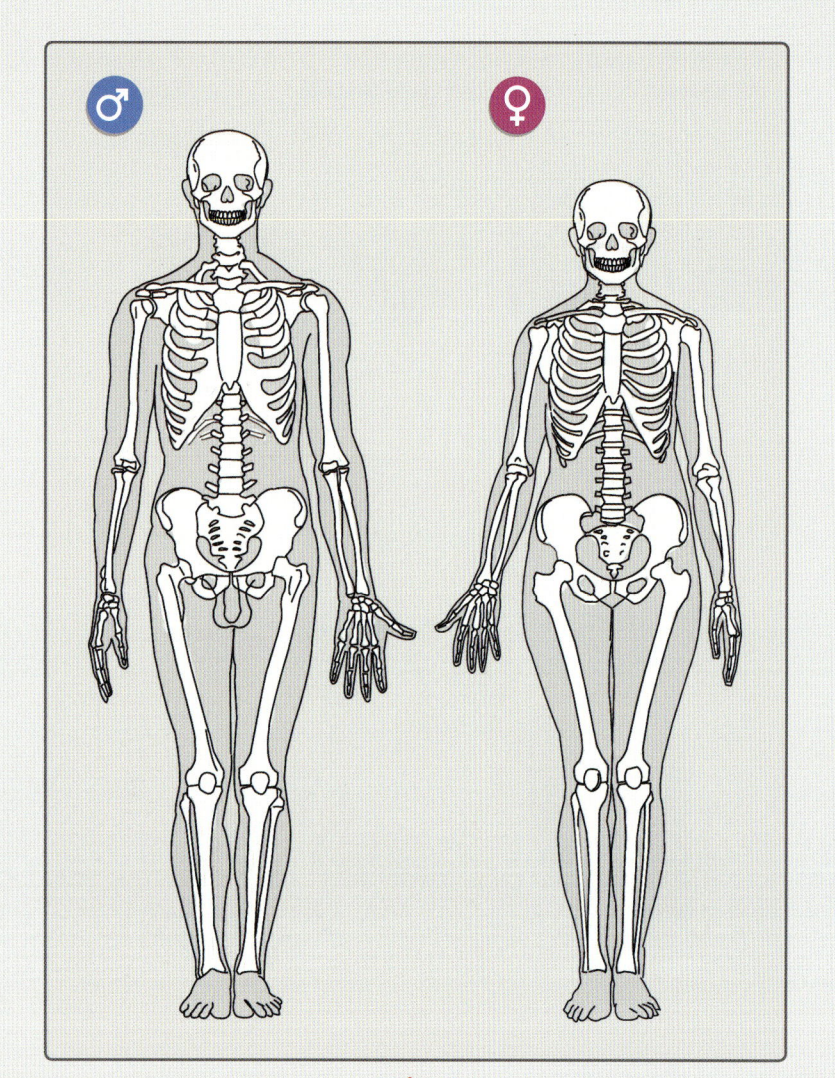

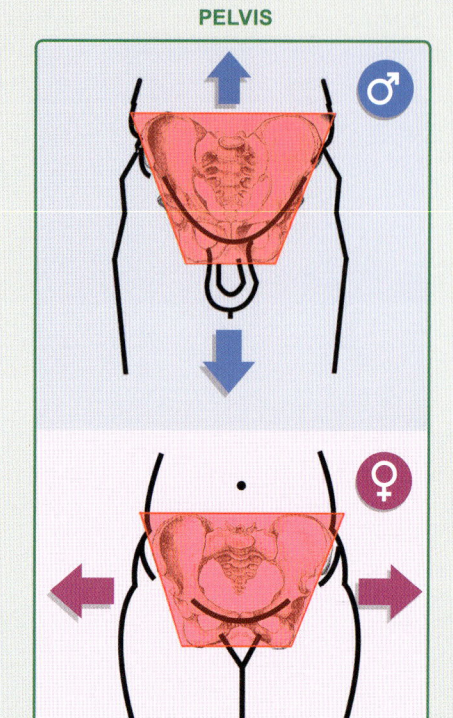

PELVIS

CRÁNEO

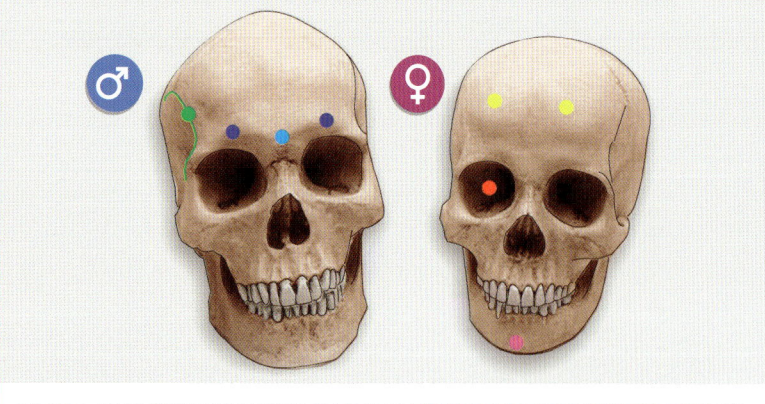

FRENTES: LOS CRÁNEOS MASCULINOS PRESENTAN **ARCOS GLABELARES** Y **SUPERCILIARES** MÁS PROMINENTES
SIENES: LOS CRÁNEOS MASCULINOS PRESENTAN **LÍNEAS TEMPORALES** MÁS PROMINENTES
ÓRBITAS OCULARES: LOS CRÁNEOS FEMENINOS PRESENTAN **ÓRBITAS** MÁS REDONDEADAS
MANDÍBULAS: LAS **MANDÍBULAS** FEMENINAS SON MÁS ESTRECHAS Y REDONDEADAS, Y MÁS INCLINADAS
PARTE FRONTAL: LOS CRÁNEOS FEMENINOS PRESENTAN **ARCOS SUPERCILIARES MENOS** PRONUNCIADOS
LATERAL: LOS CRÁNEOS MASCULINOS PRESENTAN UNA FRENTE INCLINADA Y MENOS REDONDEADA, MIENTRAS QUE LOS CRÁNEOS FEMENINOS SON REDONDEADOS Y MÁS VERTICALES VISTOS DE PERFIL

CAJA TORÁCICA

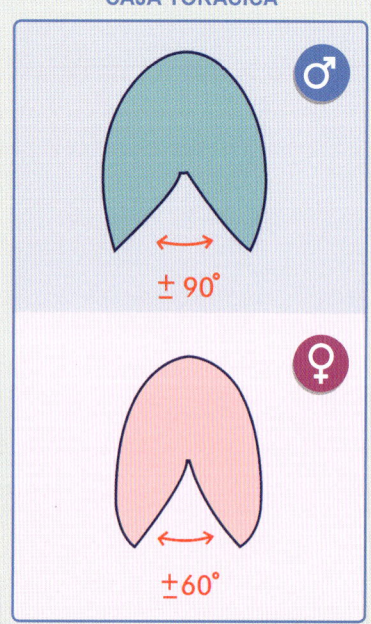

± 90°

± 60°

ANATOMÍA PARA ESCULTORES

DIFERENCIAS MÁS IMPORTANTES ENTRE LAS FORMAS CORPORALES MASCULINAS Y FEMENINAS

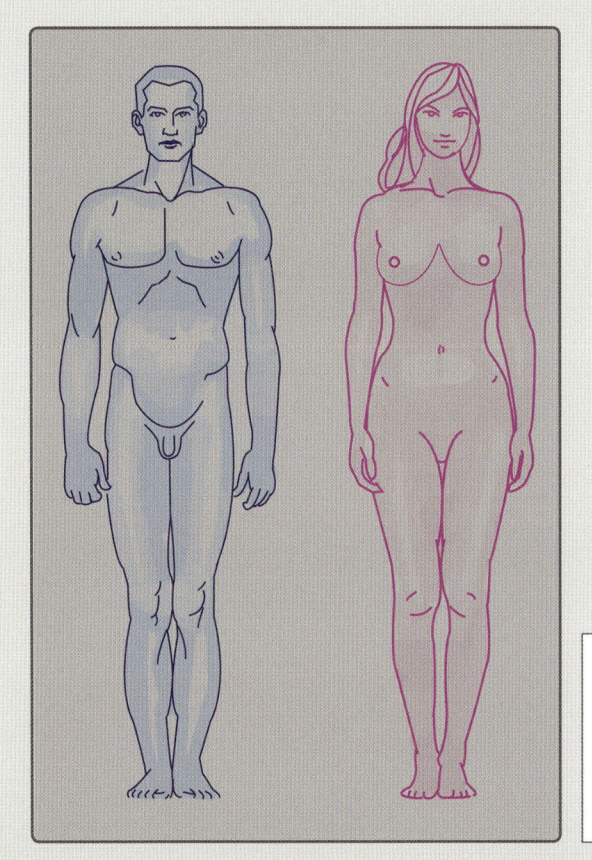

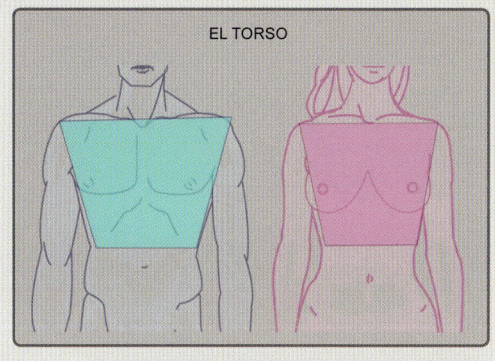

EL TORSO

FORMA DE LA PELVIS Y LAS NALGAS

TENGA EN CUENTA:

LA DIFERENCIA DE LA SILUETA EN HOMBROS Y CADERAS

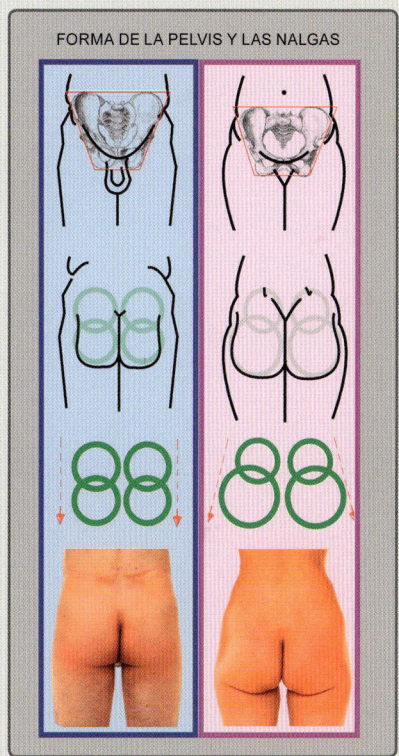

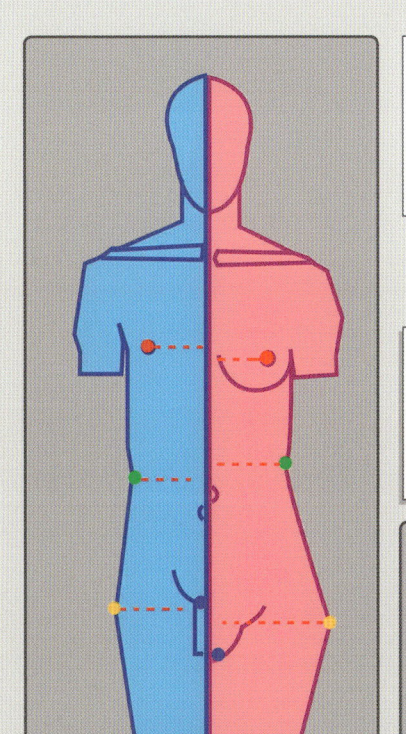

LAS FORMAS FEMENINAS SON MÁS SUAVES Y CURVILÍNEAS.
LAS FORMAS MASCULINAS SON MÁS ANGULARES.

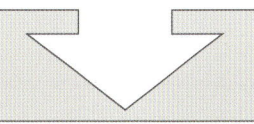

LAS MUJERES PRESENTAN UNA CAPA DE GRASA SUBCUTÁNEA LIGERAMENTE MÁS GRUESA QUE LA DE LOS HOMBRES.

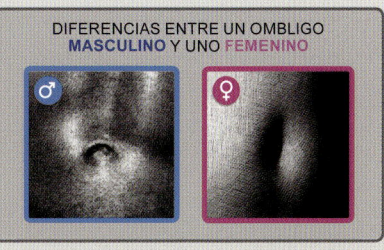

PECHOS FEMENINOS Y MASCULINOS

DIFERENCIAS ENTRE UN OMBLIGO MASCULINO Y UNO FEMENINO

13

ANATOMÍA PARA ESCULTORES

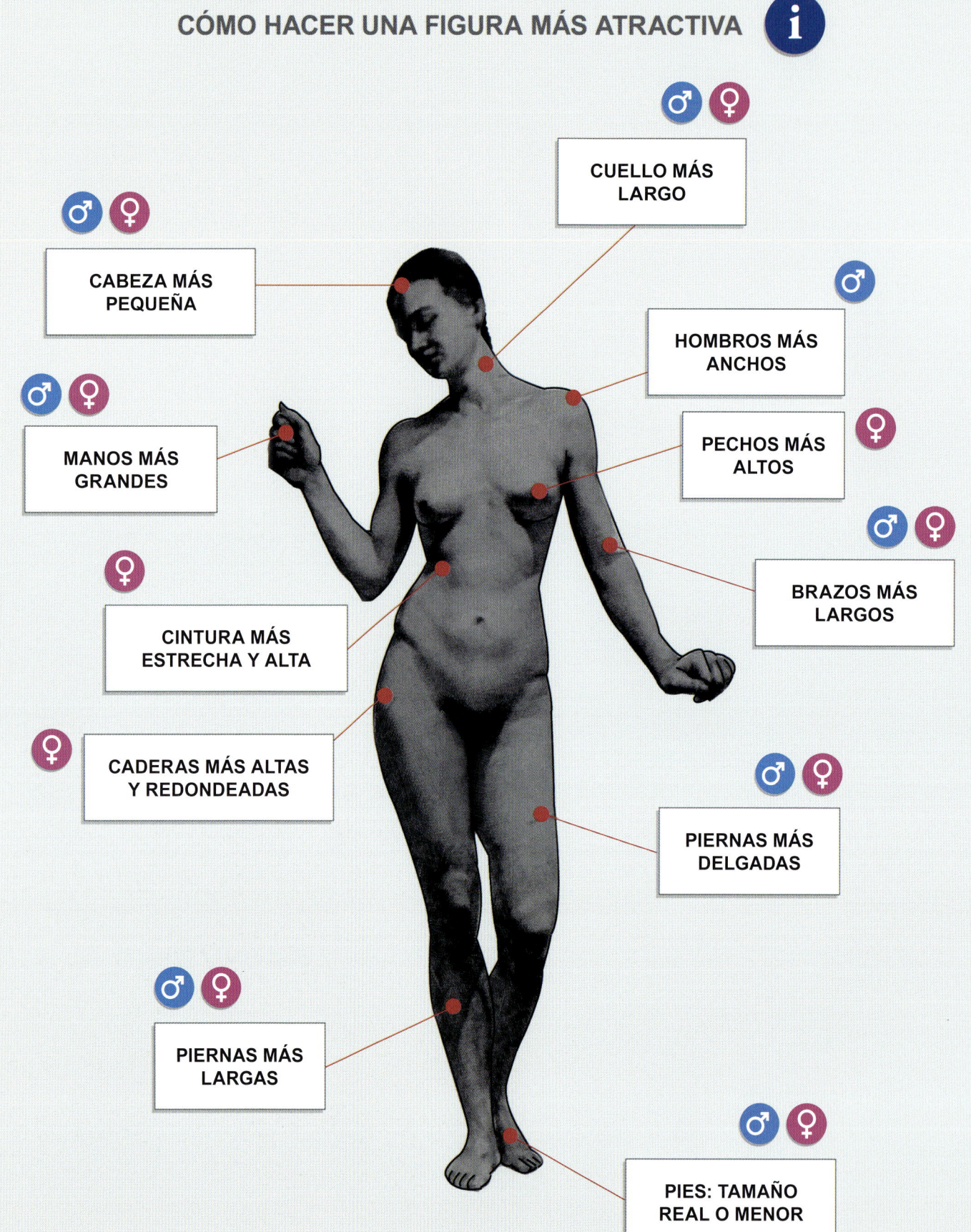

CÓMO HACER UNA FIGURA MÁS ATRACTIVA

♂ ♀ **CUELLO MÁS LARGO**

♂ ♀ **CABEZA MÁS PEQUEÑA**

♂ **HOMBROS MÁS ANCHOS**

♀ **PECHOS MÁS ALTOS**

♂ ♀ **MANOS MÁS GRANDES**

♂ ♀ **BRAZOS MÁS LARGOS**

♀ **CINTURA MÁS ESTRECHA Y ALTA**

♀ **CADERAS MÁS ALTAS Y REDONDEADAS**

♂ ♀ **PIERNAS MÁS DELGADAS**

♂ ♀ **PIERNAS MÁS LARGAS**

♂ ♀ **PIES: TAMAÑO REAL O MENOR**

ASESINO SILENCIOSO

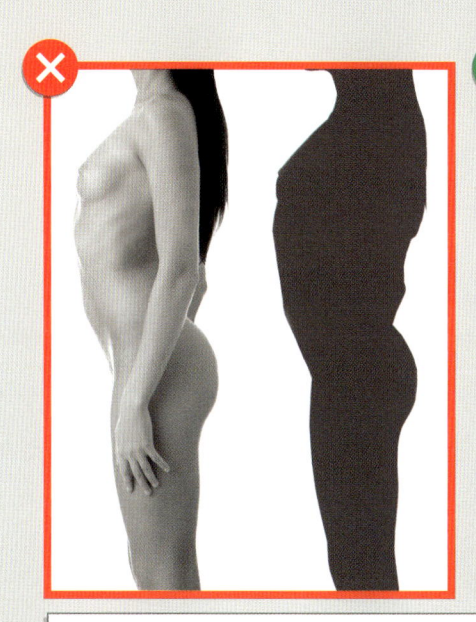

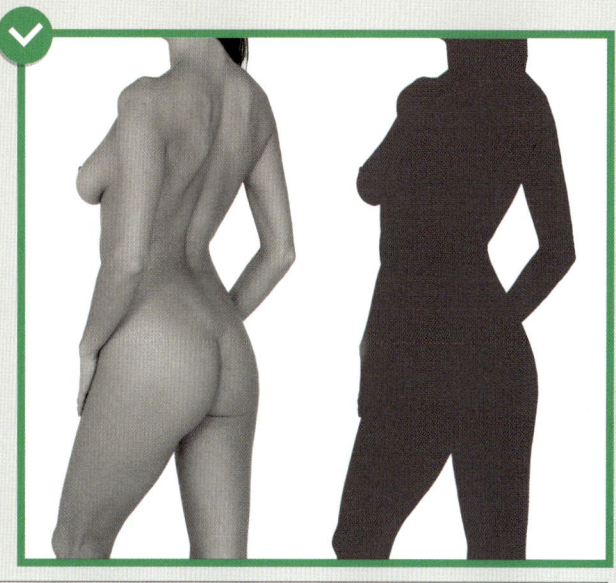

> LOS ELEMENTOS ESENCIALES DE UNA FIGURA DEBEN OBSERVARSE DESDE UNA DISTANCIA SUFICIENTE PARA QUE SE PUEDAN DISTINGUIR. SI USTED NO PUEDE DISTINGUIR FÁCILMENTE LAS PARTES DE SU FIGURA ÚNICAMENTE MEDIANTE LA SILUETA, ¡RECONSIDERE LA COMPOSICIÓN! ¡UNA SILUETA POCO CLARA ES EL "ASESINO SILENCIOSO" DEL DISEÑO!

> ¡OTRO ASESINO ES LA **SIMETRÍA**! UNA FIGURA SIMÉTRICA PARECE SIN VIDA Y ABURRIDA. (AUNQUE HISTÓRICAMENTE ESTA SIMETRÍA Y EL TAMAÑO DE LA FIGURA TENÍAN OTRO SIGNIFICADO)

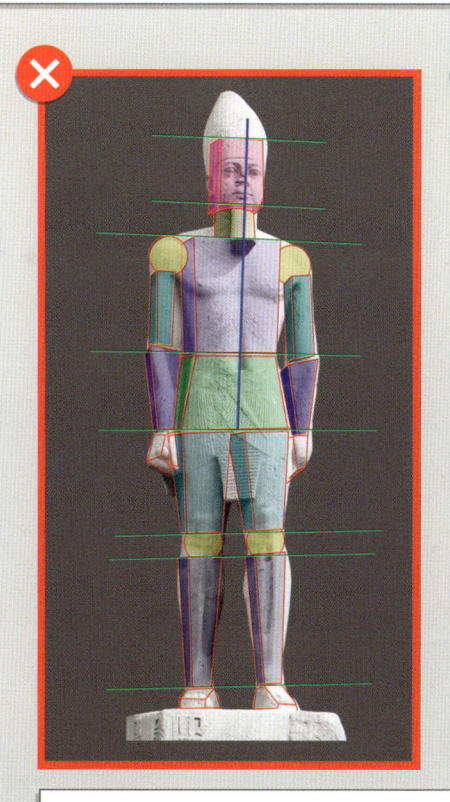

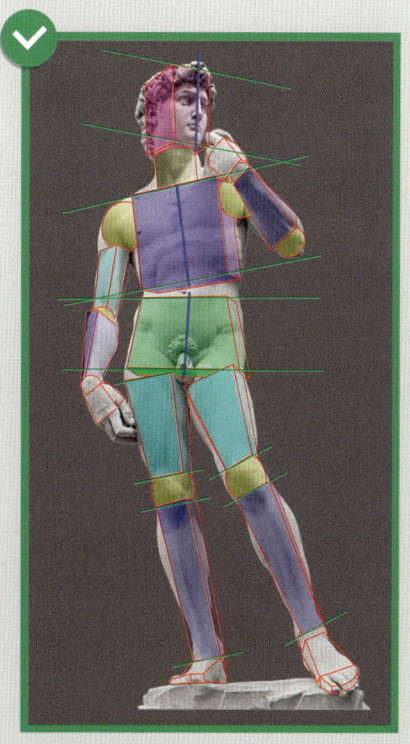

CONTRAPPOSTO

ESTE TÉRMINO DESCRIBE LA POSTURA DE UNA FIGURA EN LA CUAL LAS CADERAS Y LAS PIERNAS Y LAS CADERAS ESTÁN GIRADAS EN UNA DIRECCIÓN DIFERENTE DE LA DE LOS HOMBROS Y LA CABEZA; LA FIGURA GIRA EN SU PROPIO EJE VERTICAL. EL CUERPO Y LA POSTURA DE LA FIGURA SE REPRESENTAN COMO UNA FORMA DE "**S**" SINUOSA O SERPENTINA.

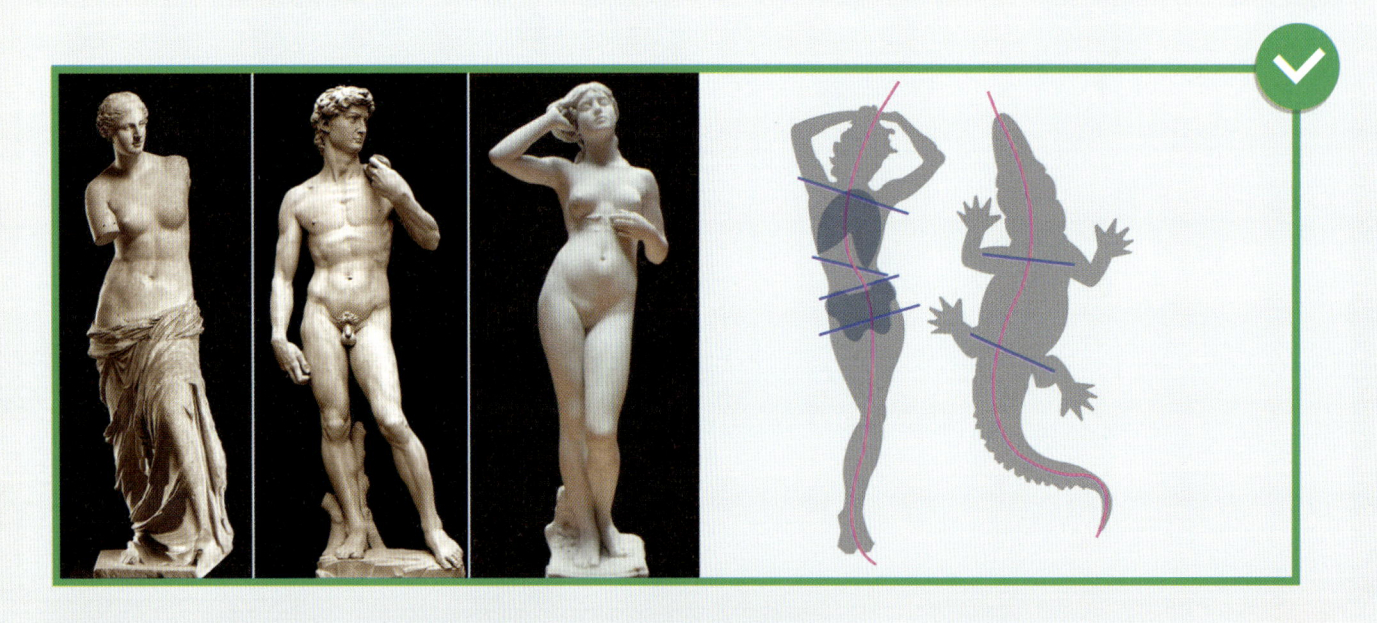

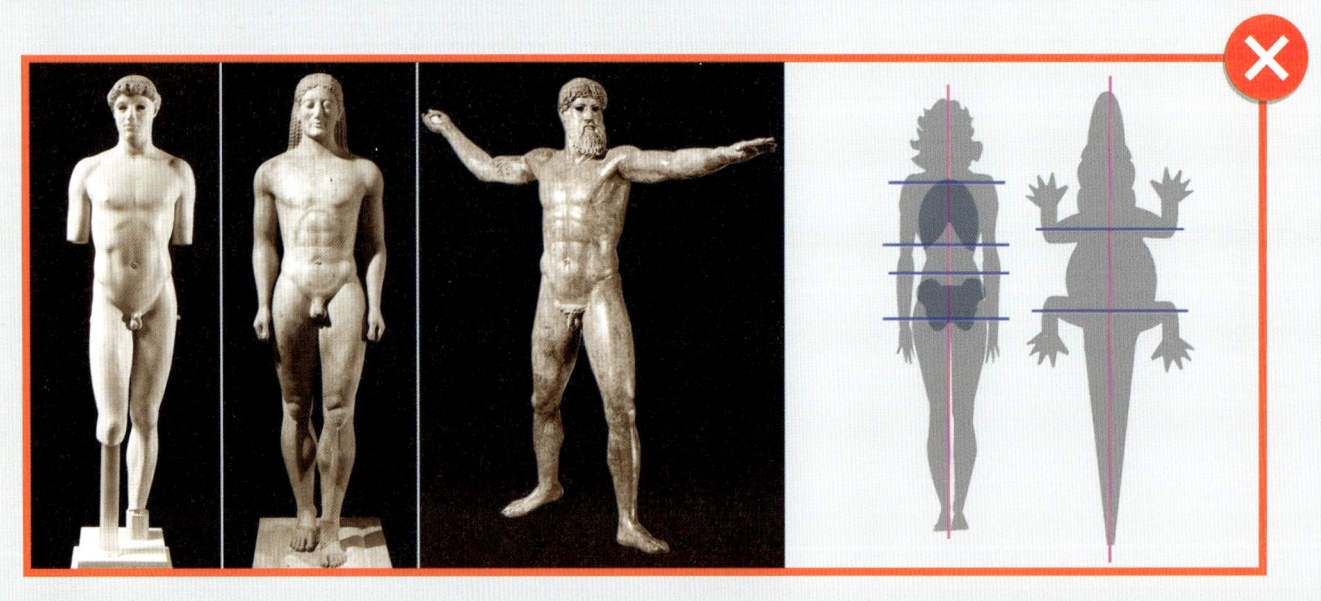

ANATOMÍA PARA ESCULTORES

SERPENTINATA Ⓢ

> ❗ DIBUJE LÍNEAS IMAGINARIAS EN FORMA DE "S", SIGUIÉNDOLAS PUEDE USTED CONSTRUIR FÁCILMENTE LAS CURVAS DEL CUERPO.

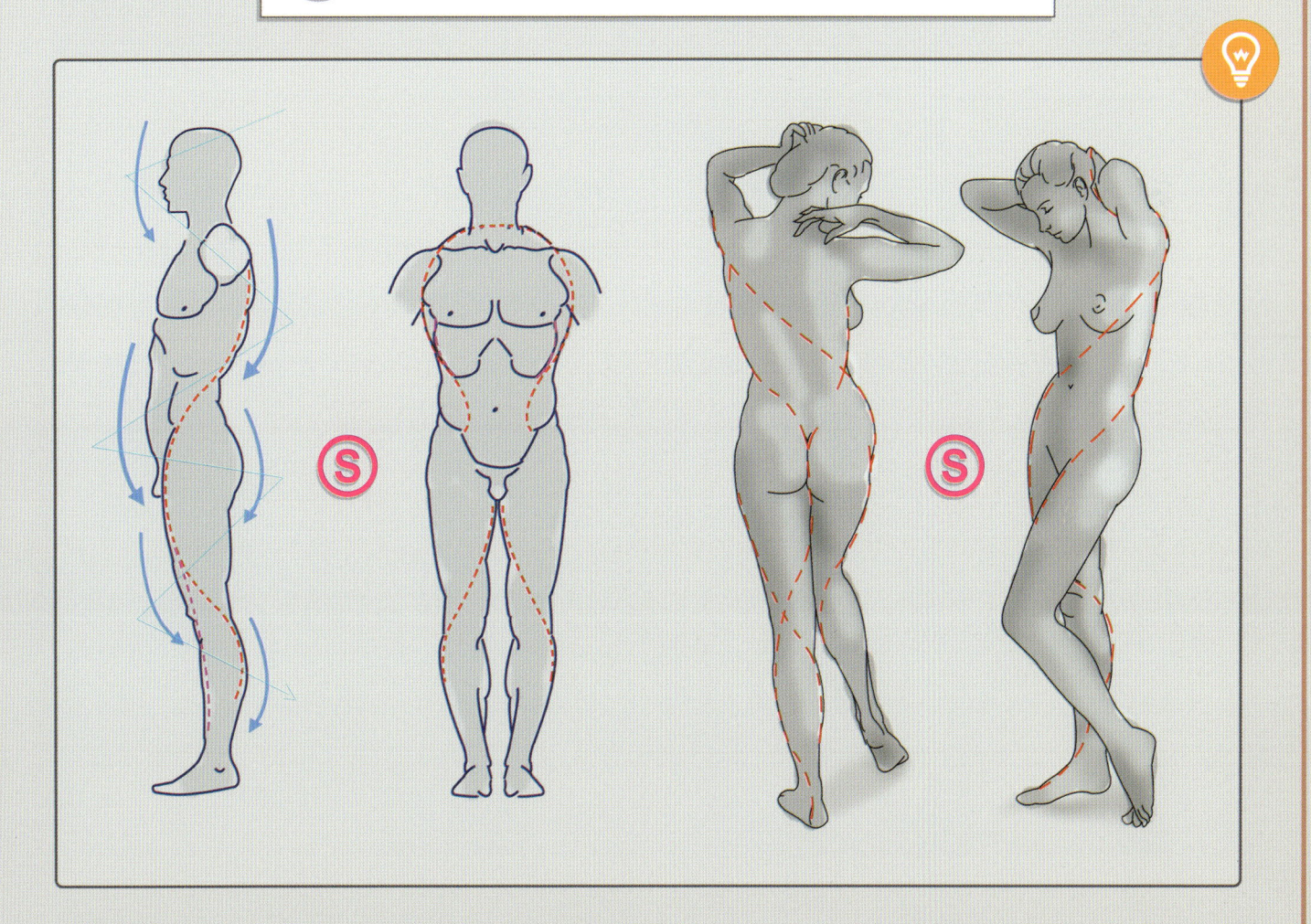

17

5 COMBINACIONES DE POSTURAS DE MASAS MÓVILES

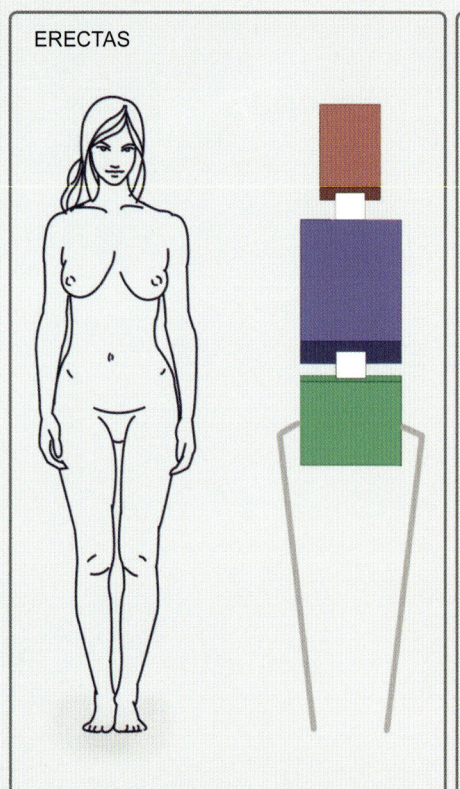

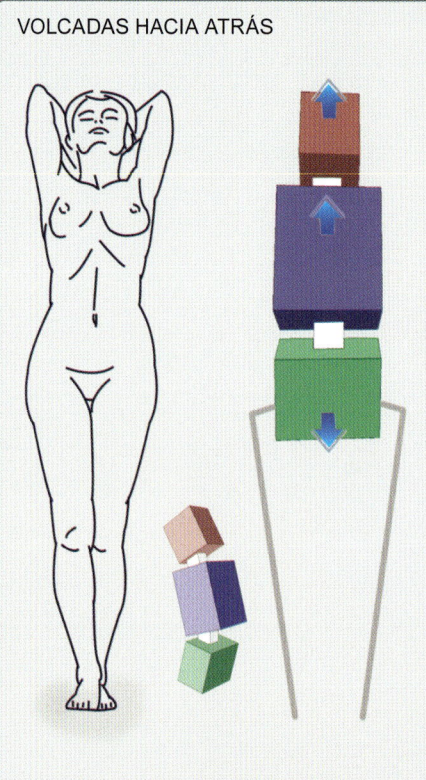

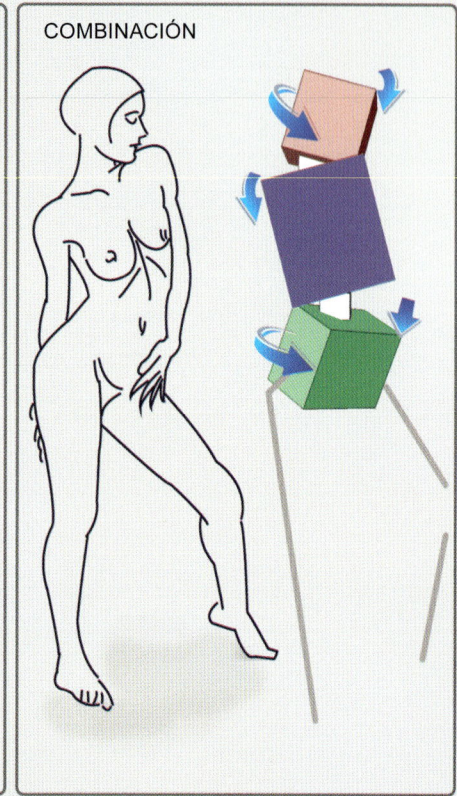

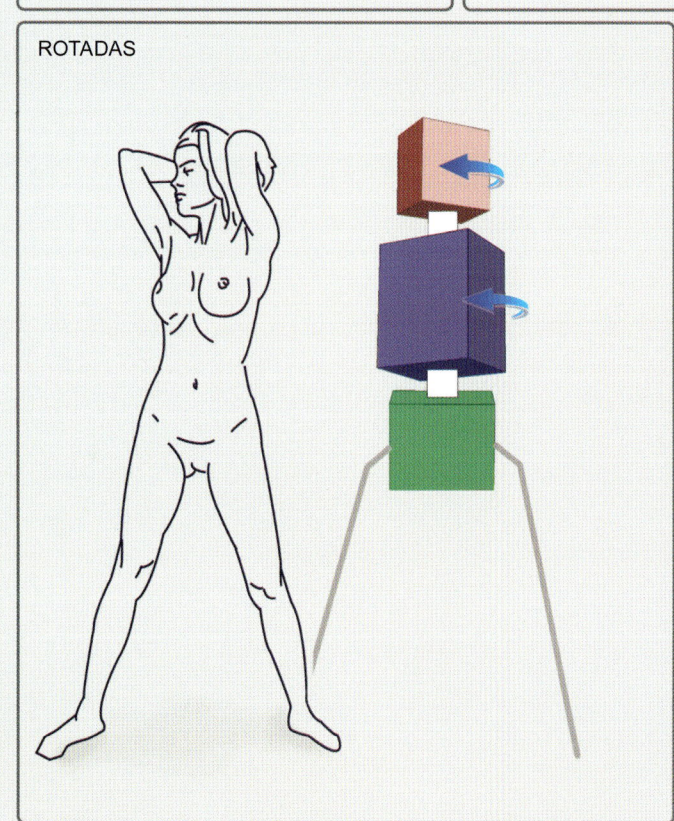

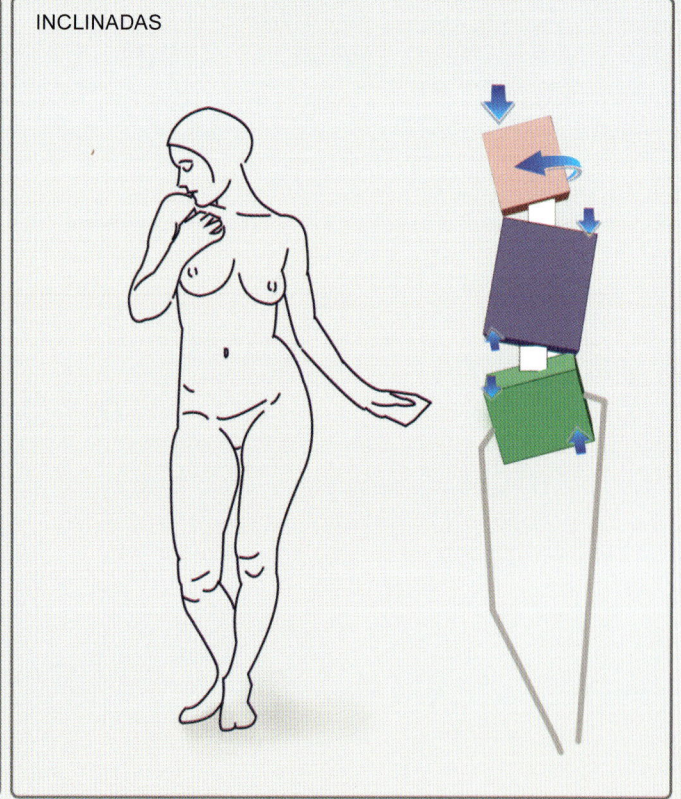

ERECTAS

VOLCADAS HACIA ATRÁS

COMBINACIÓN

ROTADAS

INCLINADAS

PROPORCIONES DE MASAS MÓVILES EN CABEZAS

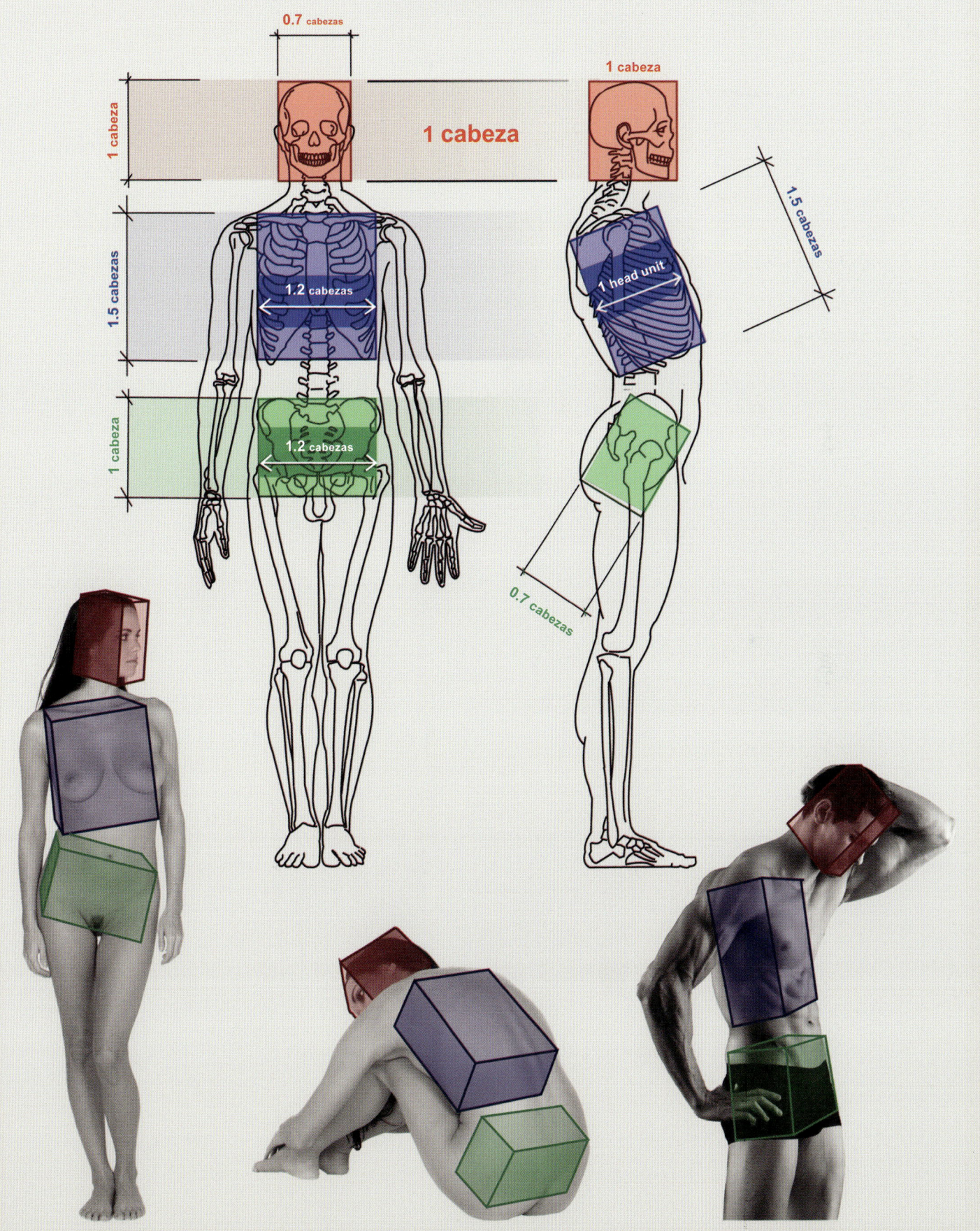

ANATOMÍA PARA ESCULTORES

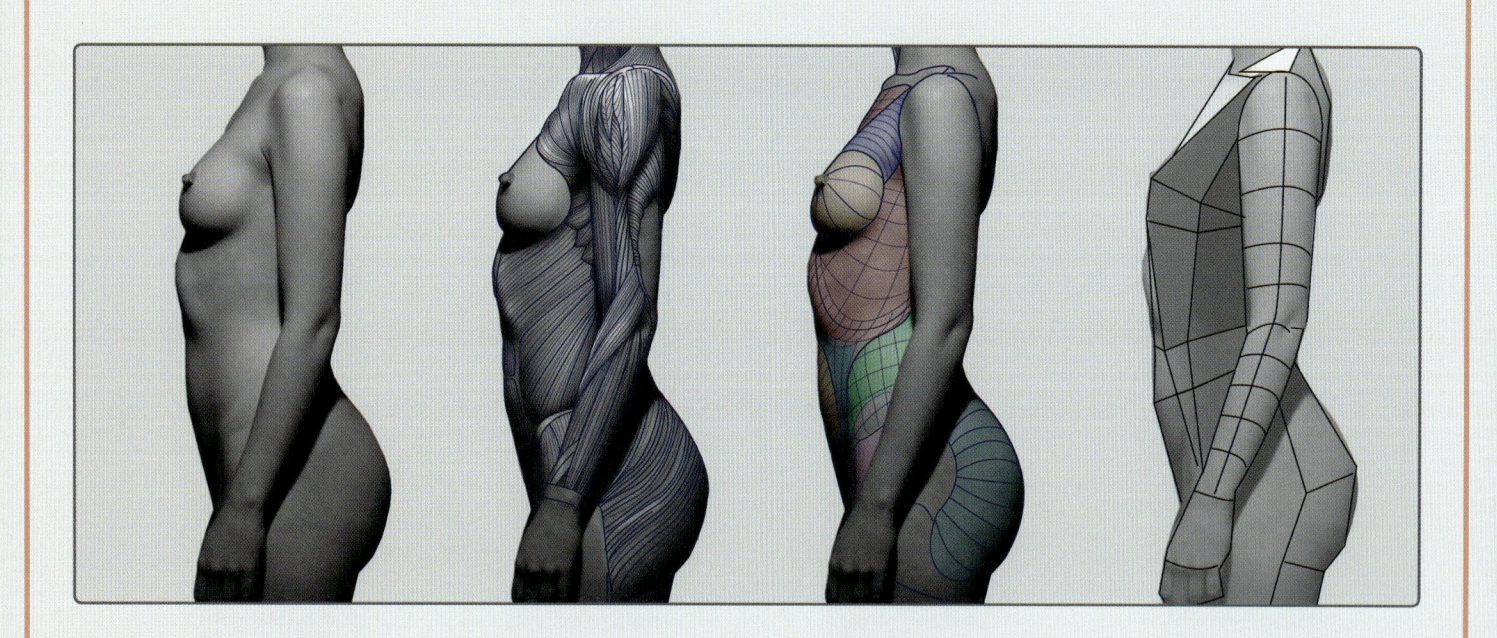

TORSO FEMENINO DE REALISTA A SIMPLIFICADO

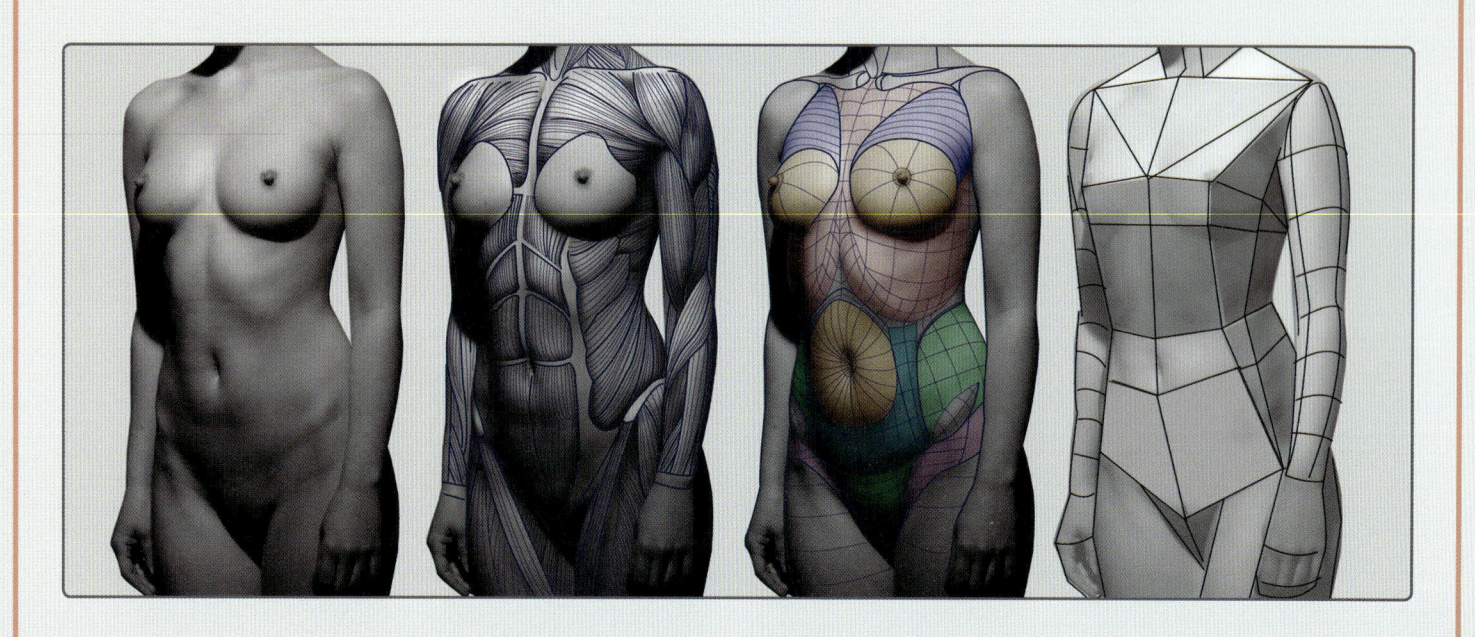

REAL   MÚSCULOS   VOLÚMENES Y FORMAS   BOCETO

TORSO MASCULINO DE REALISTA A SIMPLIFICADO

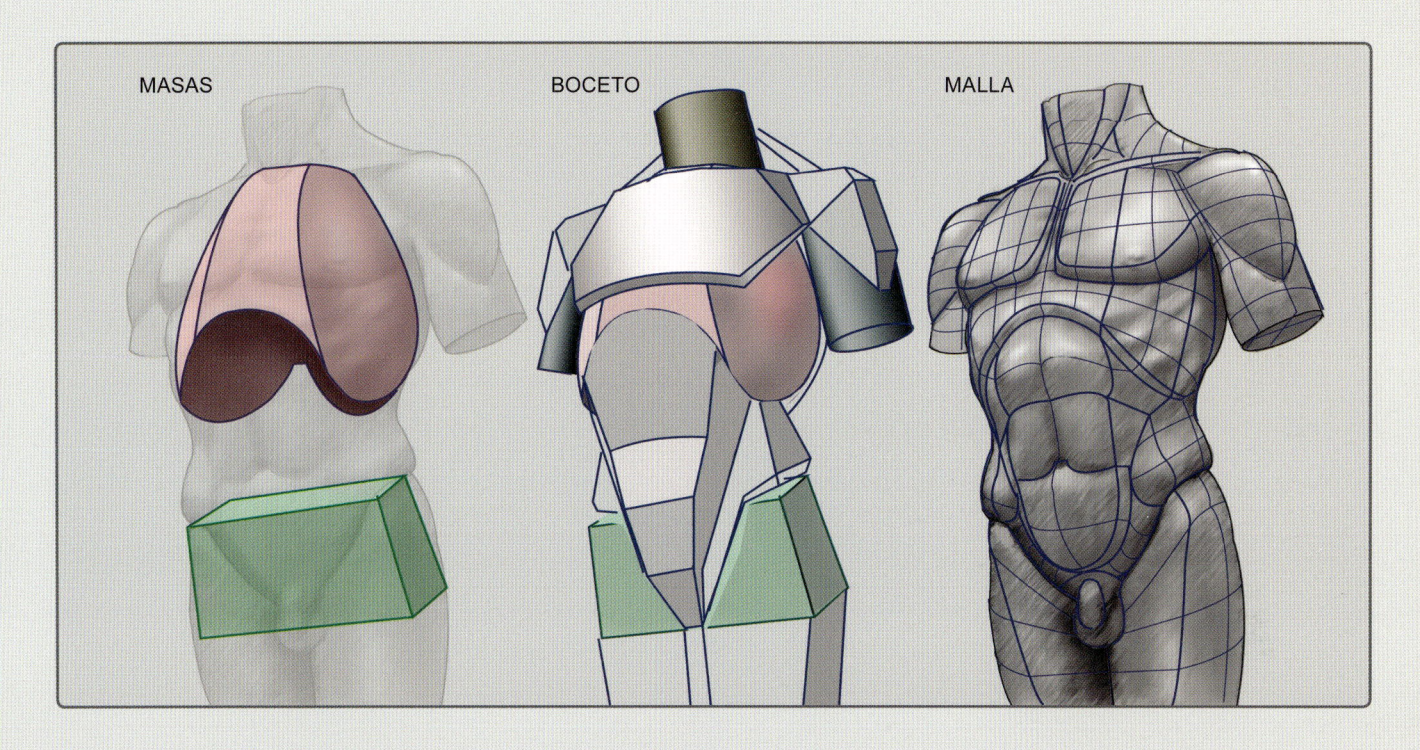

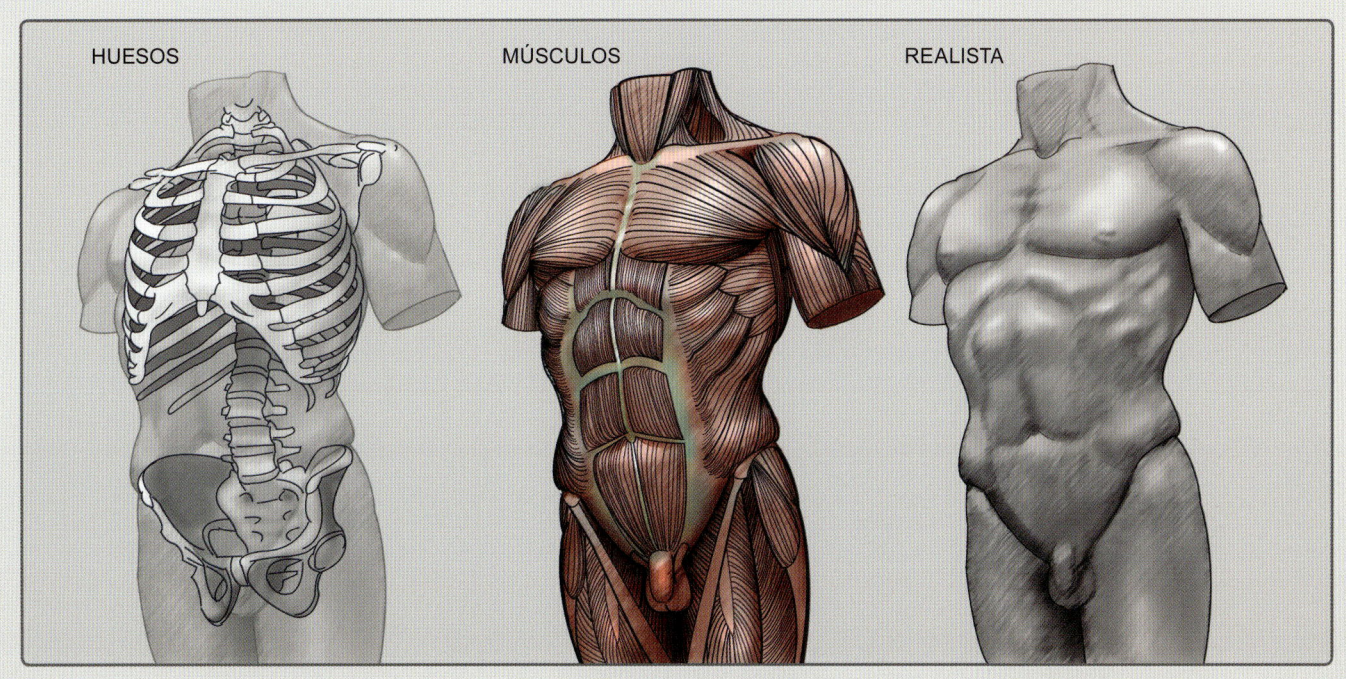

MASAS

BOCETO

MALLA

HUESOS

MÚSCULOS

REALISTA

RELACIÓN ANGULAR DE LAS MASAS MÓVILES DEL TORSO

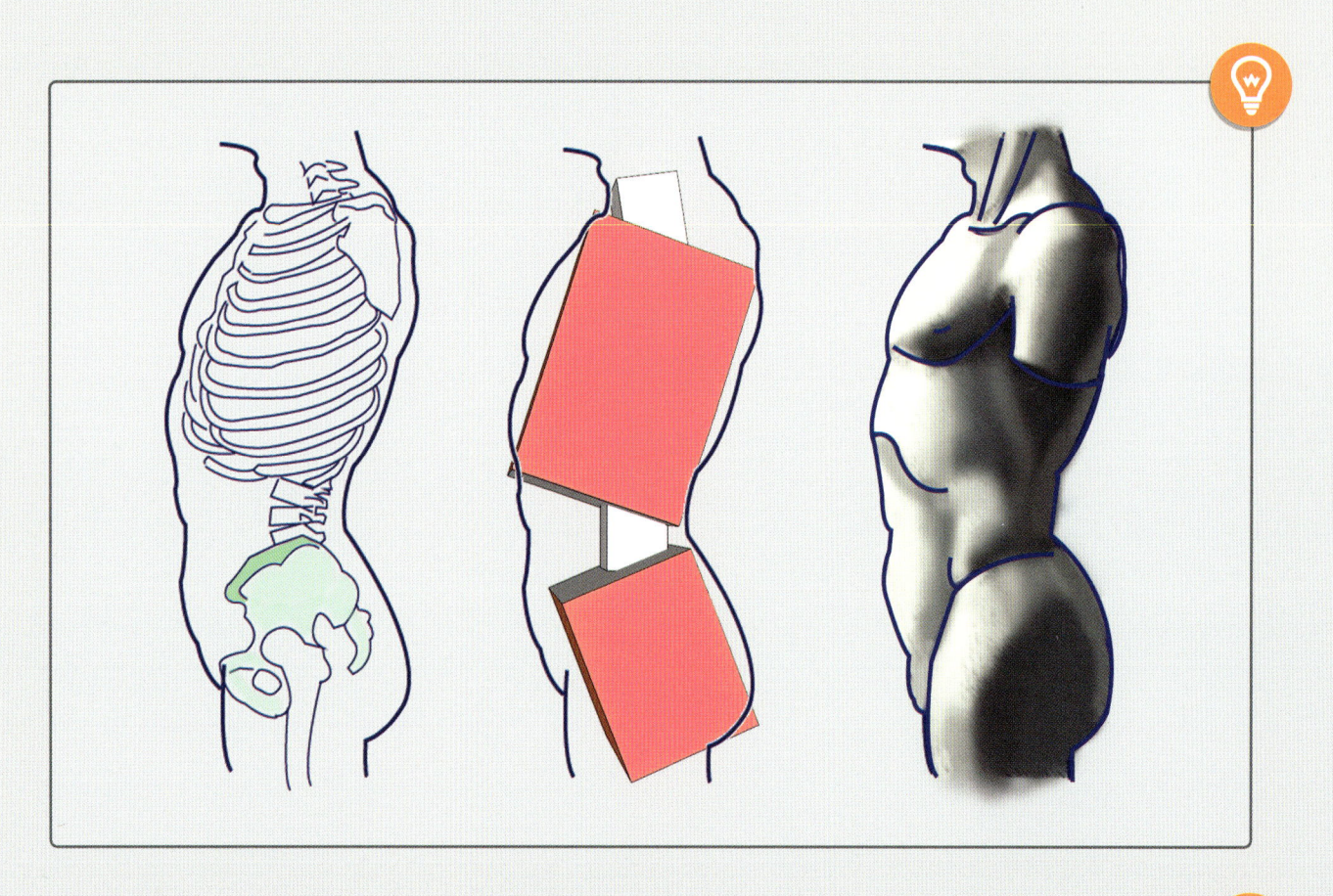

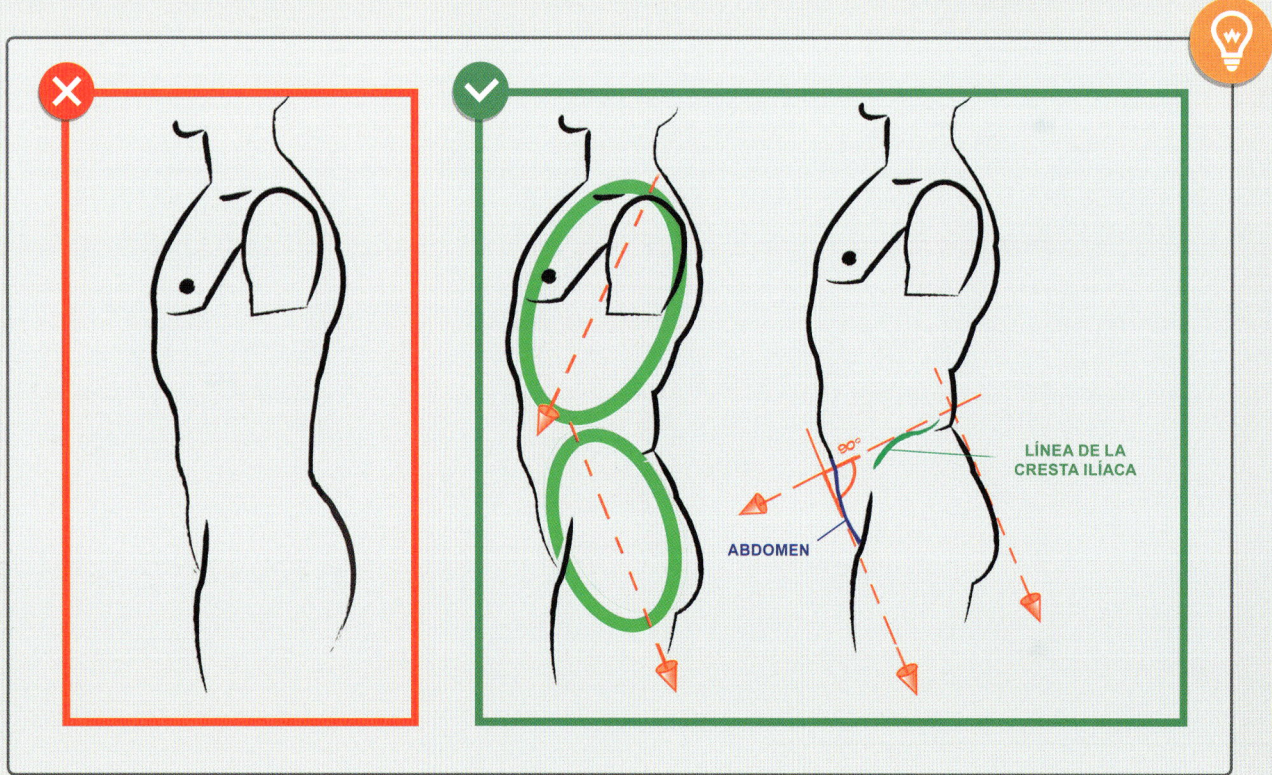

LÍNEA DE LA CRESTA ILÍACA

ABDOMEN

SECCIONES TRANSVERSALES HORIZONTALES DEL TORSO

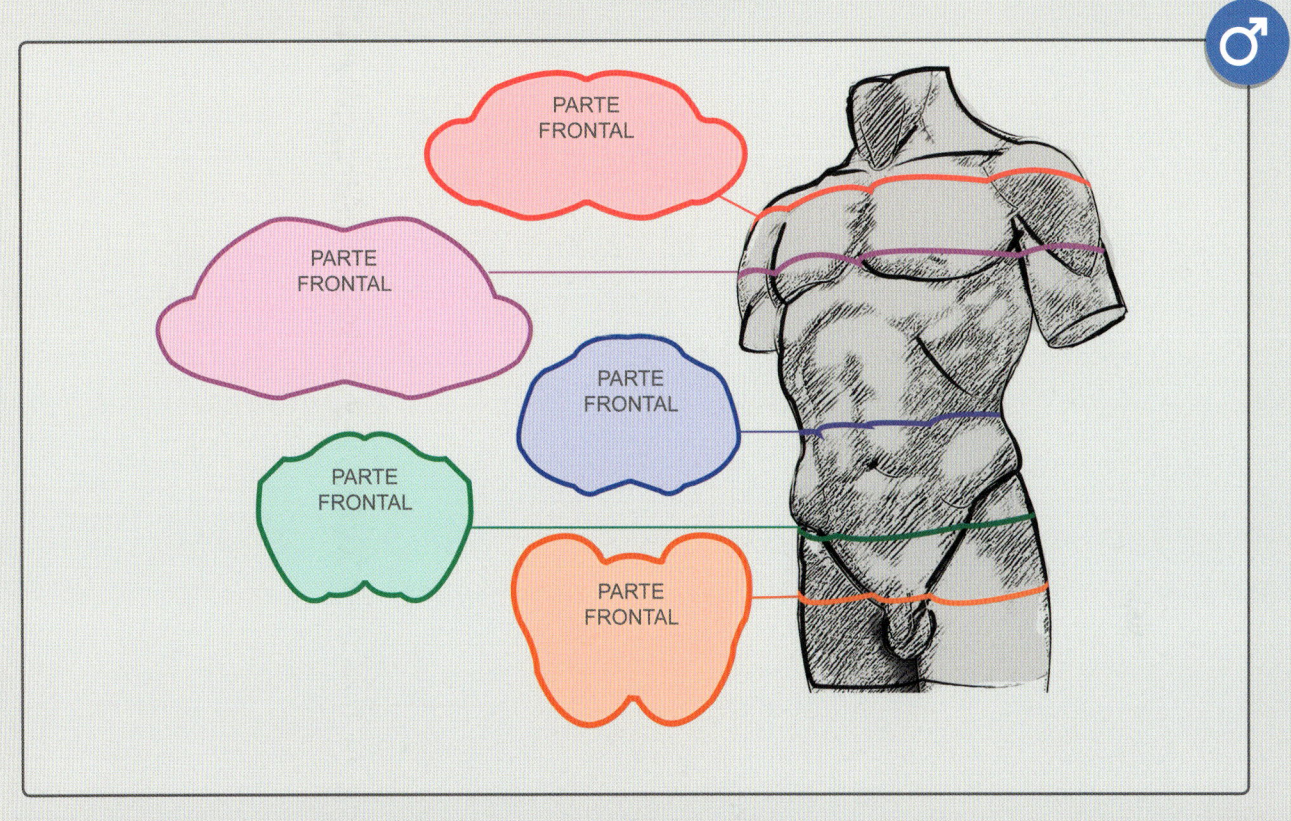

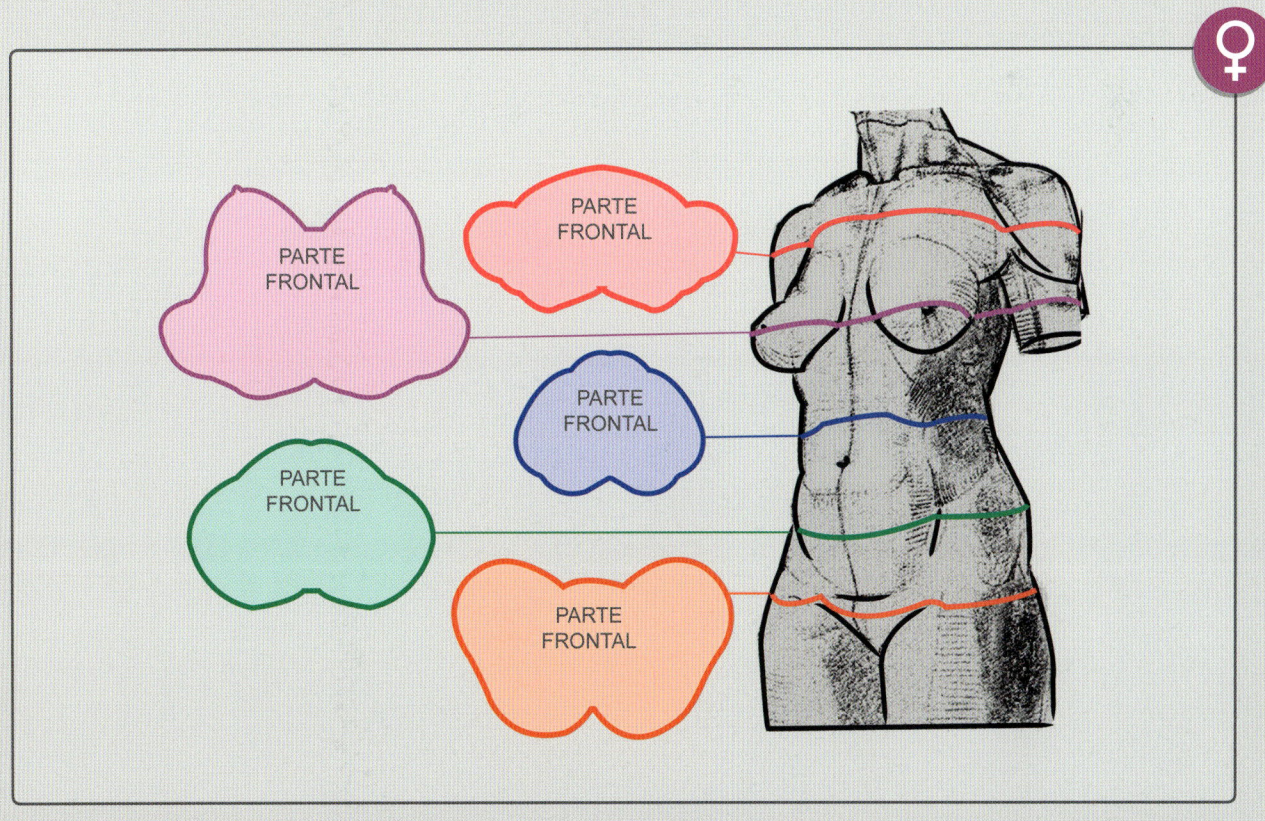

♂

PARTE FRONTAL

PARTE FRONTAL

PARTE FRONTAL

PARTE FRONTAL

PARTE FRONTAL

♀

PARTE FRONTAL

PARTE FRONTAL

PARTE FRONTAL

PARTE FRONTAL

PARTE FRONTAL

ÉCORCHÉ

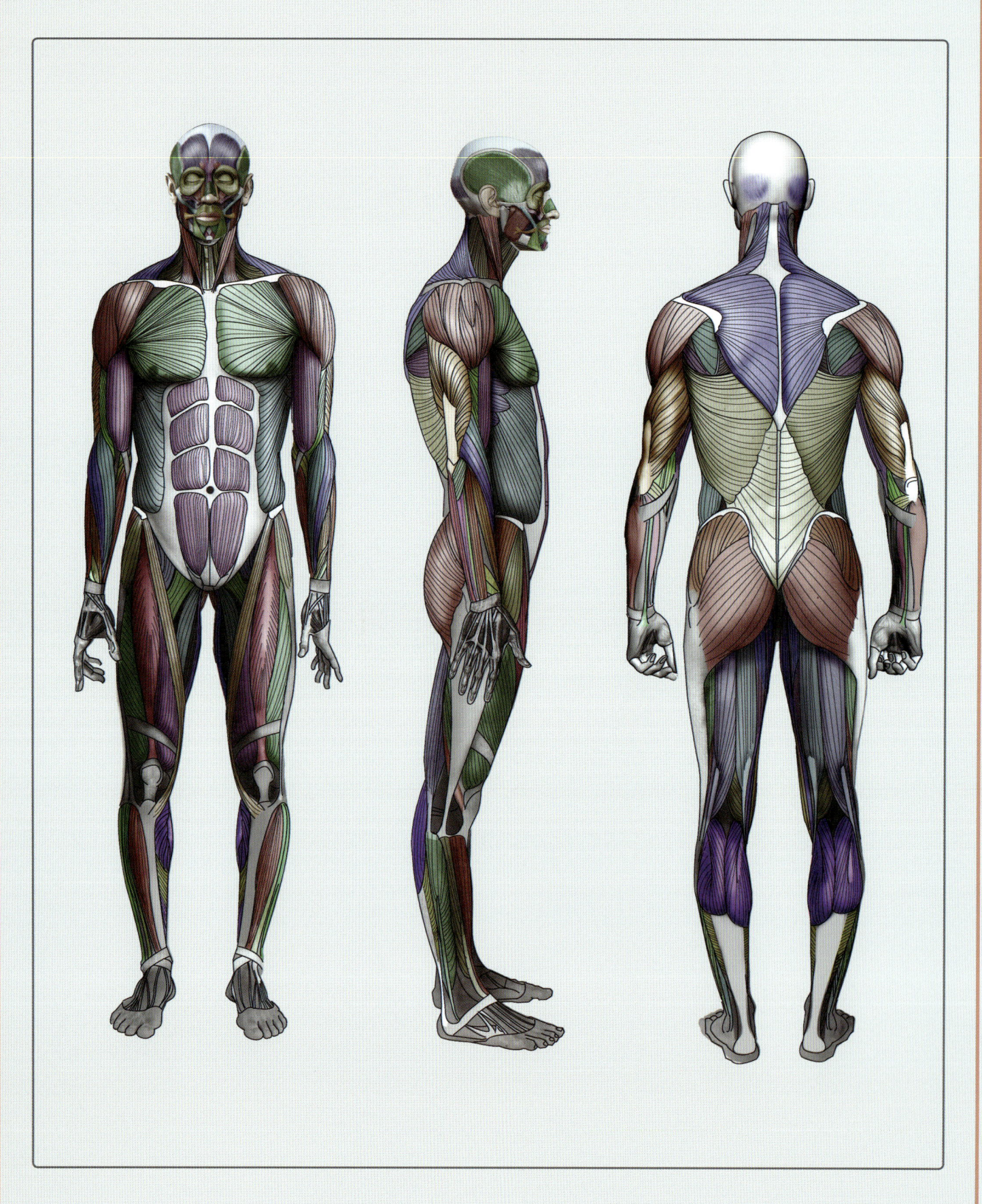

FIGURA MASCULINA

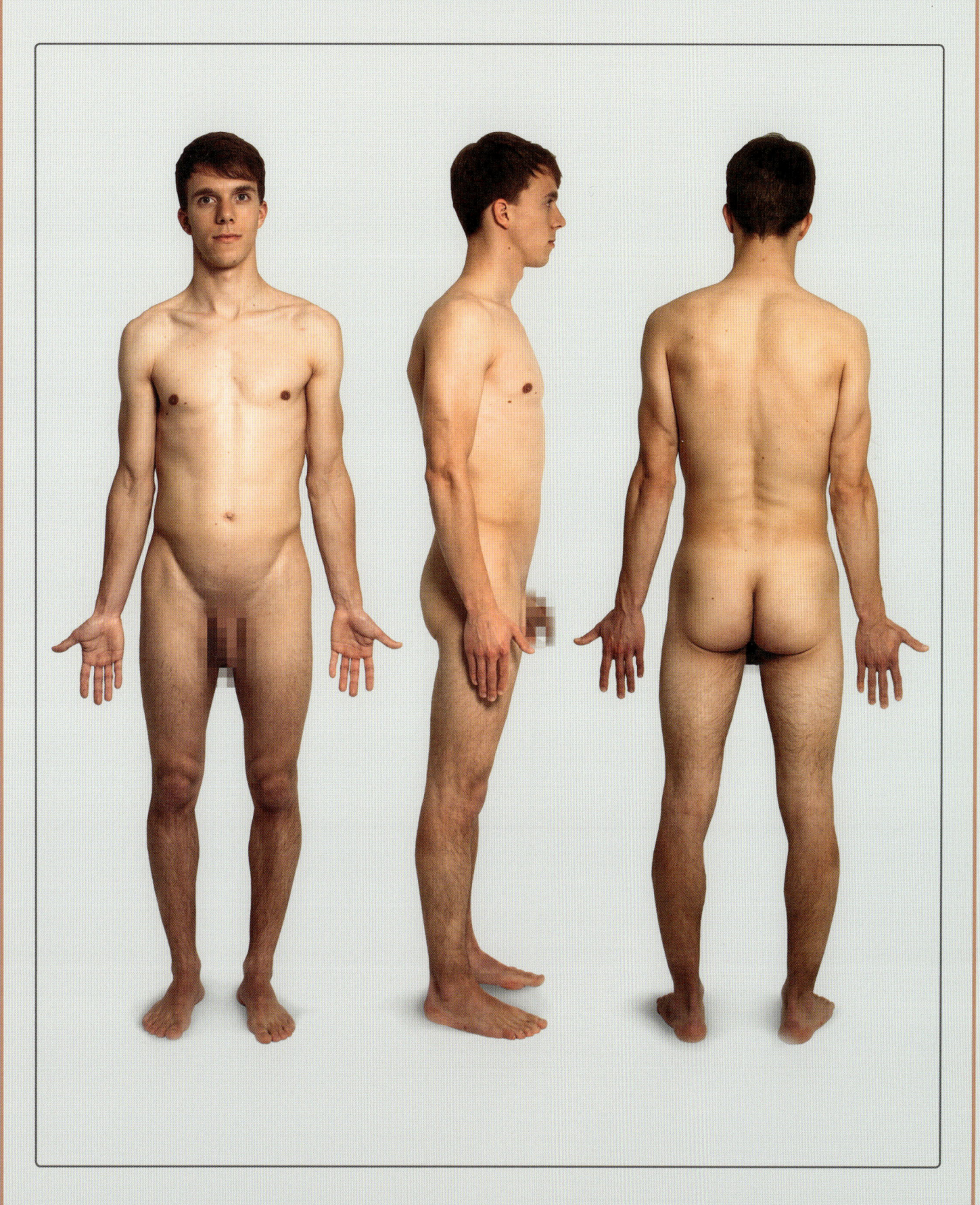

PRINCIPALES MÚSCULOS Y PUNTOS DE REFERENCIA DEL TORSO FRONTAL

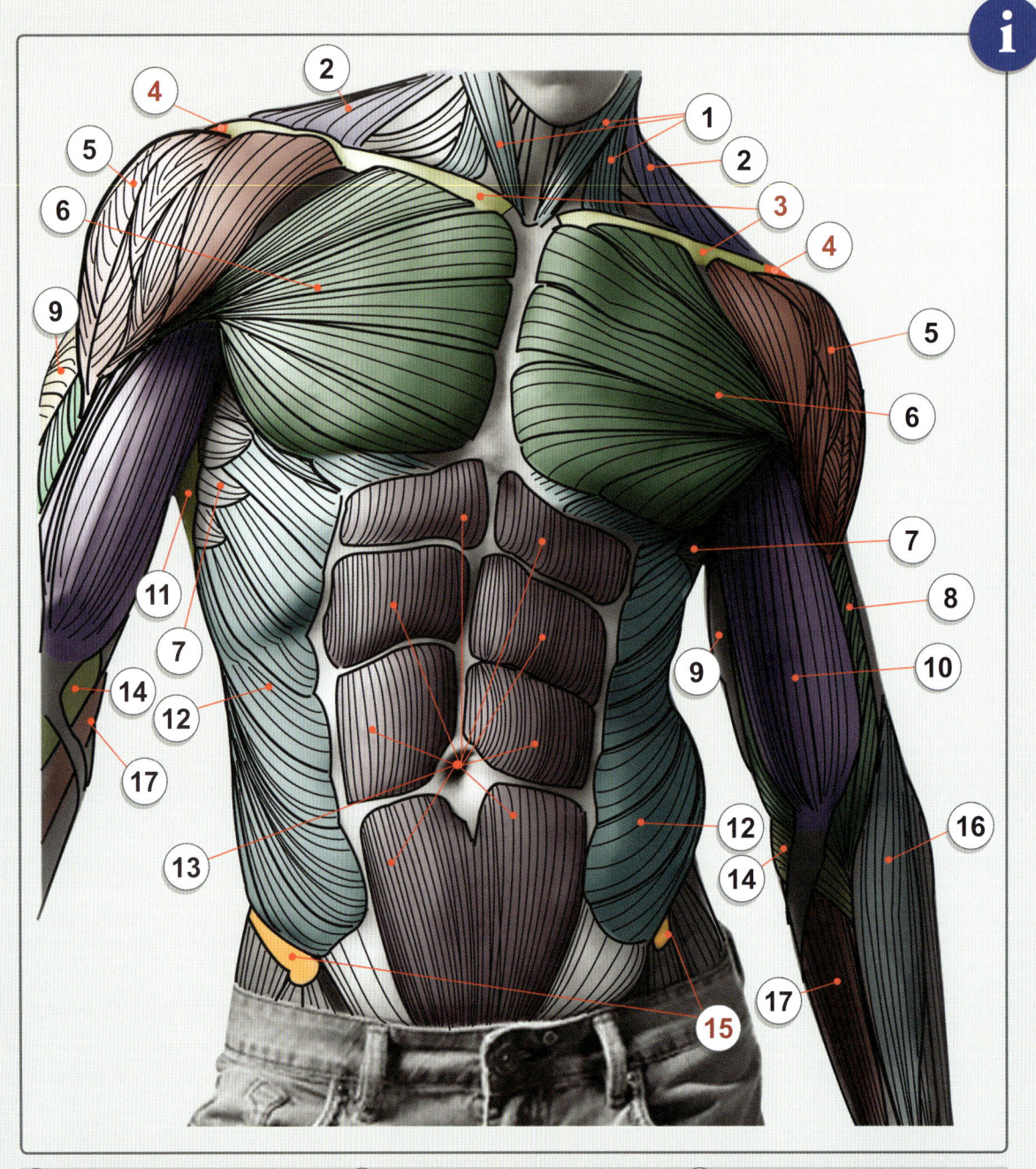

1	ESTERNOCLEIDOMASTOIDEO	7	SERRATO ANTERIOR	12	OBLICUO EXTERNO
2	TRAPECIO	8	BRAQUIAL	13	RECTO ABDOMINAL
3	CLAVÍCULA	9	TRÍCEPS BRAQUIAL	14	PRONADOR REDONDO
4	OMÓPLATO	10	BÍCEPS BRAQUIAL	15	ESPINA ILÍACA ANTERIOR
5	DELTOIDE	11	MÚSCULO MÁS ANCHO DE LA ESPALDA (DORSAL ANCHO)	16	BRAQUIORRADIAL
6	PECTORAL			17	FLEXOR RADIAL DEL CARPO

PRINCIPALES MÚSCULOS Y HUESOS DE LA ESPALDA

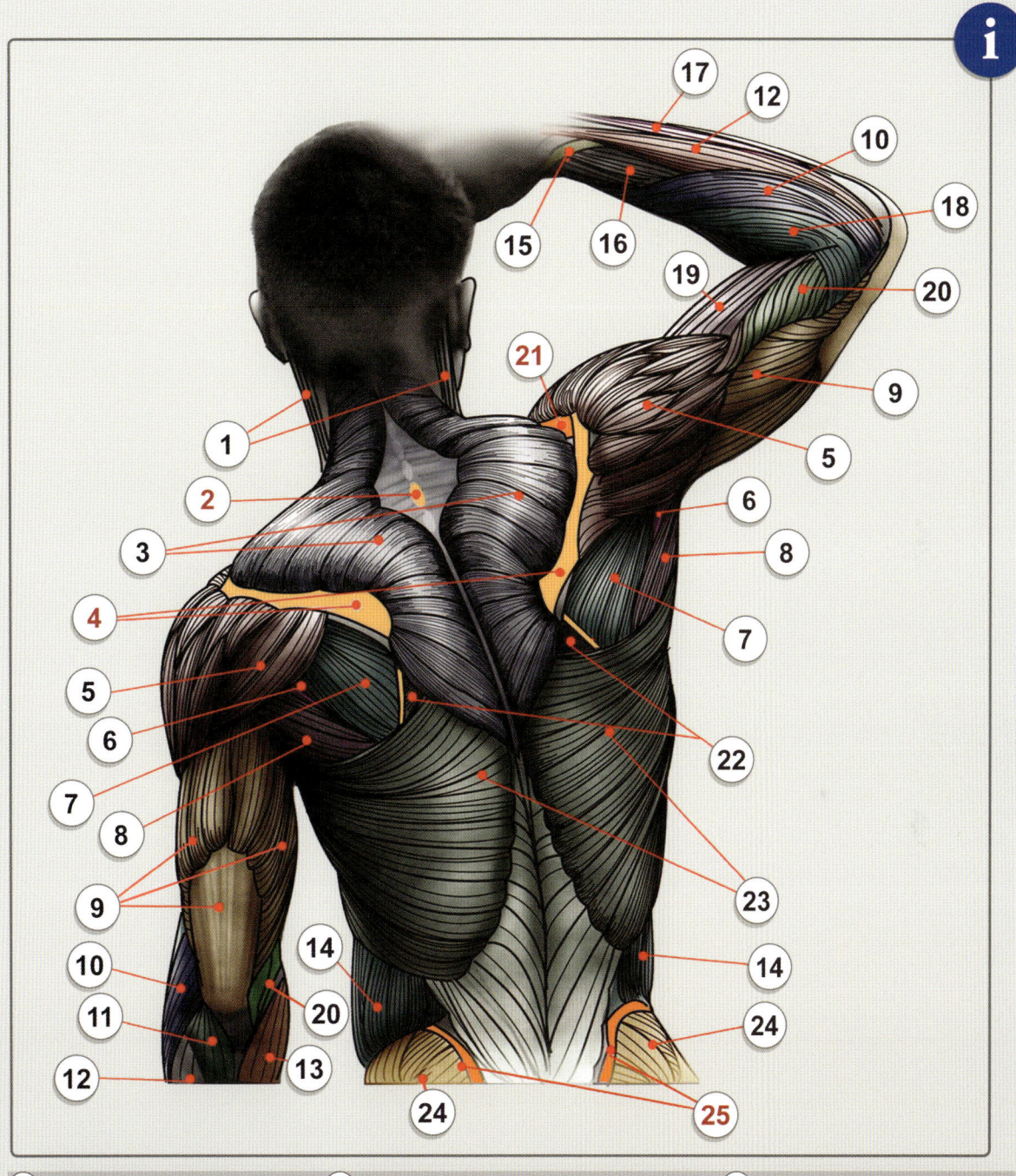

1	ESTERNOCLEIDOMASTOIDEO	10	EXTENSOR RADIAL LARGO DEL CARPO	19	BÍCEPS BRAQUIAL
2	7ª VÉRTEBRA	11	ANCÓNEO	20	BRAQUIAL
3	TRAPECIO	12	EXTENSOR DE LOS DEDOS	21	CLAVÍCULA
4	ESPINA ESCAPULAR	13	FLEXOR CUBITAL DEL CARPO	22	ROMBOIDES MAYOR
5		14		23	MÚSCULO MÁS ANCHO DE LA ESPALDA (DORSAL ANCHO)
6	REDONDO MENOR	15	ABDUCTOR LARGO DEL PULGAR		
7	INFRAESPINOSO	16	EXTENSOR RADIAL CORTO DEL CARPO	24	GLÚTEO MAYOR
8	REDONDO MAYOR	17	EXTENSOR CUBITAL DEL CARPO	25	ESPINA ILÍACA SUPERIOR POSTERIOR
9	TRÍCEPS BRAQUIAL	18	BRAQUIORRADIAL		

MÚSCULOS ABDOMINALES

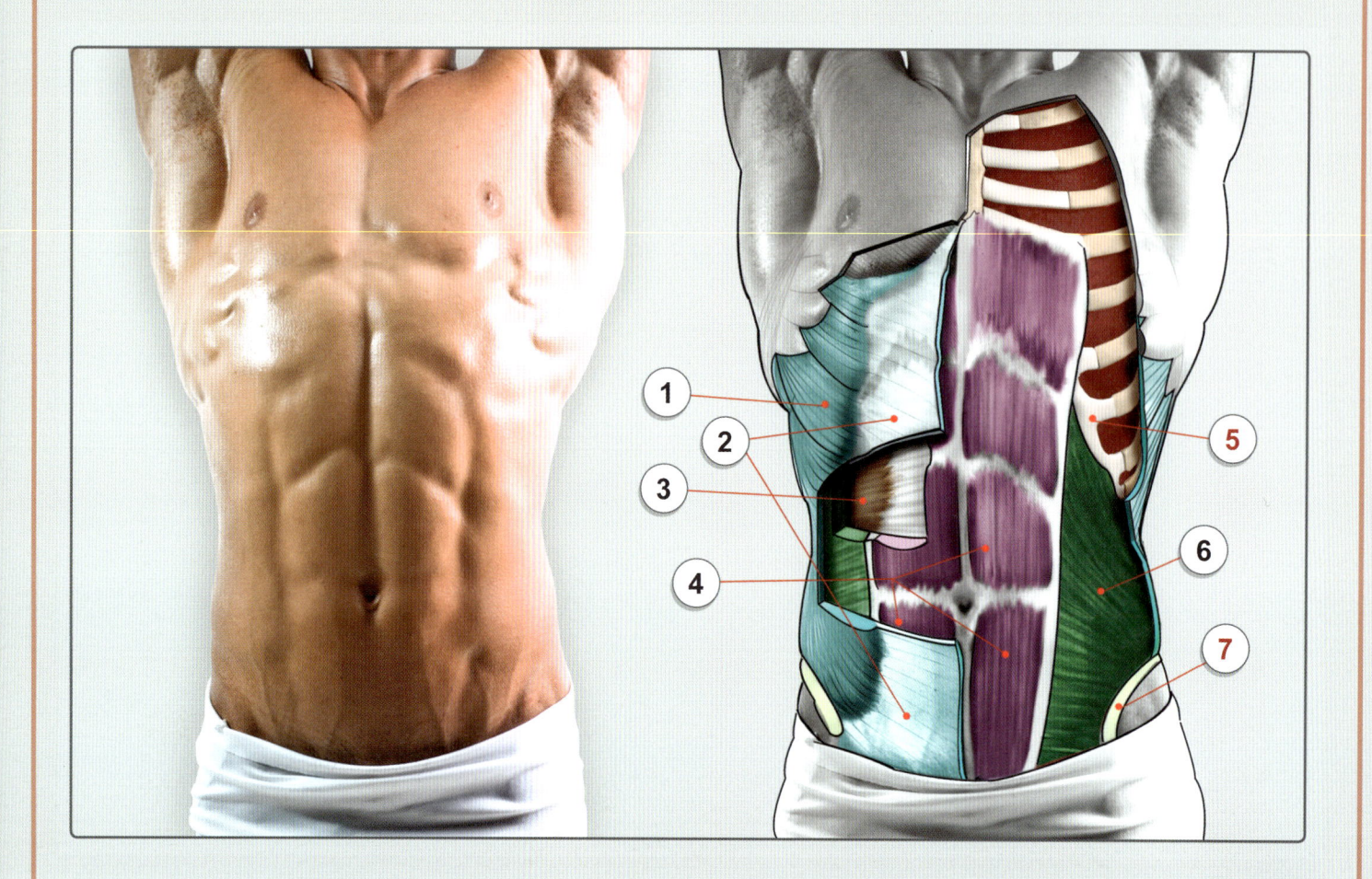

1	**OBLICUO EXTERNO**: SITUADO EN LAS PARTES LATERAL Y FRONTAL DEL ABDOMEN
2	**APONEUROSIS** DEL **OBLICUO EXTERNO**: PORCIÓN ANCHA, PLANA Y TENDINOSA DEL MÚSCULO **OBLICUO EXTERNO**
3	**TRANSVERSO DEL ABDOMEN**: SITUADO DEBAJO DEL **OBLICUO**, ES EL MÁS PROFUNDO DE LOS MÚSCULOS ABDOMINALES Y ENVUELVE LA COLUMNA VERTEBRAL, PROPORCIONÁNDOLE PROTECCIÓN Y ESTABILIDAD
4	**RECTO DEL ABDOMEN**: TAMBIÉN CONOCIDO COMO "**ABDOMINALES**" – SITUADO A LO LARGO DE LA PARTE DELANTERA DEL ABDOMEN. ES EL MÚSCULO ABDOMINAL MÁS CONOCIDO
5	**CAJA TORÁCICA** (O TÓRAX)
6	**OBLICUO INTERNO ABDOMINAL**: SITUADO DEBAJO DEL **EXTERNO OBLICUO**, SIGUE PERPENDICULARMENTE AL MÚSCULO QUE LO CUBRE
7	**ALA DEL ILION** – COMÚNMENTE LLAMADA "**HUESO COXAL**" (CRESTA ILÍACA)

¿SON LOS SEIS ABDOMINALES EN REALIDAD OCHO?

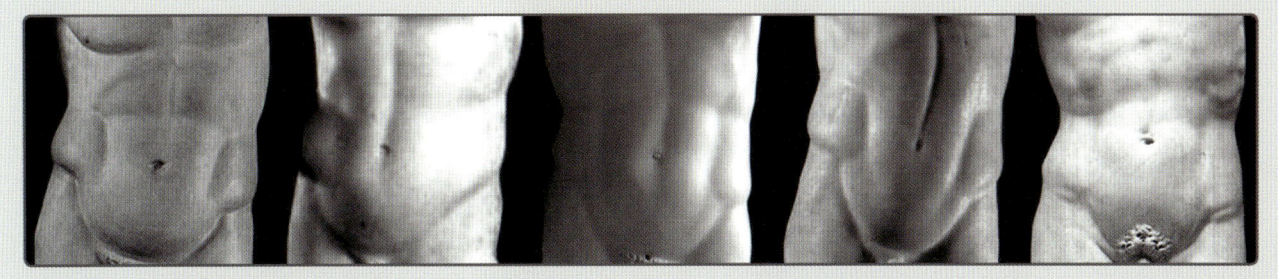

ESCULTURA CLÁSICA

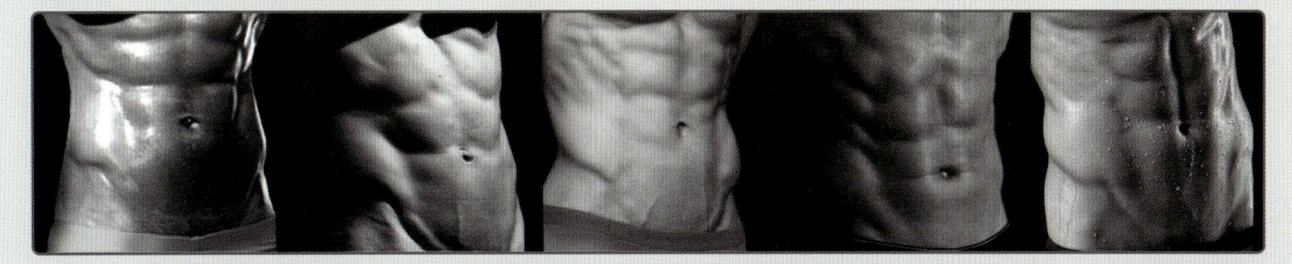

FITNESS

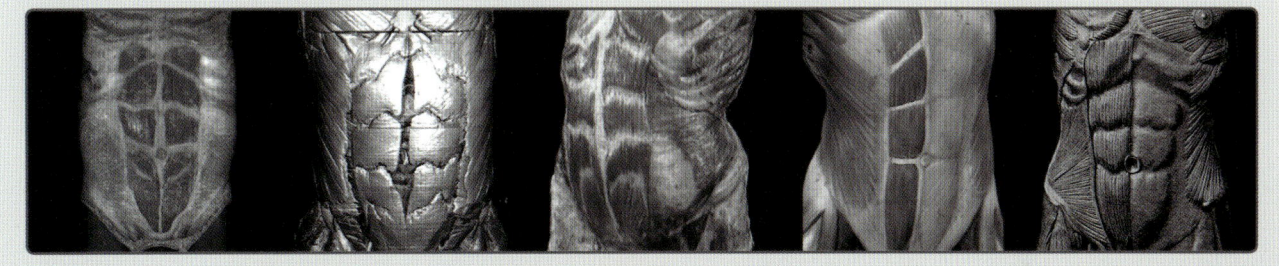

SIN PIEL

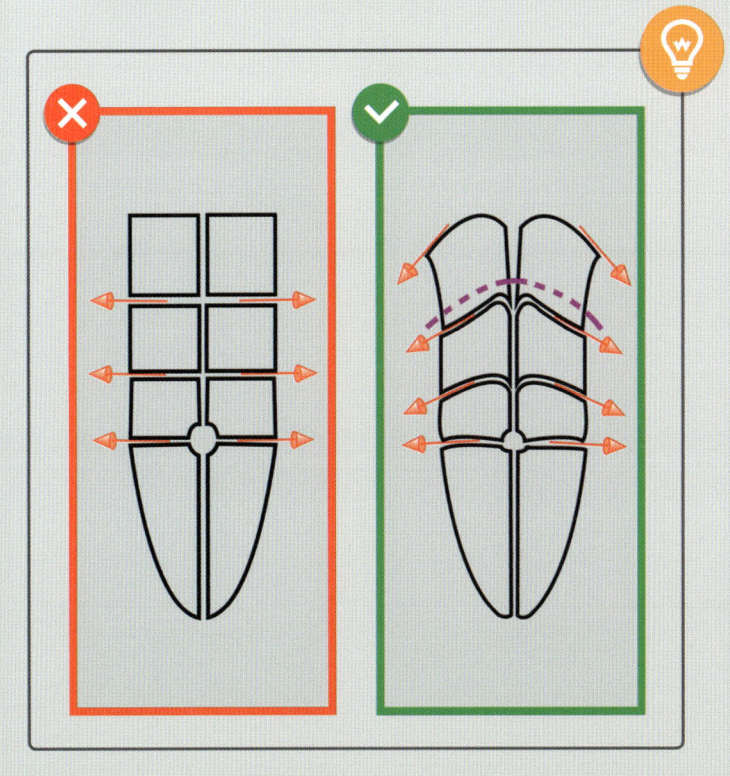

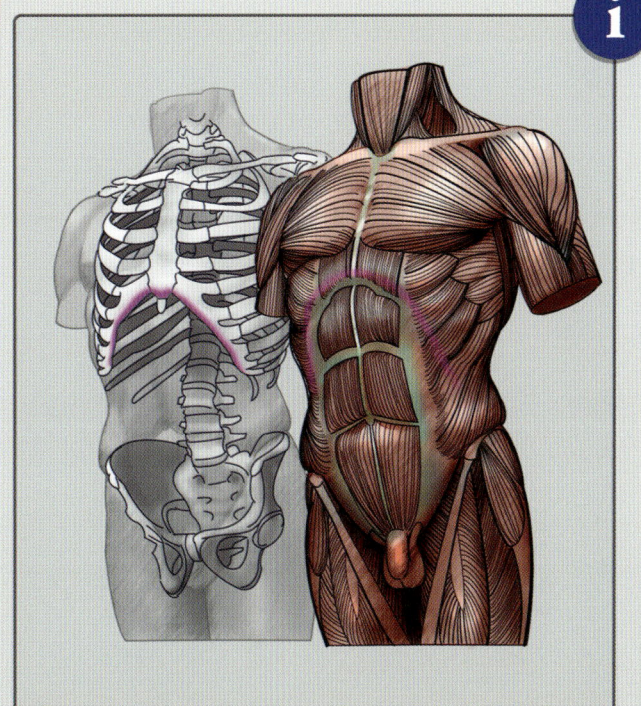

ANATOMÍA PARA ESCULTORES

MÚSCULOS MÁS IMPORTANTES DEL TORSO FRONTAL
(CAPA POR CAPA)

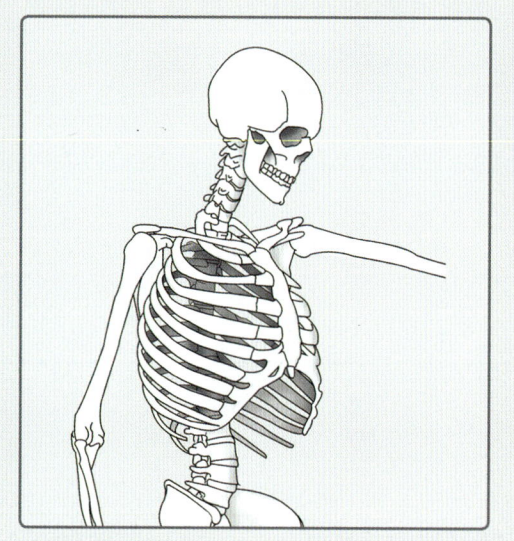

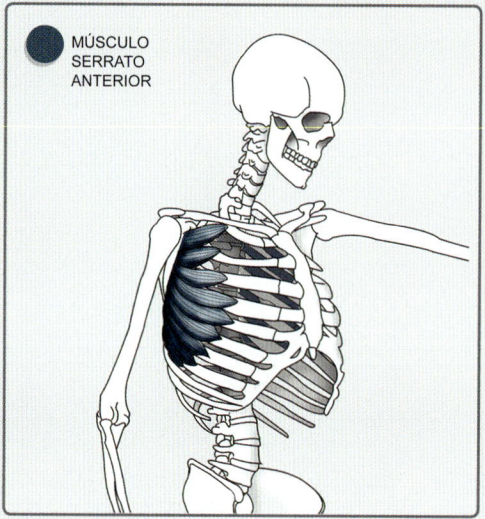

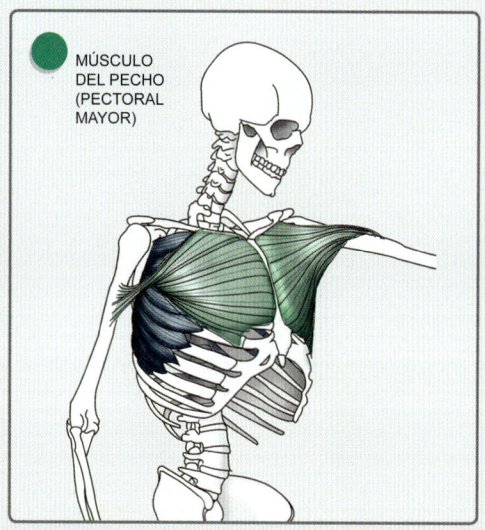

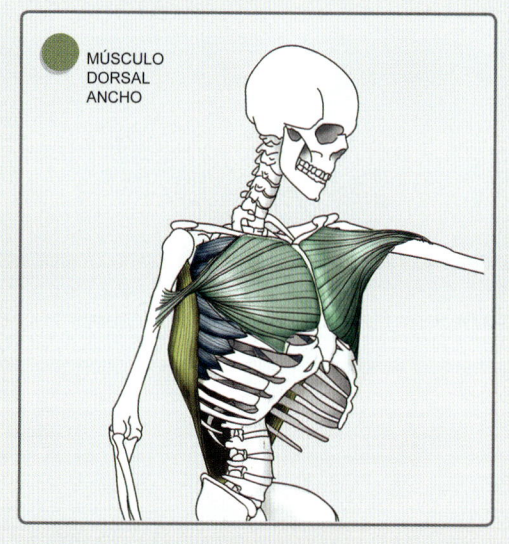

● MÚSCULO SERRATO ANTERIOR

● MÚSCULO DEL PECHO (PECTORAL MAYOR)

● MÚSCULO DORSAL ANCHO

● TRAPECIO
● DELTOIDE

● OBLICUO EXTERNO
● RECTO ABDOMINAL

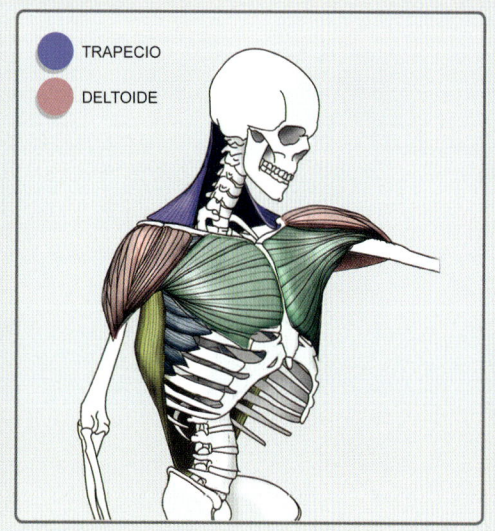

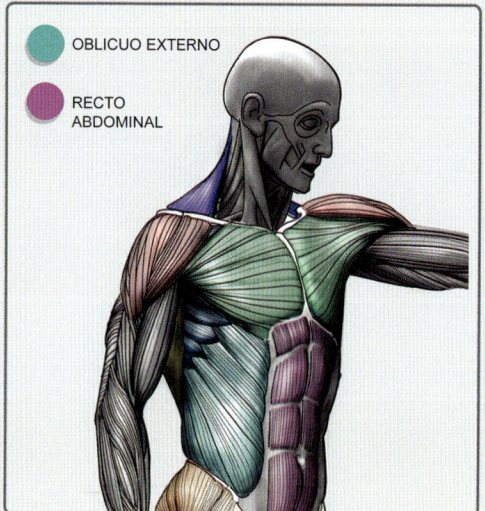

MÚSCULOS PRINCIPALES DE LA ESPALDA
(CAPA POR CAPA)

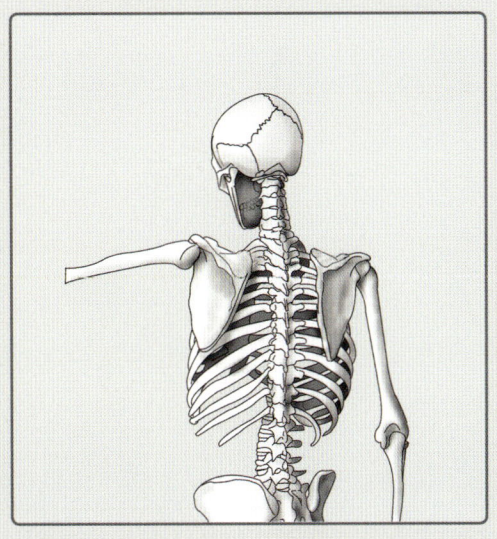

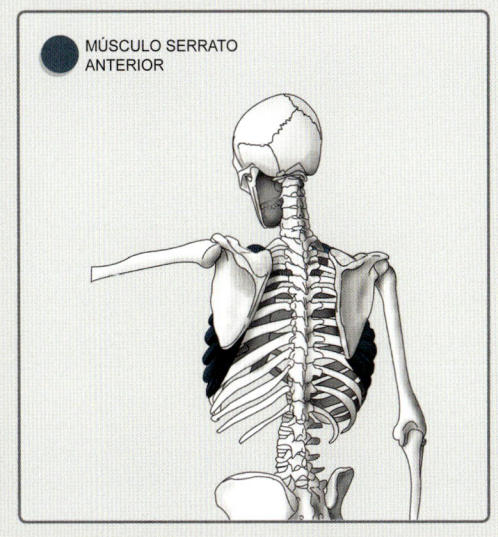

● MÚSCULO SERRATO ANTERIOR

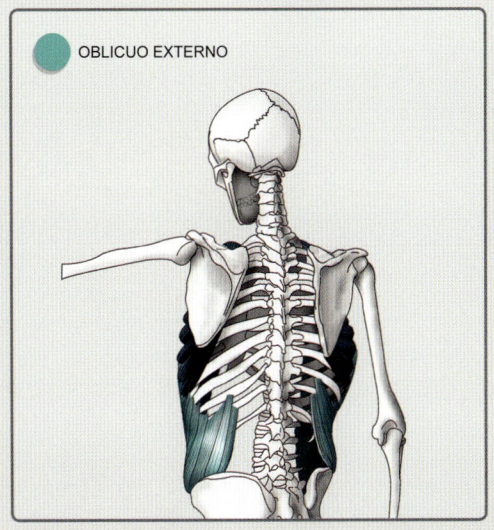

● OBLICUO EXTERNO

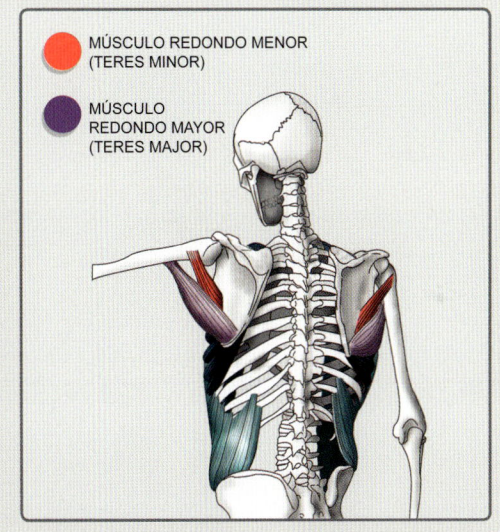

● MÚSCULO REDONDO MENOR (TERES MINOR)

● MÚSCULO REDONDO MAYOR (TERES MAJOR)

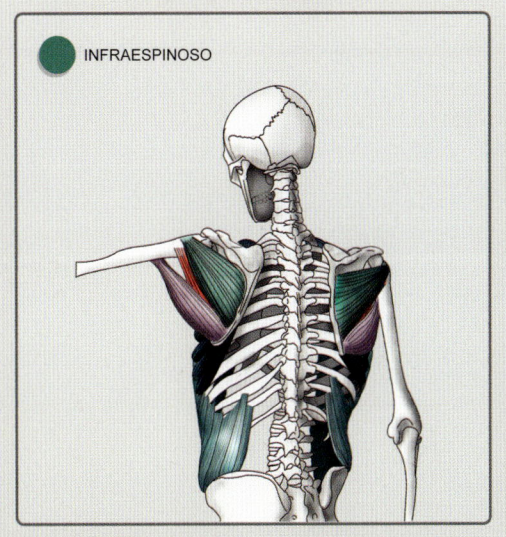

● INFRAESPINOSO

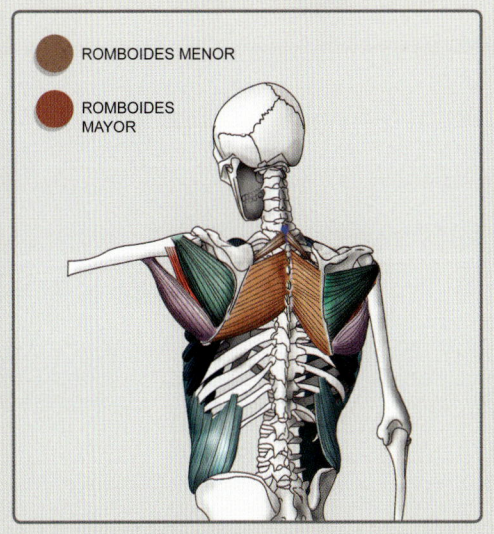

● ROMBOIDES MENOR

● ROMBOIDES MAYOR

MÚSCULOS PRINCIPALES DE LA ESPALDA
(CAPA POR CAPA)

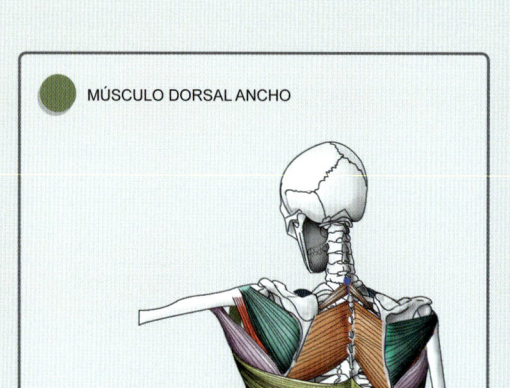

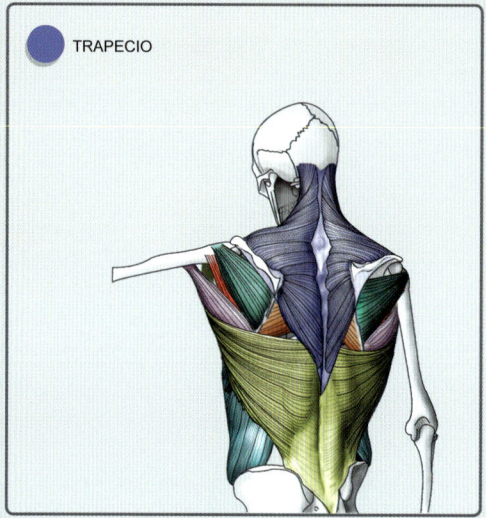

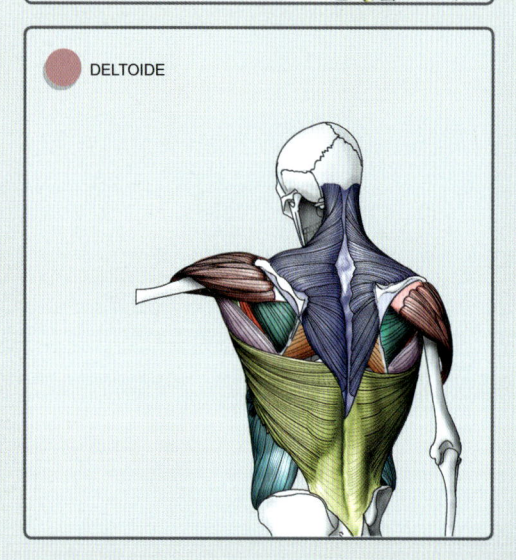

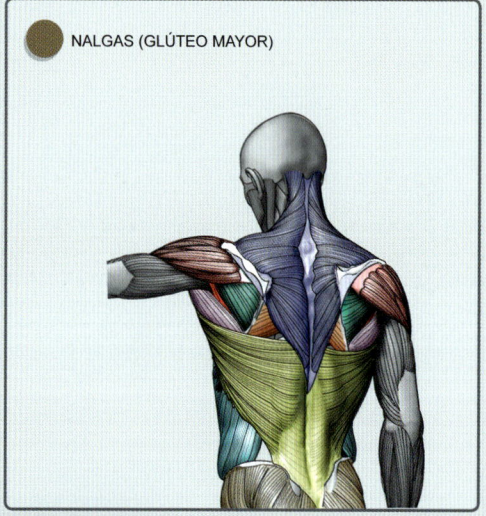

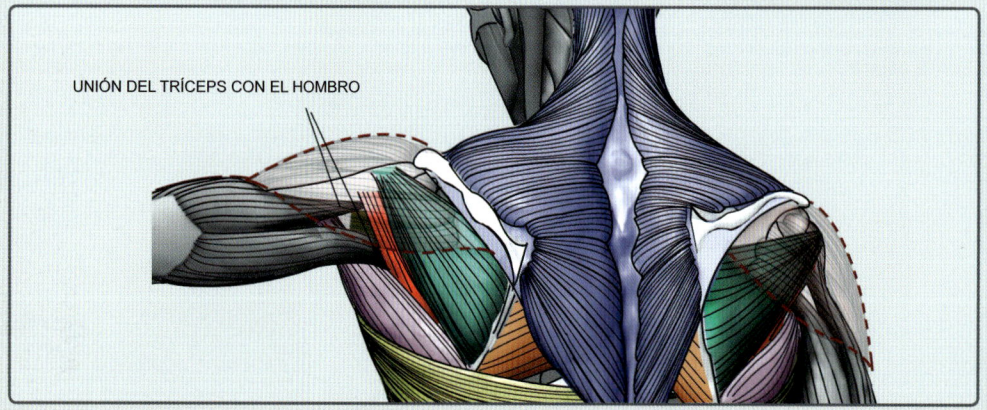

● MÚSCULO DORSAL ANCHO

● TRAPECIO

● DELTOIDE

● NALGAS (GLÚTEO MAYOR)

UNIÓN DEL TRÍCEPS CON EL HOMBRO

CLAVÍCULA – FORMA Y CONEXIONES MUSCULARES

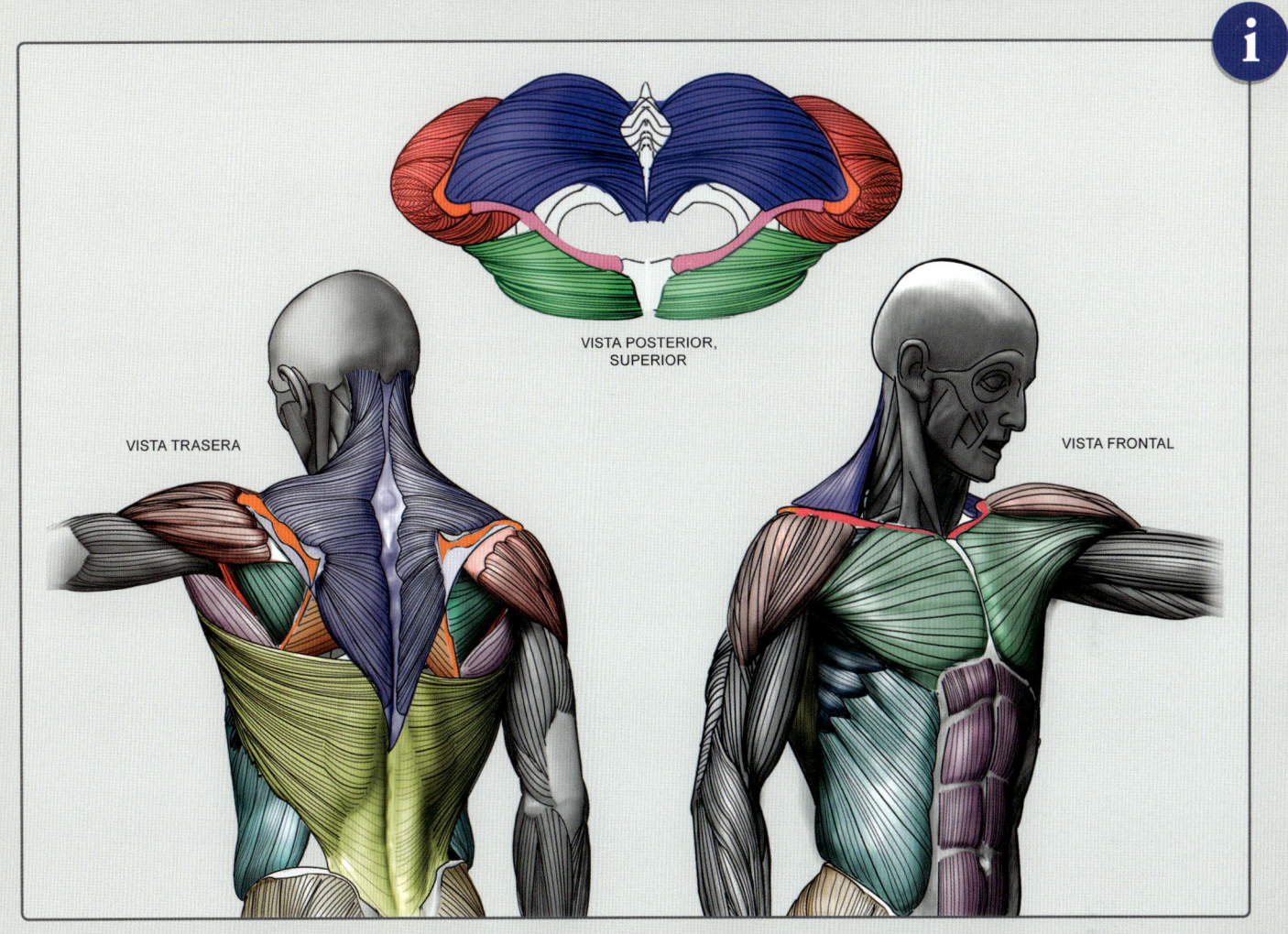

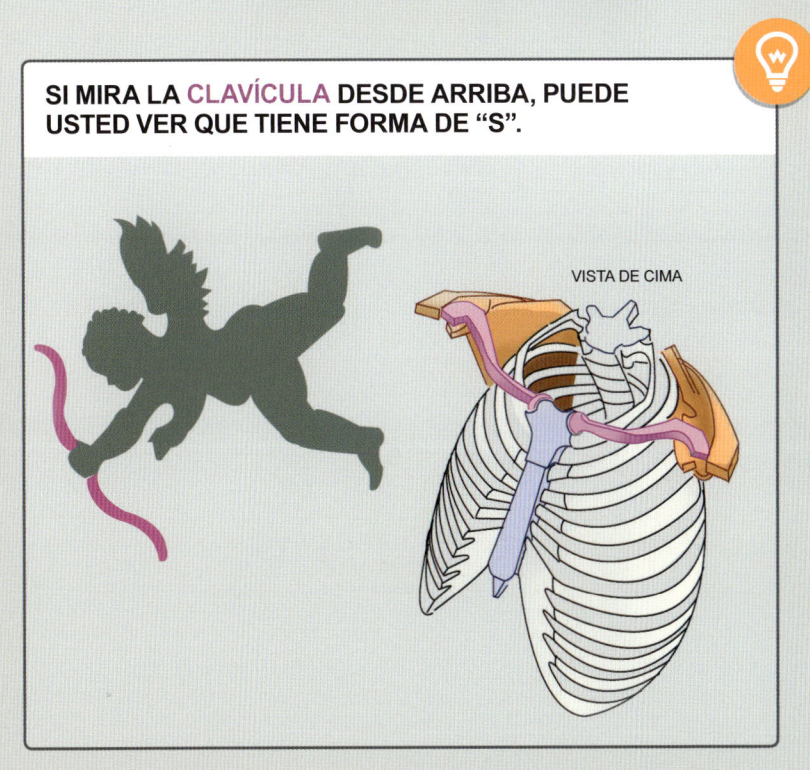

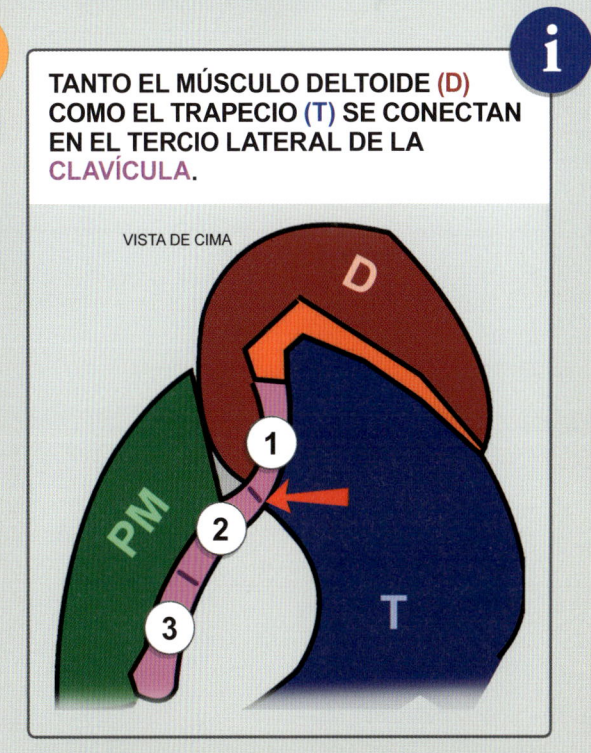

VISTA POSTERIOR, SUPERIOR

VISTA TRASERA

VISTA FRONTAL

SI MIRA LA CLAVÍCULA DESDE ARRIBA, PUEDE USTED VER QUE TIENE FORMA DE "S".

VISTA DE CIMA

TANTO EL MÚSCULO DELTOIDE (D) COMO EL TRAPECIO (T) SE CONECTAN EN EL TERCIO LATERAL DE LA CLAVÍCULA.

VISTA DE CIMA

33

GRAN MÚSCULO DEL PECHO (PECTORAL MAYOR)

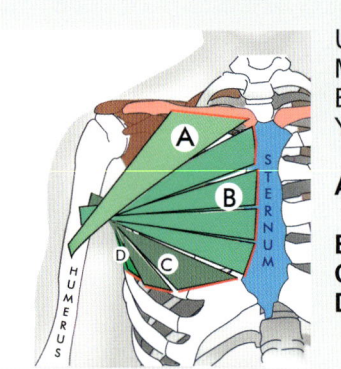

UNO DE LOS EXTREMOS DEL MÚSCULO PECTORAL (MP) ESTÁ CONECTADO AL HÚMERO Y EL OTRO ESTÁ CONECTADO

A: CON EL 3/5 DE LA CLAVÍCULA
B: CON EL ESTERNÓN
C: CON LAS COSTILLAS
D: CON LAS APONEUROSIS DE LOS MÚSCULOS OBLICUOS DEL ABDOMEN

A: ESTA PORCIÓN ES A MENUDO VISIBLE COMO UNA PARTE SEPARADA DEL MP.

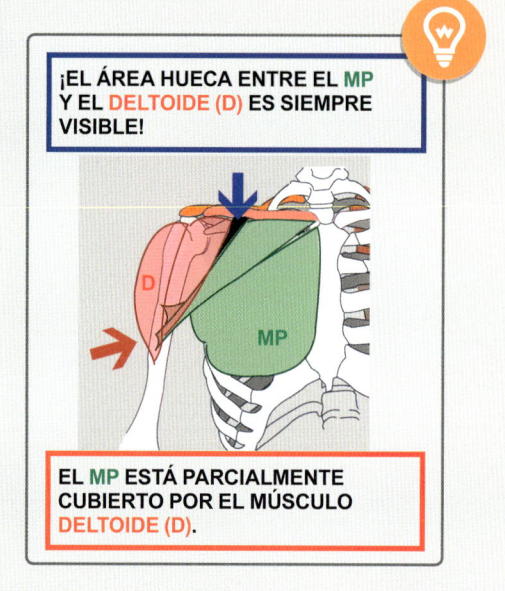

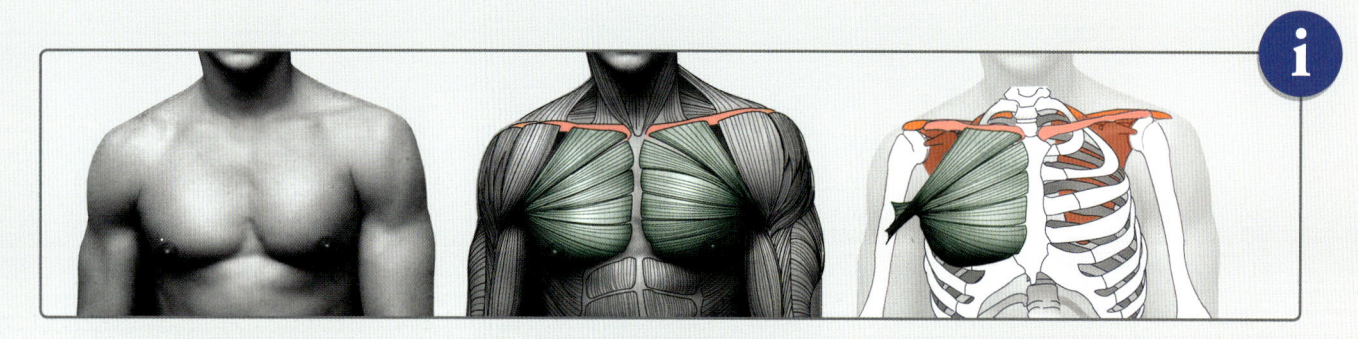

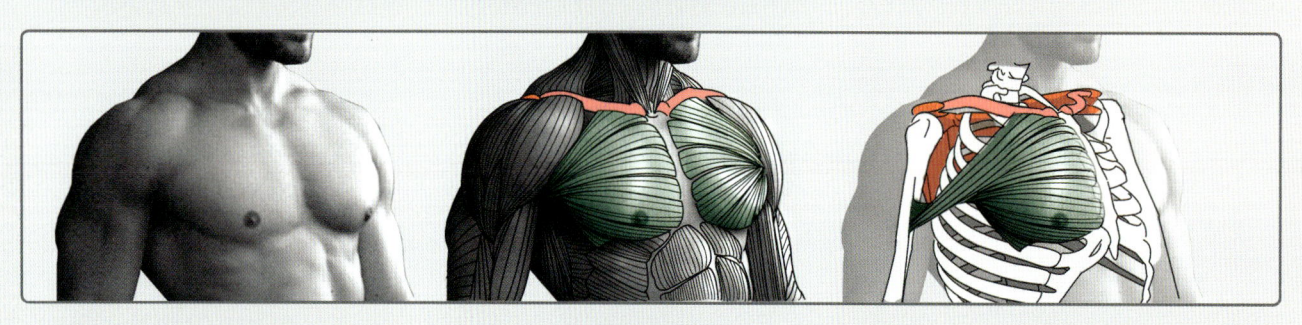

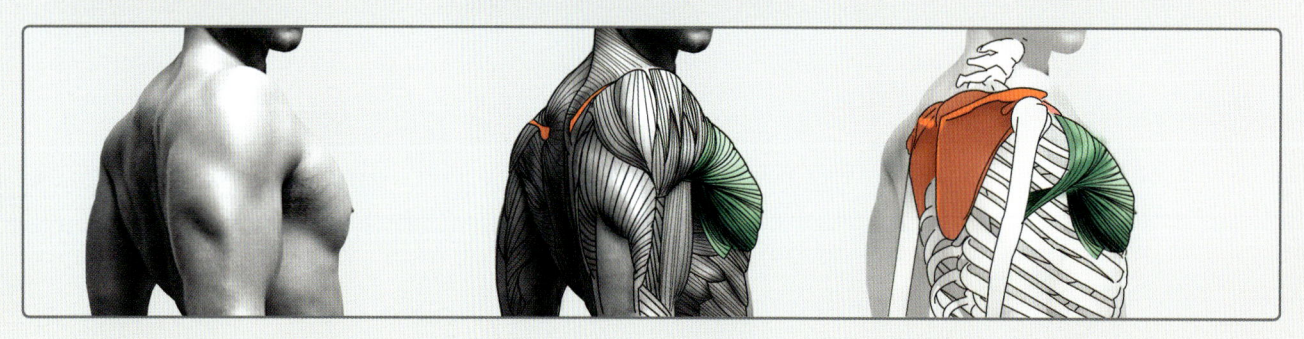

¡EL ÁREA HUECA ENTRE EL MP Y EL DELTOIDE (D) ES SIEMPRE VISIBLE!

EL MP ESTÁ PARCIALMENTE CUBIERTO POR EL MÚSCULO DELTOIDE (D).

ANATOMÍA PARA ESCULTORES

¿QUÉ ES ESTA PROTUBERANCIA?

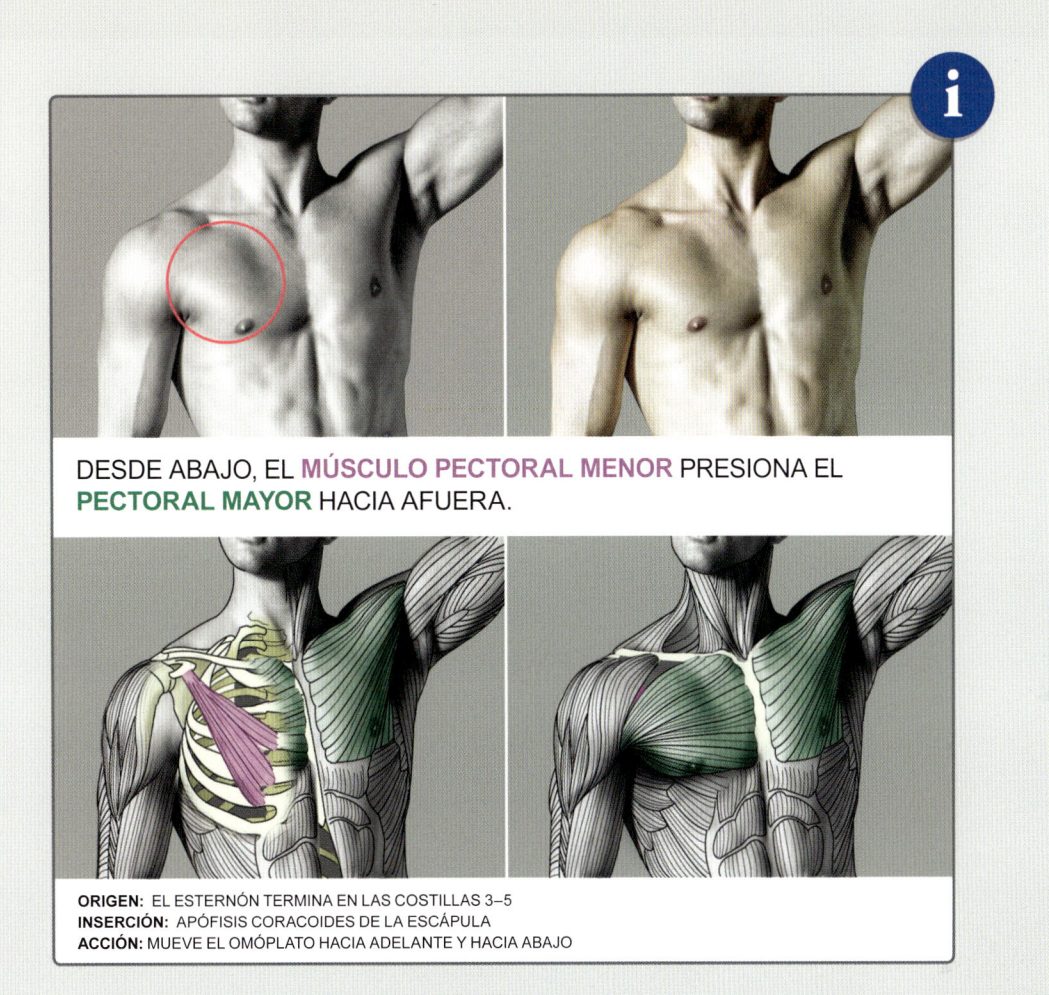

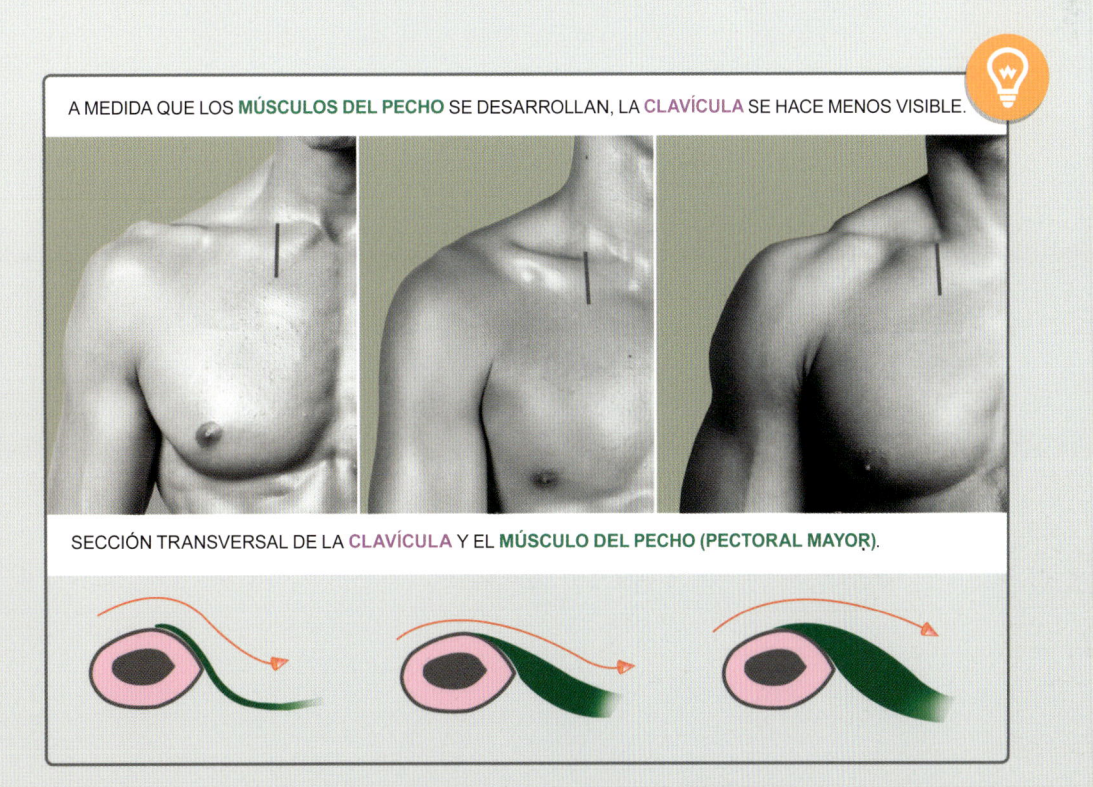

DESDE ABAJO, EL **MÚSCULO PECTORAL MENOR** PRESIONA EL **PECTORAL MAYOR** HACIA AFUERA.

ORIGEN: EL ESTERNÓN TERMINA EN LAS COSTILLAS 3–5
INSERCIÓN: APÓFISIS CORACOIDES DE LA ESCÁPULA
ACCIÓN: MUEVE EL OMÓPLATO HACIA ADELANTE Y HACIA ABAJO

A MEDIDA QUE LOS **MÚSCULOS DEL PECHO** SE DESARROLLAN, LA **CLAVÍCULA** SE HACE MENOS VISIBLE.

SECCIÓN TRANSVERSAL DE LA **CLAVÍCULA** Y EL **MÚSCULO DEL PECHO (PECTORAL MAYOR)**.

35

CARACTERÍSTICAS DEL PECHO Y LOS HOMBROS

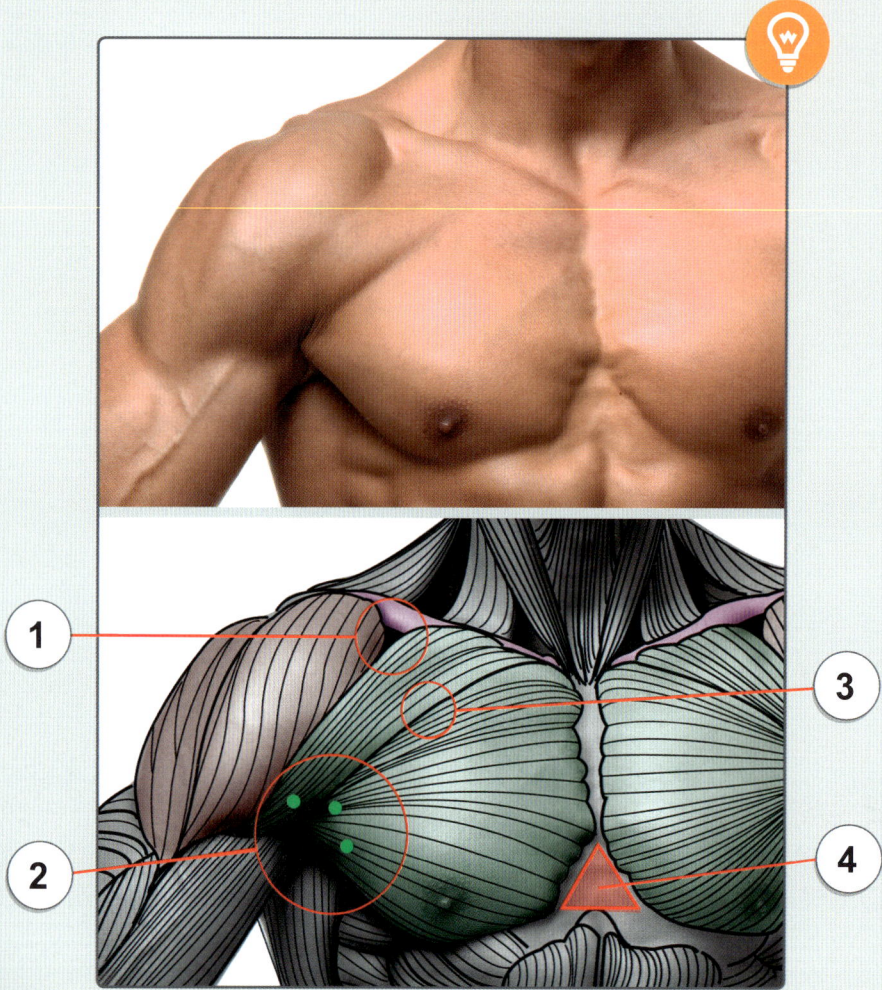

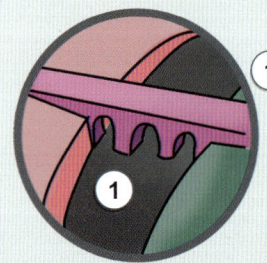

(1) LA **CLAVÍCULA** ES COMO UN PUENTE SOBRE UN VALLE. DEBAJO DE LA CLAVÍCULA SE ENCUENTRA EL **TRIÁNGULO INFRACLAVICULAR (INFRACLAVICULAR FOSSA)**, QUE ES UNA CAVIDAD ENTRE EL **MÚSCULO DEL PECHO (PECTORAL MAYOR)** Y EL **MÚSCULO DEL HOMBRO (DELTOIDE)**. LA **CLAVÍCULA** ES SIEMPRE VISIBLE.

(2) CADA PARTE ●●● DEL **MÚSCULO DEL PECHO (PECTORAL MAYOR)** TIENE DIFERENTES INSERCIONES **EN EL HÚMERO**. LAS FIBRAS SE ENTRELAZAN, CRUZÁNDOSE LA UNA ENCIMA DE LA OTRA, CREANDO **MÚLTIPLES MASAS EN EL BORDE DE LA AXILA**.

(3) EN OCASIONES, EN INDIVIDUOS MUY MUSCULOSOS, SE PUEDE OBSERVAR UNA SEPARACIÓN ENTRE LA **SECCIÓN CLAVICULAR** Y LA **SECCIÓN DEL ESTERNÓN** DEL **MÚSCULO DEL PECHO (PECTORAL MAYOR)**.

(4) EL **TRIÁNGULO ÓSEO** ENTRE LOS **MÚSCULOS DEL PECHO** Y LOS **ABDOMINALES**.

PECHO FEMENINO

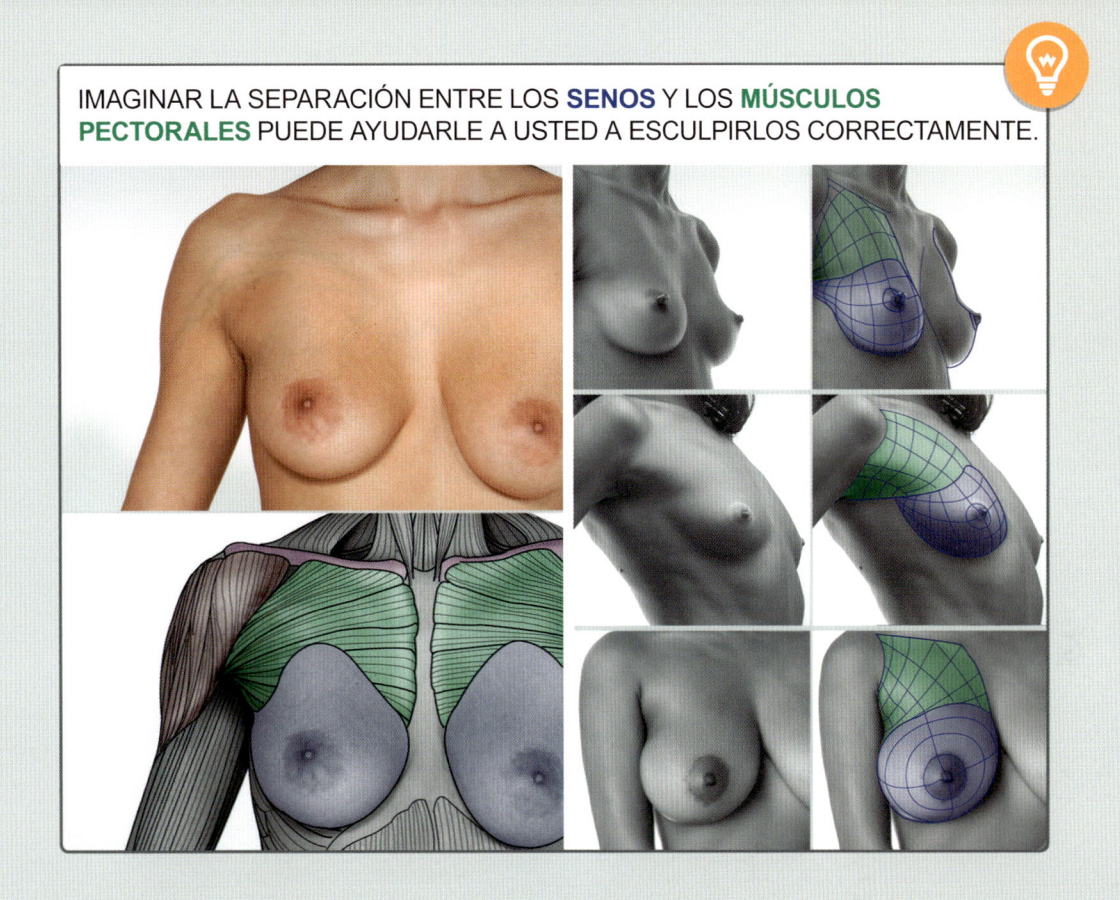

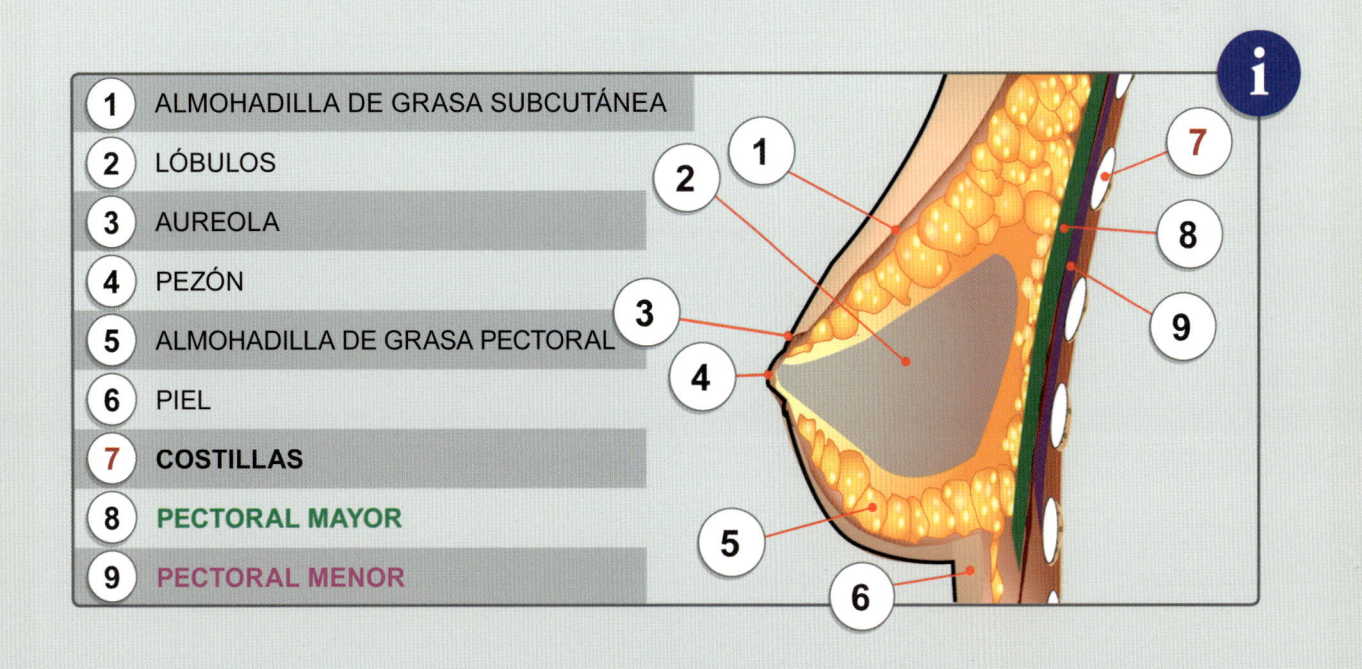

IMAGINAR LA SEPARACIÓN ENTRE LOS **SENOS** Y LOS **MÚSCULOS PECTORALES** PUEDE AYUDARLE A USTED A ESCULPIRLOS CORRECTAMENTE.

1. ALMOHADILLA DE GRASA SUBCUTÁNEA
2. LÓBULOS
3. AUREOLA
4. PEZÓN
5. ALMOHADILLA DE GRASA PECTORAL
6. PIEL
7. COSTILLAS
8. PECTORAL MAYOR
9. PECTORAL MENOR

37

ANATOMÍA PARA ESCULTORES

LOS ÁNGULOS DEL PECHO FEMENINO VARÍAN DEPENDIENDO DE LA FORMA Y EL TAMAÑO

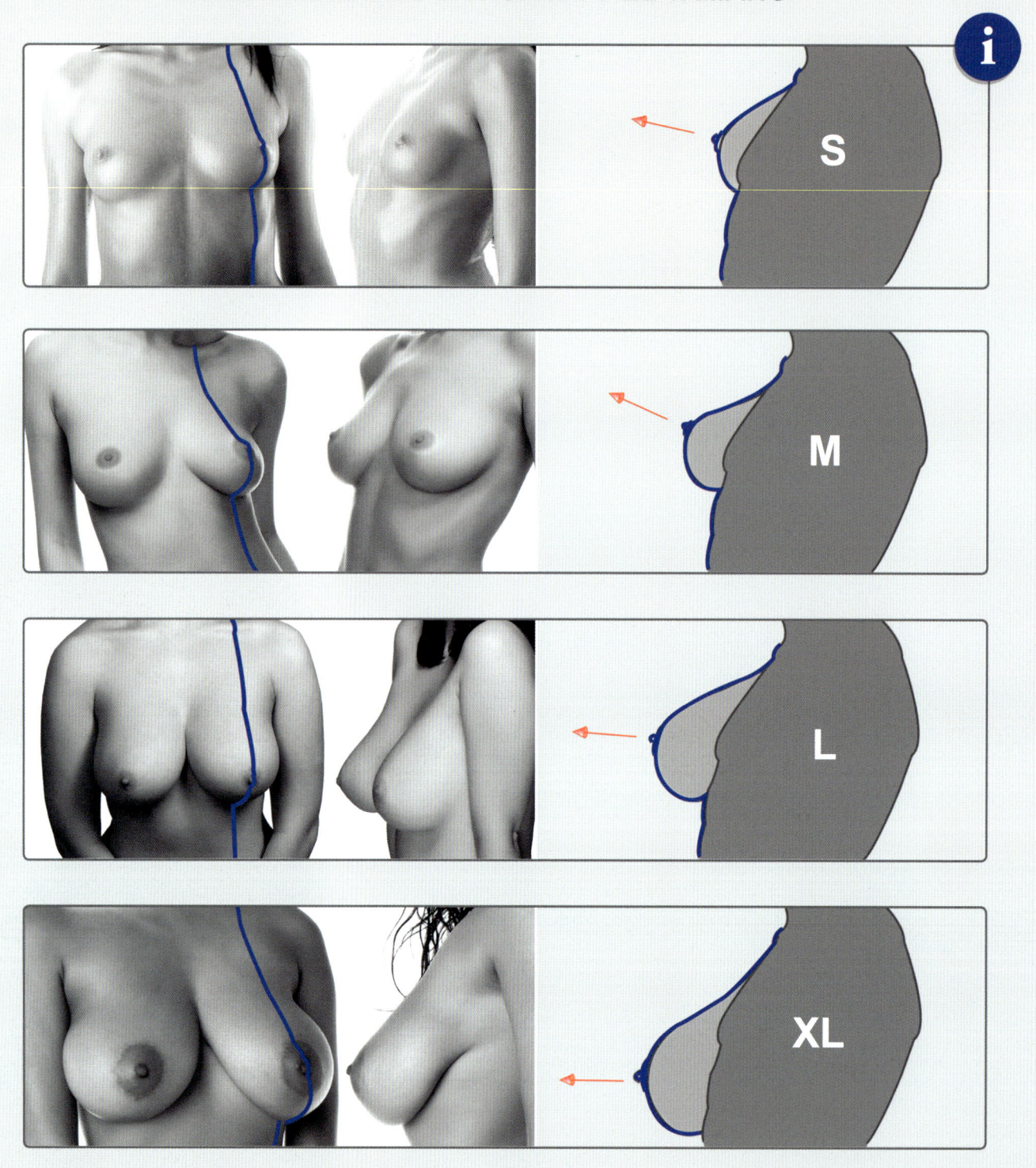

S

M

L

XL

38

VOLUMEN DE LOS SENOS Y POSICIONAMIENTO

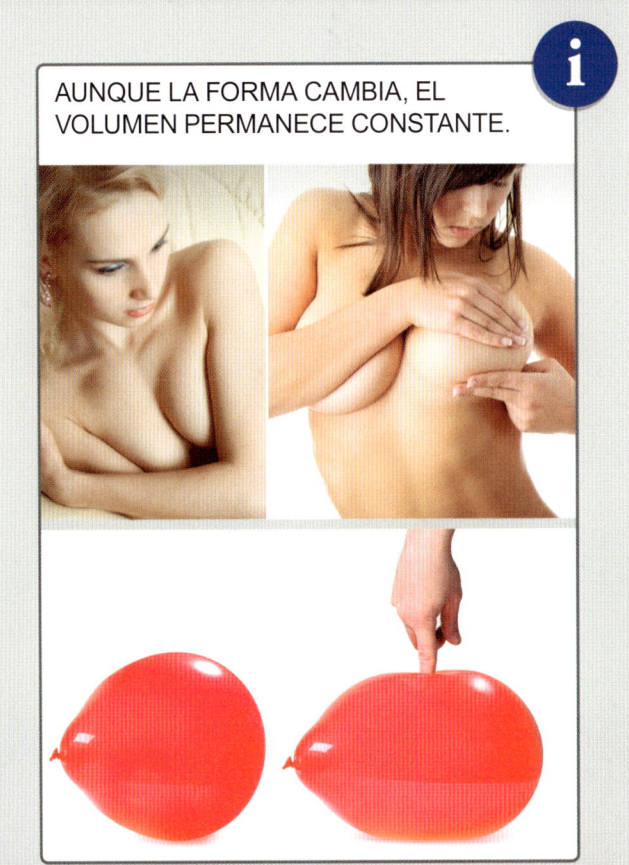

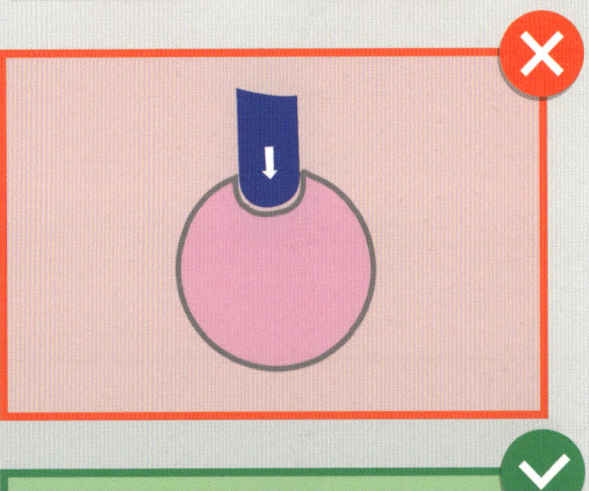

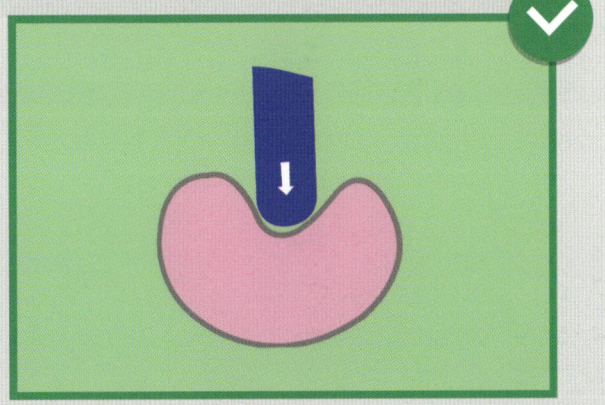

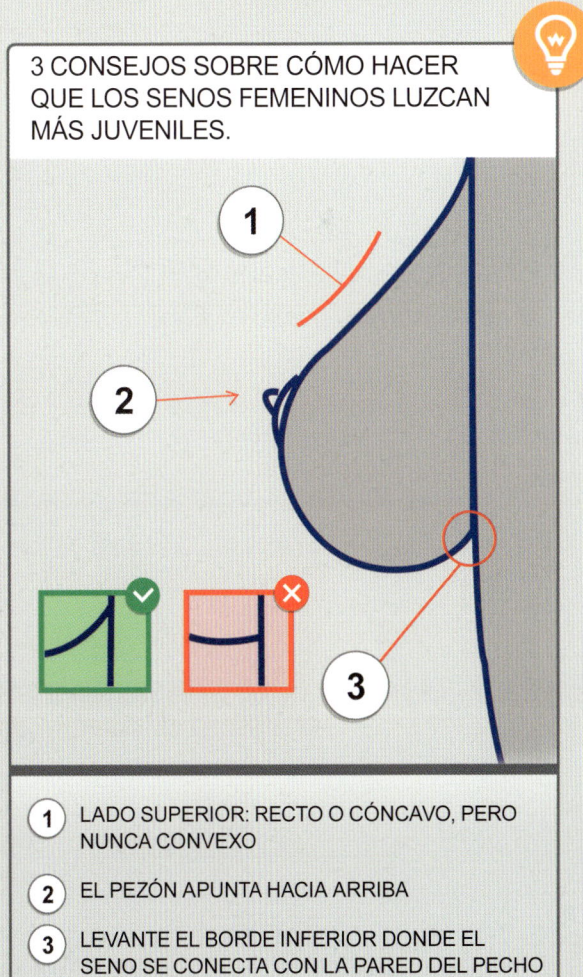

AUNQUE LA FORMA CAMBIA, EL VOLUMEN PERMANECE CONSTANTE.

CUANTO MÁS GRANDES SON LOS SENOS, MÁS FORMA LES DA LA GRAVEDAD CUANDO UNA MUJER ESTÁ TUMBADA BOCA ARRIBA.

3 CONSEJOS SOBRE CÓMO HACER QUE LOS SENOS FEMENINOS LUZCAN MÁS JUVENILES.

① LADO SUPERIOR: RECTO O CÓNCAVO, PERO NUNCA CONVEXO

② EL PEZÓN APUNTA HACIA ARRIBA

③ LEVANTE EL BORDE INFERIOR DONDE EL SENO SE CONECTA CON LA PARED DEL PECHO

DISTRIBUCIÓN DEL PESO LA MASA DEL PECHO FEMENINO

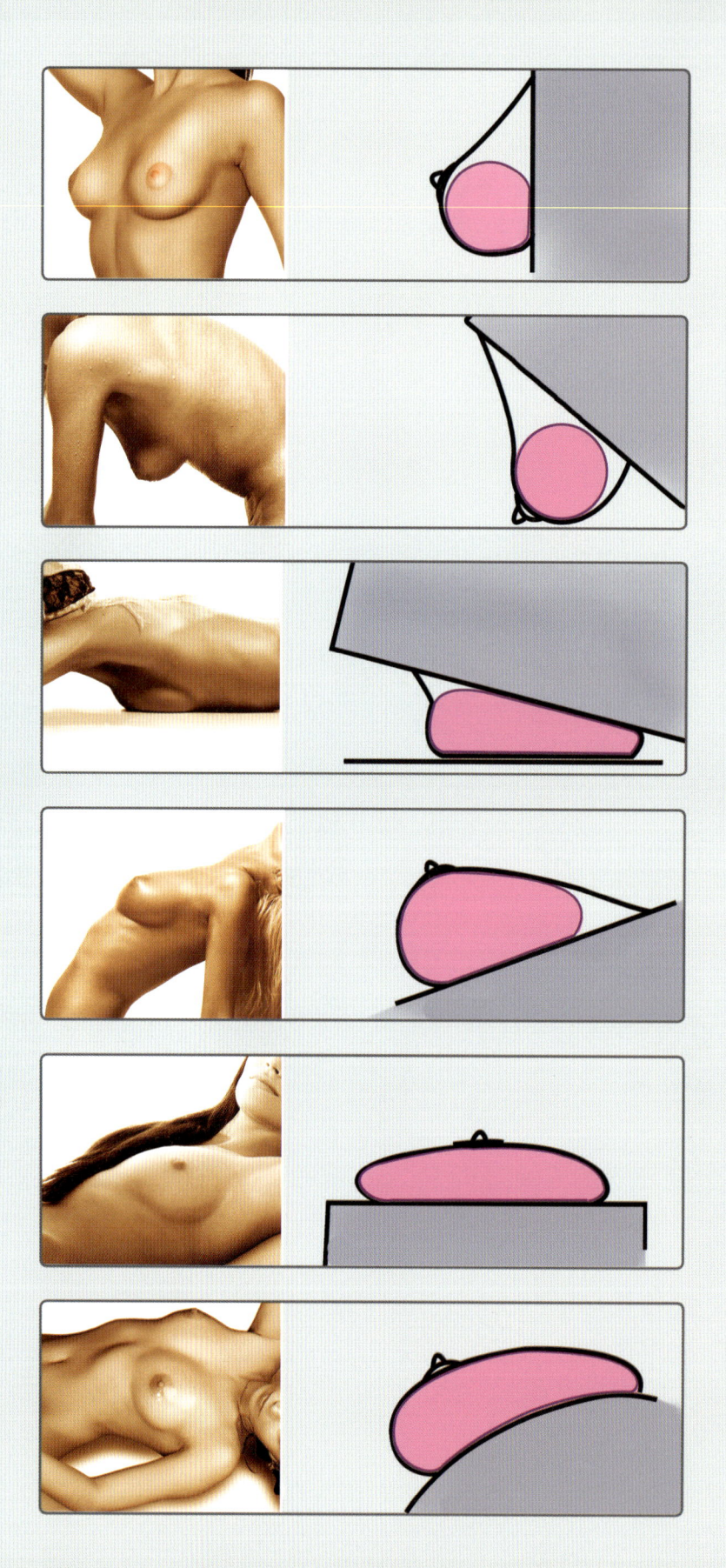

40

¿QUÉ ES LO QUE CREA LA SILUETA DE UN HOMBRO?

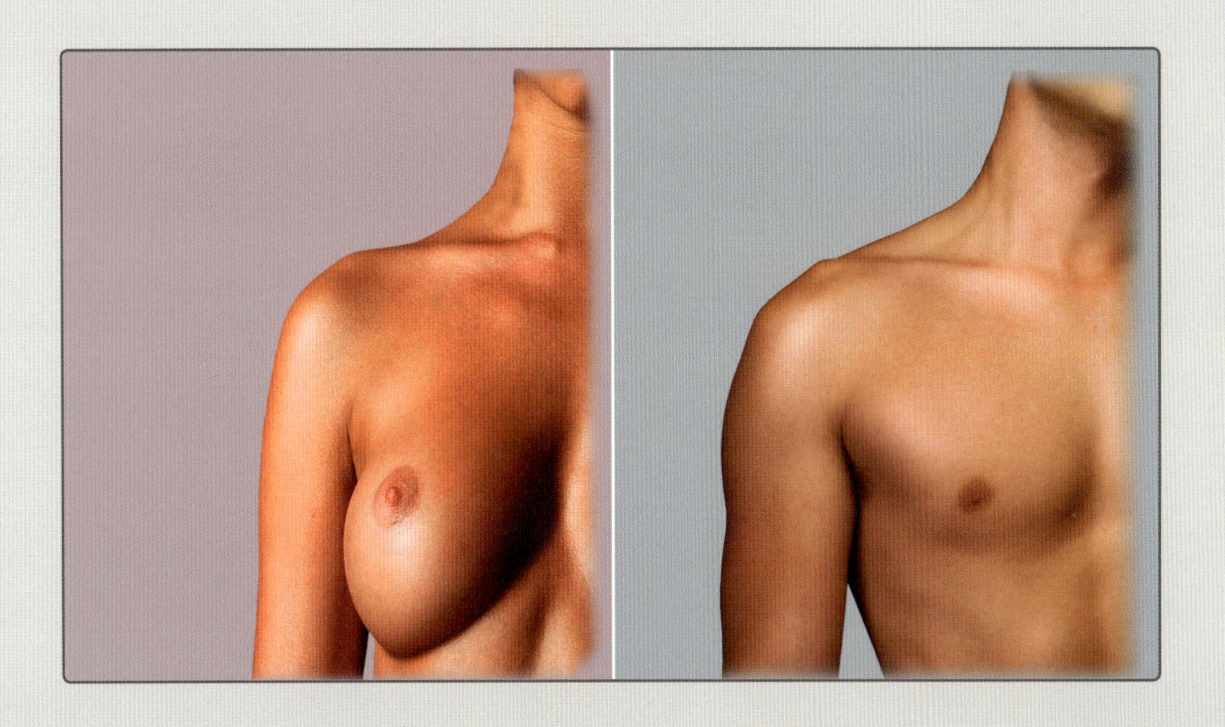

HUESOS

MÚSCULOS

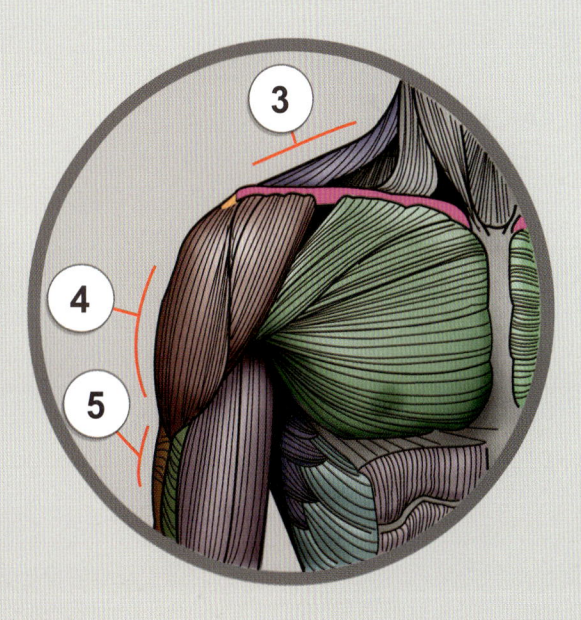

① EXTREMO LATERAL DE LA **CLAVÍCULA**
② LA CABEZA DEL **HÚMERO** EMPUJA EL **MÚSCULO DEL HOMBRO (DELTOIDE)** HACIA AFUERA.
③ **EL TRAPECIO**
④ CABEZA LATERAL DEL **MÚSCULO DEL HOMBRO (DELTOIDE)**
⑤ CABEZA LATERAL DEL **TRÍCEPS**

MÚSCULO DEL HOMBRO (DELTOIDE)

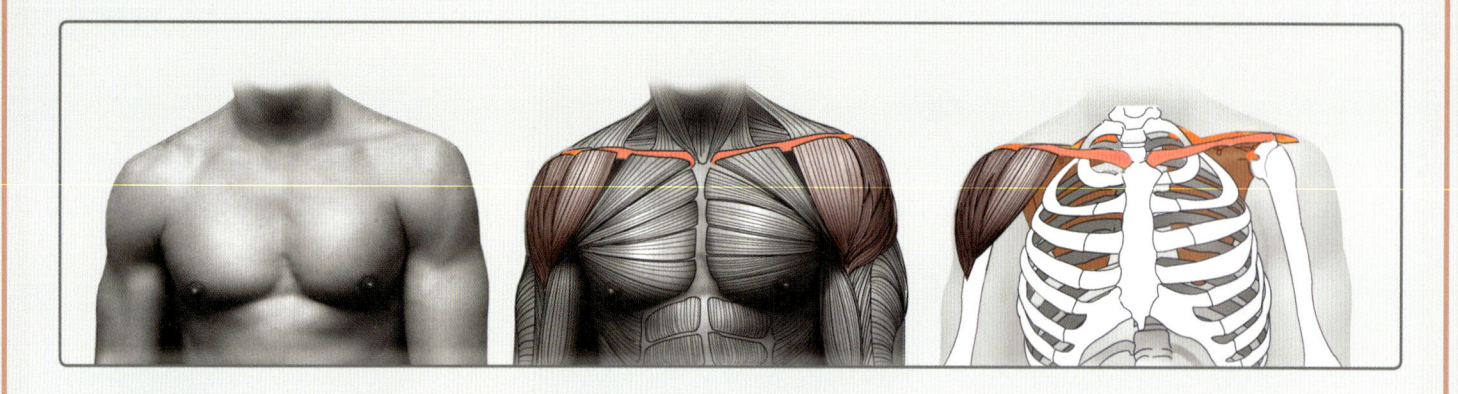

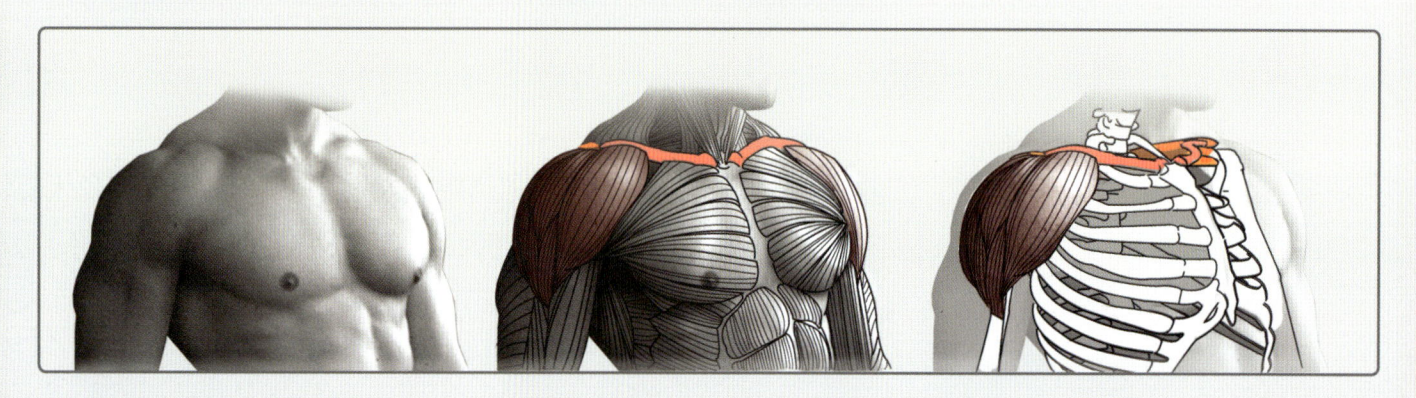

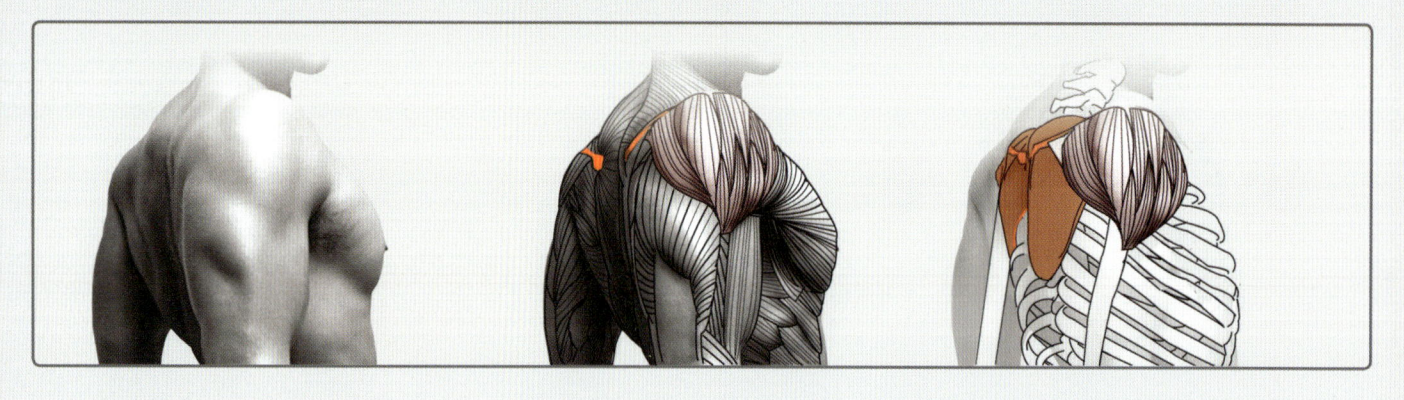

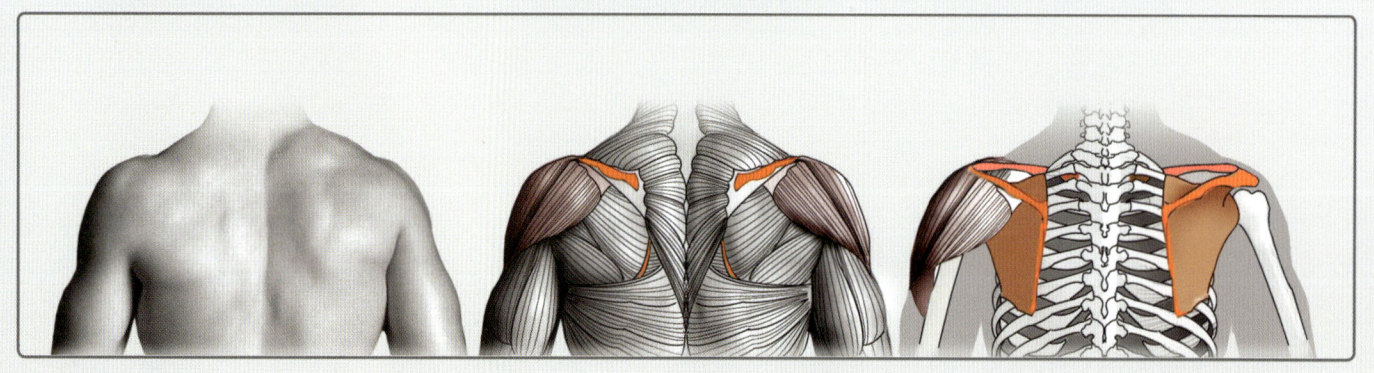

ANATOMÍA PARA ESCULTORES

EL MÚSCULO DEL HOMBRO (DELTOIDE) TIENE 3 SECCIONES: PARTE FRONTAL (ANTERIOR), MEDIAL (LATERAL) Y TRASERA (POSTERIOR)

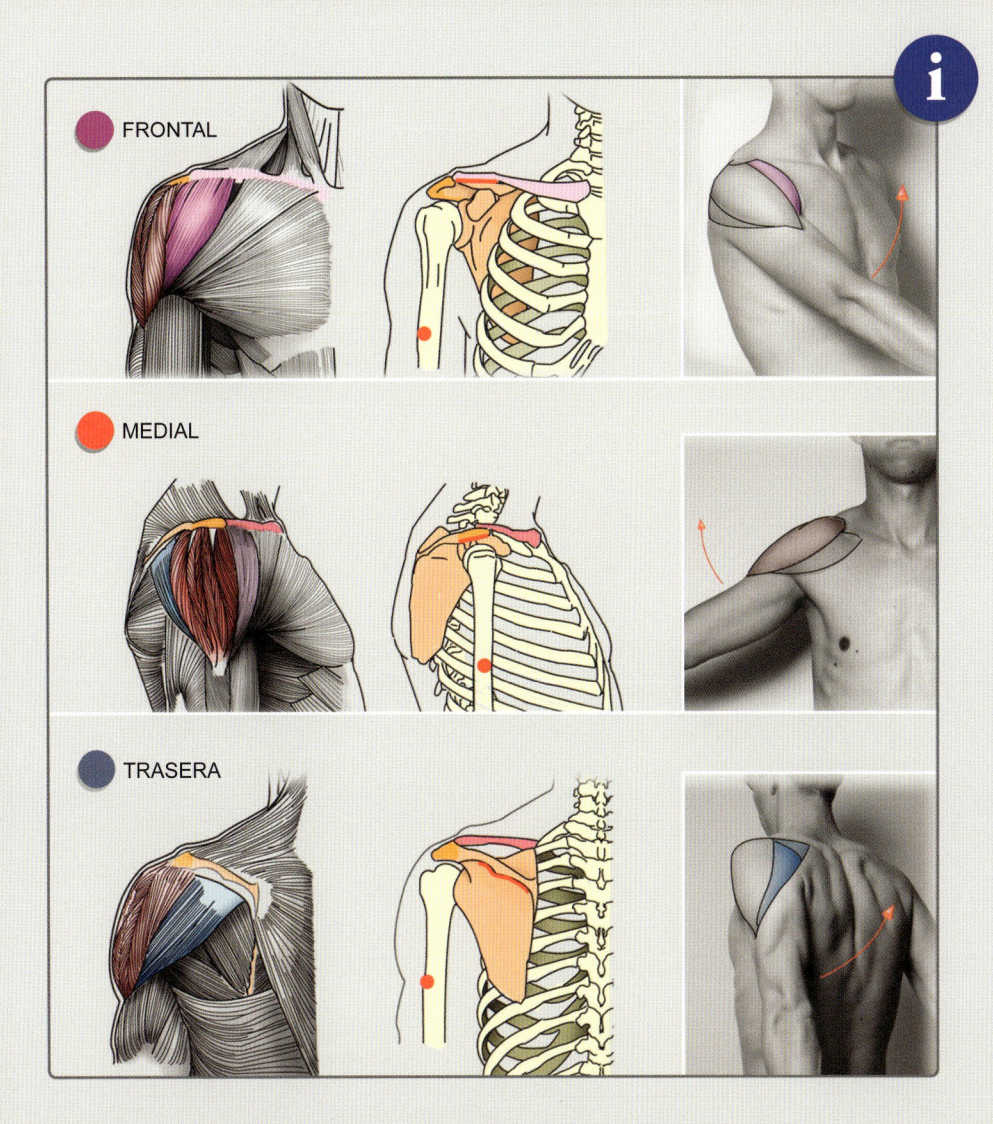

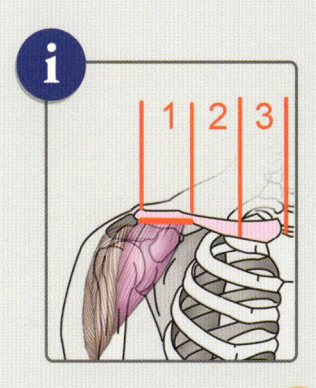

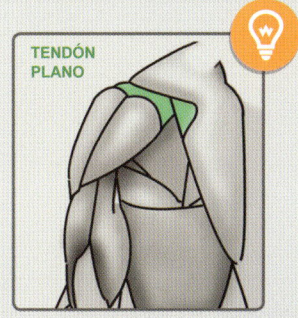

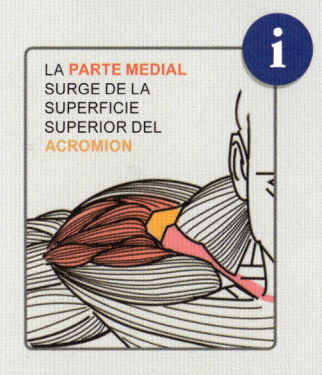

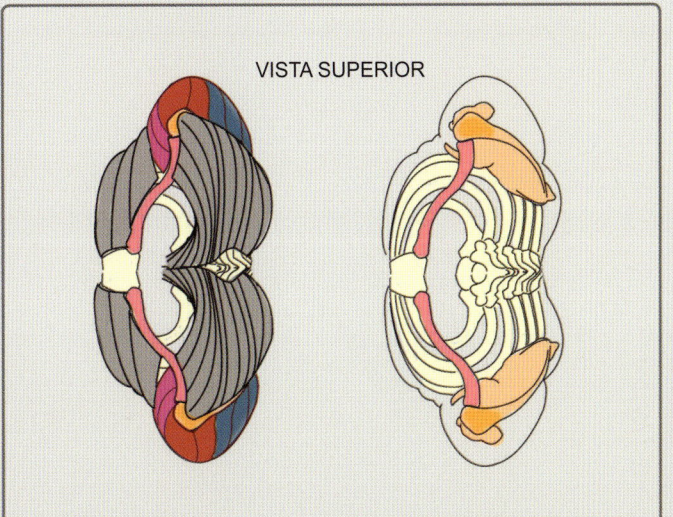

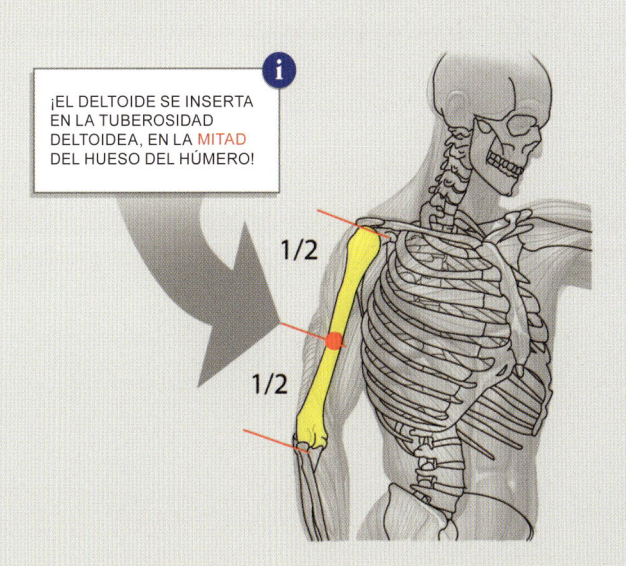

FRONTAL

MEDIAL

TRASERA

VISTA SUPERIOR

1 2 3

TENDÓN PLANO

LA **PARTE MEDIAL** SURGE DE LA SUPERFICIE SUPERIOR DEL **ACROMION**

¡EL DELTOIDE SE INSERTA EN LA TUBEROSIDAD DELTOIDEA, EN LA MITAD DEL HUESO DEL HÚMERO!

1/2

1/2

43

ANATOMÍA PARA ESCULTORES

NO IMPORTA EN QUÉ DIRECCIÓN GIRE USTED EL BRAZO, ¡EL EXTREMO INFERIOR Y ESTRECHO DEL DELTOIDE ESTÁ SIEMPRE EN LA SUPERFICIE B!

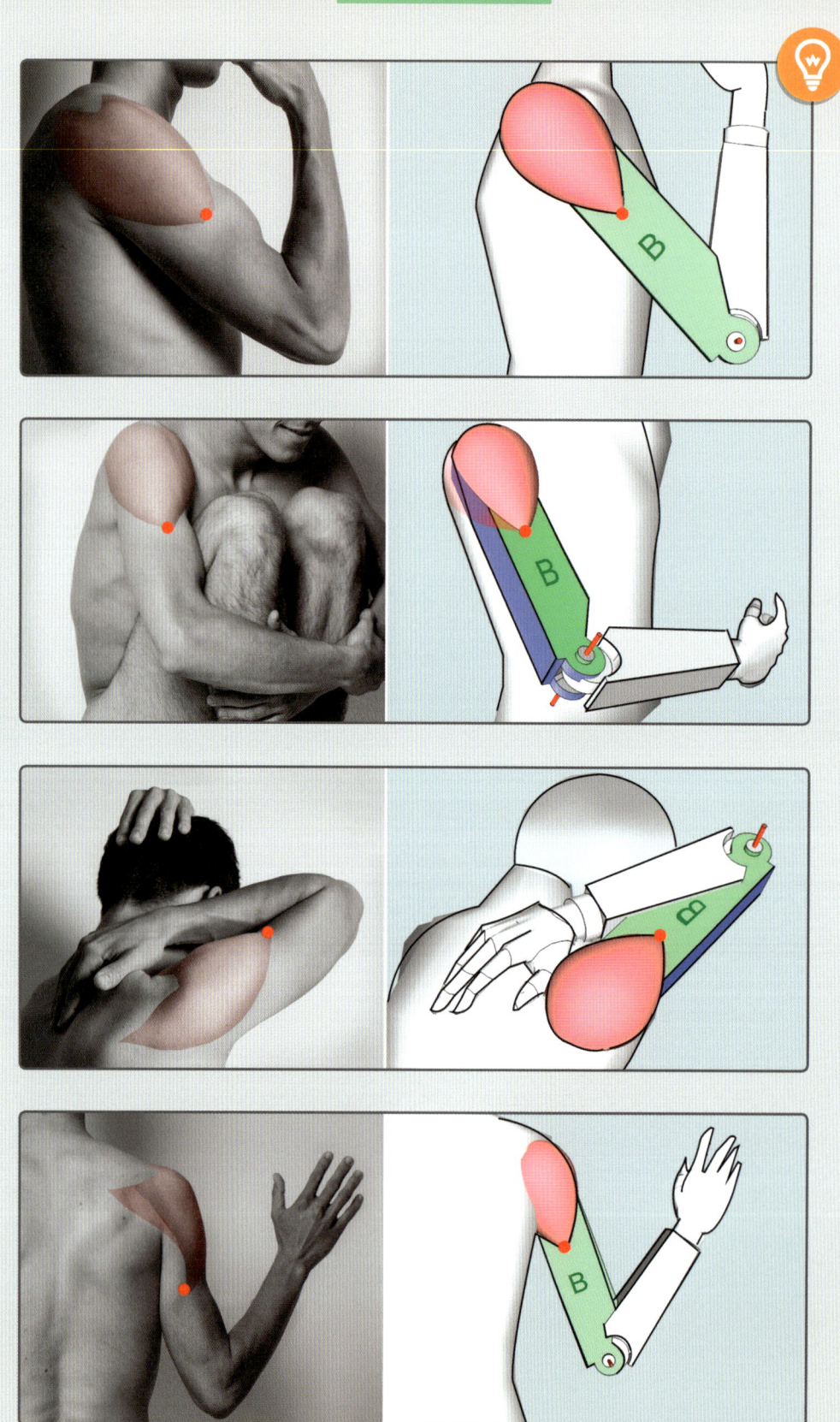

44

¿ADÓNDE VA A PARAR?

¿ADÓNDE DESAPARECE EL **MÚSCULO DEL HOMBRO** (DELTOIDE) CUANDO EL BRAZO ESTÁ LEVANTADO? SIMPLEMENTE GIRA HACIA LA ESPALDA, Y USTED PODRÁ VERLO SI MIRA DESDE EL OTRO LADO.

LA **CLAVÍCULA** ESTÁ CUBIERTA ÚNICAMENTE DE PIEL. SIEMPRE ES VISIBLE, EXCEPTO CUANDO LOS BRAZOS ESTÁN LEVANTADOS. ENTONCES, LA **CLAVÍCULA** SE ESCONDE DETRÁS DEL **GRAN MÚSCULO DEL PECHO** (PECTORAL MAYOR).

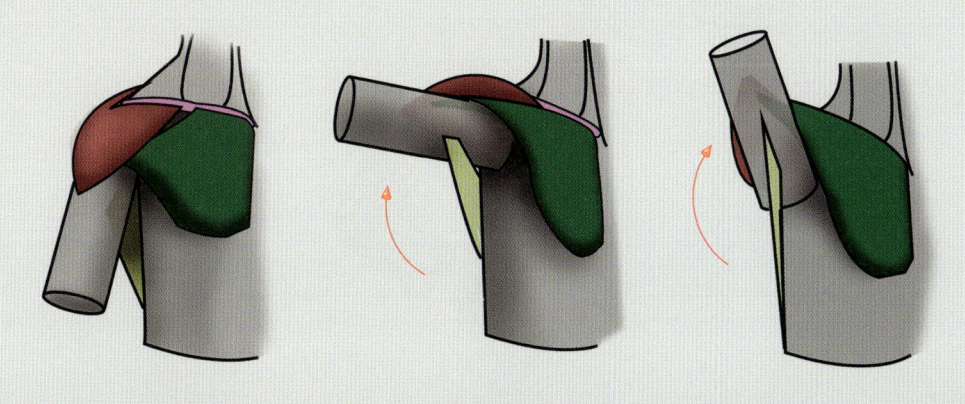

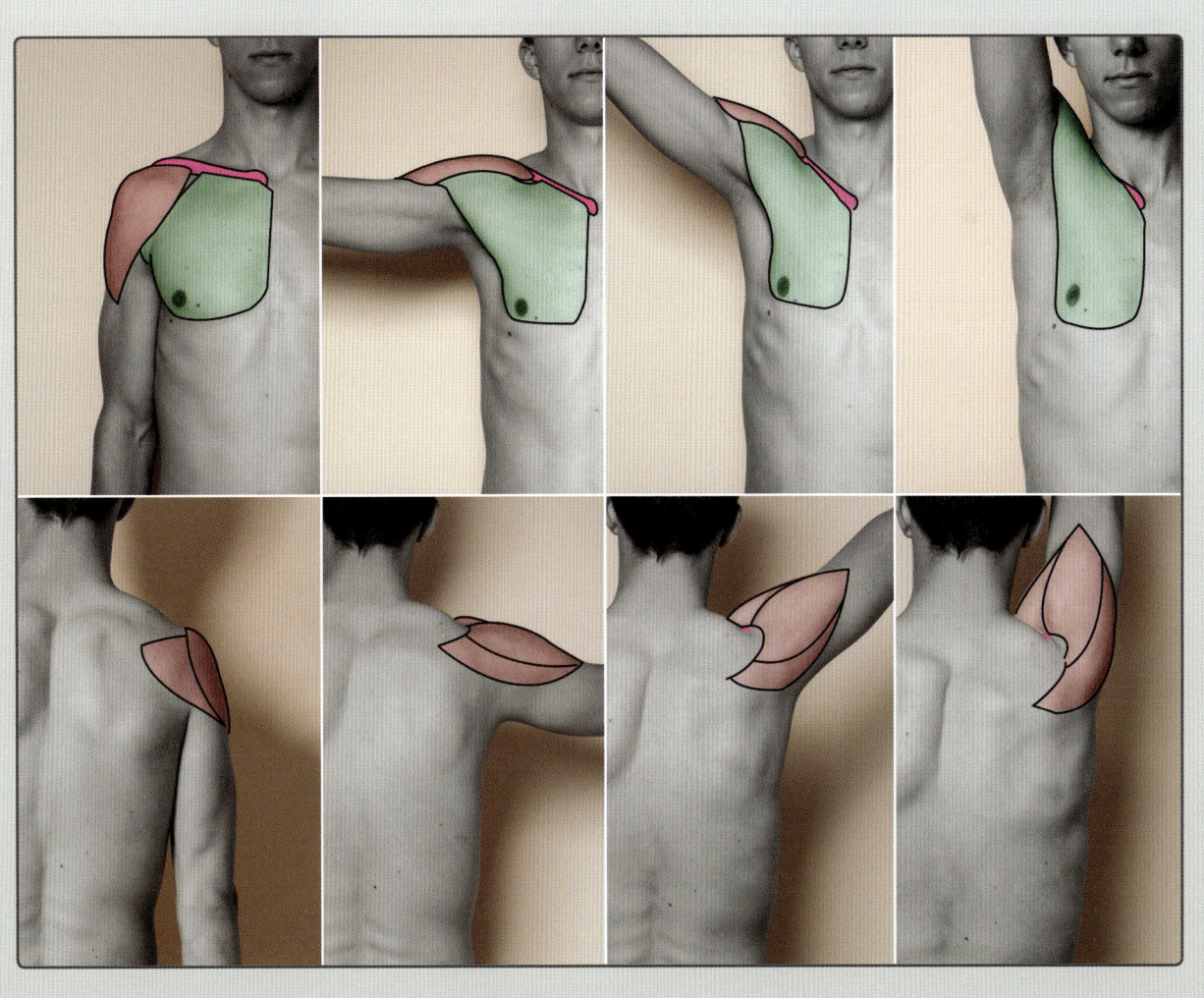

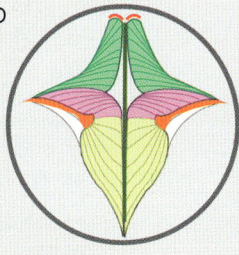

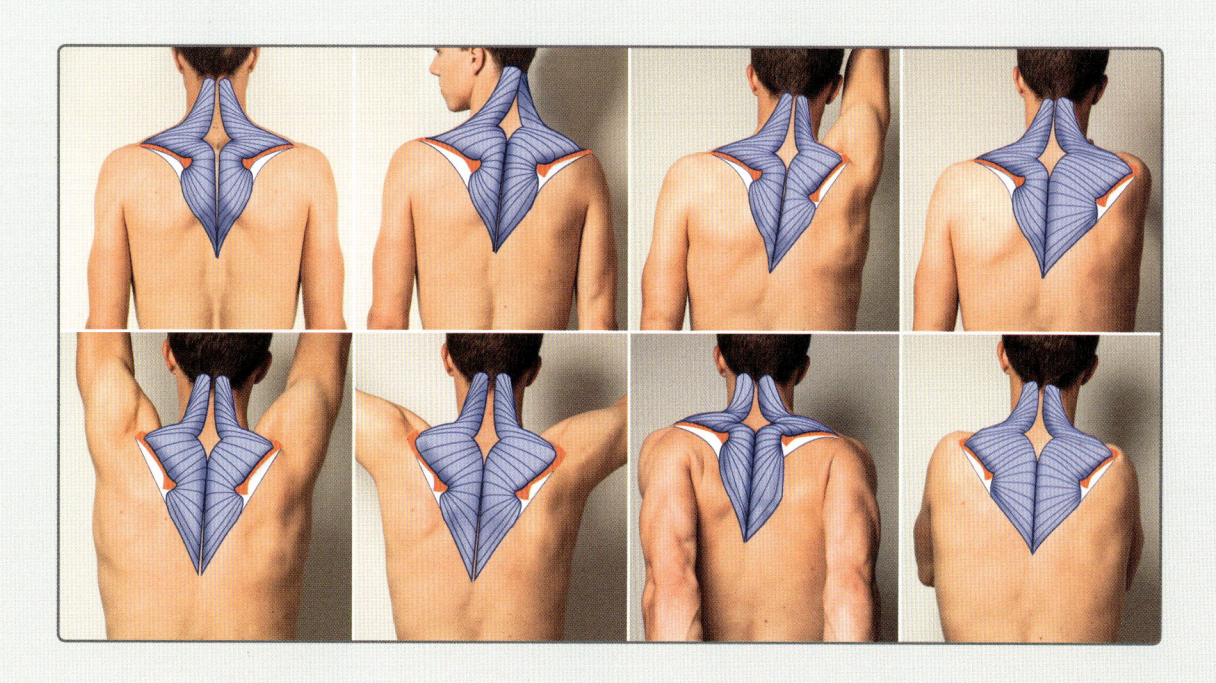

MÚSCULO TRAPECIO

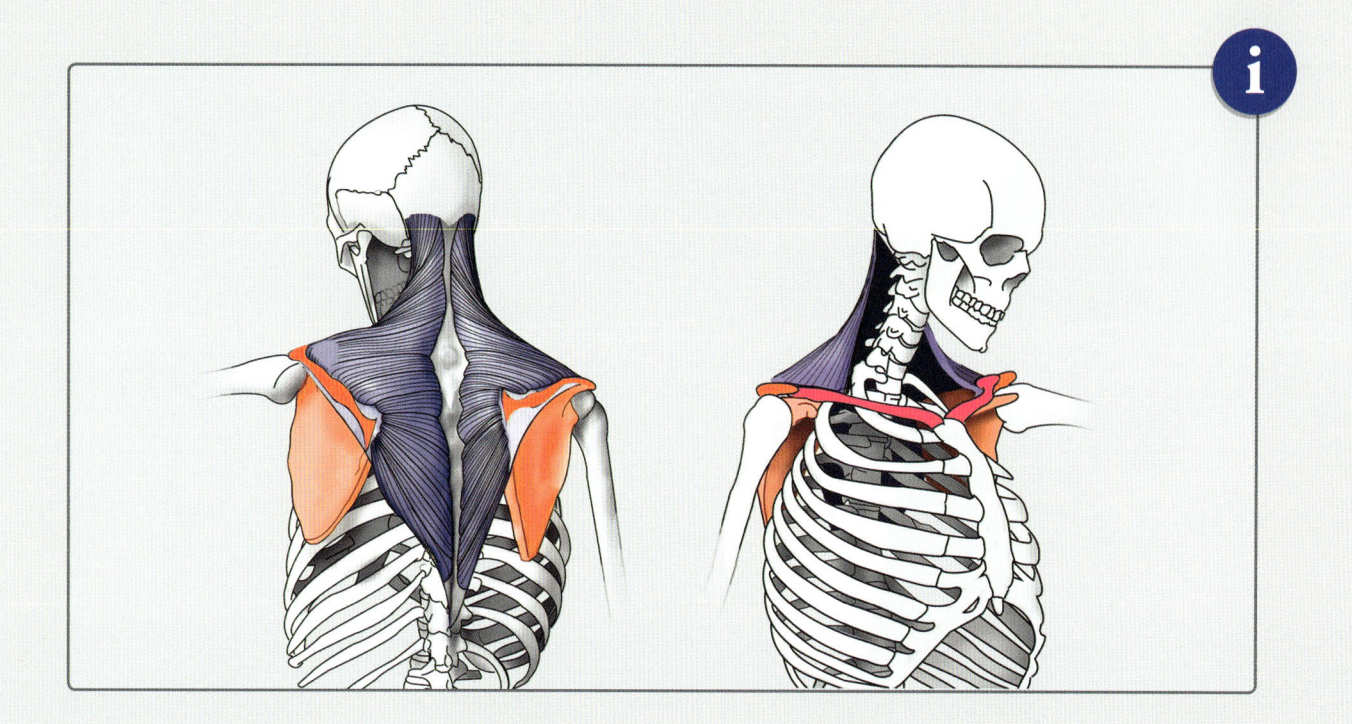

ORIGEN: LÍNEA NUCAL MEDIA SUPERIOR Y **PROTUBERANCIA EXTERNA** DEL CRÁNEO
INSERCIÓN: **CLAVÍCULA LATERAL**, ACROMION Y ESPINA ESCAPULAR

ACCIONES:
FIBRAS SUPERIORES: ELEVAR Y ROTAR LA ESCÁPULA HACIA ARRIBA; EXTENDER EL CUELLO
FIBRAS MEDIAS: ADUCIR (RETRAER) LA ESCÁPULA
FIBRAS INFERIORES: PRESIONAR HACIA ABAJO Y AYUDAR A LAS FIBRAS SUPERIORES A ROTAR LA ESCÁPULA HACIA ARRIBA

MÚSCULO TRAPECIO

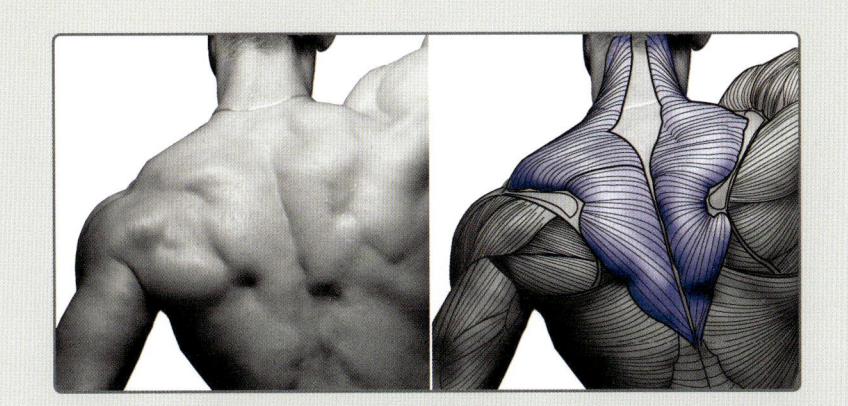

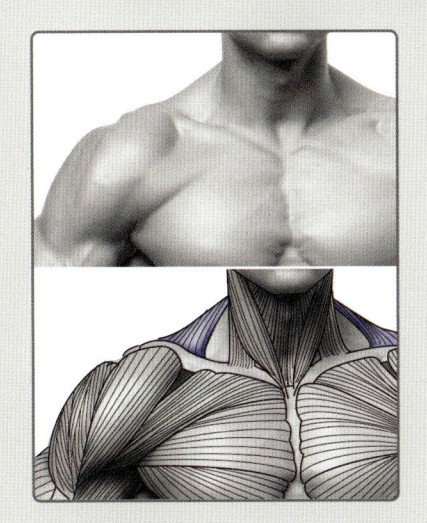

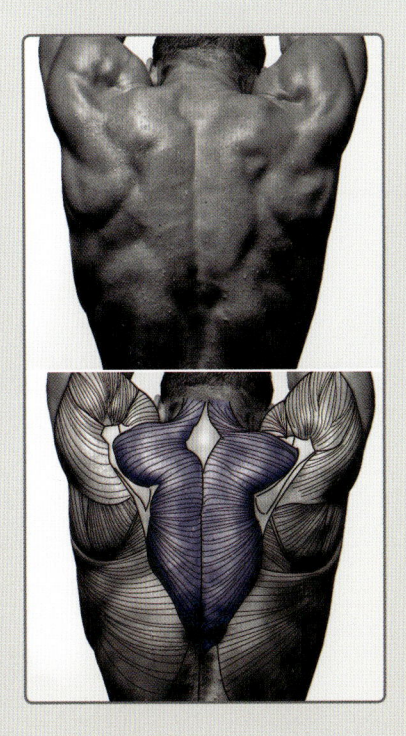

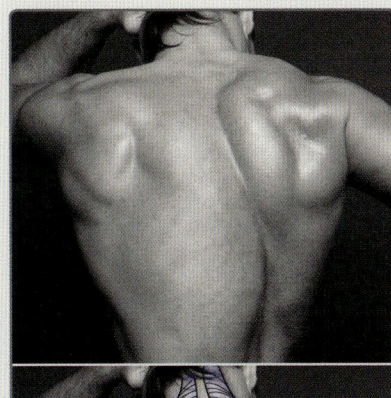

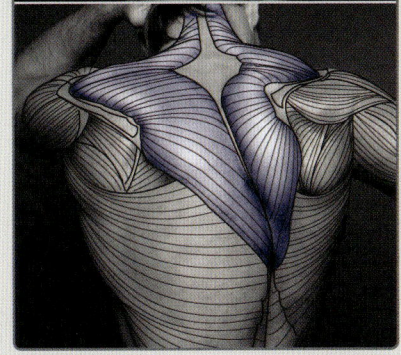

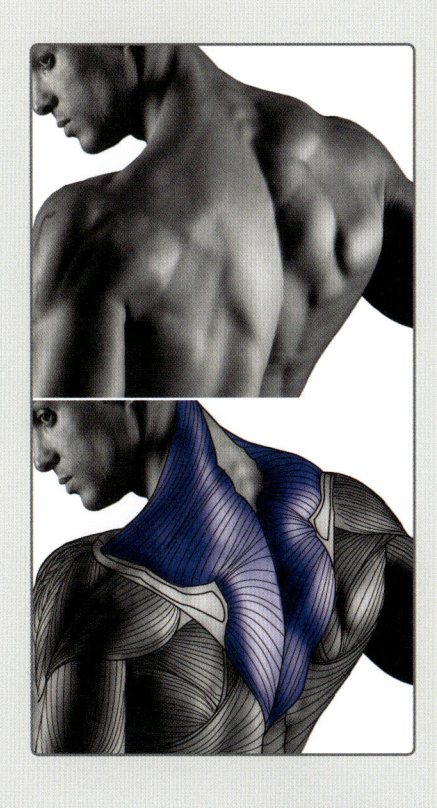

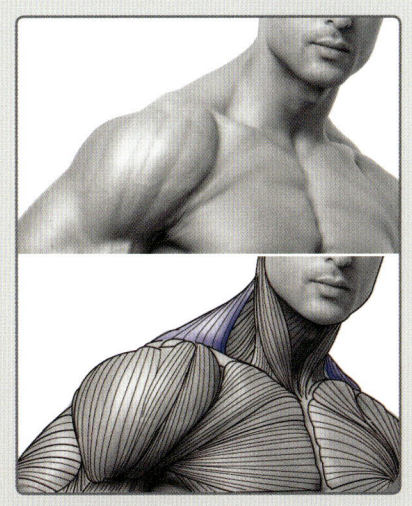

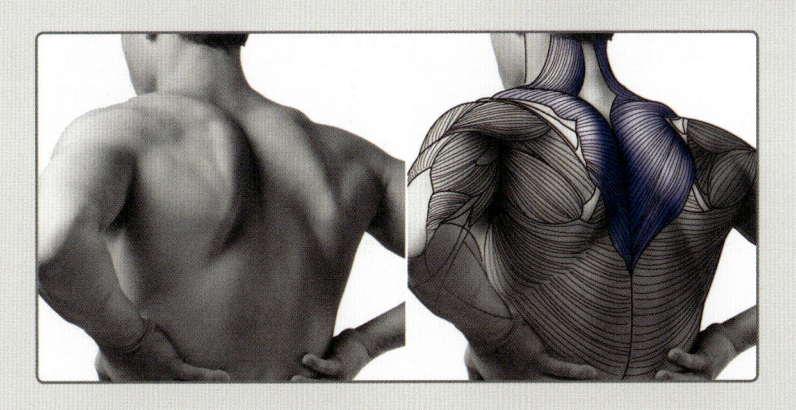

¿ESTO SON COSTILLAS?

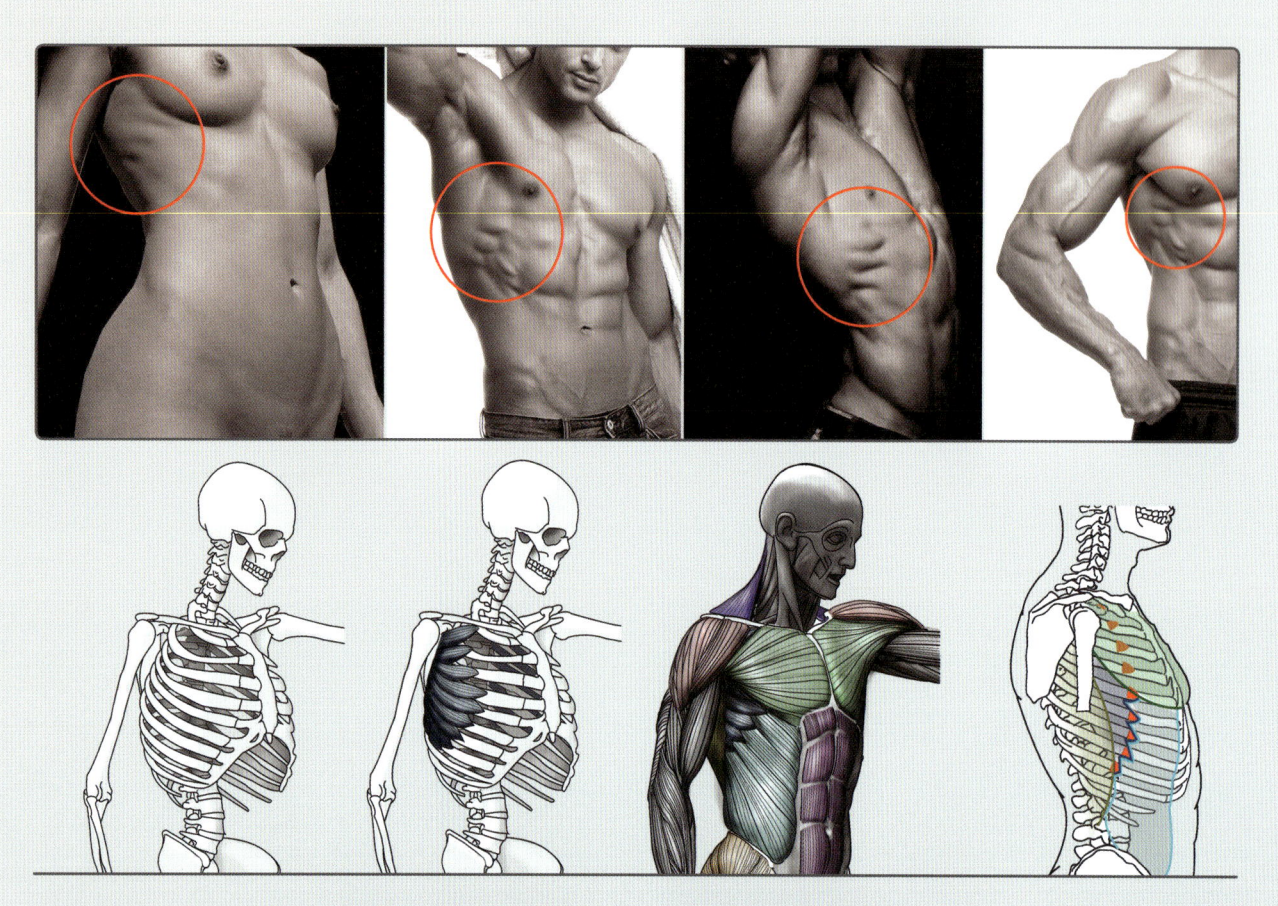

ESTO ES UN MÚSCULO, LLAMADO **SERRATO ANTERIOR**

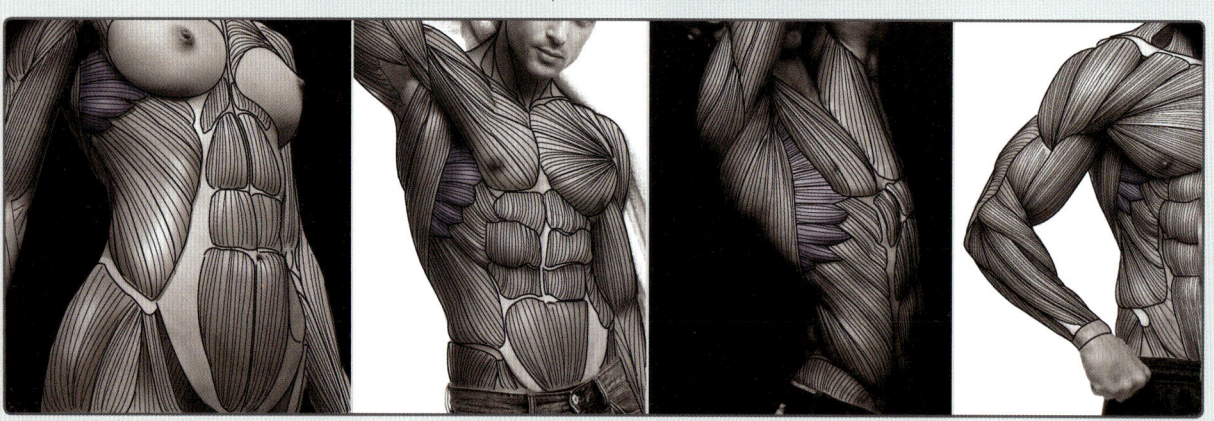

SI UNA PERSONA ES MUY FLACA, EL **SERRATO** ES DEMASIADO PLANO PARA SER VISIBLE.

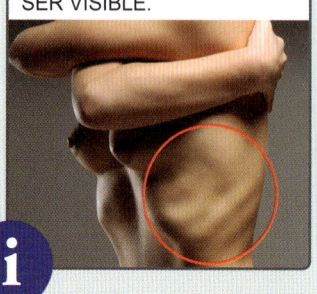

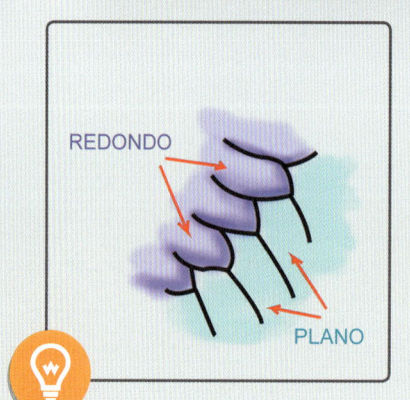

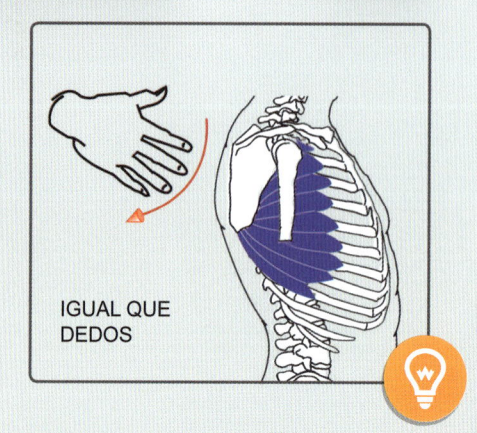

REDONDO

PLANO

IGUAL QUE DEDOS

¿QUÉ ES ESTA PROTUBERANCIA QUE HAY DEBAJO DEL OMÓPLATO?

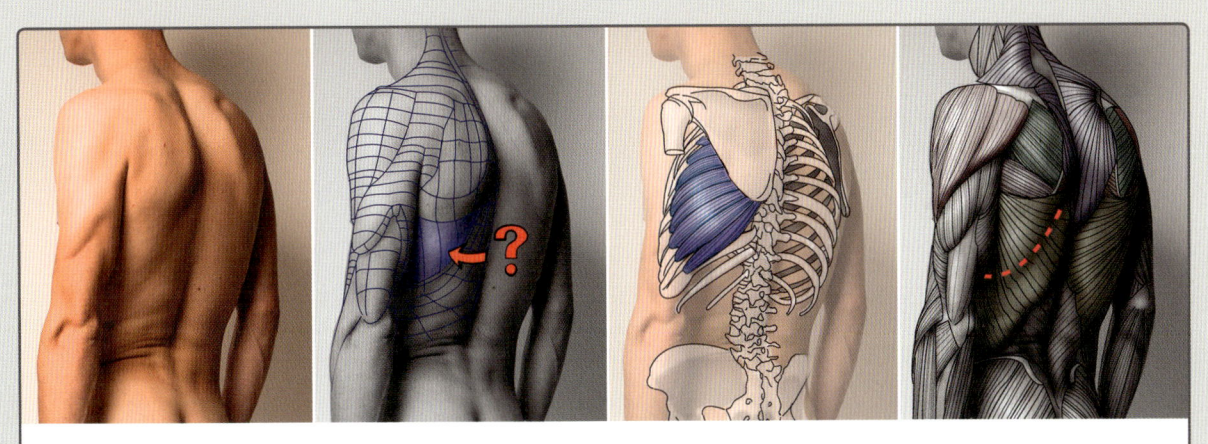

ES EL MÚSCULO **SERRATO ANTERIOR**, PRESIONANDO DESDE ABAJO EL **DORSAL ANCHO** HACIA AFUERA.

EL SERRATO ANTERIOR ES UN MÚSCULO QUE SE ORIGINA EN LAS SUPERFICIES DE LA **1ª** A LA **8ª** COSTILLA EN EL LATERAL DEL TORSO Y QUE SE INSERTA A LO LARGO DE TODA LA LONGITUD ANTERIOR DEL BORDE MEDIAL DE LA ESCÁPULA.

1/4 Y VISTA LATERAL

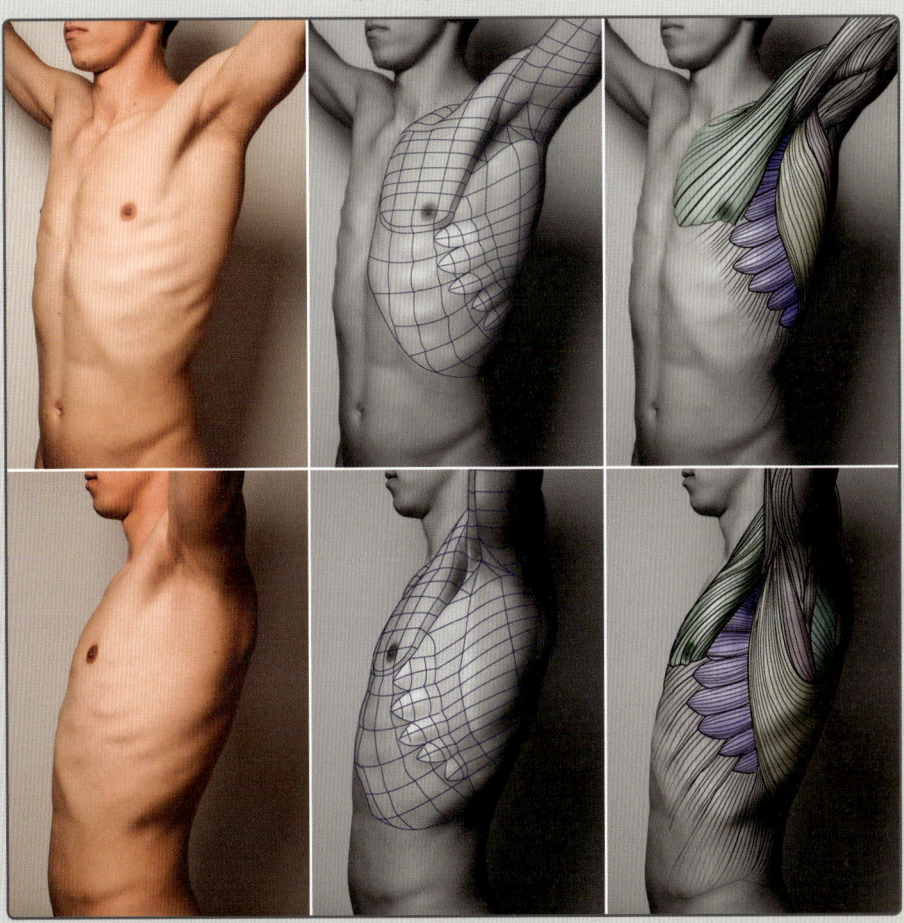

EL MÚSCULO MÁS ANCHO DE LA ESPALDA
(MÚSCULO DORSAL ANCHO –MDA)

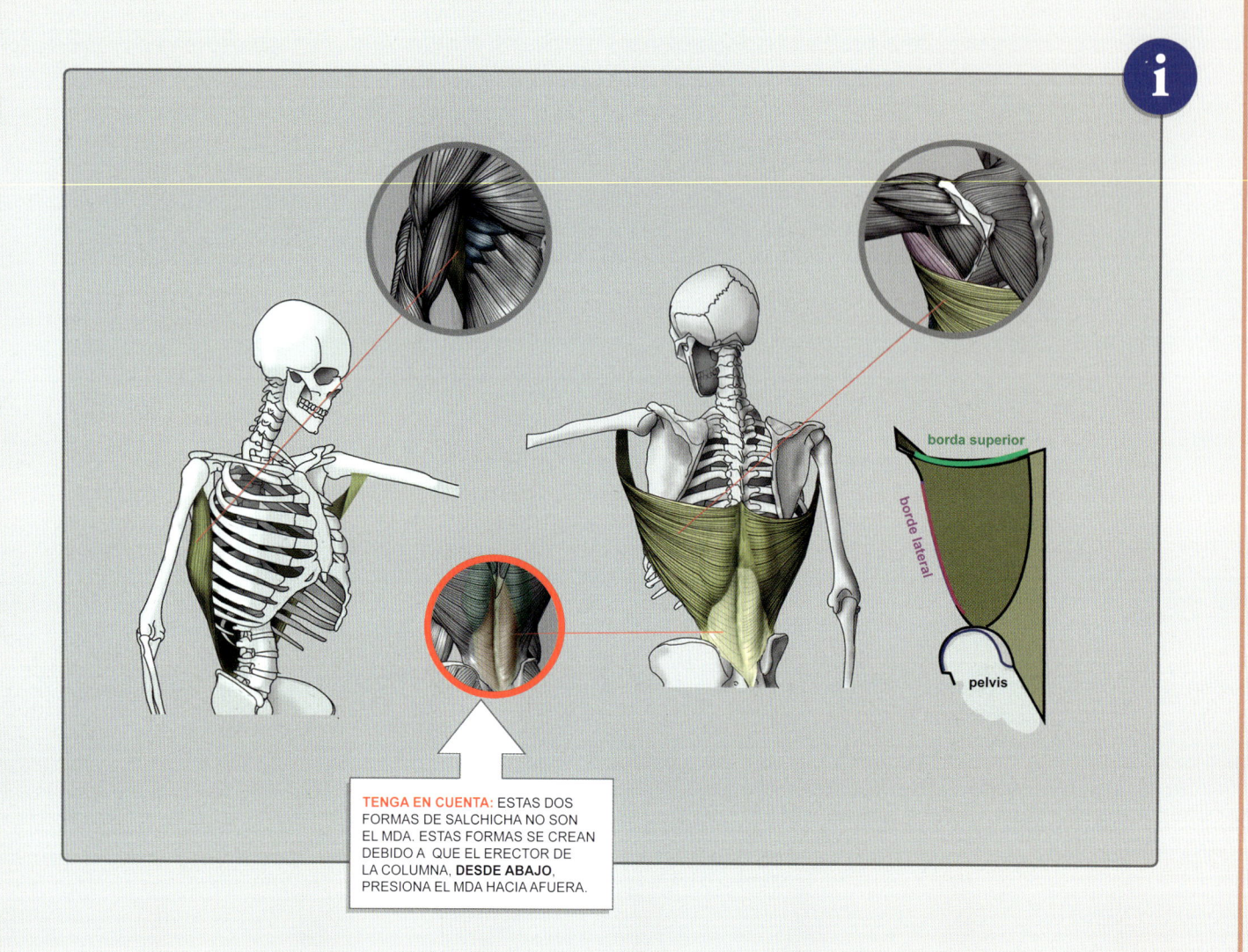

TENGA EN CUENTA: ESTAS DOS FORMAS DE SALCHICHA NO SON EL MDA. ESTAS FORMAS SE CREAN DEBIDO A QUE EL ERECTOR DE LA COLUMNA, **DESDE ABAJO**, PRESIONA EL MDA HACIA AFUERA.

EL MÚSCULO **REDONDO MAYOR**, CUBIERTO POR EL **DORSAL ANCHO**, CREA LA FORMA TRIANGULAR DE UN TORSO MASCULINO.

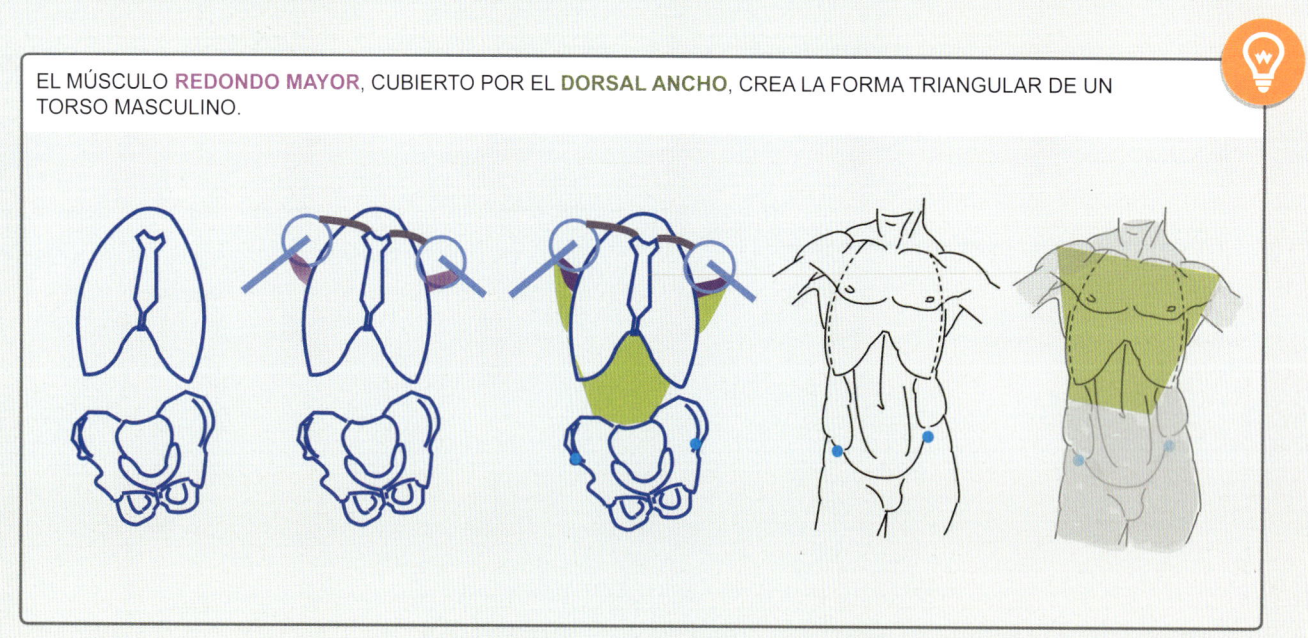

¡IDENTIFIQUE EL MÚSCULO MÁS ANCHO DE LA ESPALDA!
(DORSAL ANCHO)

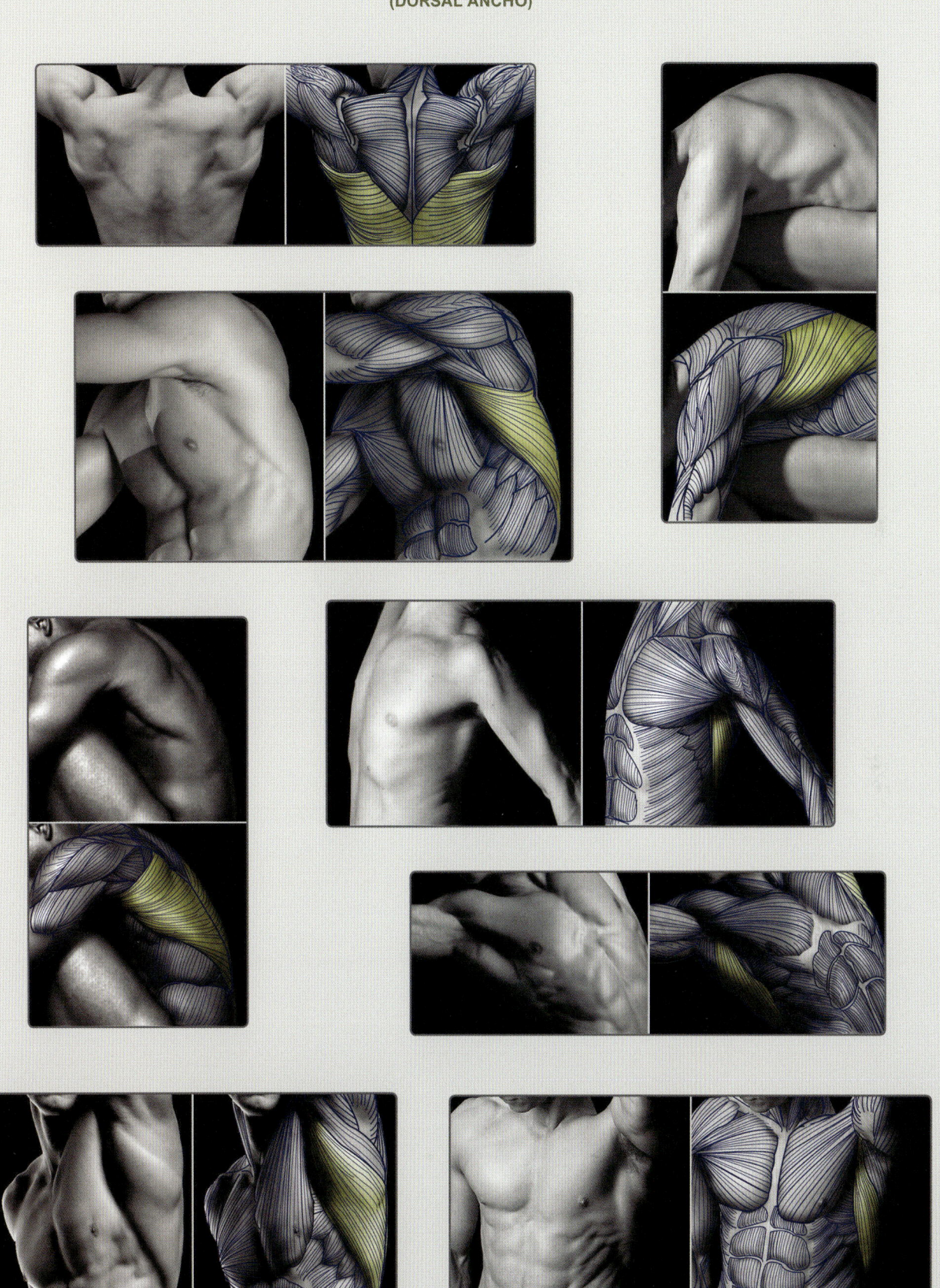

MÚSCULO REDONDO MAYOR (TERES MAJOR, TMA), MÚSCULO REDONDO MENOR (TERES MINOR, TMI) Y MÚSCULO INFRAESPINOSO (IS)

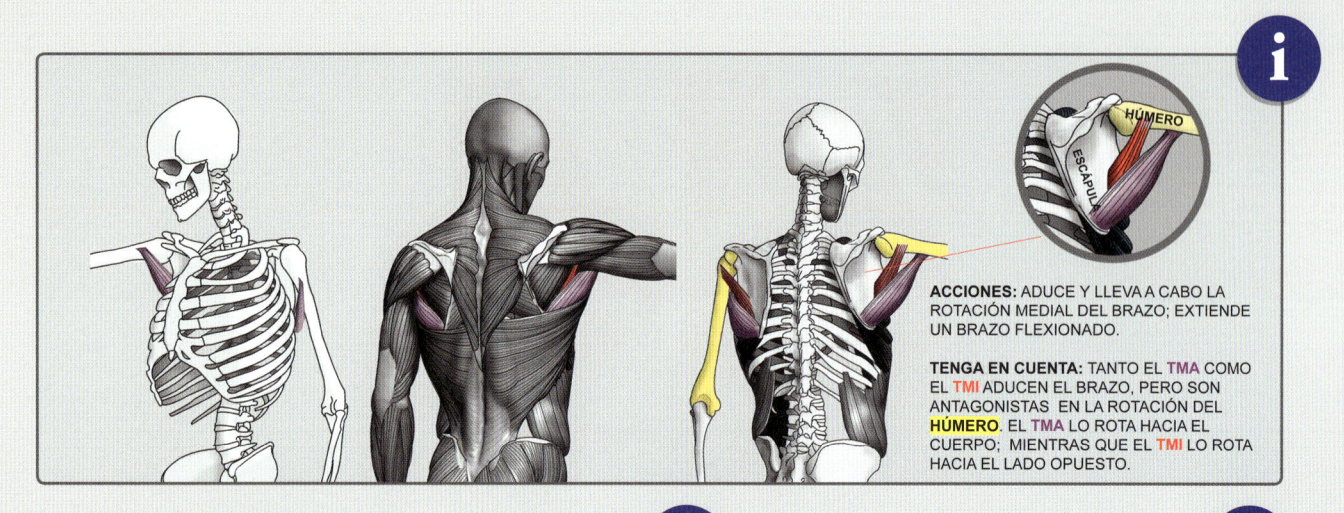

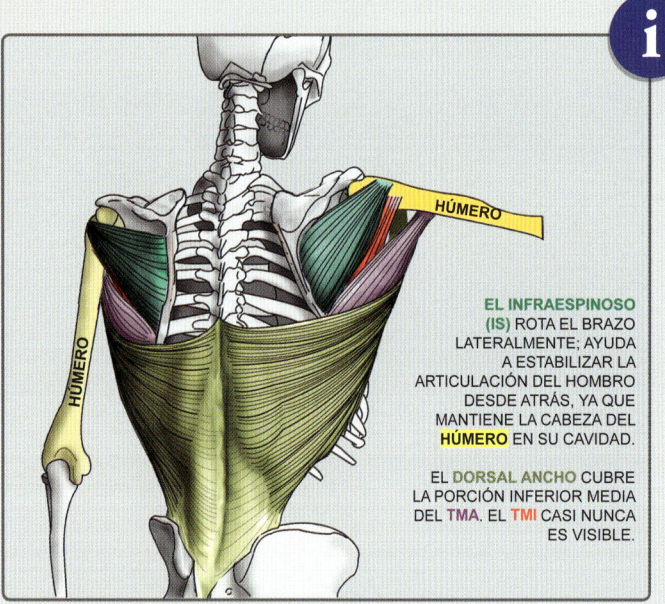

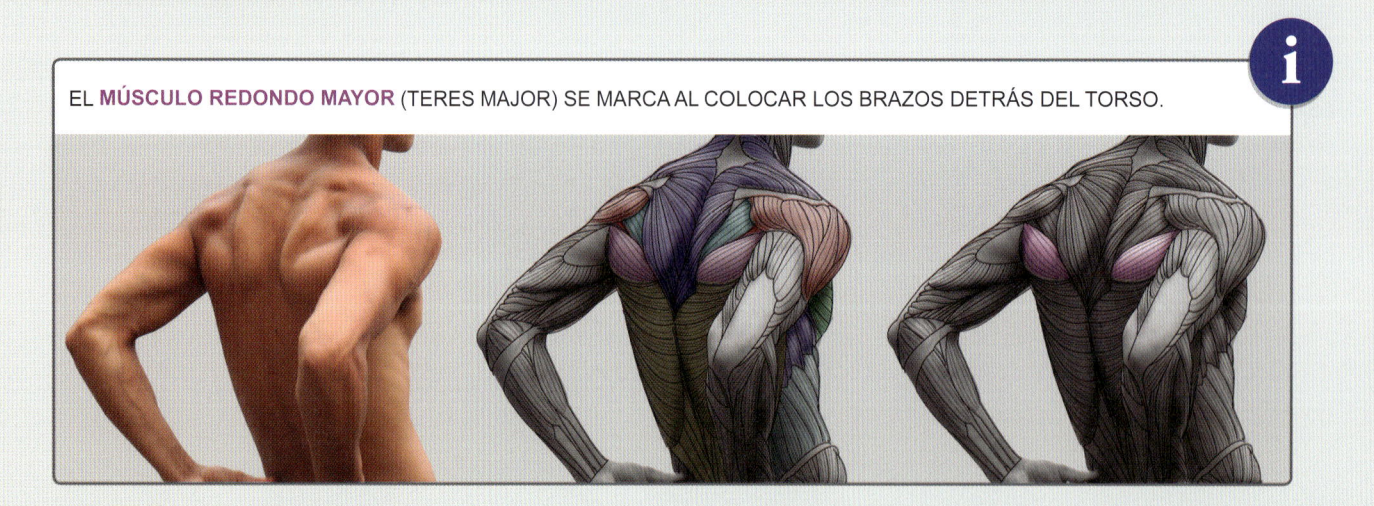

ACCIONES: ADUCE Y LLEVA A CABO LA ROTACIÓN MEDIAL DEL BRAZO; EXTIENDE UN BRAZO FLEXIONADO.

TENGA EN CUENTA: TANTO EL TMA COMO EL TMI ADUCEN EL BRAZO, PERO SON ANTAGONISTAS EN LA ROTACIÓN DEL HÚMERO. EL TMA LO ROTA HACIA EL CUERPO; MIENTRAS QUE EL TMI LO ROTA HACIA EL LADO OPUESTO.

EL **INFRAESPINOSO** (IS) ROTA EL BRAZO LATERALMENTE; AYUDA A ESTABILIZAR LA ARTICULACIÓN DEL HOMBRO DESDE ATRÁS, YA QUE MANTIENE LA CABEZA DEL HÚMERO EN SU CAVIDAD.

EL **DORSAL ANCHO** CUBRE LA PORCIÓN INFERIOR MEDIA DEL TMA. EL TMI CASI NUNCA ES VISIBLE.

EL TMI CASI NUNCA ES VISIBLE.

EL **MÚSCULO REDONDO MAYOR** (TERES MAJOR) SE MARCA AL COLOCAR LOS BRAZOS DETRÁS DEL TORSO.

MÚSCULO OBLICUO EXTERNO DEL ABDOMEN (OE)

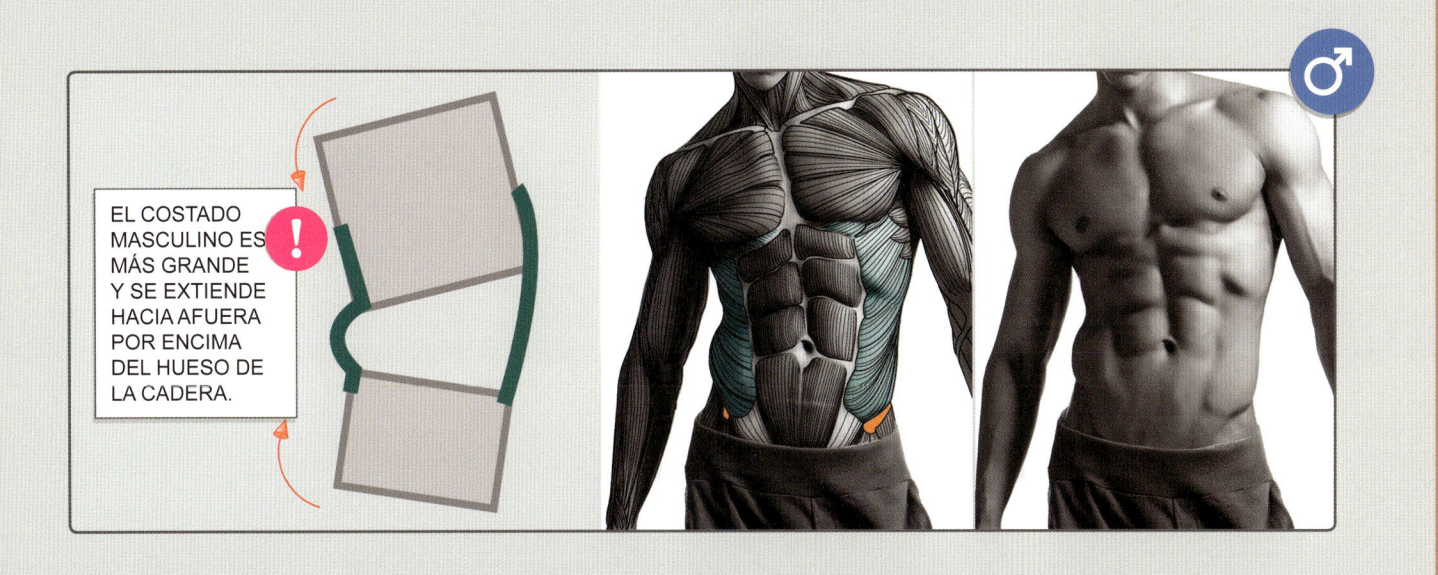

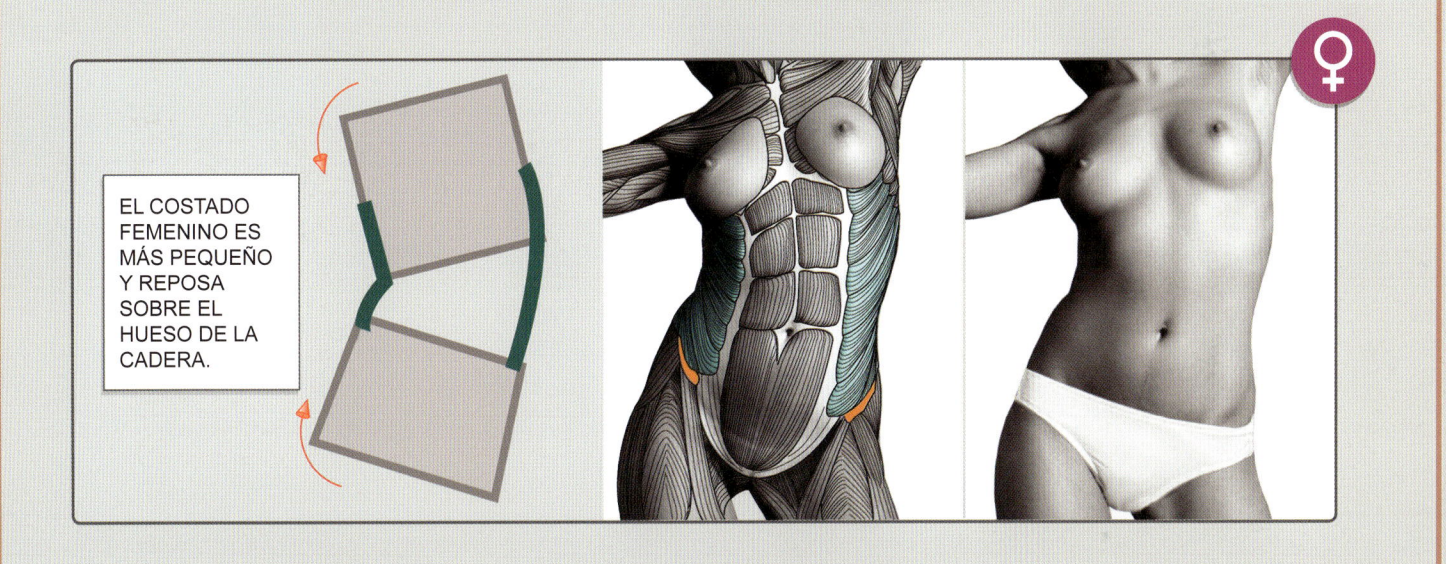

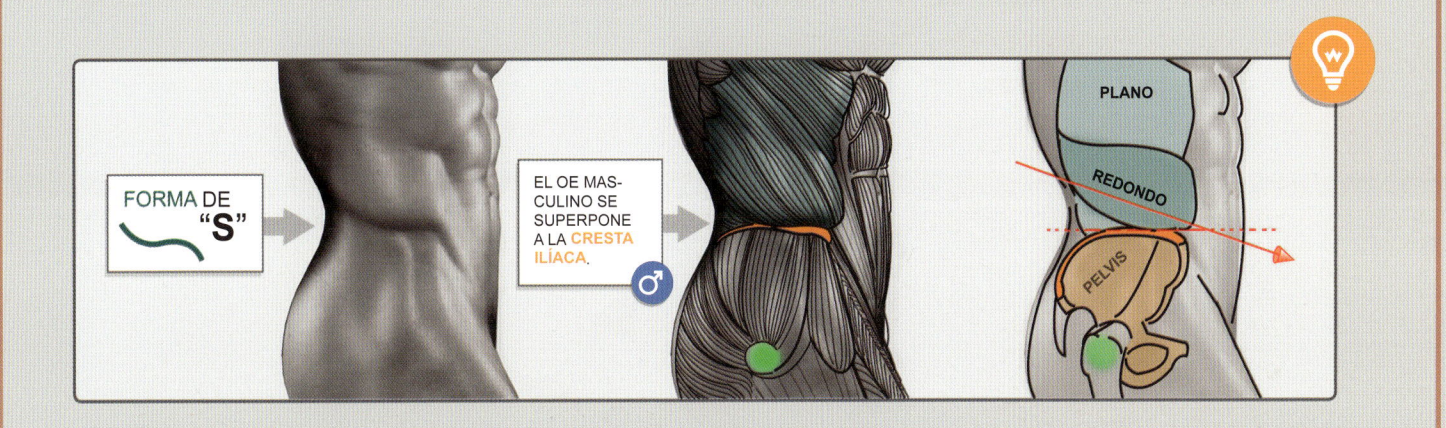

♂

EL COSTADO MASCULINO ES MÁS GRANDE Y SE EXTIENDE HACIA AFUERA POR ENCIMA DEL HUESO DE LA CADERA.

♀

EL COSTADO FEMENINO ES MÁS PEQUEÑO Y REPOSA SOBRE EL HUESO DE LA CADERA.

FORMA DE "S"

EL OE MASCULINO SE SUPERPONE A LA CRESTA ILÍACA. ♂

PLANO
REDONDO
PELVIS

53

CADERAS MASCULINAS Y FEMENINAS

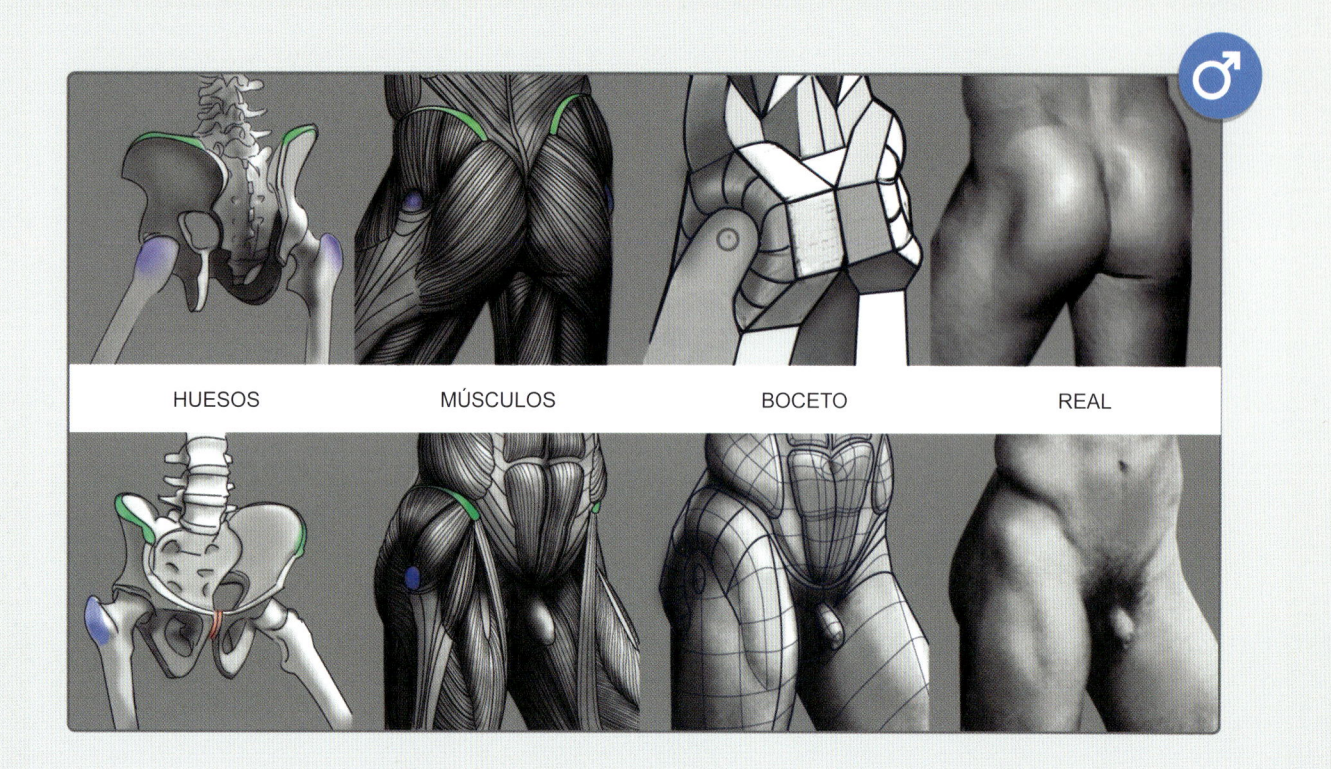

♂

| HUESOS | MÚSCULOS | BOCETO | REAL |

TROCÁNTER MAYOR **CRESTA ILÍACA** **SÍNFISIS DEL PUBIS**

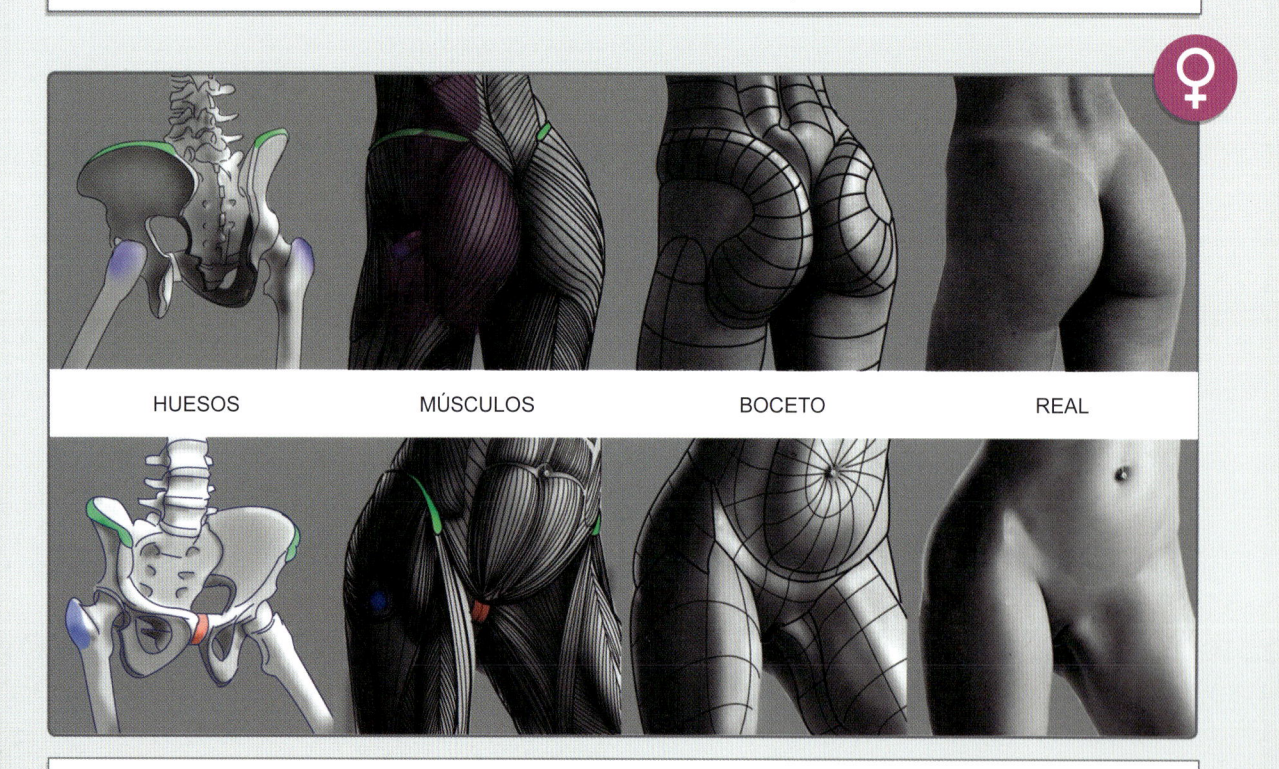

♀

| HUESOS | MÚSCULOS | BOCETO | REAL |

! LAS **ALMOHADILLAS DE GRASA** SUBCUTÁNEA QUE HAY DEBAJO DE LA PIEL APORTAN A LAS CADERAS FEMENINAS SU FORMA CURVADA.

54

ANATOMÍA PARA ESCULTORES

TODO SOBRE "TRASEROS"

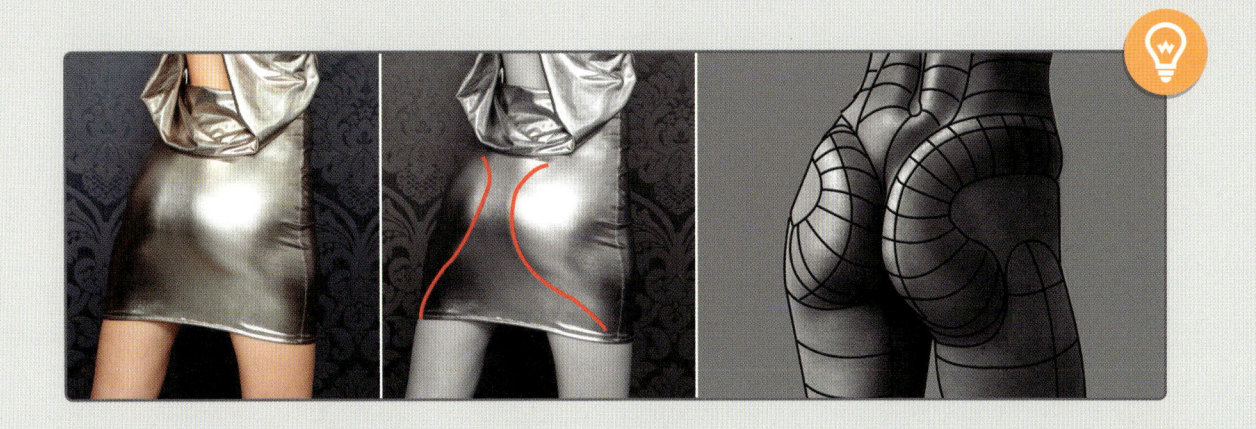

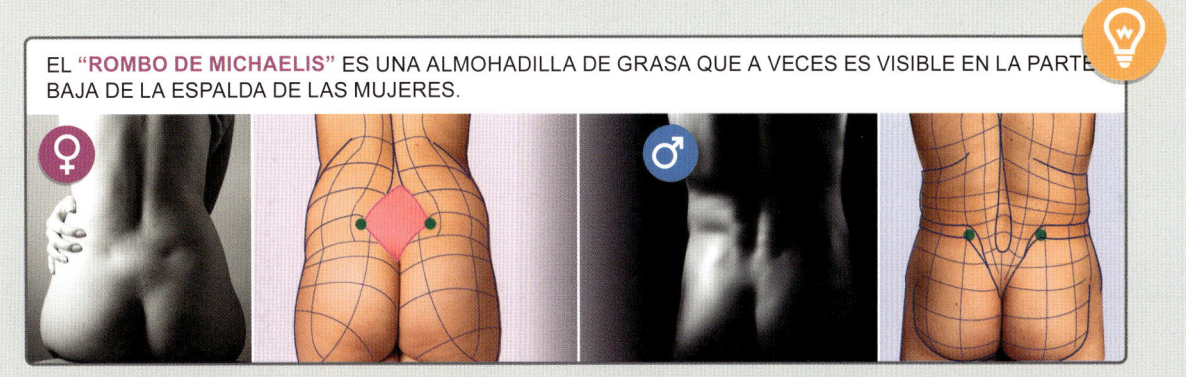

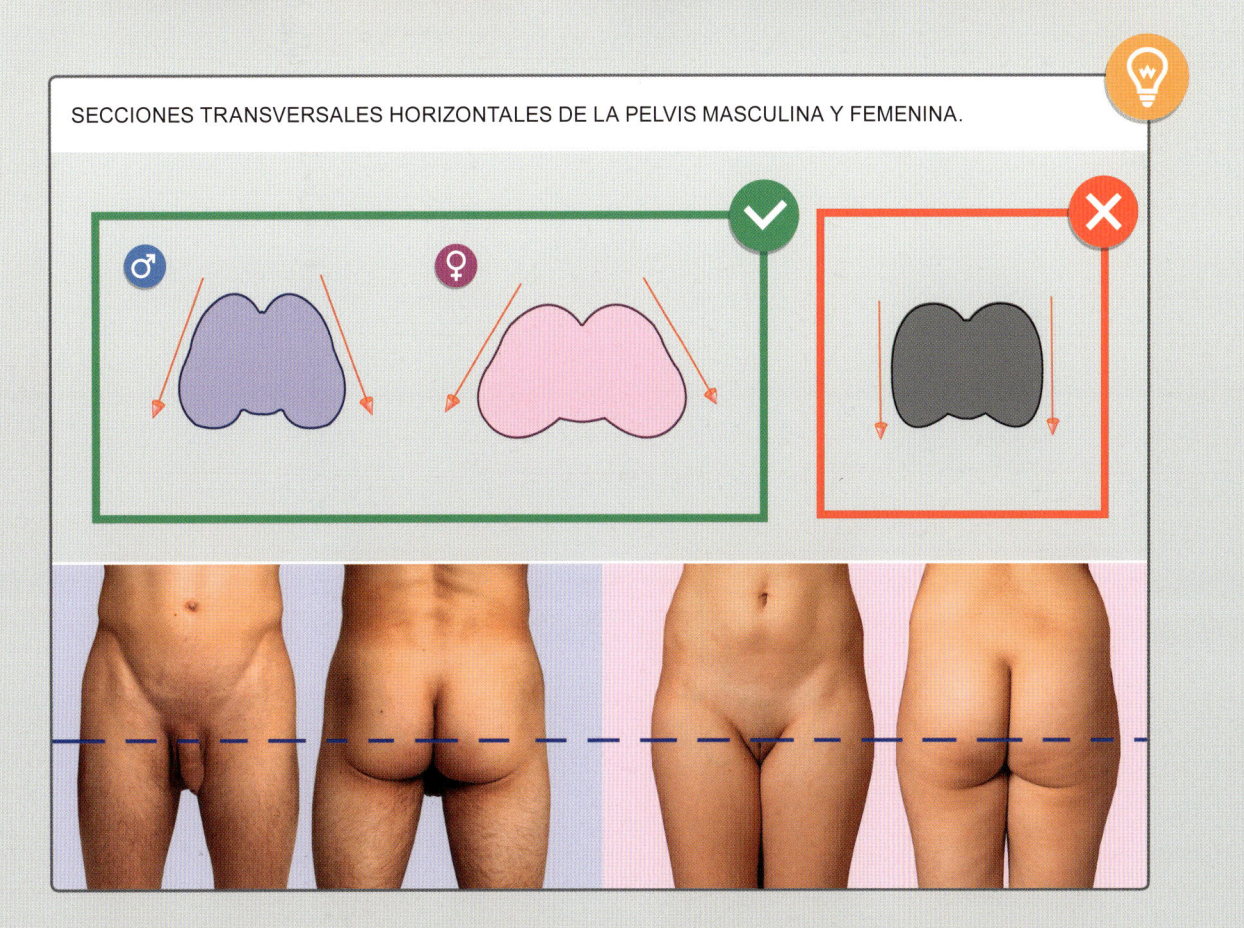

EL **"ROMBO DE MICHAELIS"** ES UNA ALMOHADILLA DE GRASA QUE A VECES ES VISIBLE EN LA PARTE BAJA DE LA ESPALDA DE LAS MUJERES.

SECCIONES TRANSVERSALES HORIZONTALES DE LA PELVIS MASCULINA Y FEMENINA.

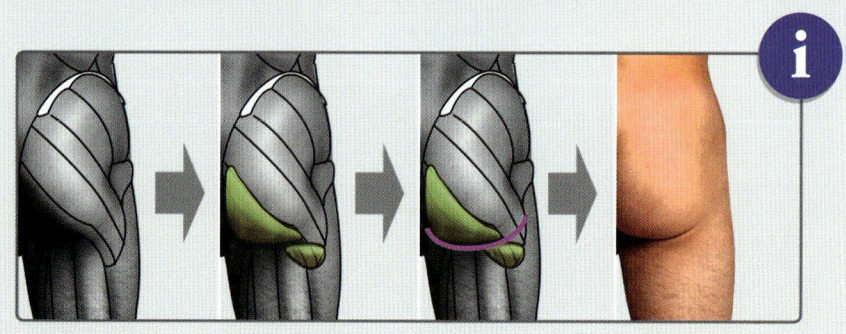

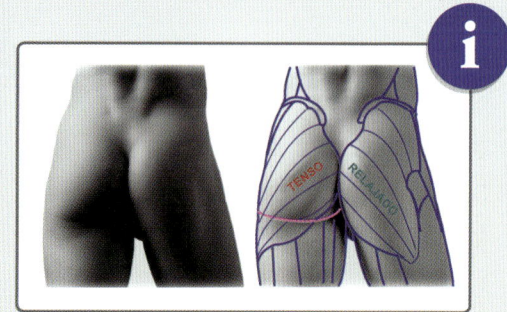

ALMOHADILLAS DE GRASA SUBCUTÁNEA MASCULINAS

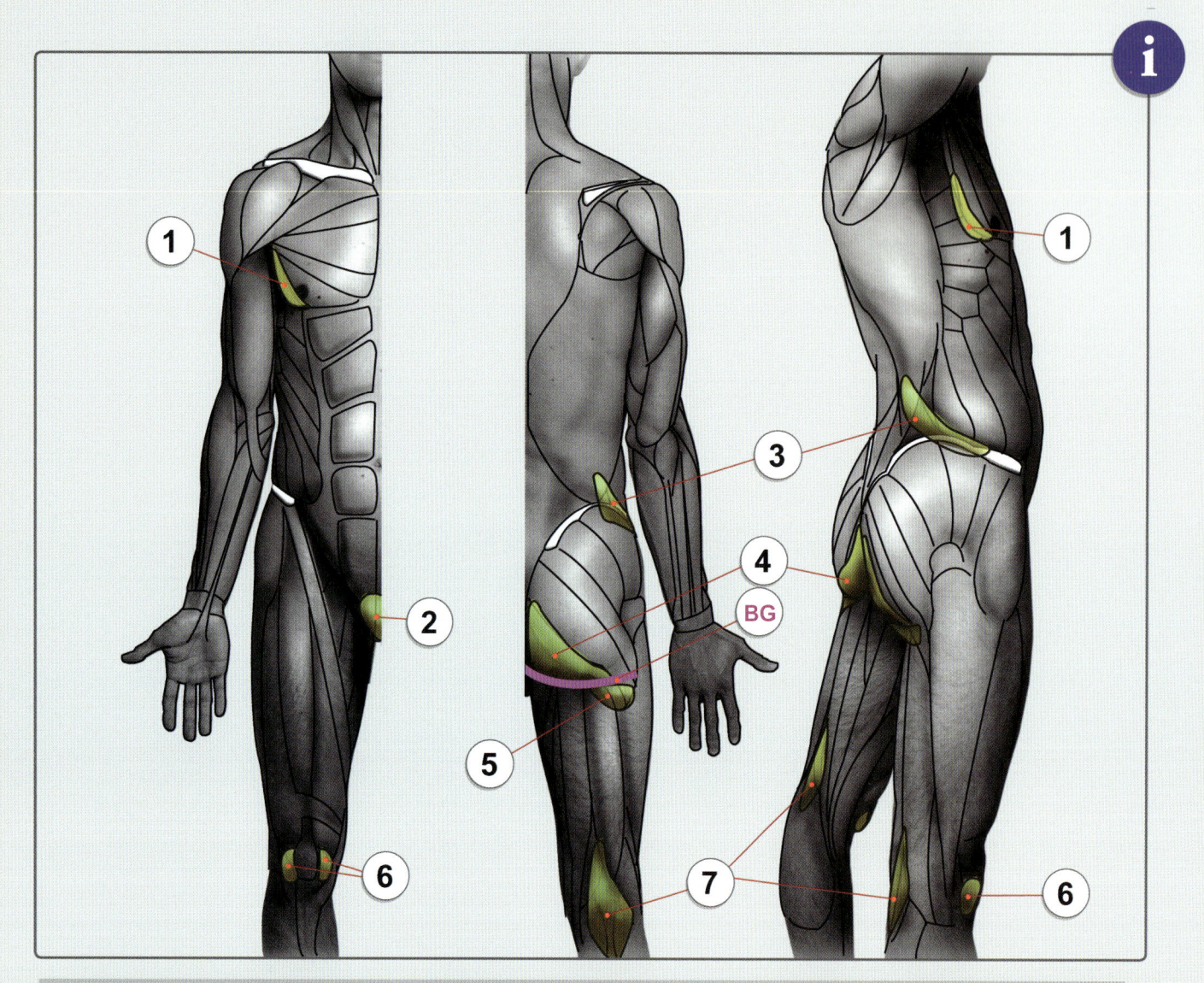

① ALMOHADILLA DE GRASA PECTORAL	④ ALMOHADILLA DE GRASA LATERAL DEL GLÚTEO	⑦ ALMOHADILLA DE GRASA POPLÍTEA
② ALMOHADILLA DE GRASA PÚBICA	⑤ EXTENSIÓN INFERIOR DE GRASA GLÚTEA	BG **BANDA GLÚTEA** – CREA UN PLIEGUE DE PIEL. CUANDO EL MUSLO SE FLEXIONA, EL PLIEGUE GLÚTEO DESAPARECE
③ ALMOHADILLA DE GRASA DEL COSTADO	⑥ ALMOHADILLA DE GRASA INFRAPATELAR	

ALMOHADILLAS DE GRASA SUBCUTÁNEA FEMENINAS
(VISTA FRONTAL)

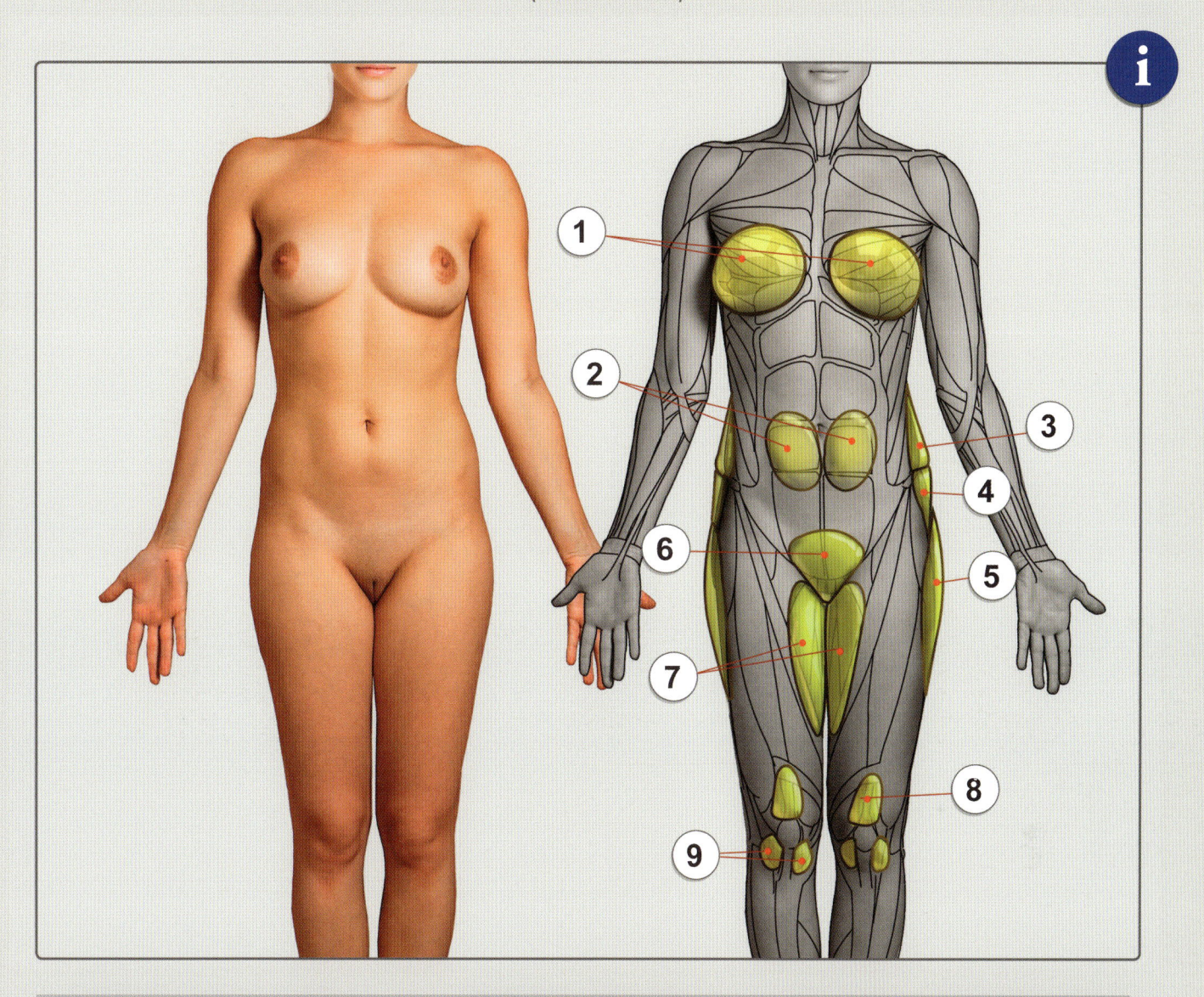

1. GRASA DEL SENO
2. ALMOHADILLA DE GRASA DE LA PARED ABDOMINAL
3. ALMOHADILLA DE GRASA DEL COSTADO
4. ALMOHADILLA DE GRASA LATERAL DEL GLÚTEO
5. ALMOHADILLA DE GRASA DEL MUSLO EXTERNO
6. ALMOHADILLA DE GRASA PÚBICA
7. ALMOHADILLA DE GRASA DEL MUSLO INTERNO
8. ALMOHADILLA DE GRASA DE LA PARTE INFERIOR FRONTAL DEL MUSLO
9. ALMOHADILLA DE GRASA INFRAPATELAR

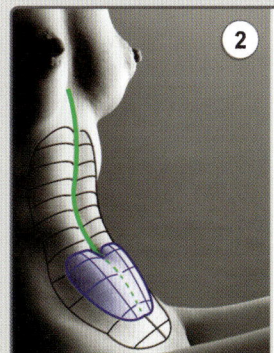

2 A MEDIDA QUE LAS ALMOHADILLAS DE **GRASA DE LA PARED ABDOMINAL (AGPA)** CRECEN, LA **LÍNEA ALBA**, QUE SIGUE HACIA ABAJO DESDE EL OMBLIGO, SERÁ MENOS PRONUNCIADA, YA QUE ESTARÁ CUBIERTA POR UNA CAPA DE **GRASA** MÁS GRUESA.

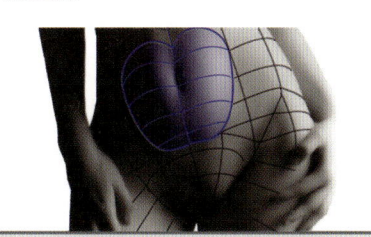

RODILLA DERECHA

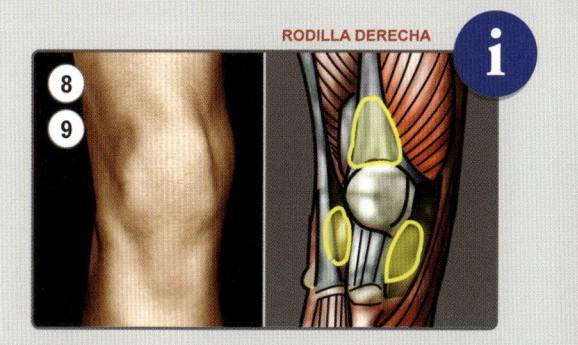

ANATOMÍA PARA ESCULTORES

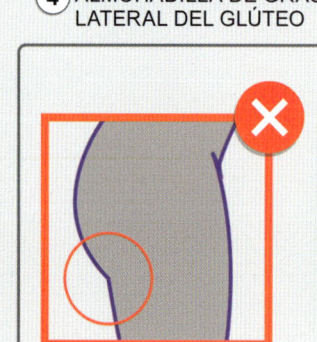

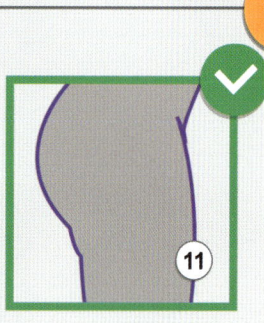

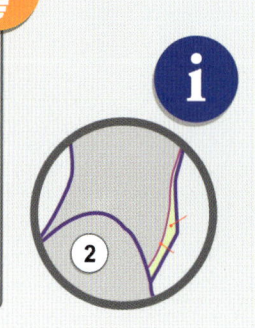

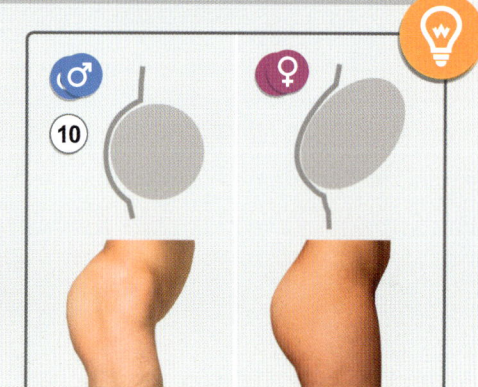

ALMOHADILLAS DE GRASA SUBCUTÁNEA FEMENINAS
(VISTA LATERAL)

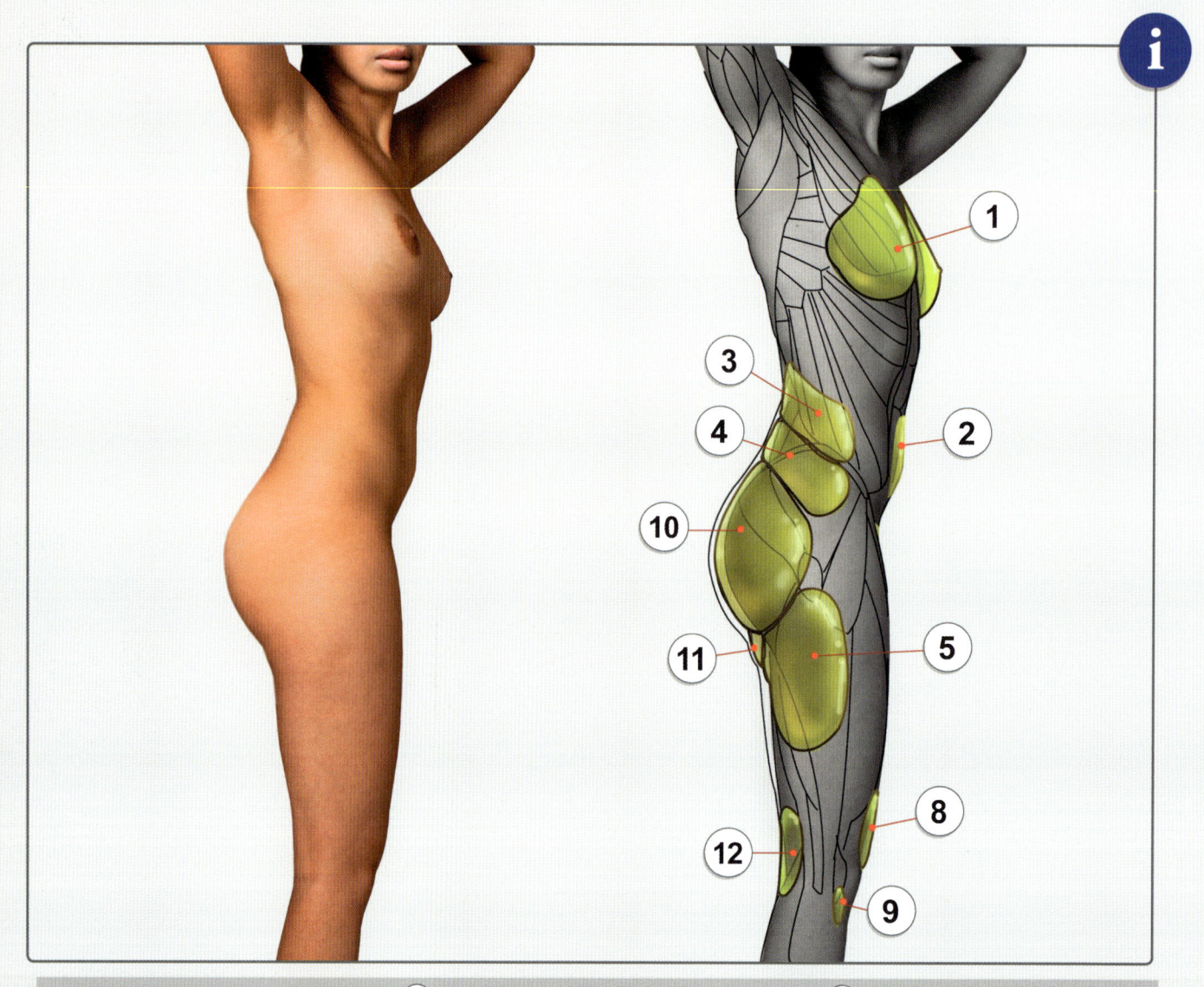

1 GRASA DEL SENO	**5** ALMOHADILLA DE GRASA DEL MUSLO EXTERNO	**10** ALMOHADILLA DE GRASA POSTERIOR DEL GLÚTEO
2 ALMOHADILLA DE GRASA DE LA PARED ABDOMINAL	**8** ALMOHADILLA DE GRASA DE LA PARTE INFERIOR FRONTAL DEL MUSLO	**11** EXTENSIÓN INFERIOR DE GRASA GLÚTEA
3 ALMOHADILLA DE GRASA DEL COSTADO	**9** ALMOHADILLA DE GRASA INFRAPATELAR	**12** ALMOHADILLA DE GRASA POPLÍTEA
4 ALMOHADILLA DE GRASA LATERAL DEL GLÚTEO		

58

ALMOHADILLAS DE GRASA SUBCUTÁNEA FEMENINAS
(VISTA POSTERIOR)

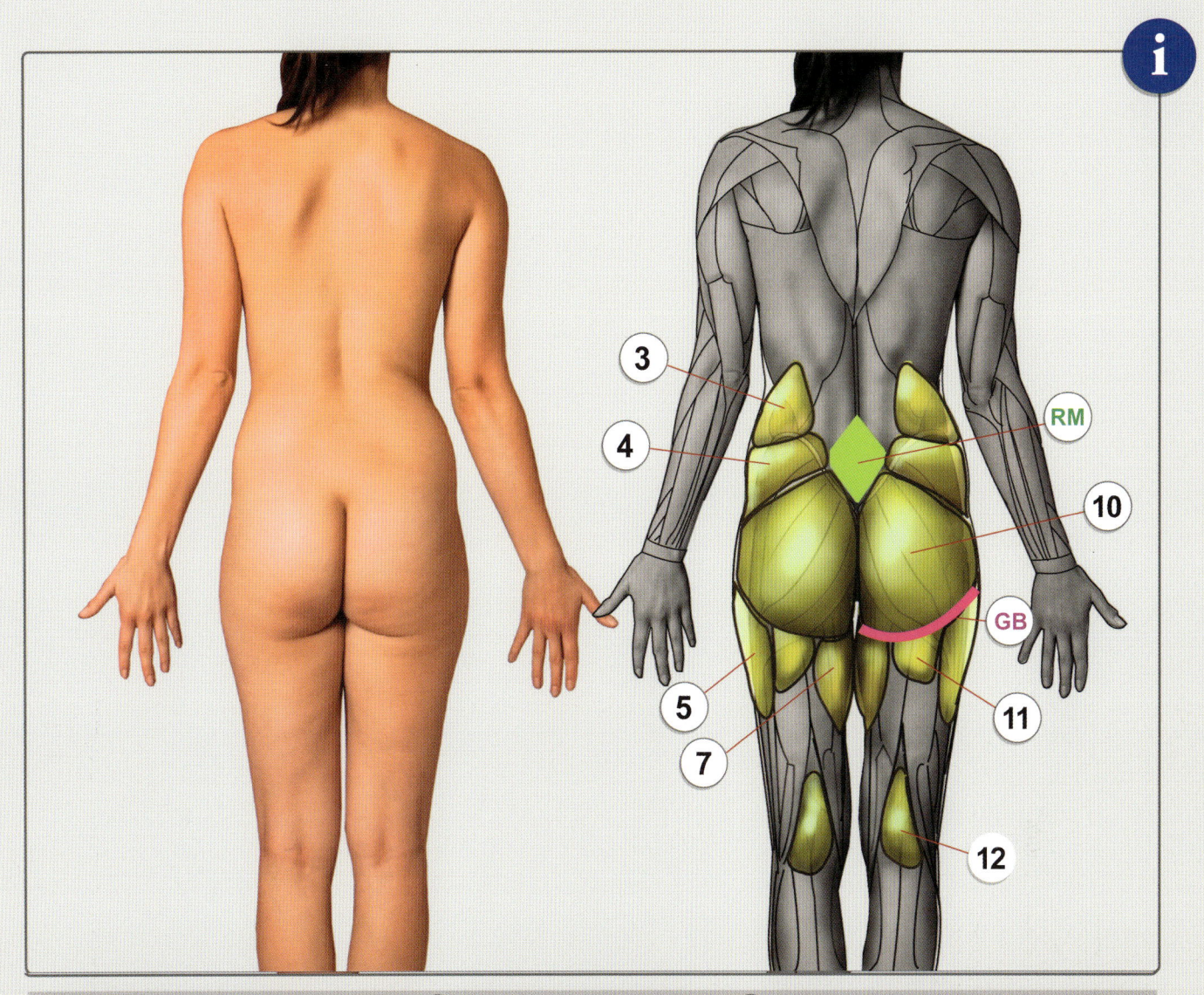

③ ALMOHADILLA DE GRASA DEL COSTADO	⑤ ALMOHADILLA DE GRASA DEL MUSLO EXTERNO	⑩ ALMOHADILLA DE GRASA POSTERIOR DEL GLÚTEO
④ ALMOHADILLA DE GRASA LATERAL DEL GLÚTEO	⑦ ALMOHADILLA DE GRASA DEL MUSLO INTERNO	⑪ EXTENSIÓN INFERIOR DE GRASA GLÚTEA
⑫ ALMOHADILLA DE GRASA POPLÍTEA	RM **ROMBO DE MICHAELIS**	BG **BANDA GLÚTEA** – CREA UN PLIEGUE DE PIEL. CUANDO EL MUSLO SE FLEXIONA, EL PLIEGUE GLÚTEO DESAPARECE

LAS MUJERES TIENEN MÁS ALMOHADILLAS DE GRASA SUBCUTÁNEA Y ESTAS SON MUCHO MÁS GRUESAS QUE LAS DE LOS HOMBRES. LAS "TÍPICAS CURVAS FEMENINAS" APARECEN DEBIDO A ELLO.

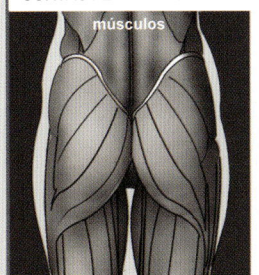

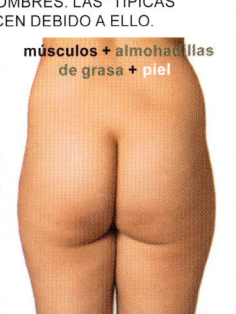

músculos

músculos + almohadillas de grasa + piel

¡CUANDO LA PIERNA ESTÁ RECTA, LA ALMOHADILLA DE GRASA POPLÍTEA SOBRESALE!

POPLÍTEO EXTREMADAMENTE MAGRO.

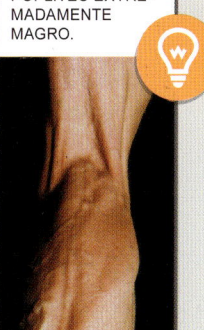

CAMBIOS PROPORCIONALES DE UN VARÓN OBESO: 7, 5 CABEZAS

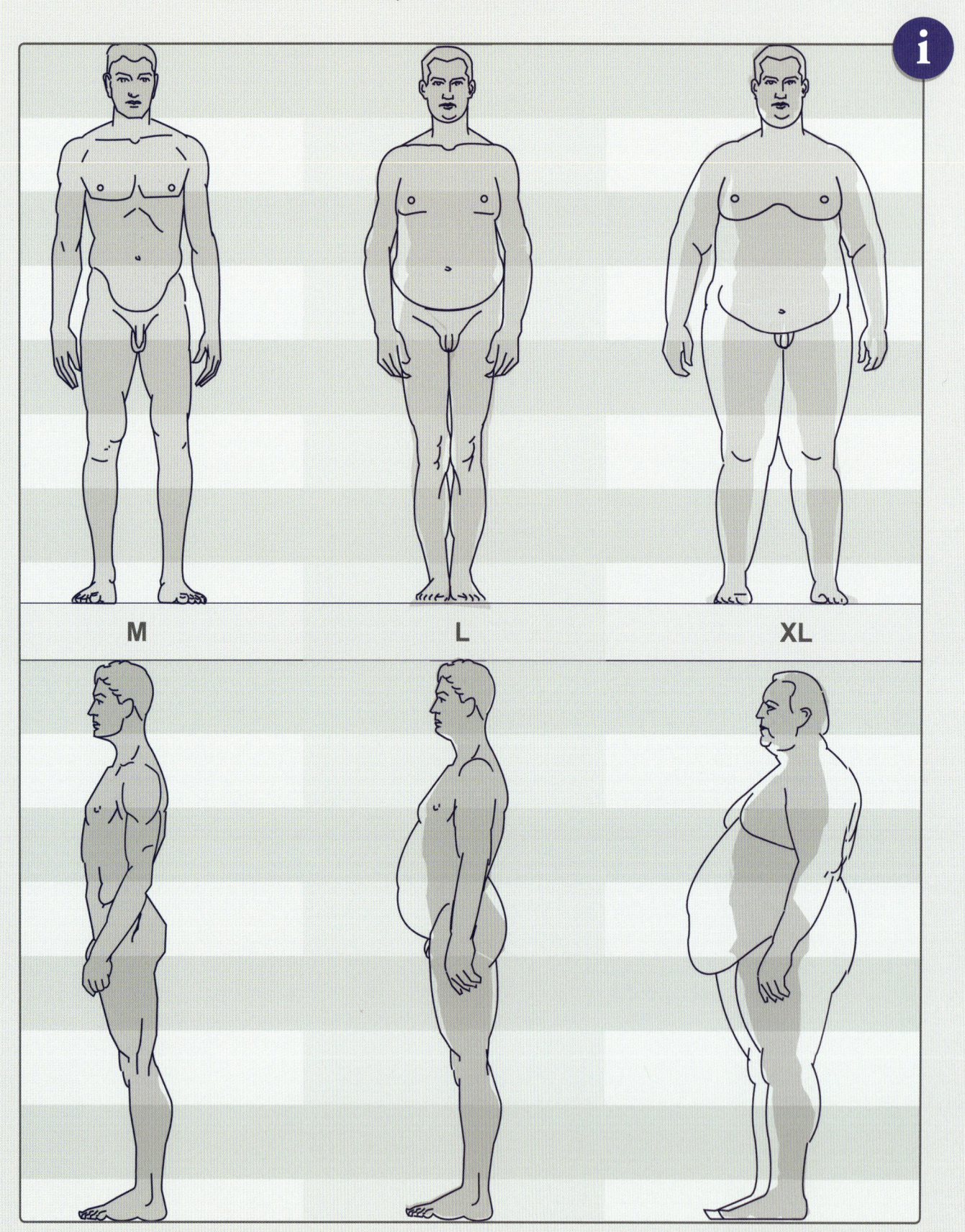

M
L
XL

CAMBIOS PROPORCIONALES DE UNA MUJER OBESA:
7, 5 CABEZAS

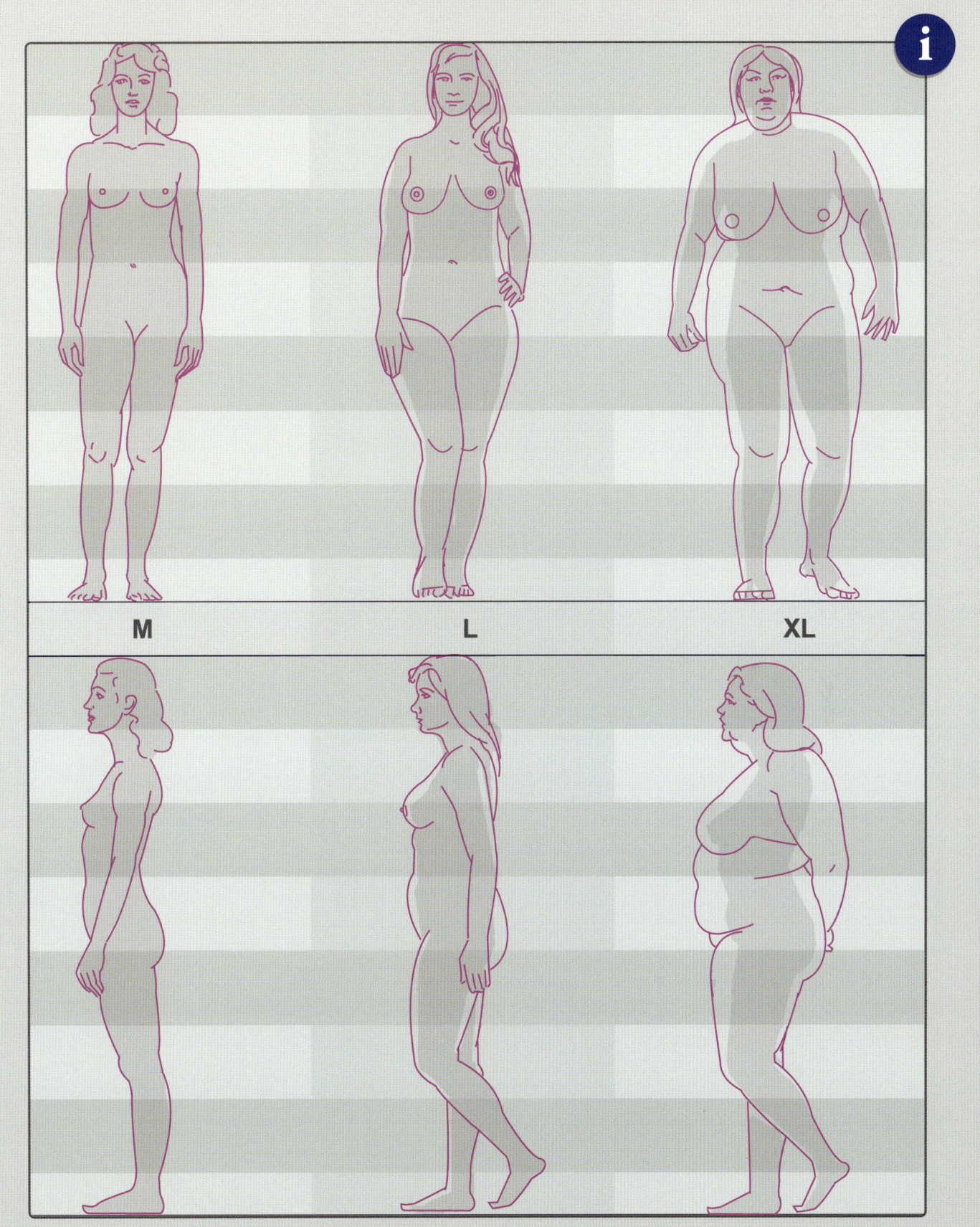

M L XL

ANATOMÍA PARA ESCULTORES

ÁREAS DEL CUERPO MENOS AFECTADAS POR LA ACUMULACIÓN DE GRASA

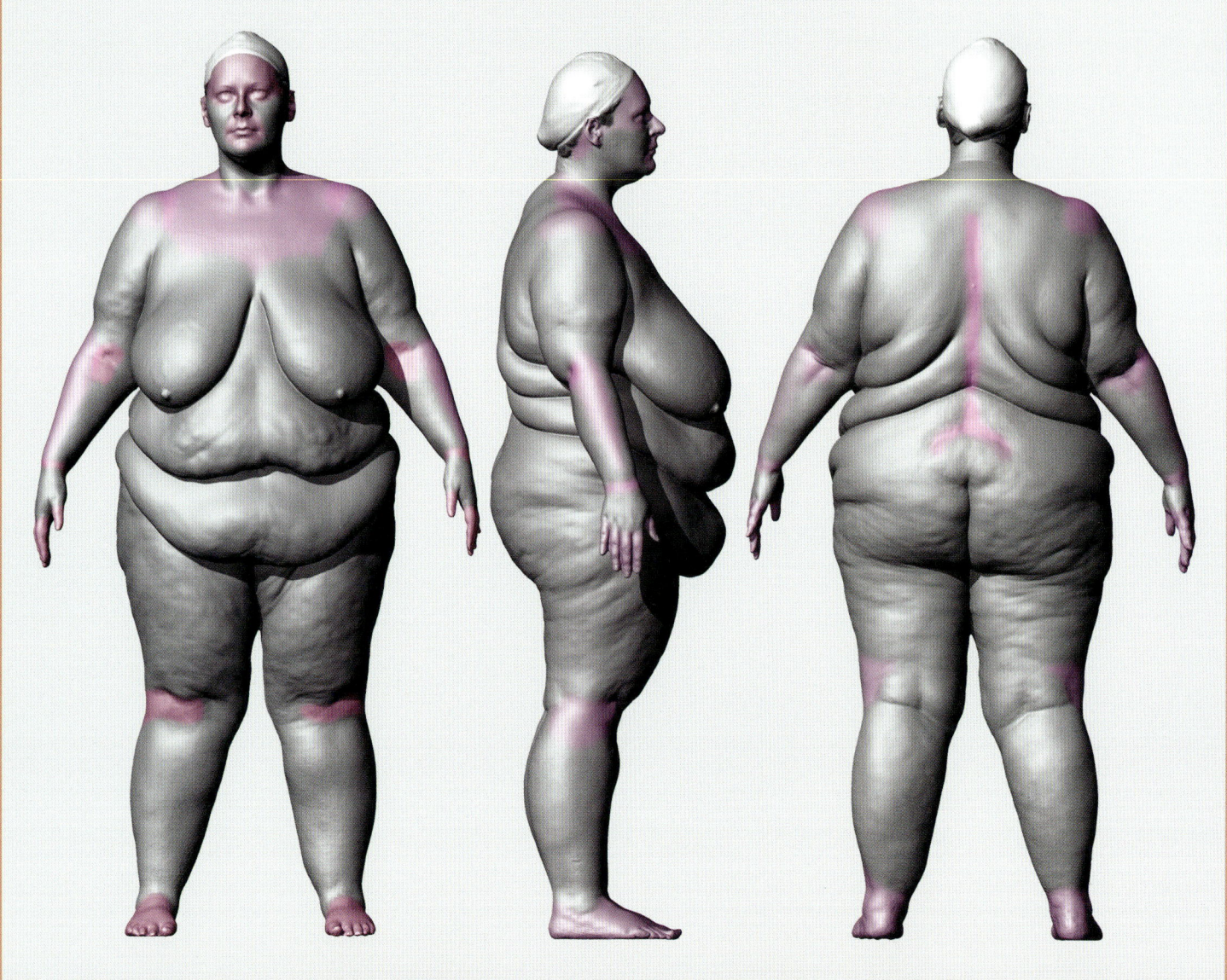

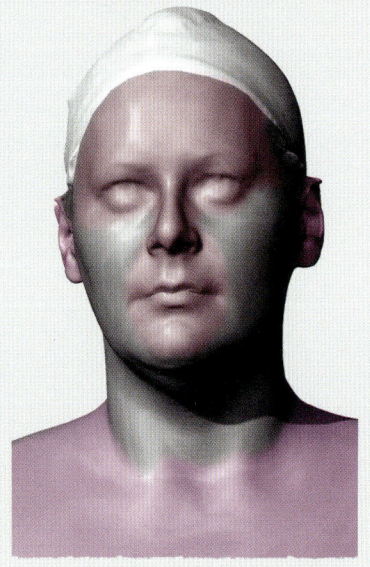

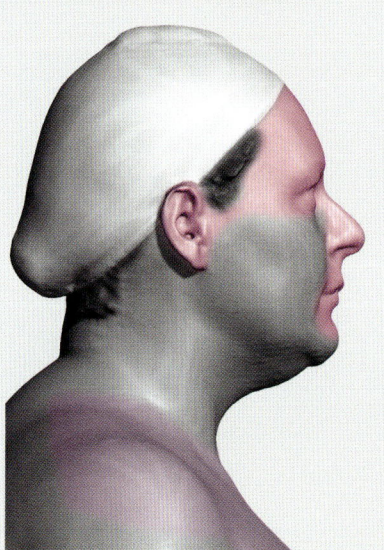

ESCÁNER EN 3D DE UNA MUJER DE MEDIANA EDAD

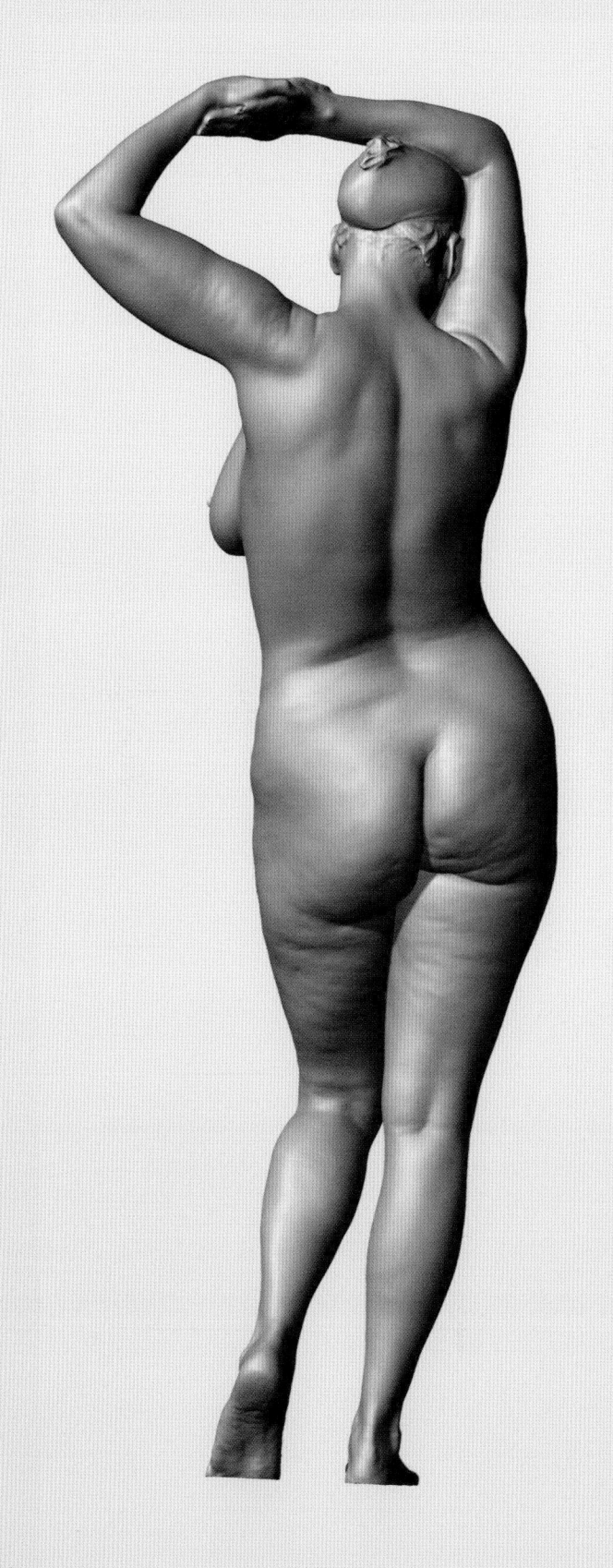

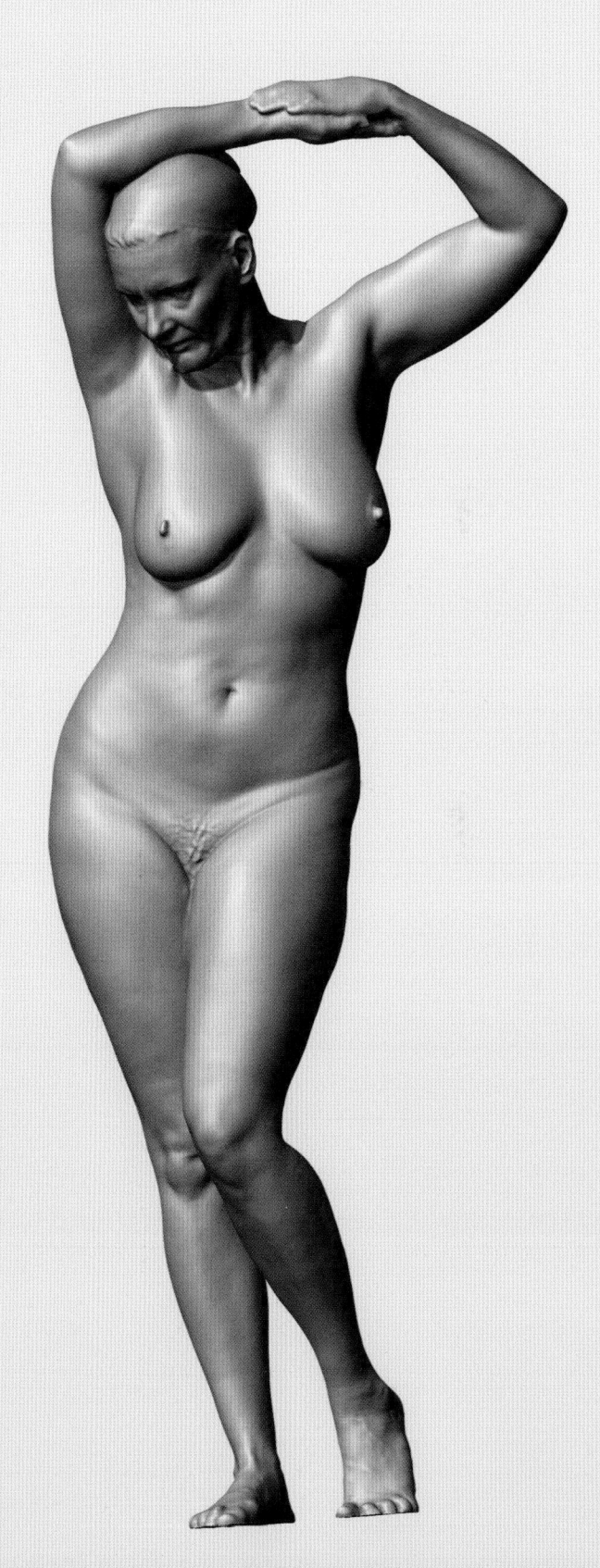

ESCÁNER EN 3D DE UNA MUJER JOVEN

ESCÁNER EN 3D DE UNA MUJER JOVEN

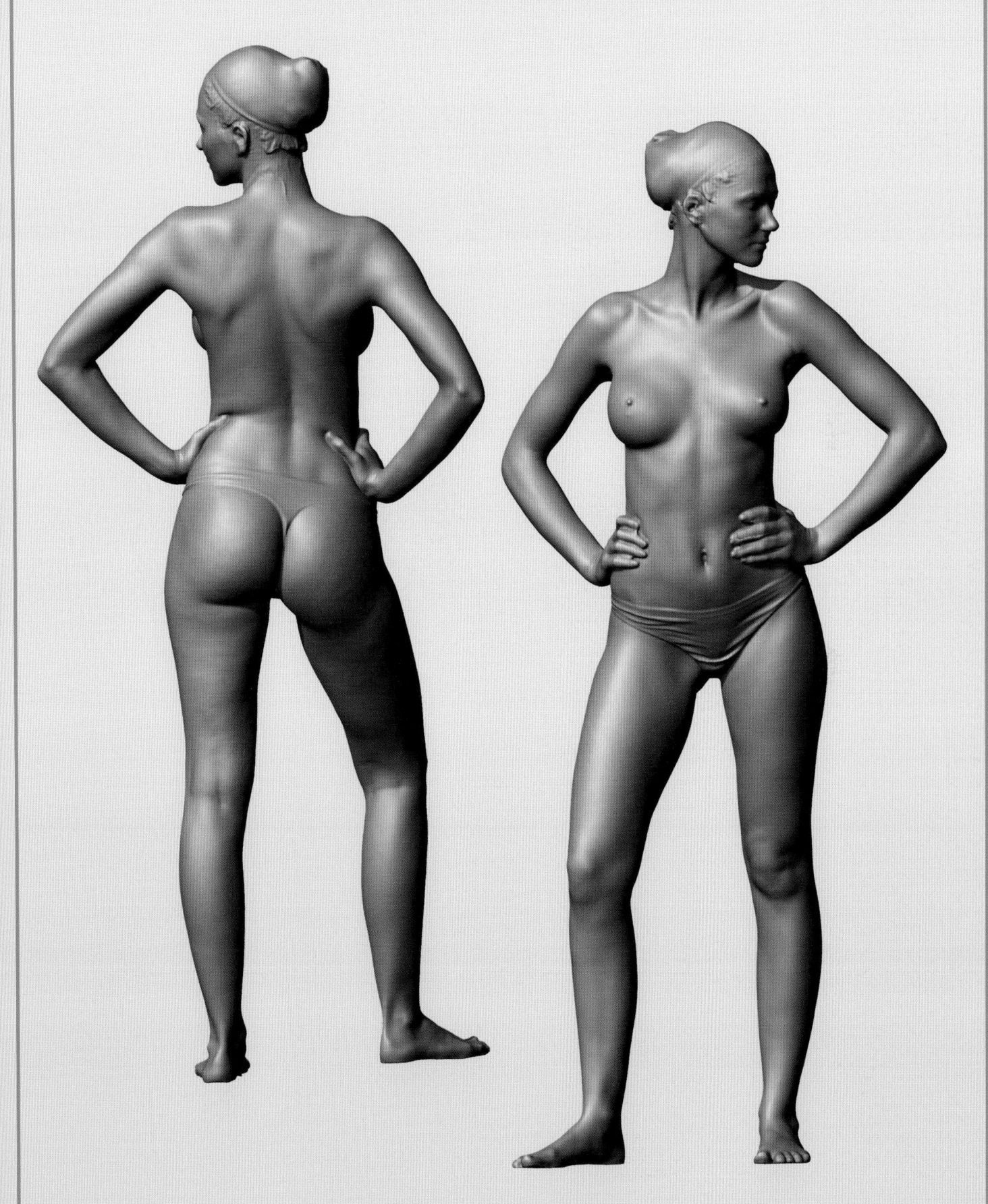

ESCÁNER EN 3D DE UN VARÓN JOVEN

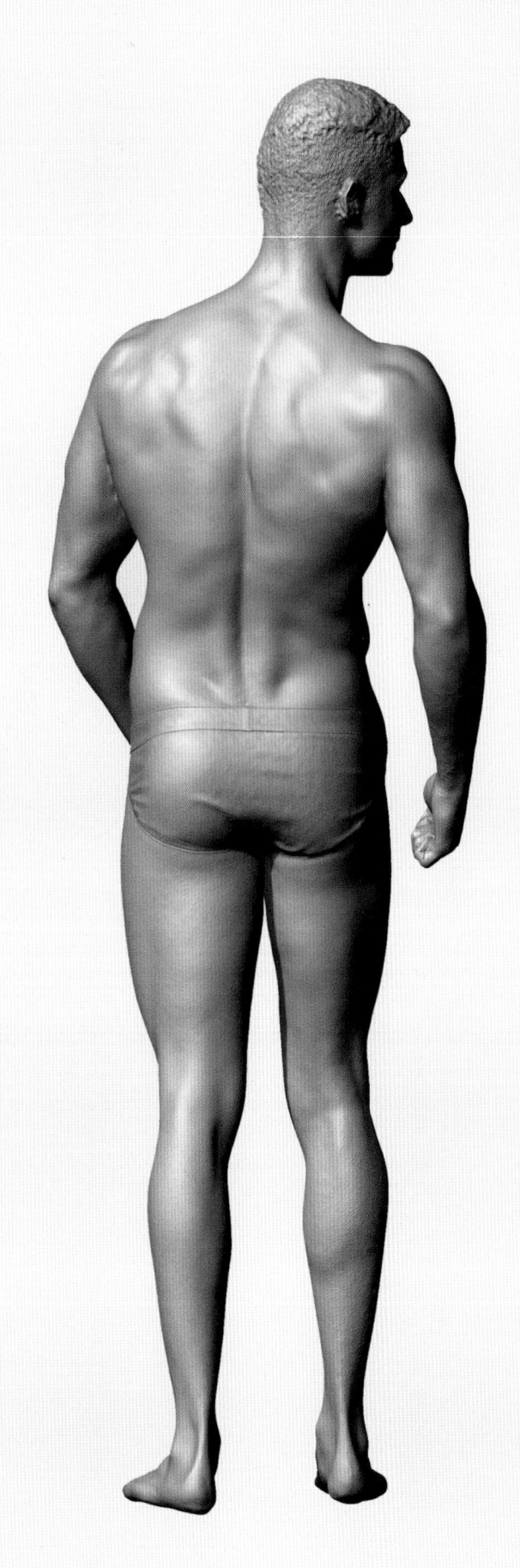

ESCÁNER EN 3D DE UN VARÓN DE MEDIANA EDAD

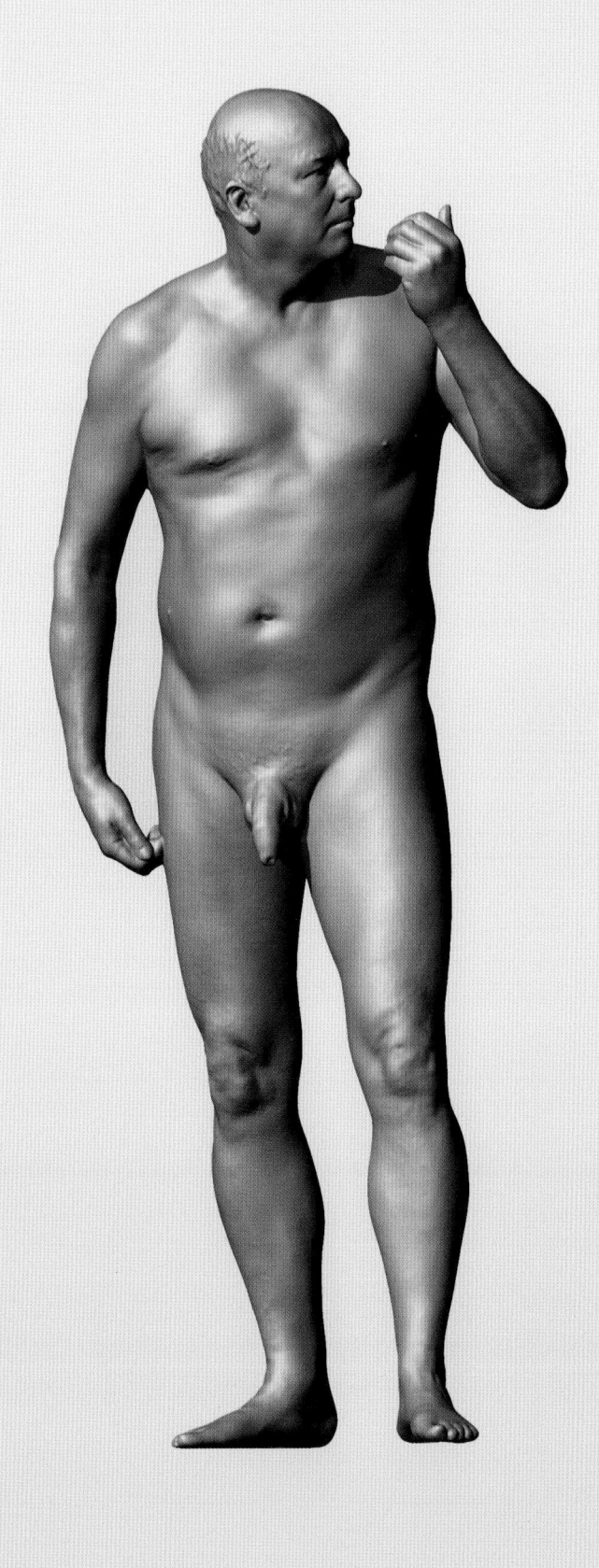

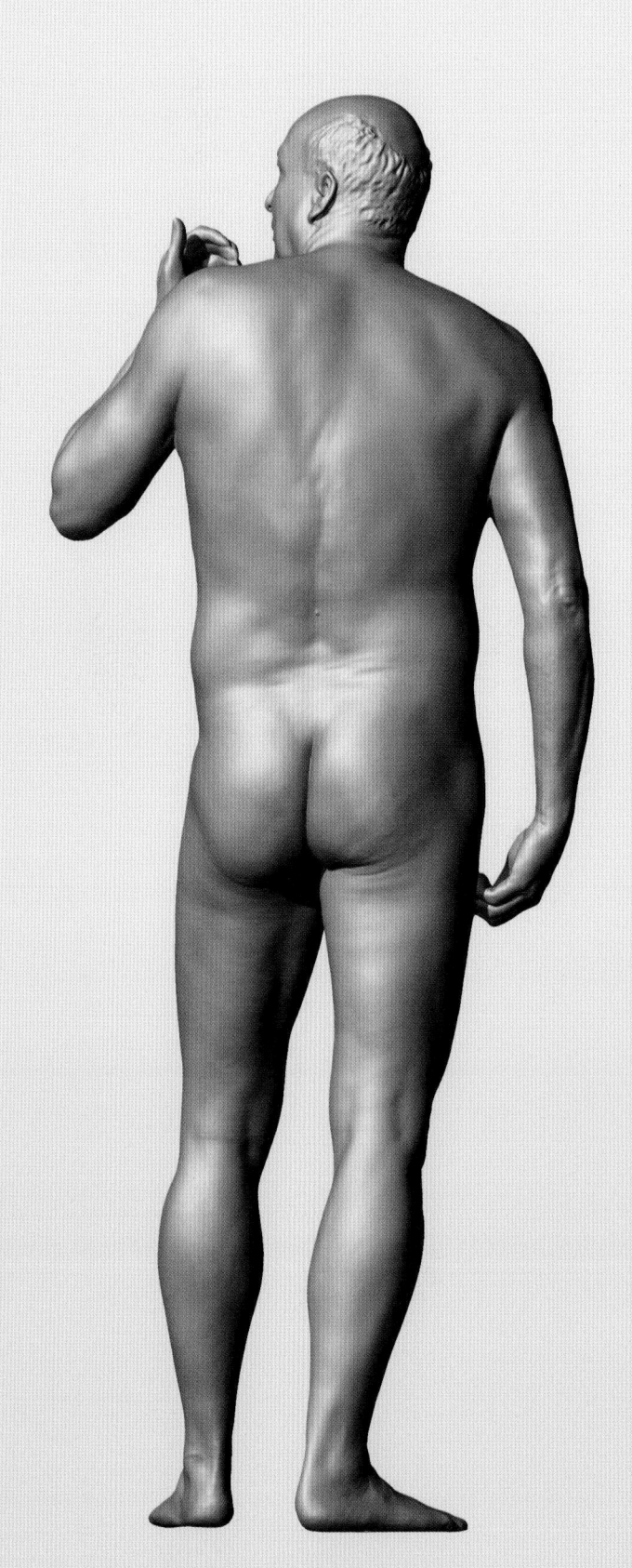

BRAZOS COLOCADOS DETRÁS DEL CUERPO

3/4

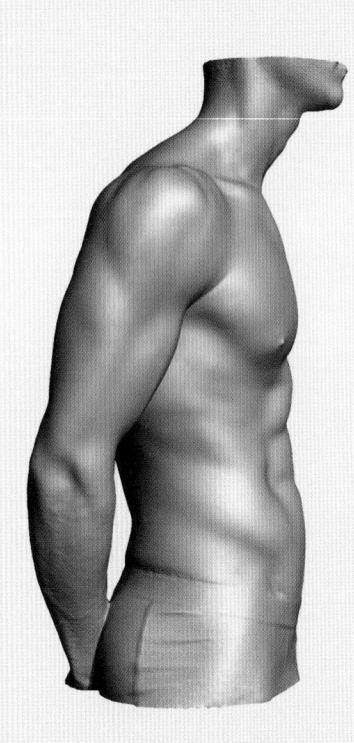

LADO DERECHO

3/4

PARTE FRONTAL

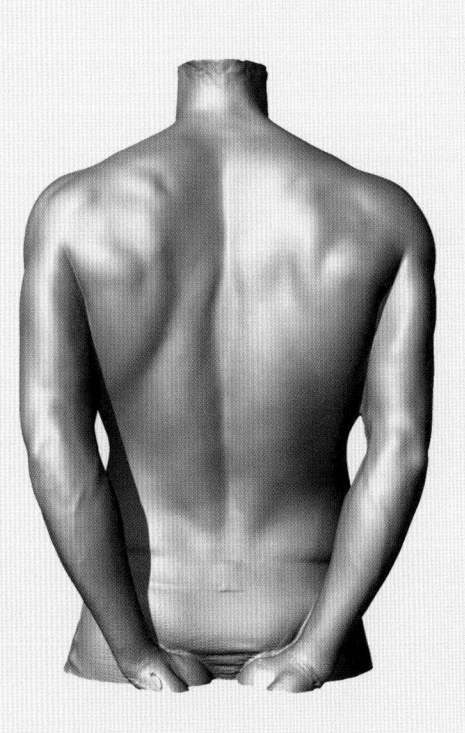

PARTE POSTERIOR

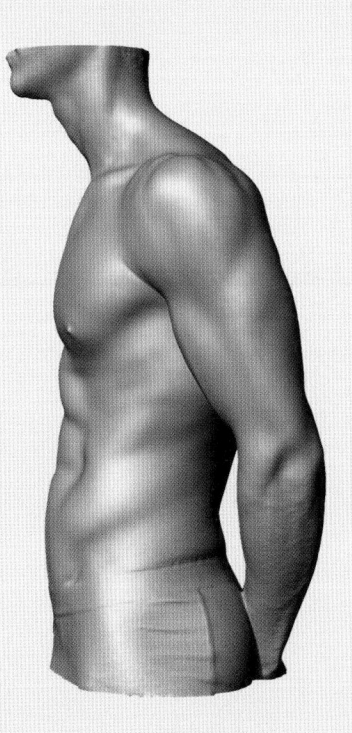

LADO IZQUIERDO

BRAZOS HACIA LOS LADOS

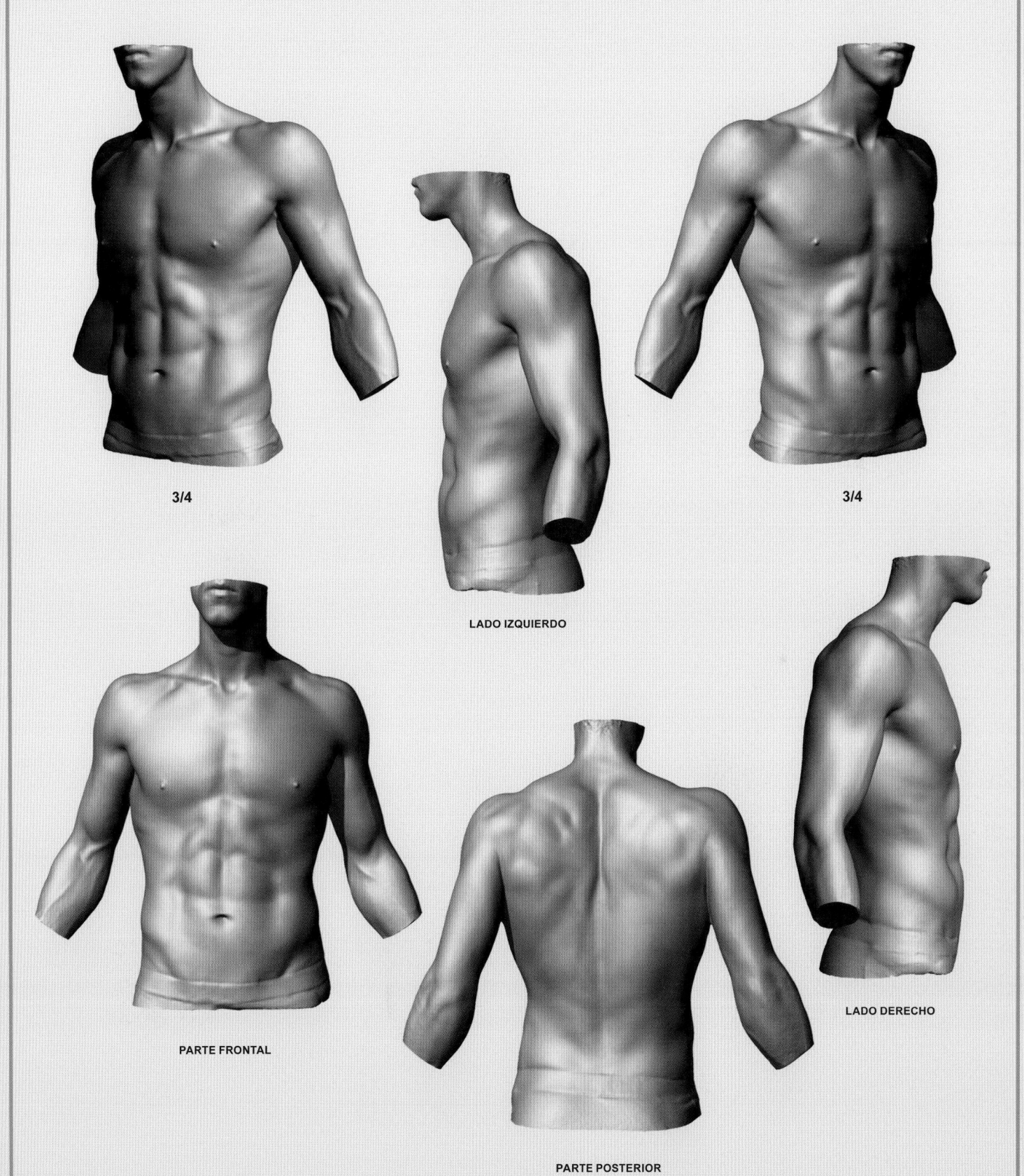

3/4

3/4

LADO IZQUIERDO

PARTE FRONTAL

PARTE POSTERIOR

LADO DERECHO

BRAZOS ABIERTOS

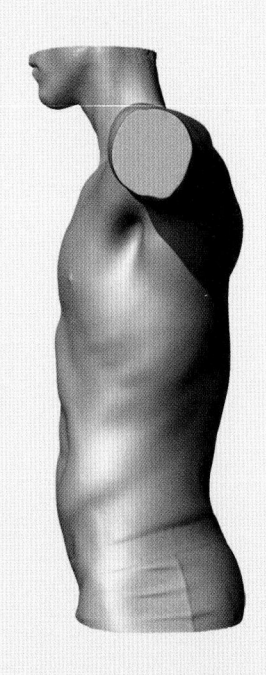

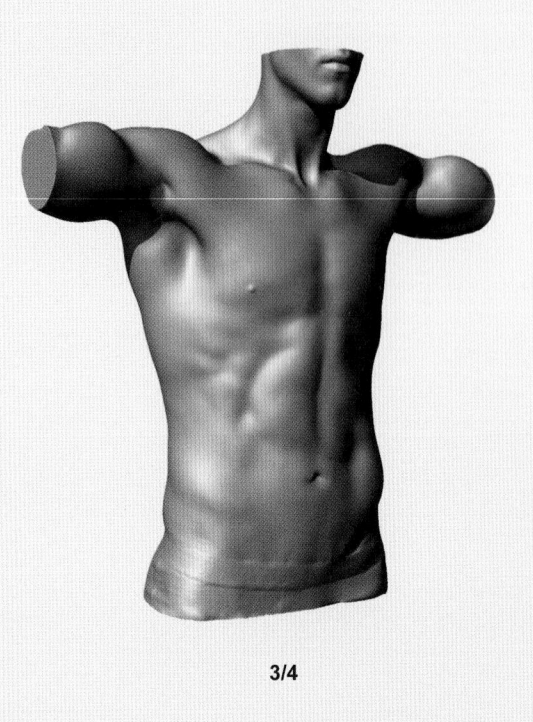

3/4

LADO IZQUIERDO

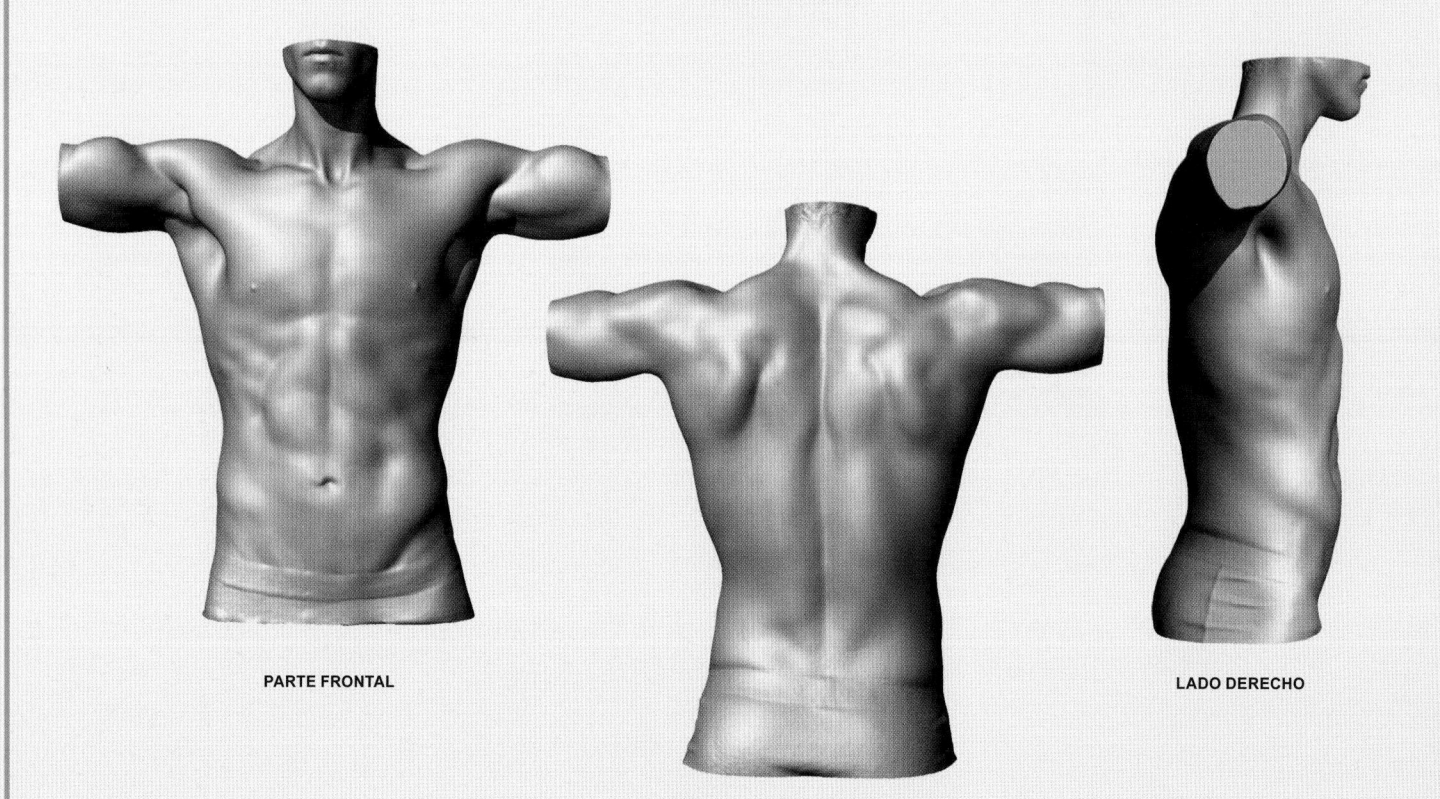

3/4

PARTE FRONTAL

PARTE POSTERIOR

LADO DERECHO

BRAZOS EN POSICIÓN DE "Y"

3/4

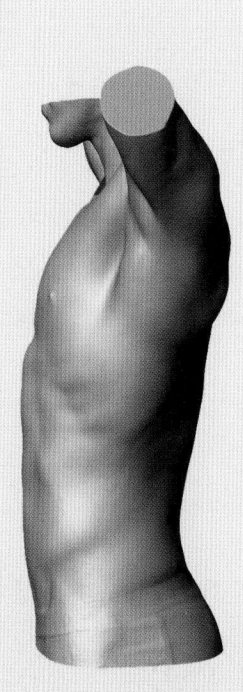

LADO IZQUIERDO

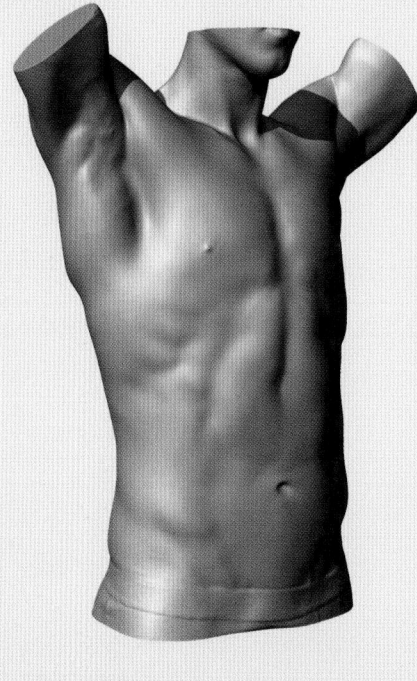

3/4

PARTE FRONTAL

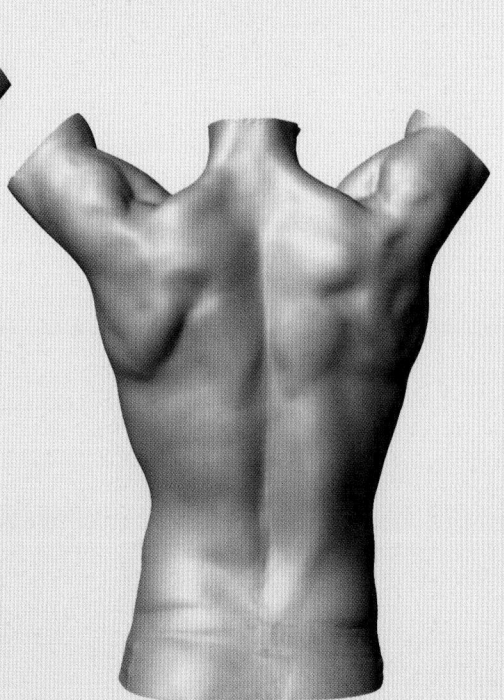

PARTE POSTERIOR

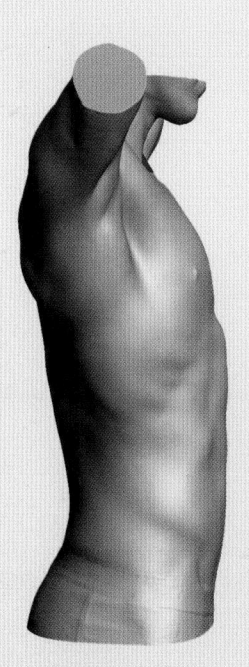

LADO DERECHO

BRAZOS COLGANDO DE FORMA NATURAL – VARÓN

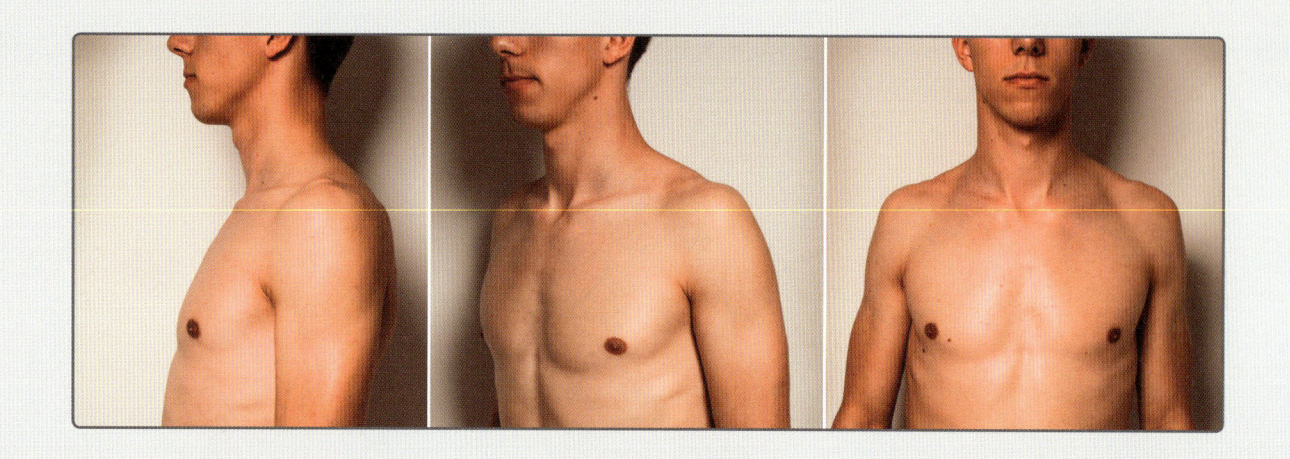

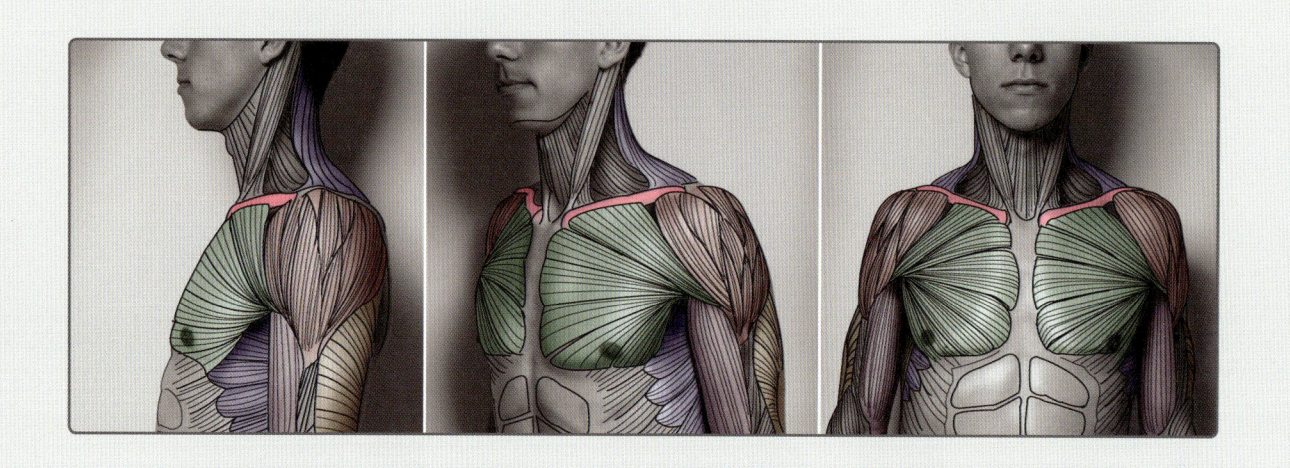

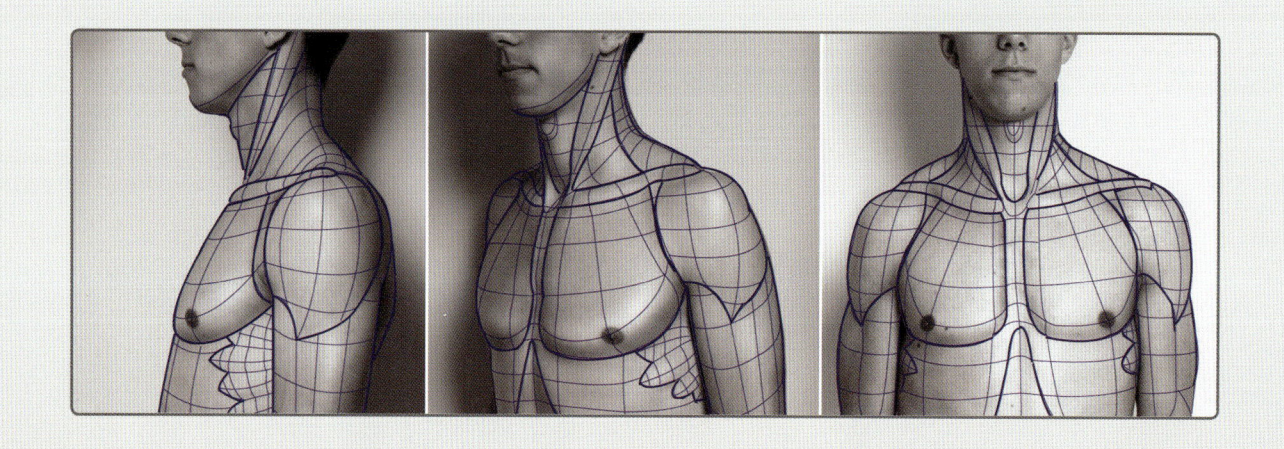

BRAZOS COLGANDO DE FORMA NATURAL – MUJER

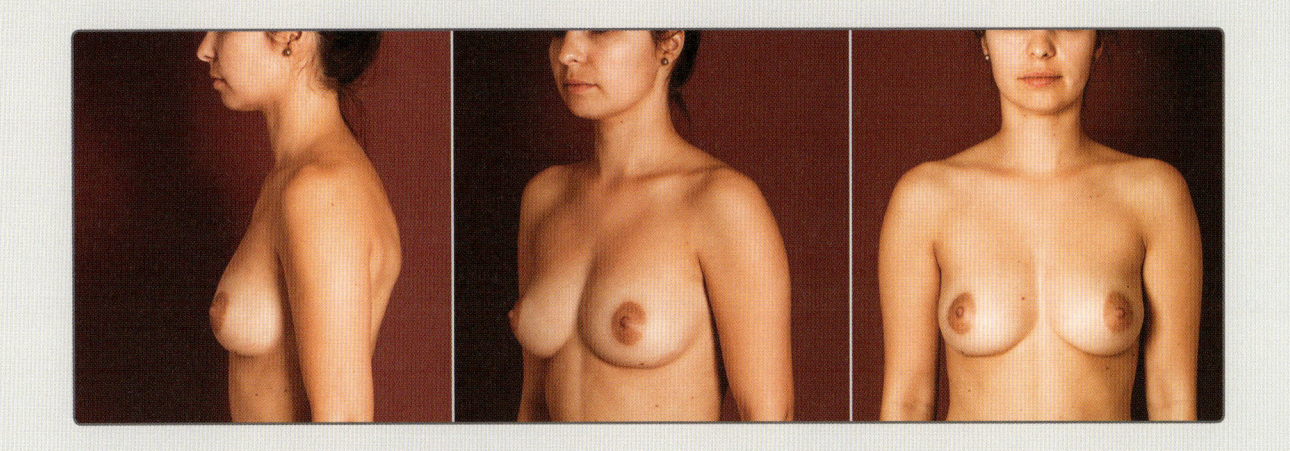

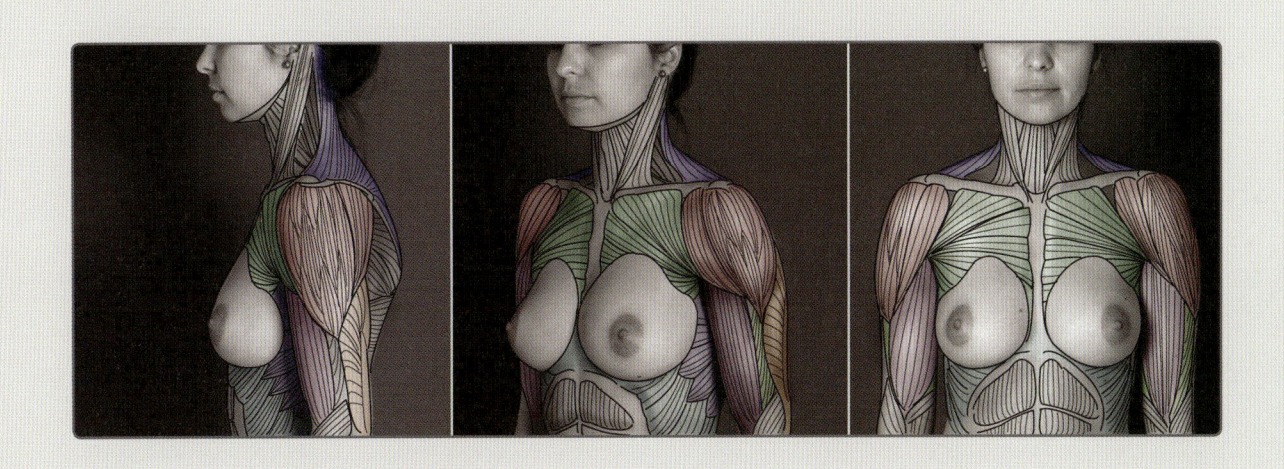

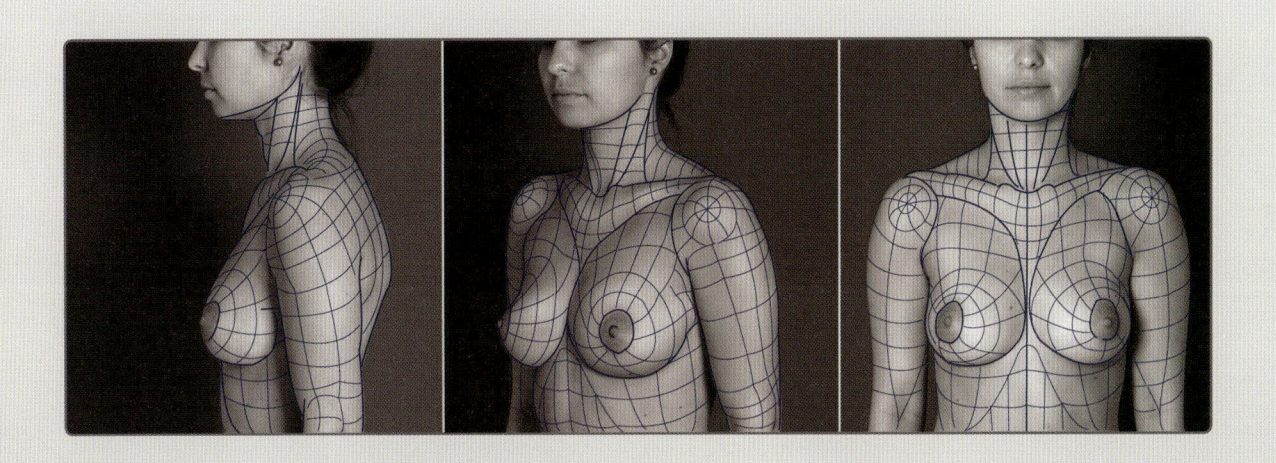

BRAZOS ABIERTOS – VARÓN

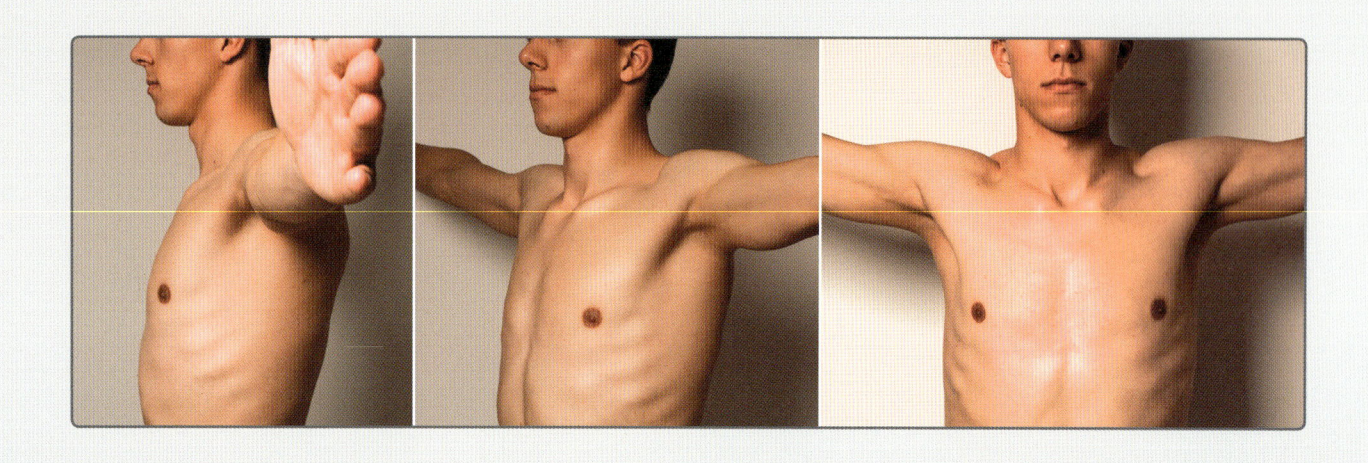

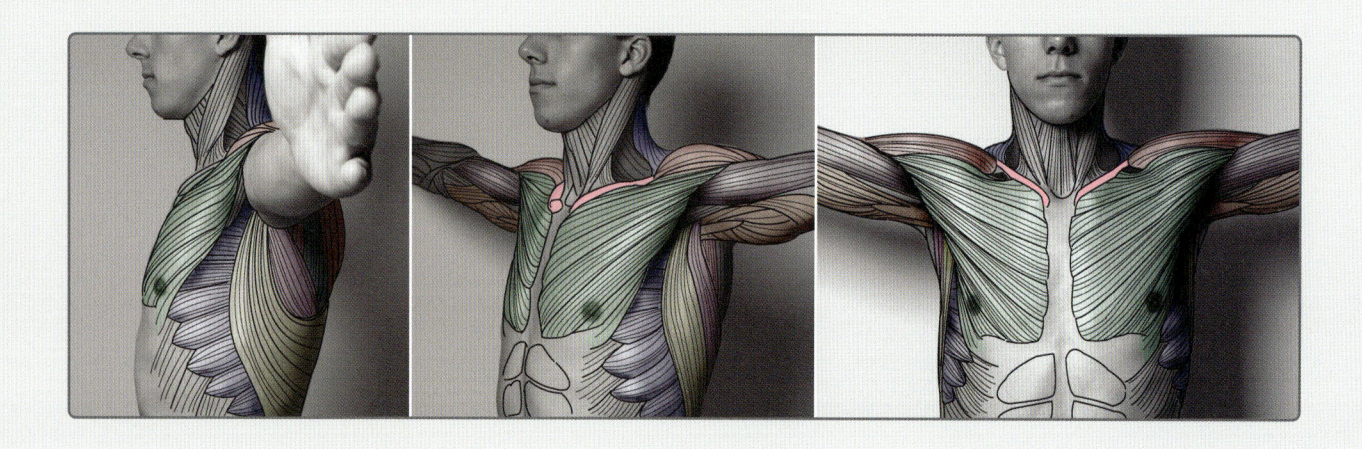

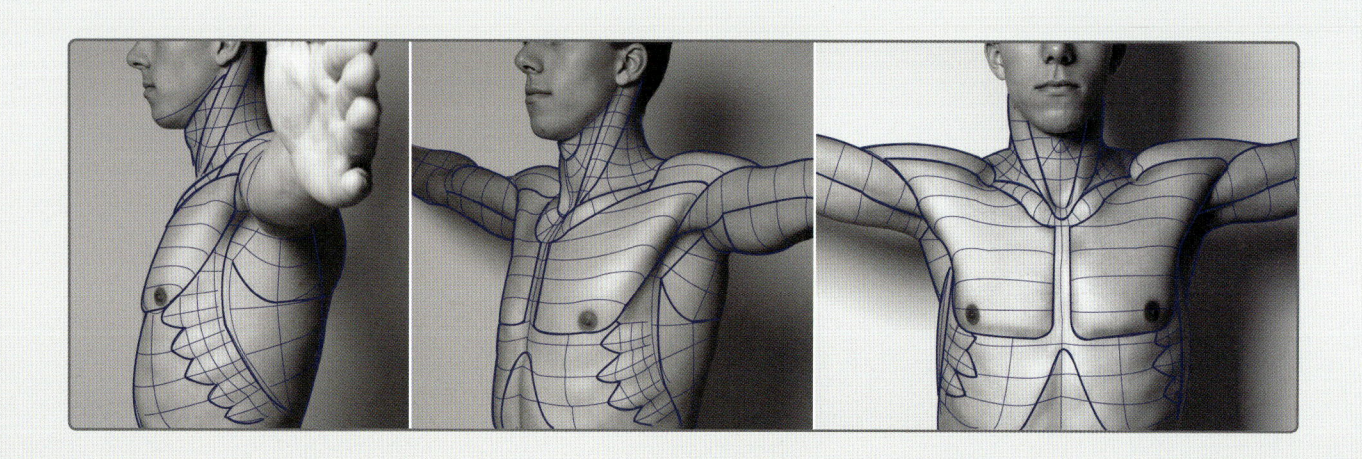

BRAZOS ABIERTOS – MUJER

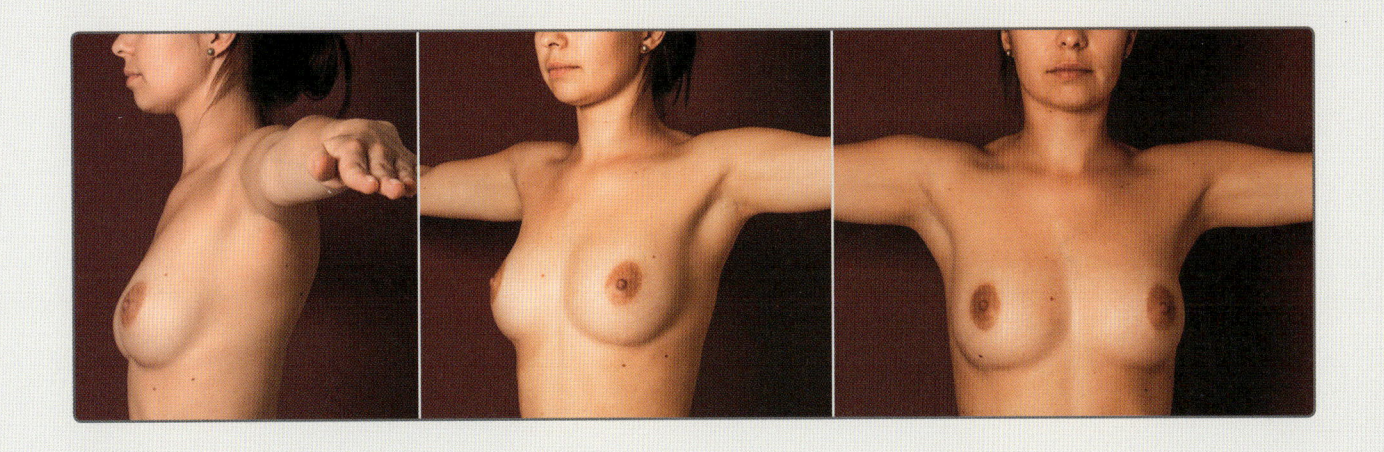

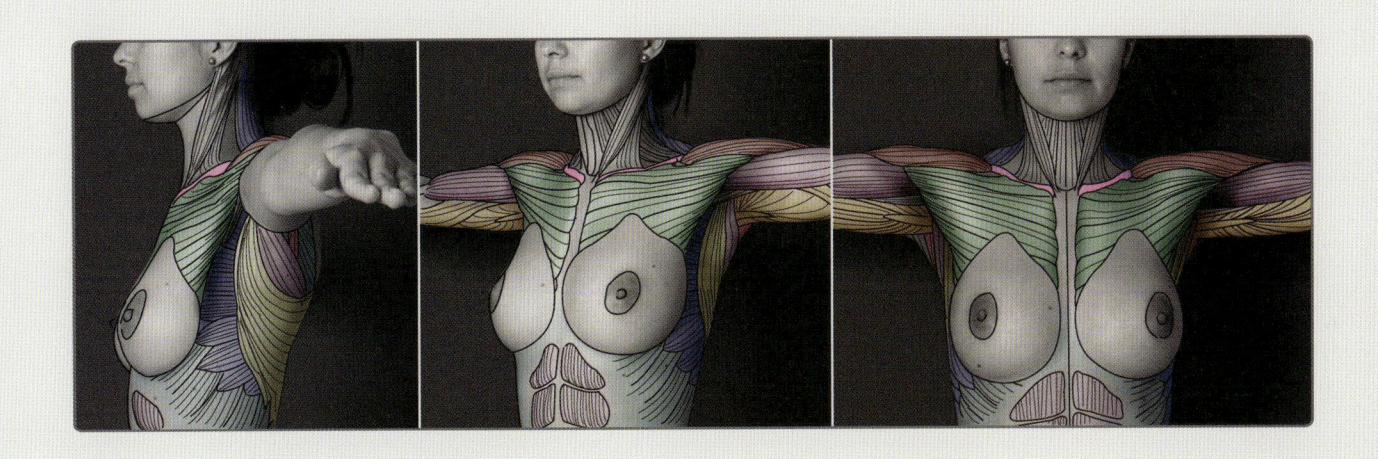

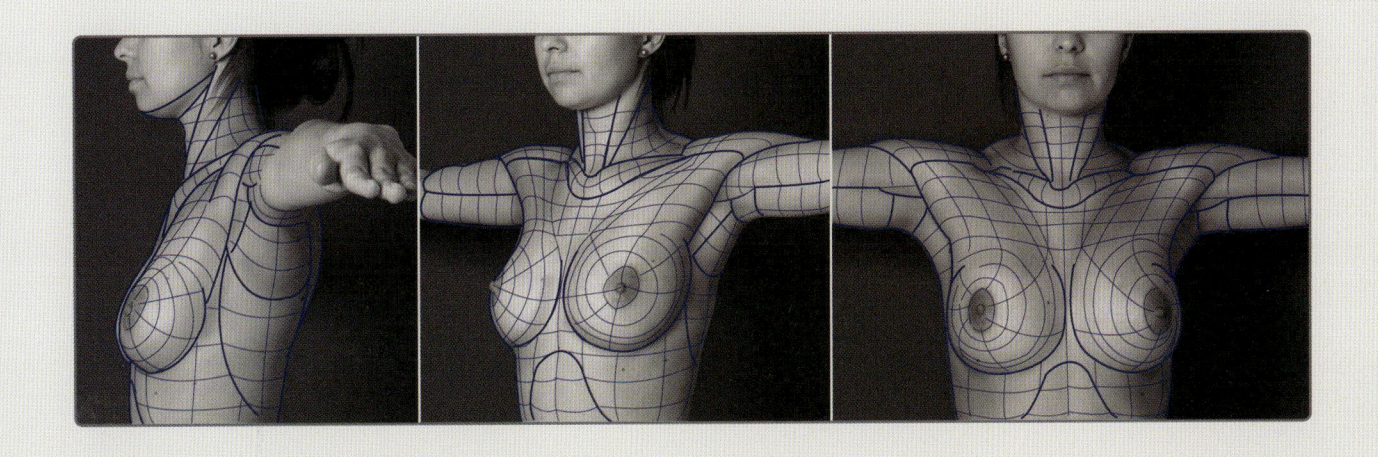

BRAZOS EN POSICIÓN DE "Y" – VARÓN

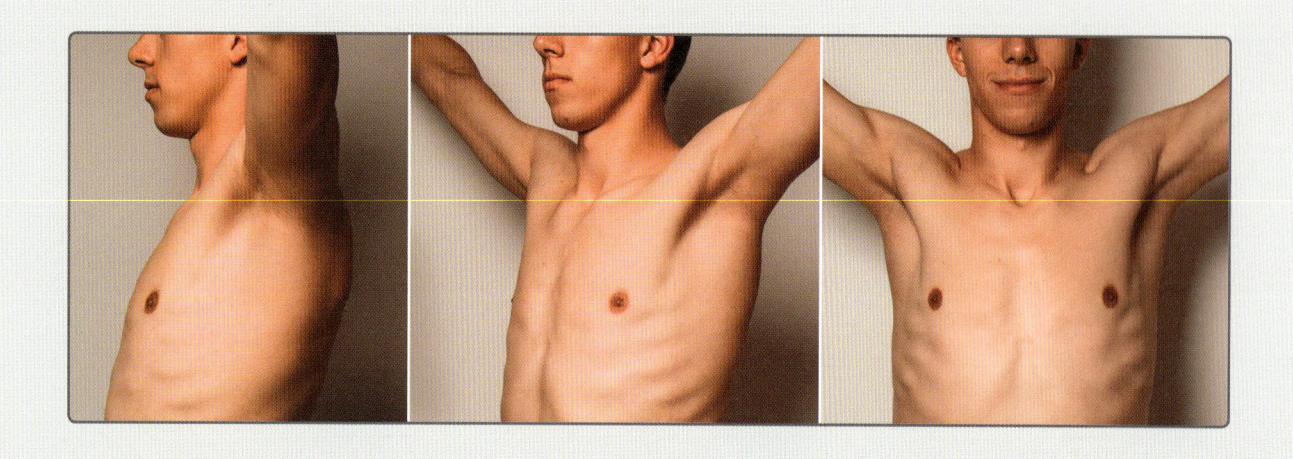

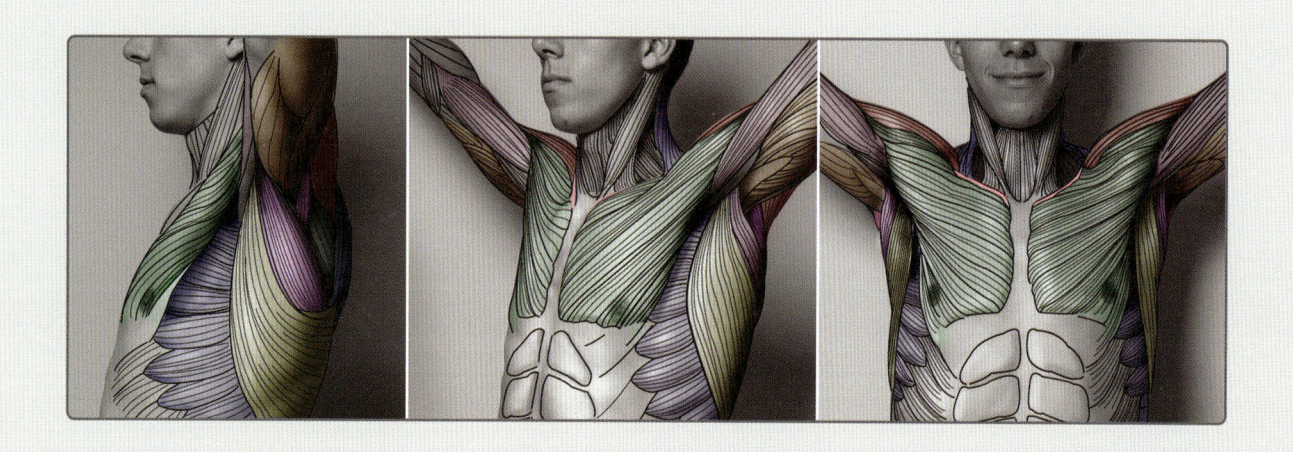

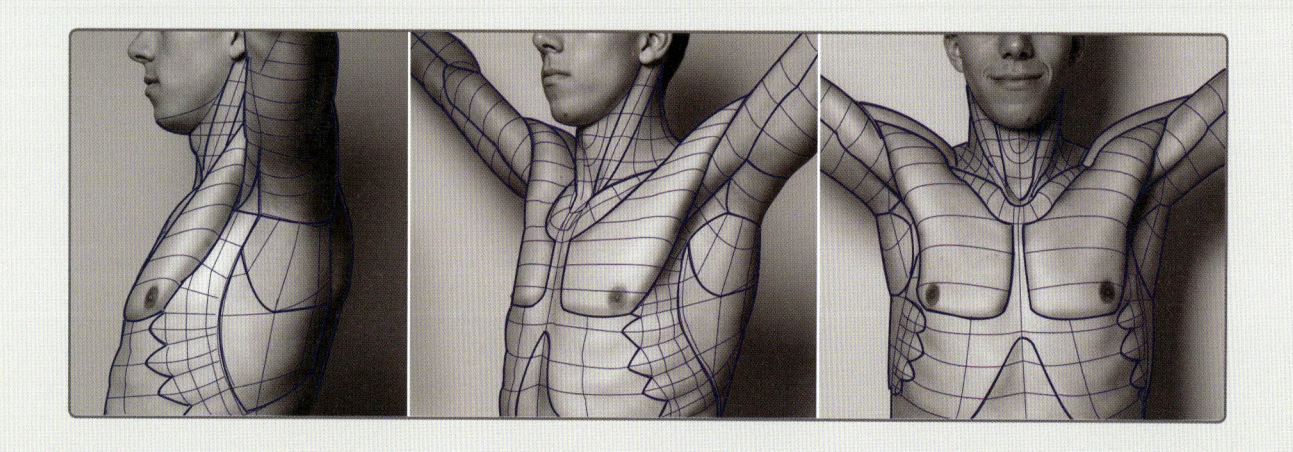

BRAZOS EN POSICIÓN DE "Y" – MUJER

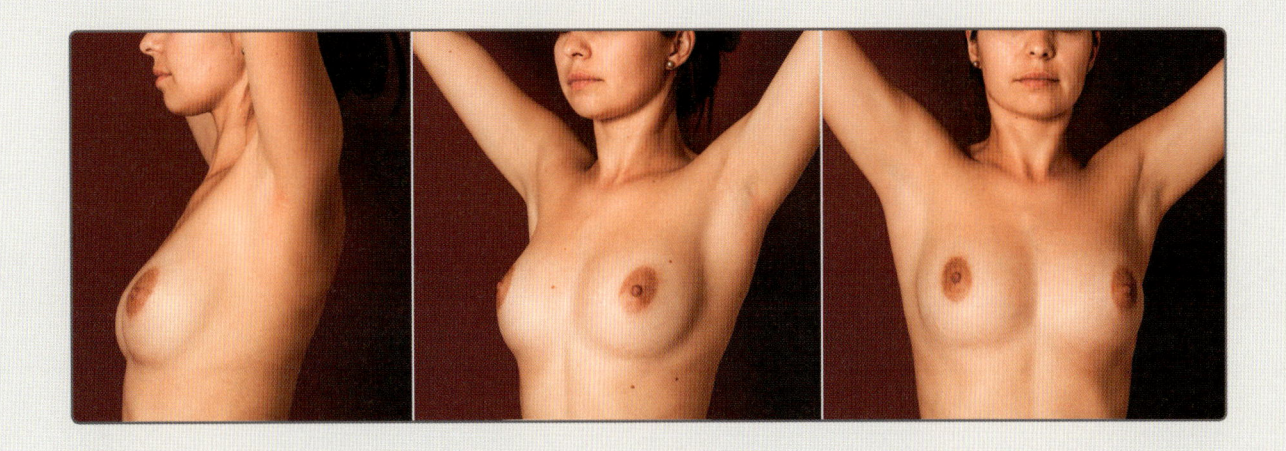

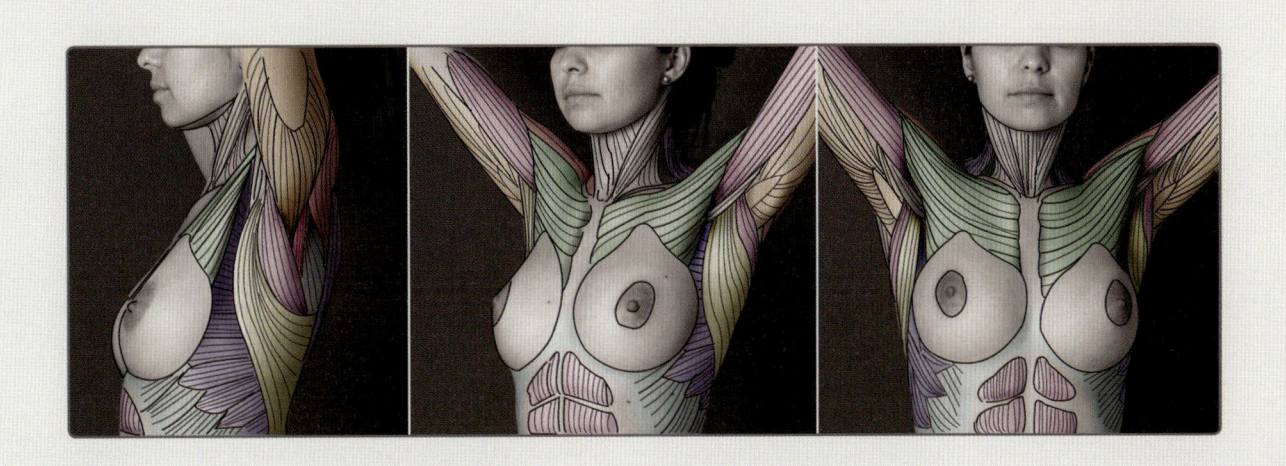

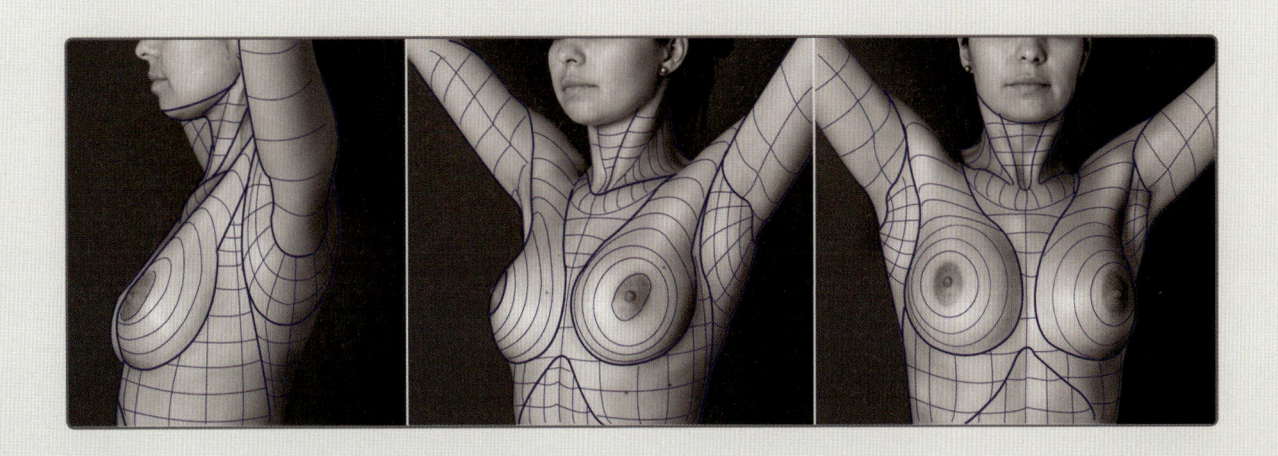

BRAZOS ESTIRADOS HACIA ARRIBA – VARÓN

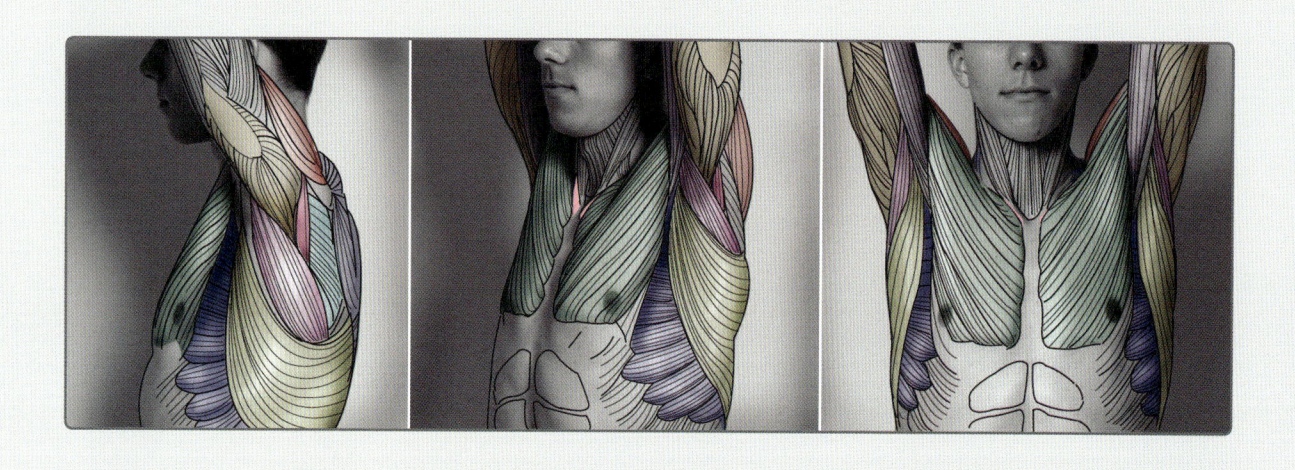

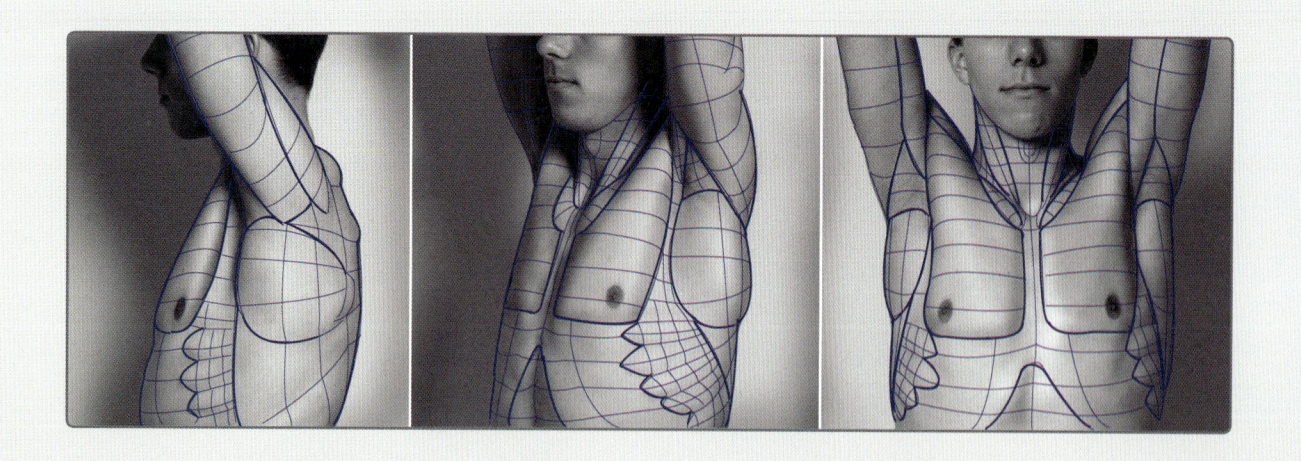

BRAZOS ESTIRADOS HACIA ARRIBA – MUJER

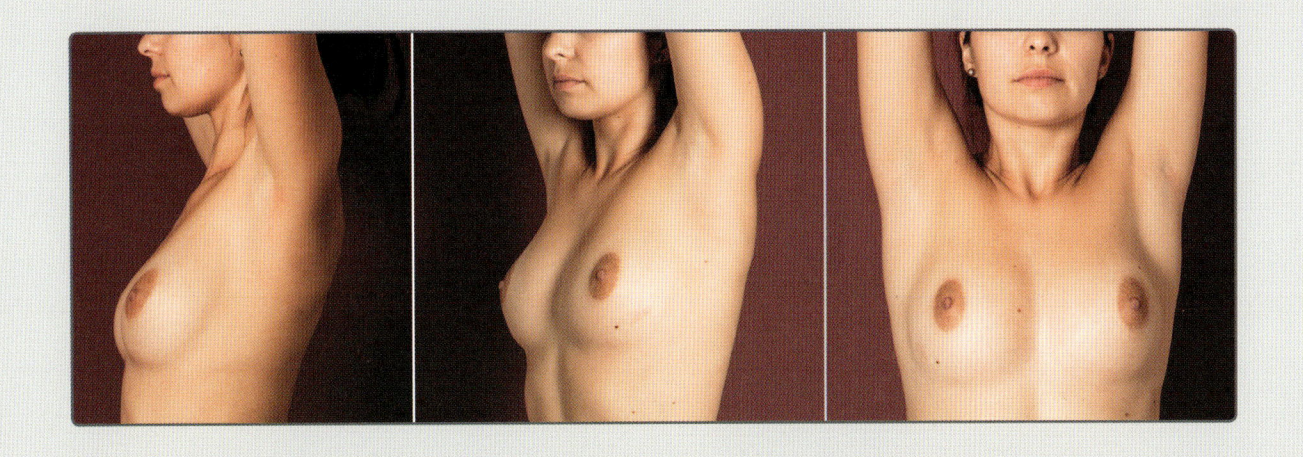

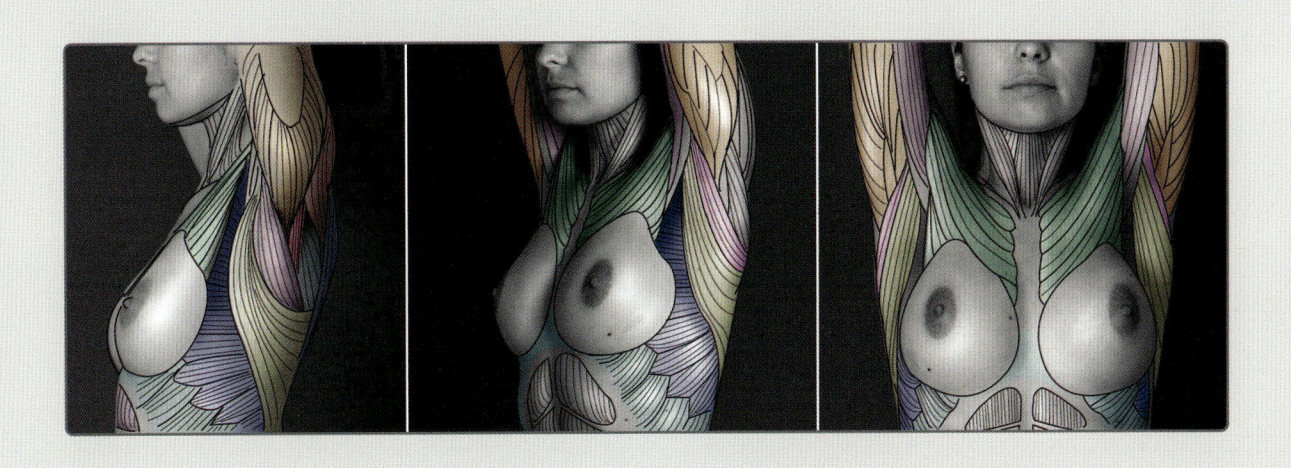

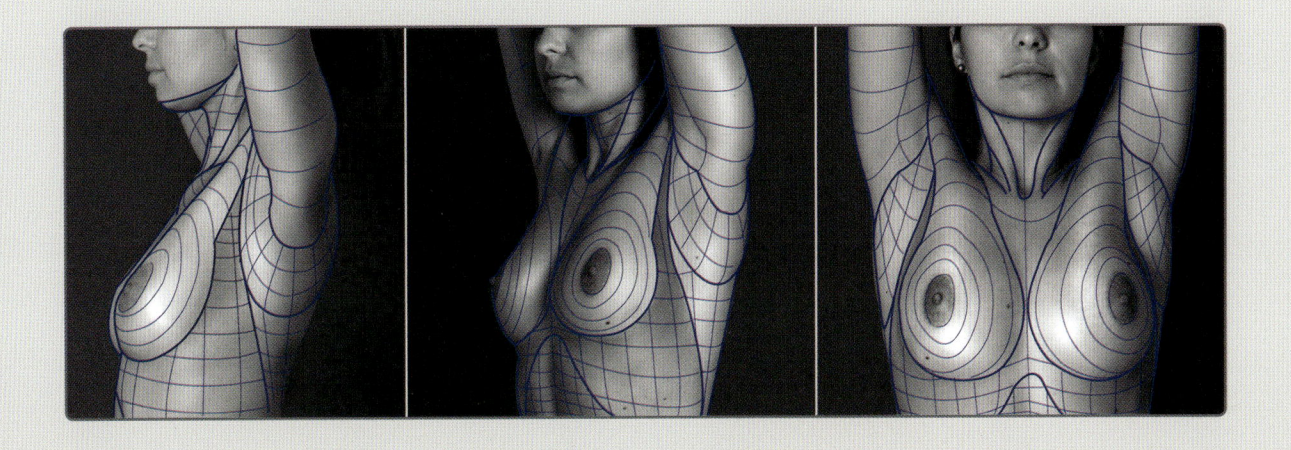

BRAZO ESTIRADO HACIA ARRIBA Y ADELANTE

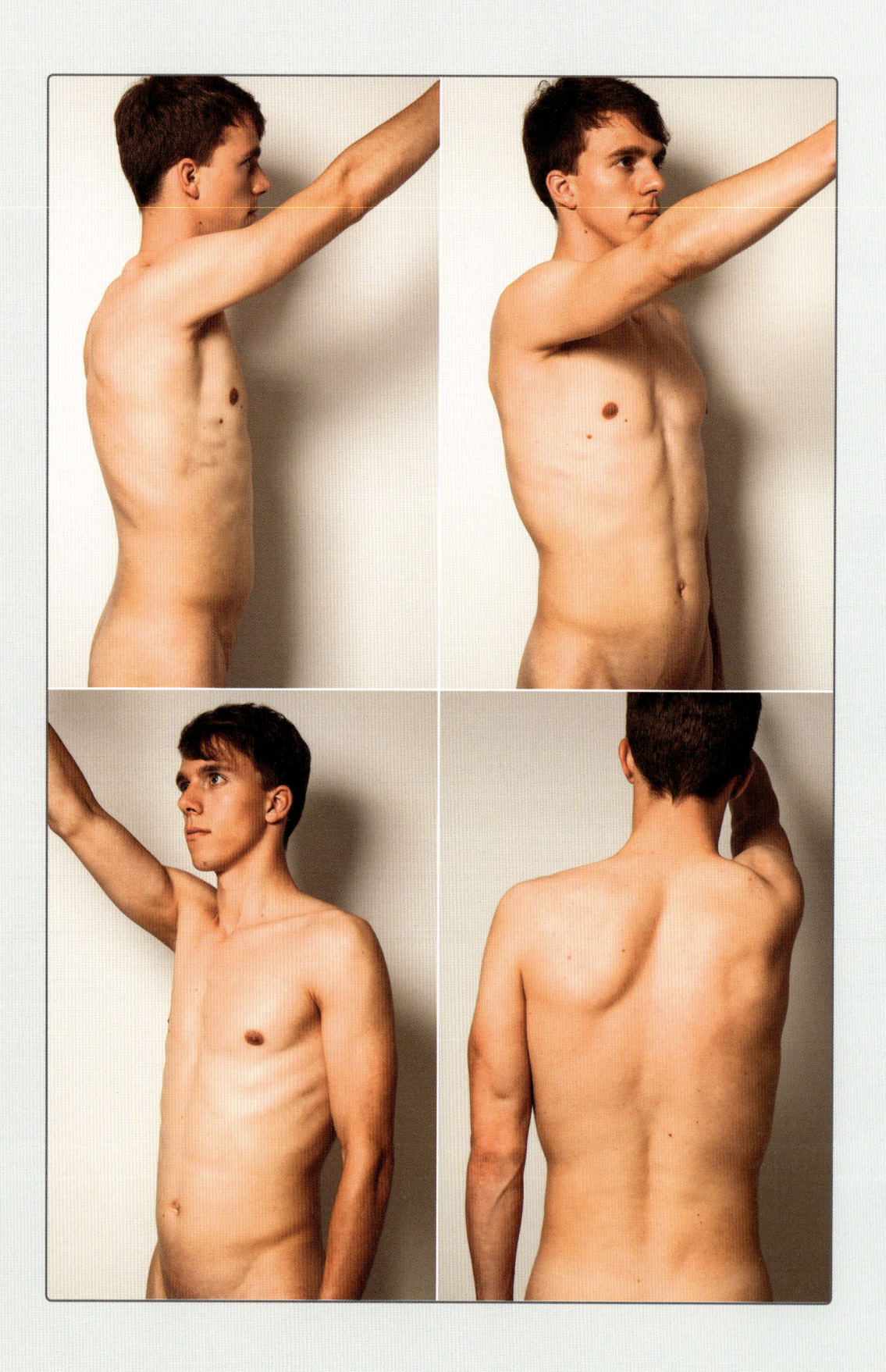

BRAZO ESTIRADO HACIA ARRIBA Y ADELANTE

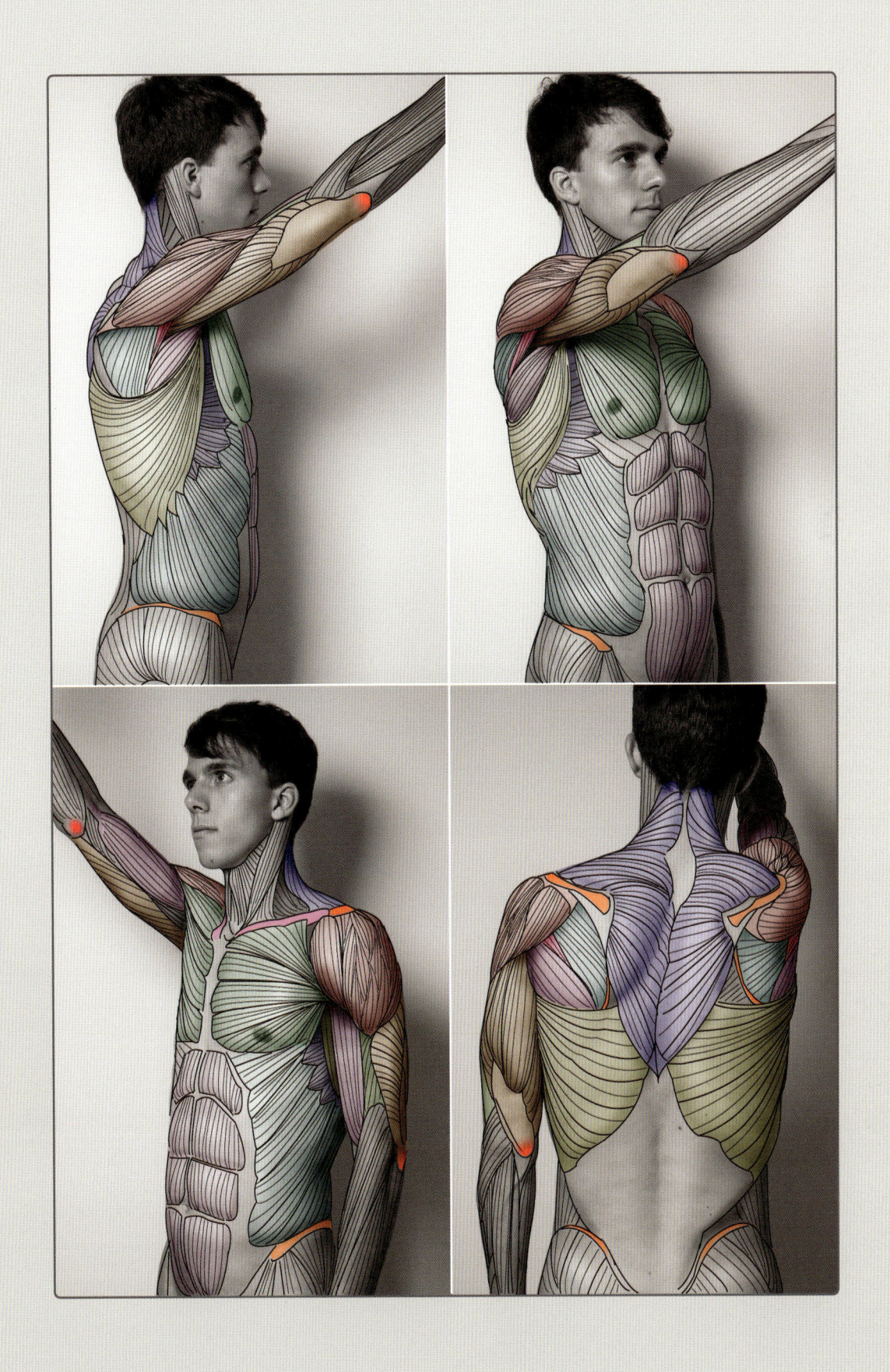

BRAZO ESTIRADO HACIA ARRIBA Y ADELANTE

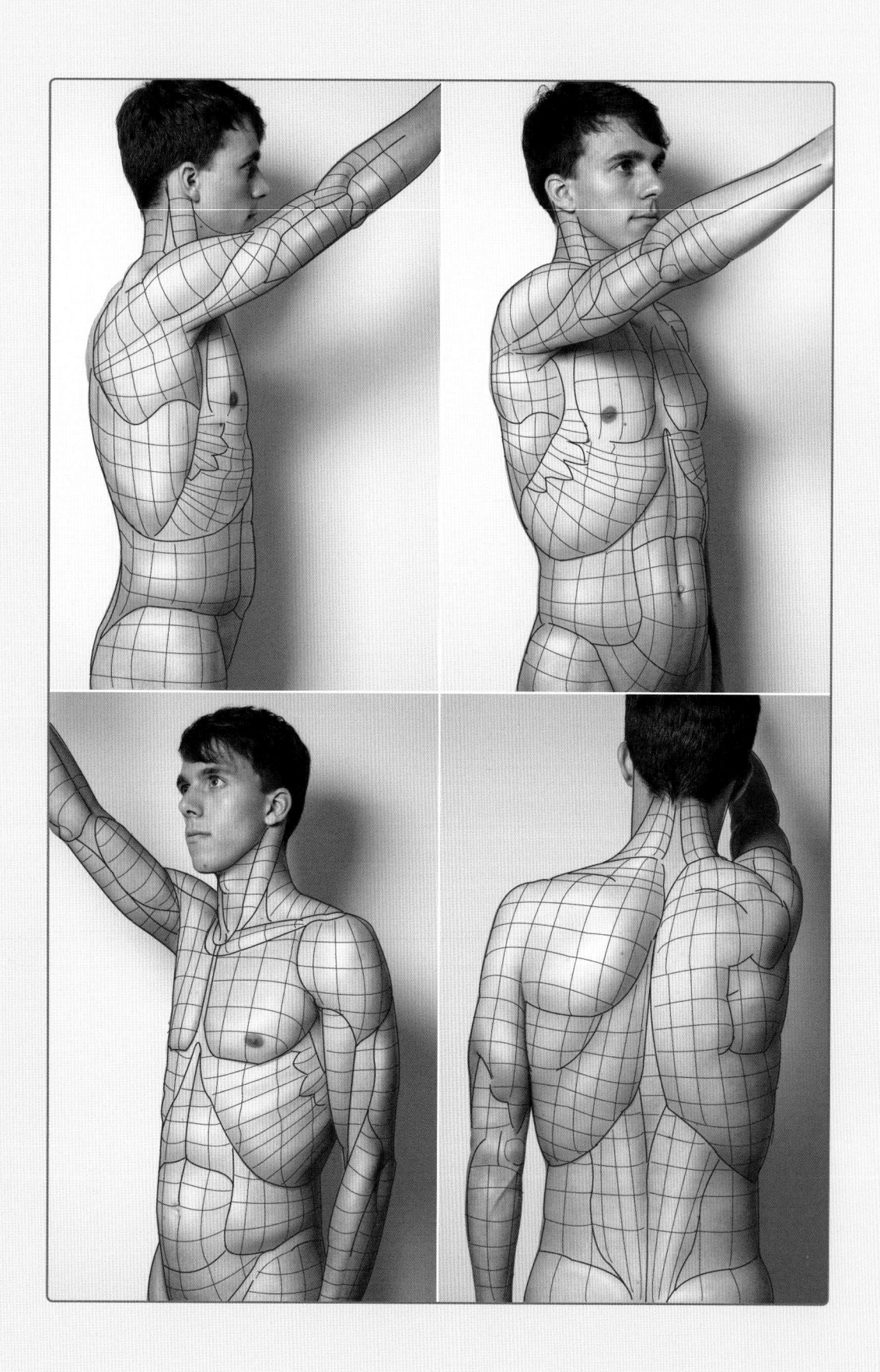

ANATOMÍA PARA ESCULTORES

BRAZOS ESTIRADOS HACIA ATRÁS

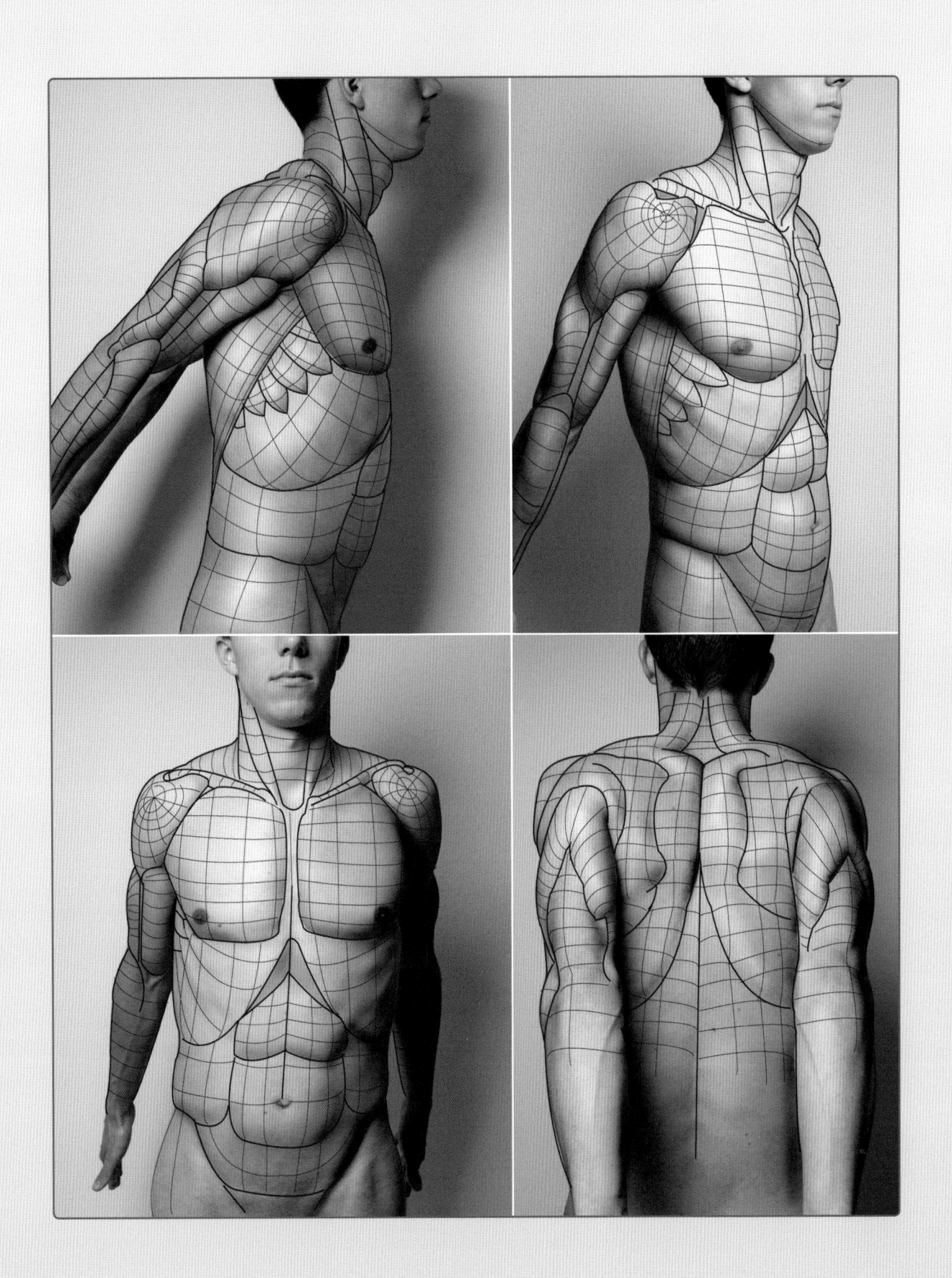

BRAZOS ESTIRADOS HACIA ATRÁS

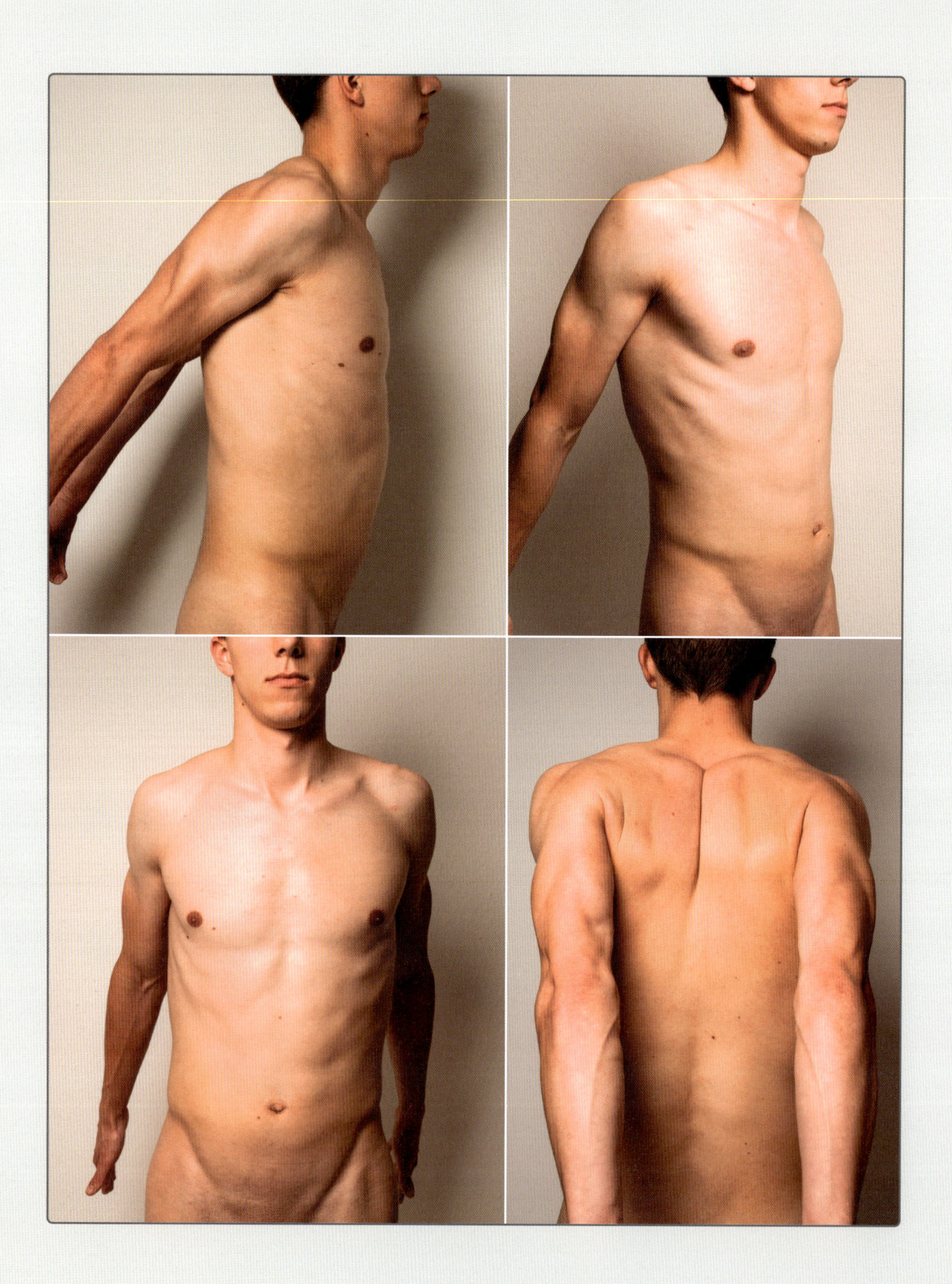

BRAZOS ESTIRADOS HACIA ATRÁS

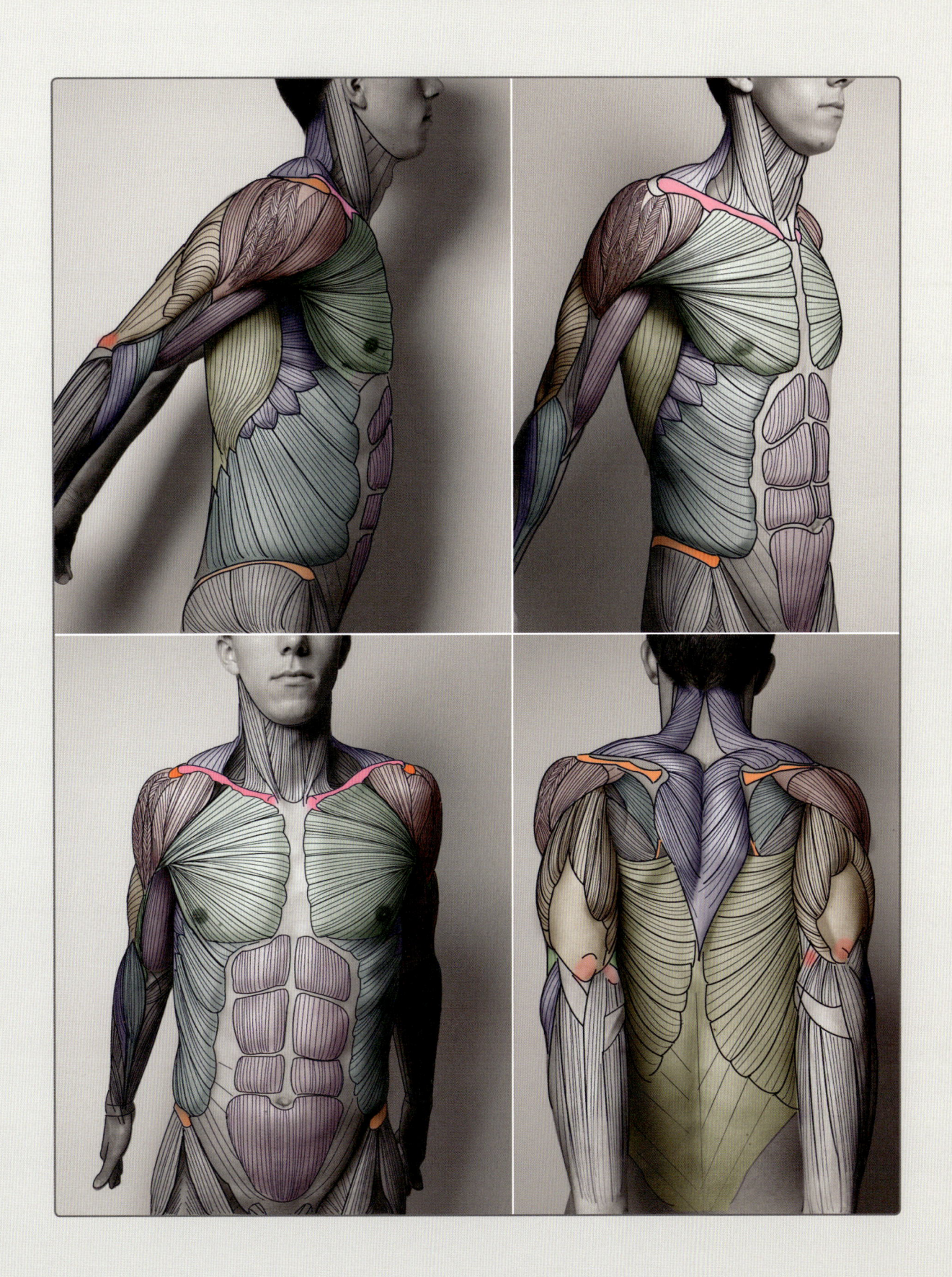

UN BRAZO DETRÁS DE LA ESPALDA

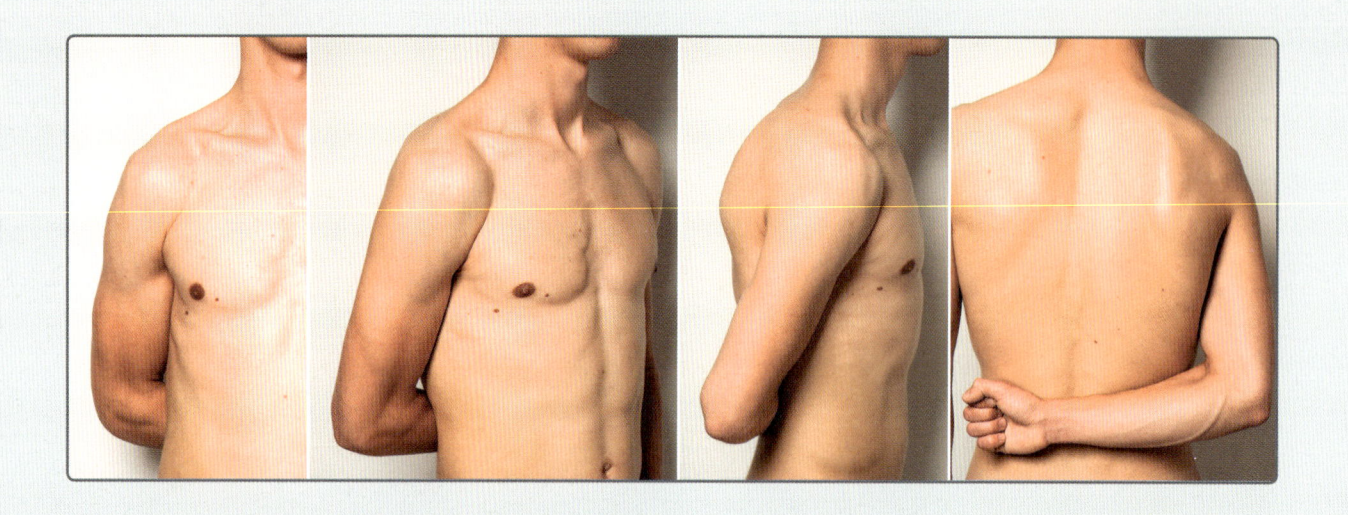

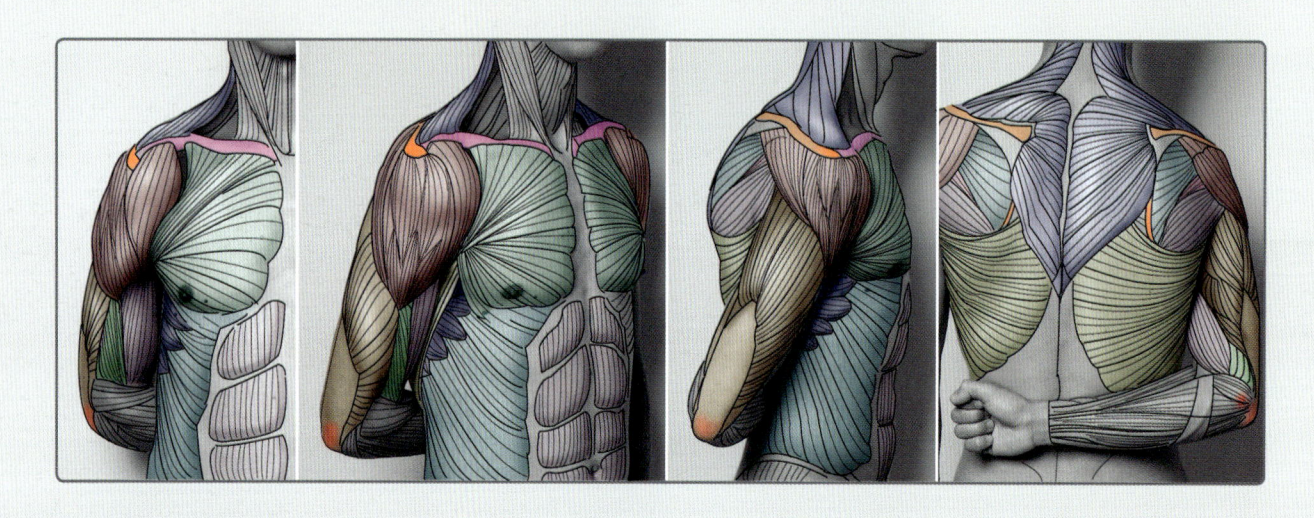

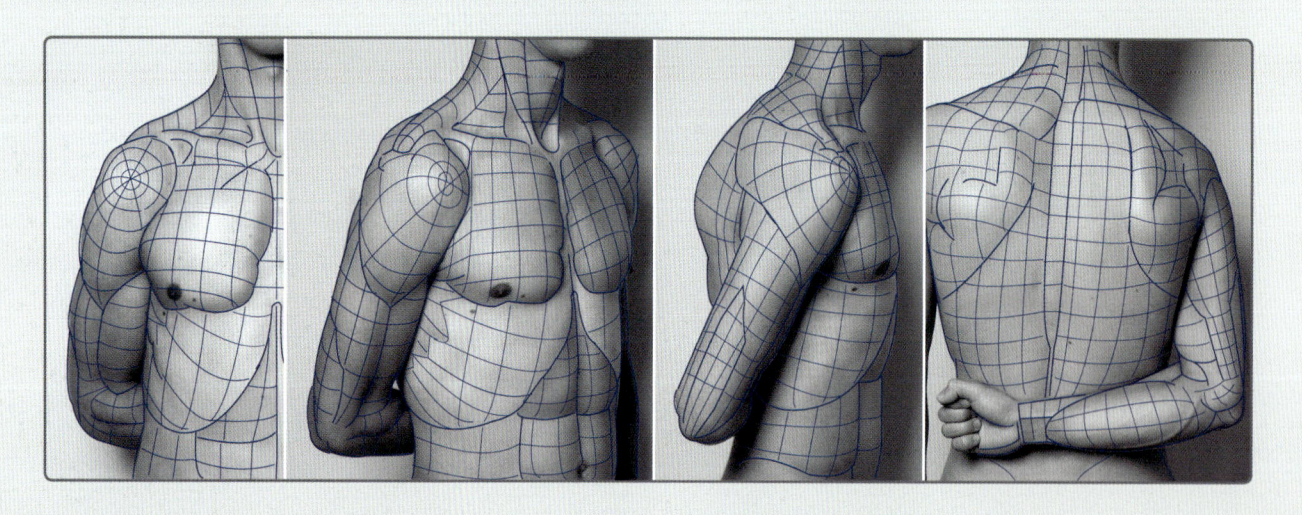

LEVANTANDO UN BRAZO MÁS Y MÁS

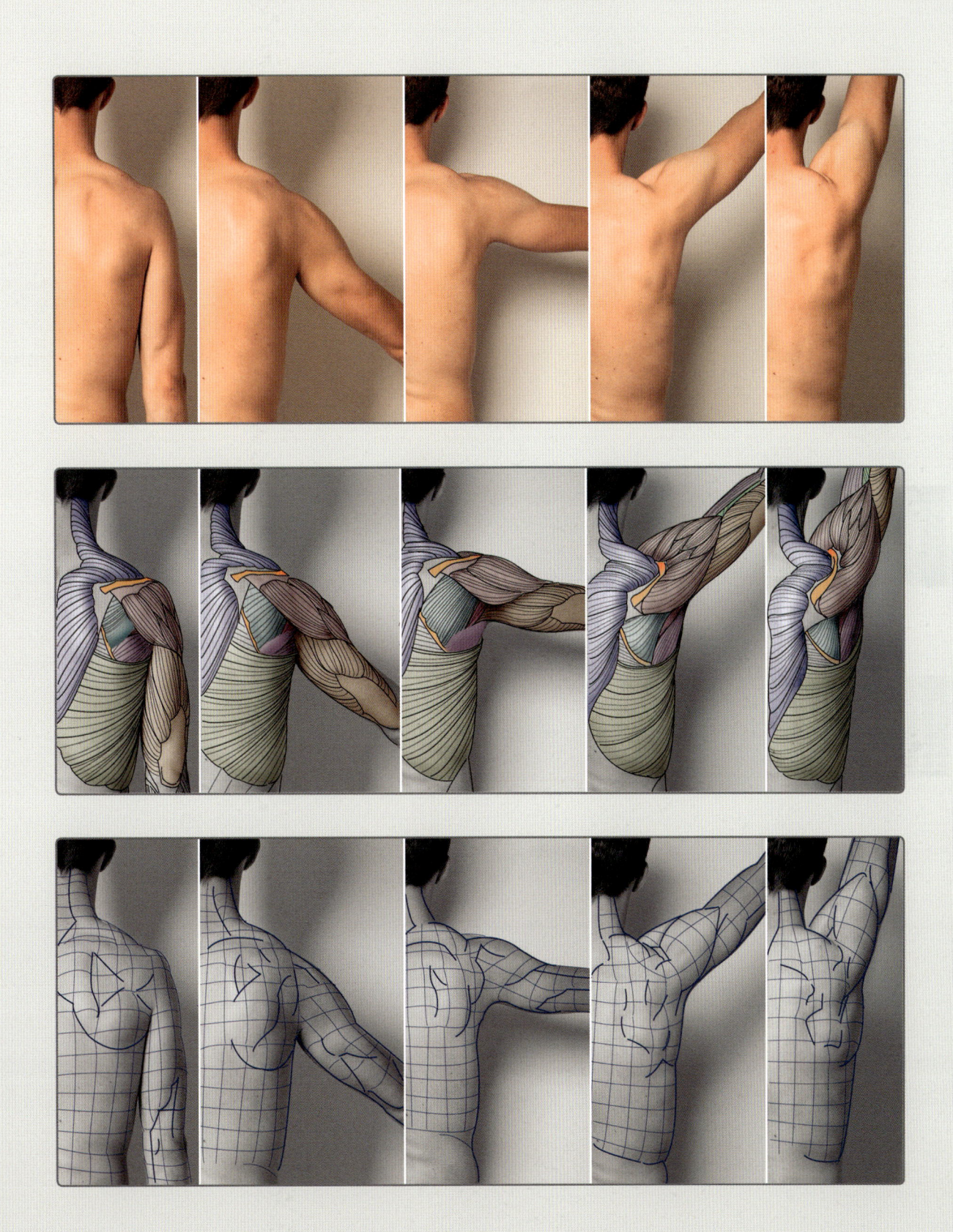

87

MANO SUJETANDO EL HOMBRO CONTRARIO

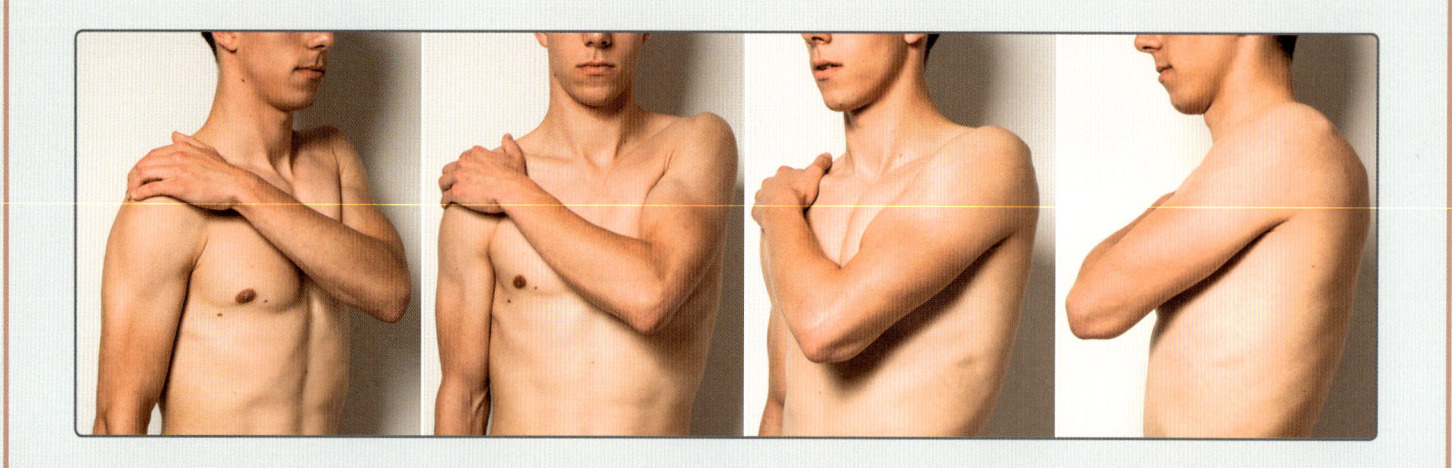

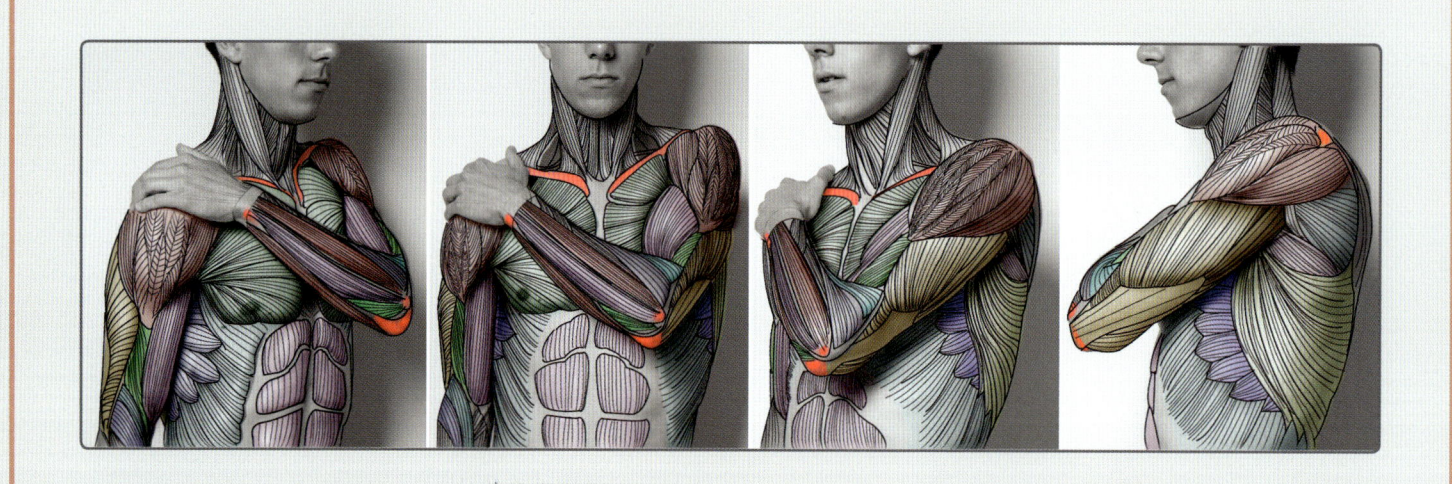

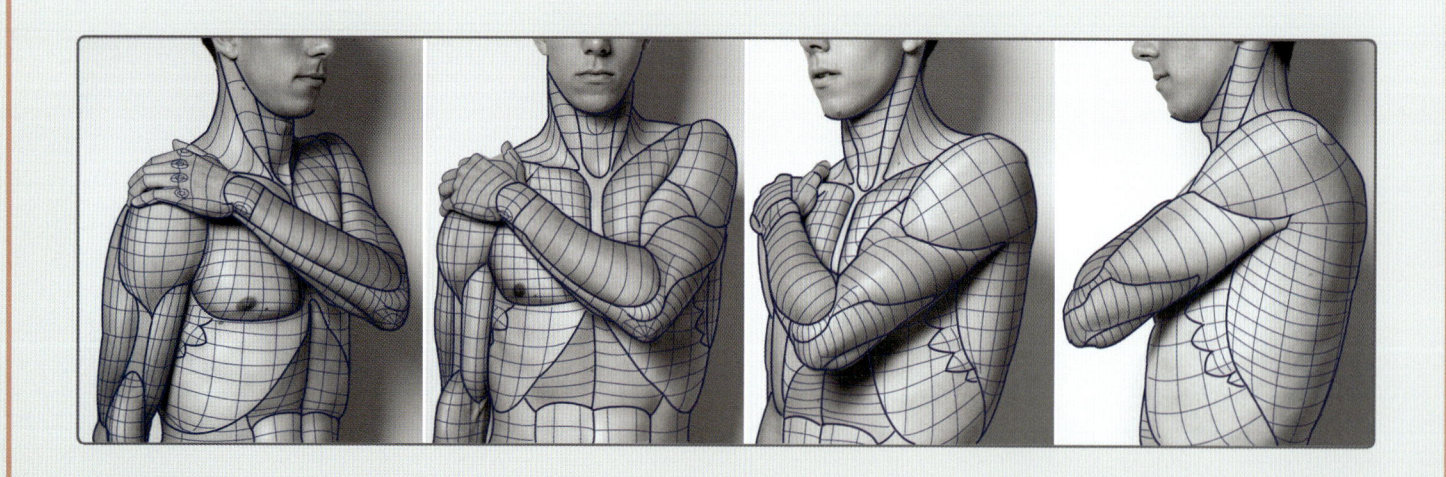

¡ENCONTREMOS LOS OMÓPLATOS (ESCÁPULA)!

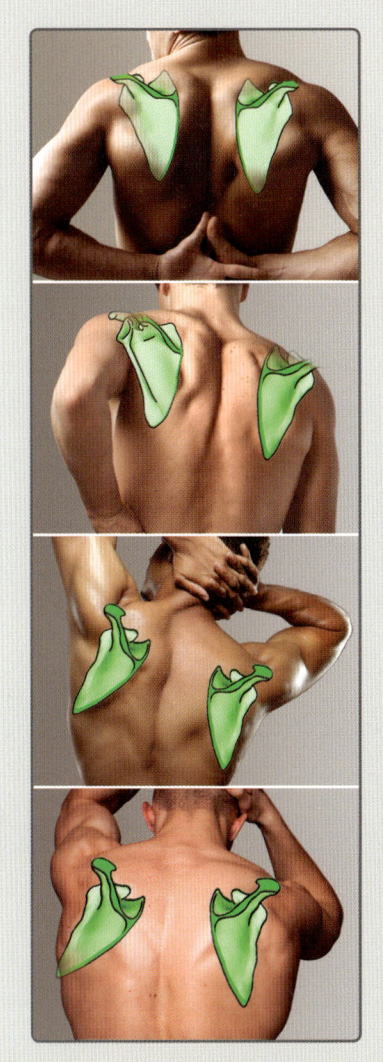

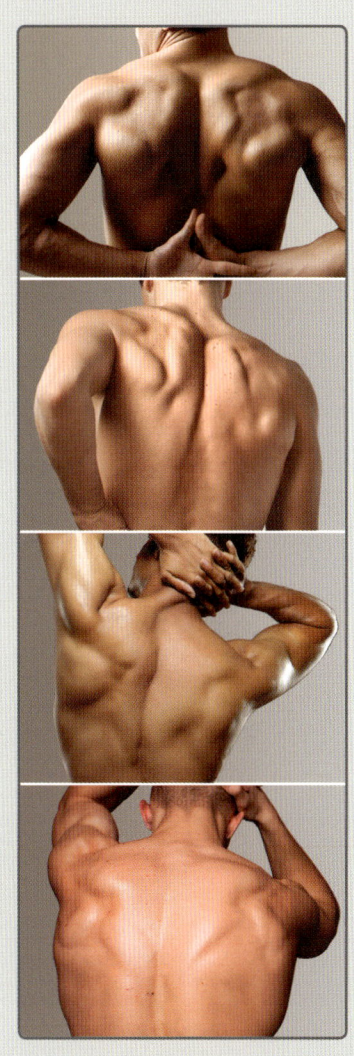

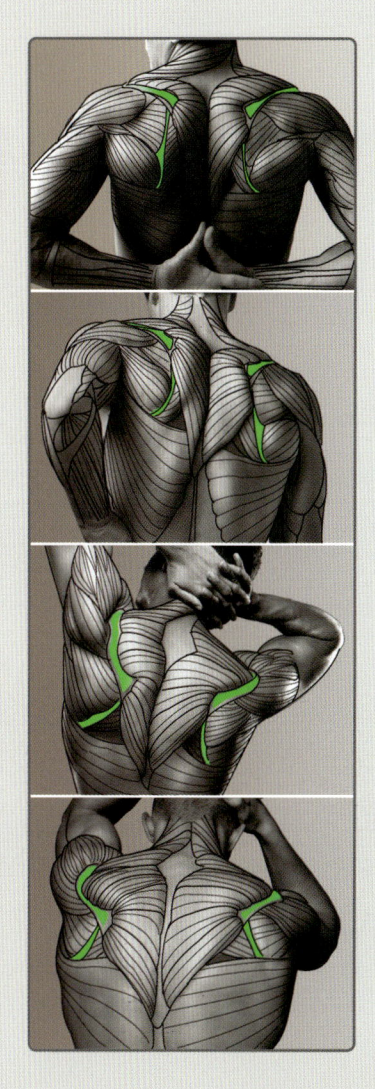

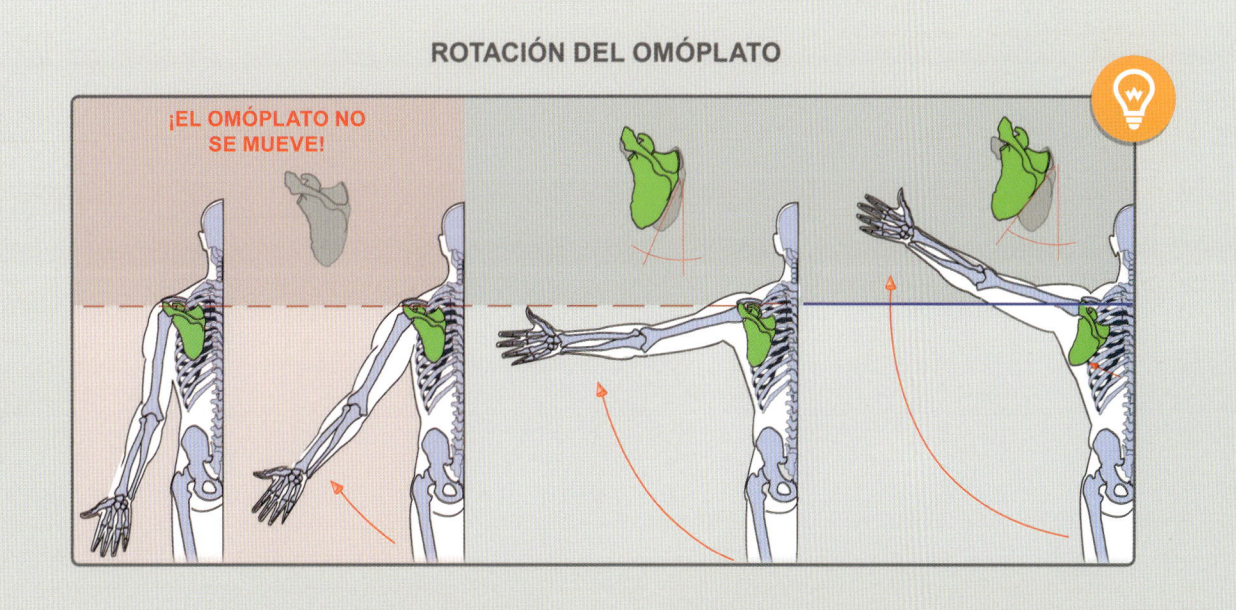

ROTACIÓN DEL OMÓPLATO

¡EL OMÓPLATO NO SE MUEVE!

PROPORCIONES DE HOMBRES Y MUJERES

PROPORCIONES ADULTAS IDEALIZADAS – 8 CABEZAS

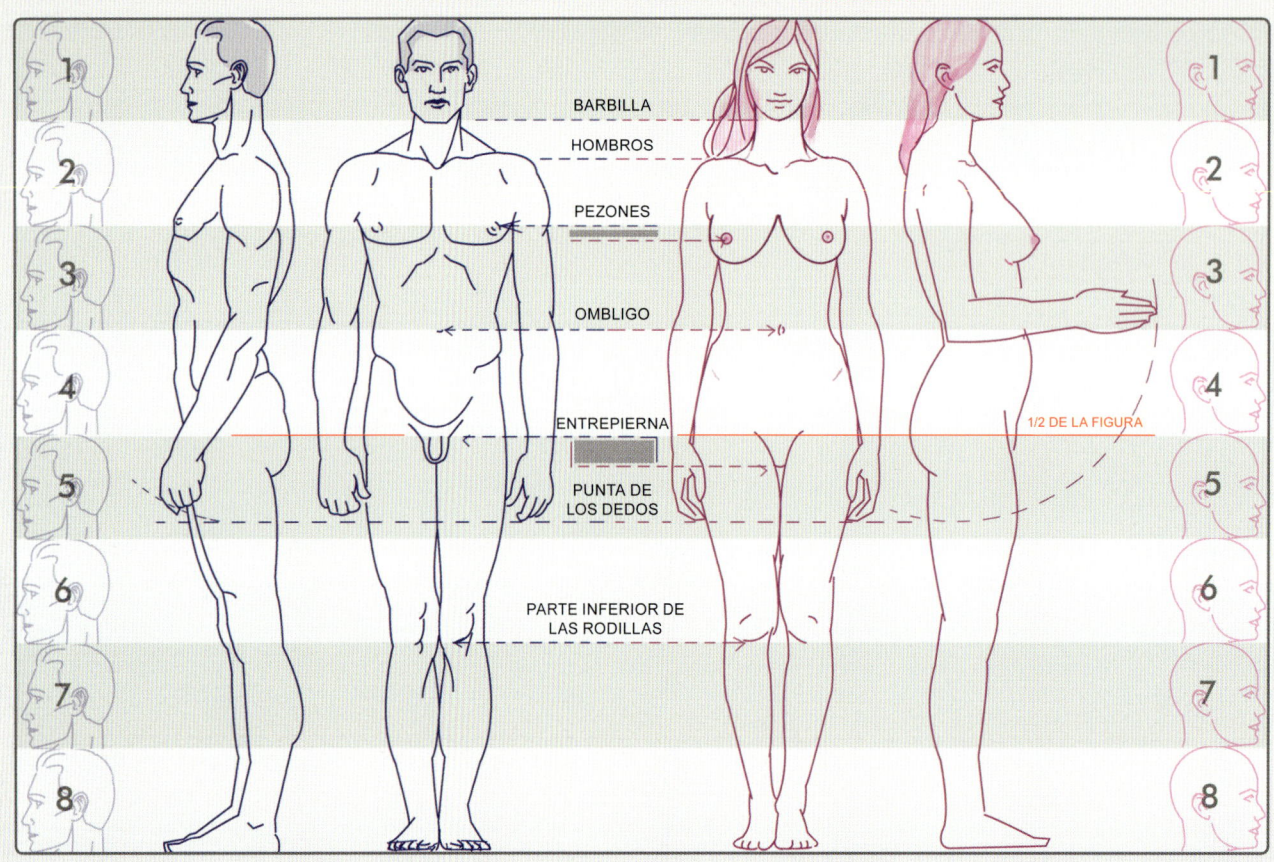

- BARBILLA
- HOMBROS
- PEZONES
- OMBLIGO
- ENTREPIERNA — 1/2 DE LA FIGURA
- PUNTA DE LOS DEDOS
- PARTE INFERIOR DE LAS RODILLAS

PROPORCIONES ADULTAS REALISTAS – 7,5 CABEZAS

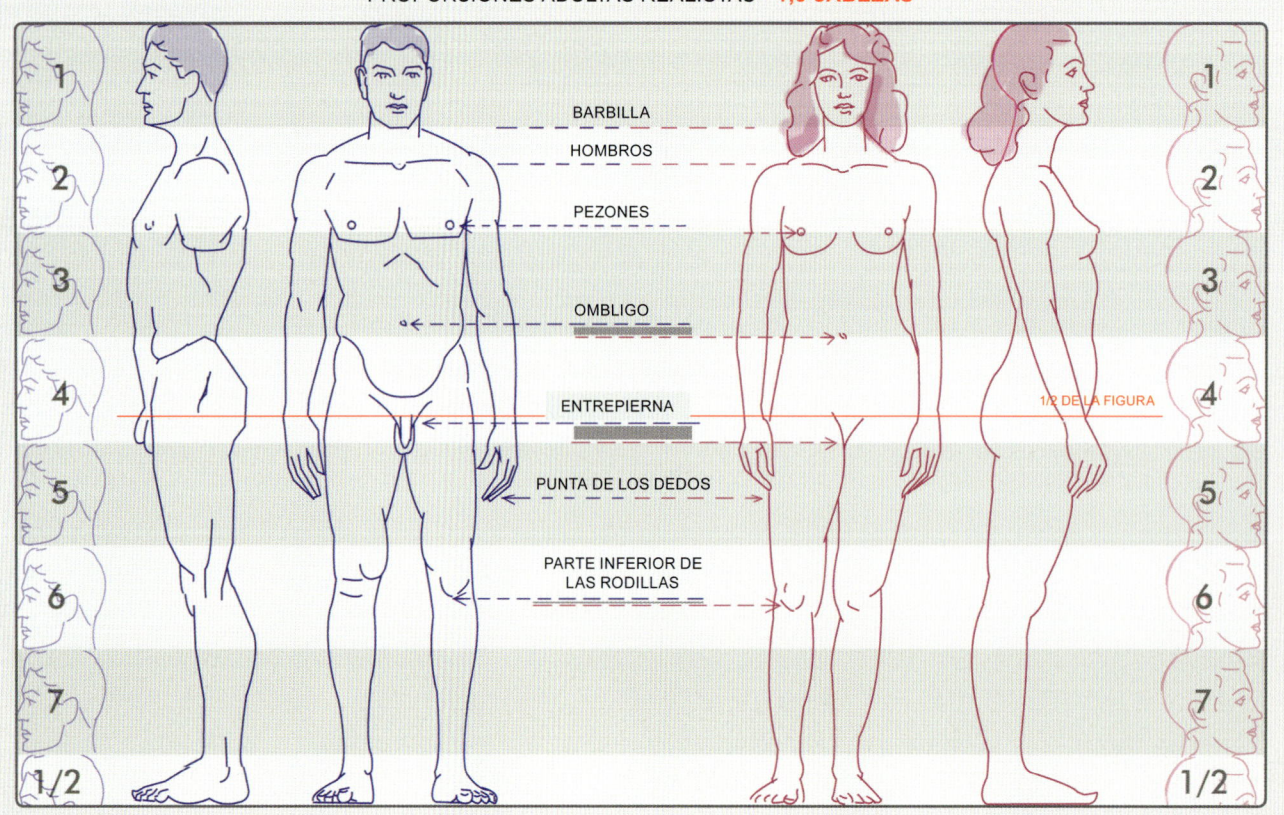

- BARBILLA
- HOMBROS
- PEZONES
- OMBLIGO
- ENTREPIERNA — 1/2 DE LA FIGURA
- PUNTA DE LOS DEDOS
- PARTE INFERIOR DE LAS RODILLAS

PROPORCIONES DE ADOLESCENTES Y NIÑOS/AS

PROPORCIONES DE ADOLESCENTES – 7 CABEZAS

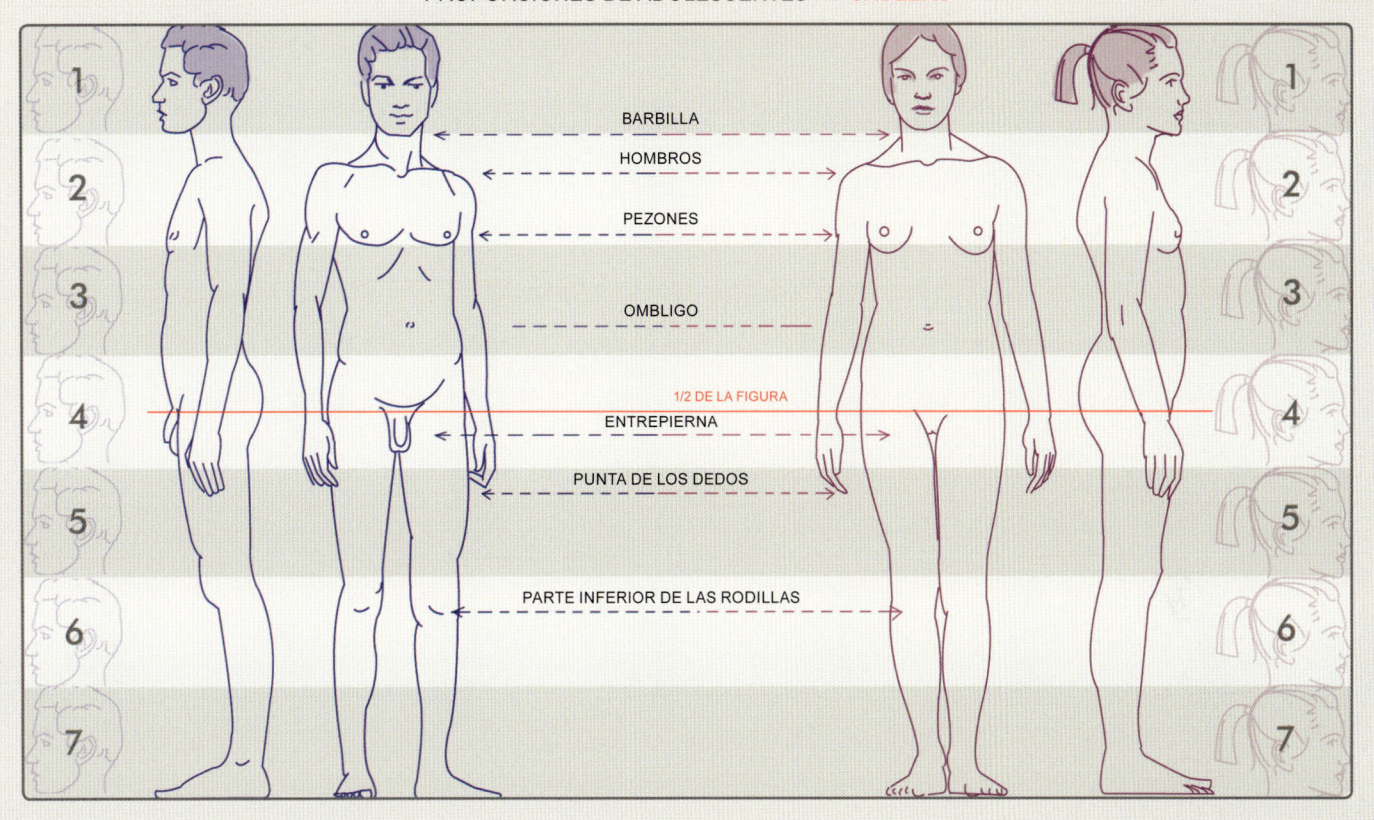

BARBILLA
HOMBROS
PEZONES
OMBLIGO
1/2 DE LA FIGURA
ENTREPIERNA
PUNTA DE LOS DEDOS
PARTE INFERIOR DE LAS RODILLAS

PROPORCIONES DE NIÑOS/AS (8–12 AÑOS) – 6 CABEZAS

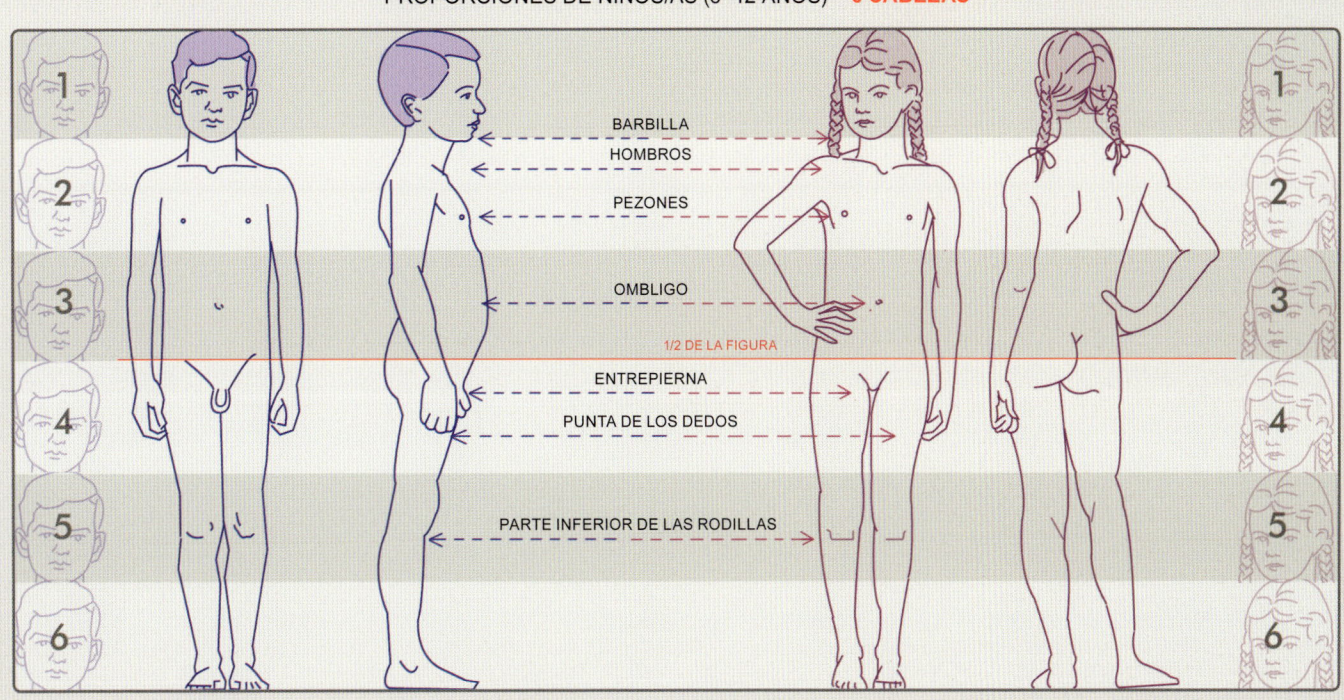

BARBILLA
HOMBROS
PEZONES
OMBLIGO
1/2 DE LA FIGURA
ENTREPIERNA
PUNTA DE LOS DEDOS
PARTE INFERIOR DE LAS RODILLAS

PROPORCIONES DE NIÑOS, BEBÉS, RECIÉN NACIDOS Y ANCIANOS/AS

NIÑOS/AS: 5,5 CABEZAS

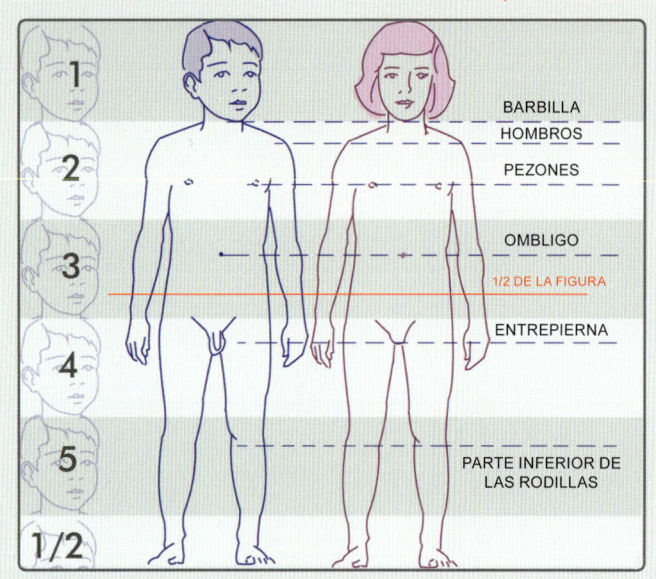

- BARBILLA
- HOMBROS
- PEZONES
- OMBLIGO
- 1/2 DE LA FIGURA
- ENTREPIERNA
- PARTE INFERIOR DE LAS RODILLAS

BEBÉS DE 1 A 2 AÑOS: 5 CABEZAS

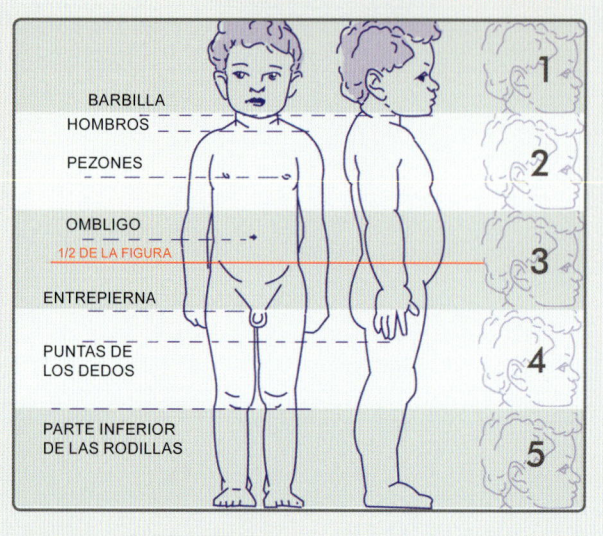

- BARBILLA
- HOMBROS
- PEZONES
- OMBLIGO
- 1/2 DE LA FIGURA
- ENTREPIERNA
- PUNTAS DE LOS DEDOS
- PARTE INFERIOR DE LAS RODILLAS

RECIÉN NACIDOS/AS: 4 CABEZAS

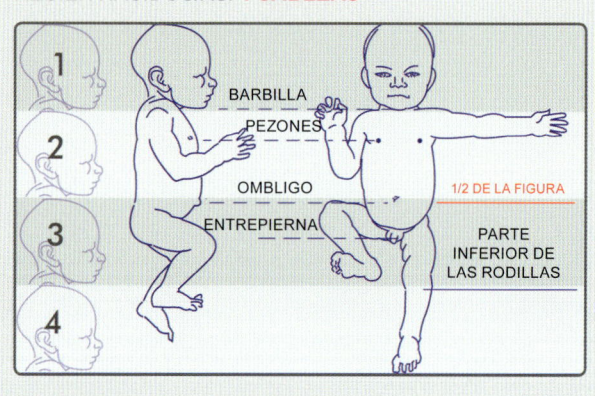

- BARBILLA
- PEZONES
- OMBLIGO
- 1/2 DE LA FIGURA
- ENTREPIERNA
- PARTE INFERIOR DE LAS RODILLAS

ANCIANOS/AS: 7 CABEZAS

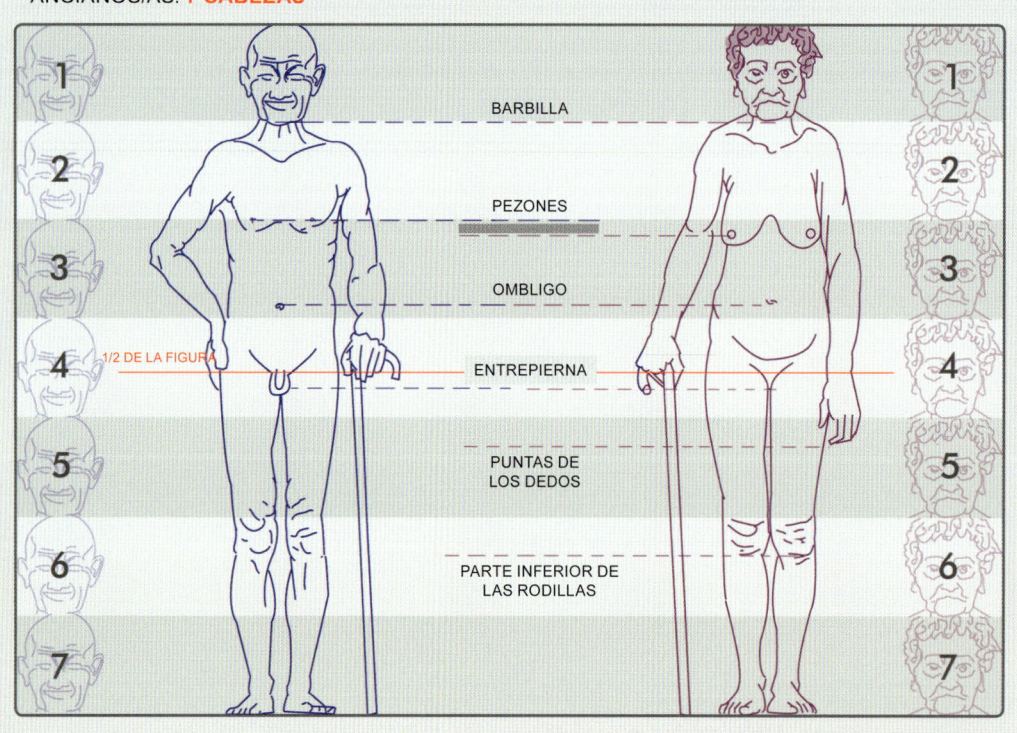

- BARBILLA
- PEZONES
- OMBLIGO
- 1/2 DE LA FIGURA
- ENTREPIERNA
- PUNTAS DE LOS DEDOS
- PARTE INFERIOR DE LAS RODILLAS

ANATOMÍA PARA ESCULTORES

PRINCIPALES HUESOS CRANEALES

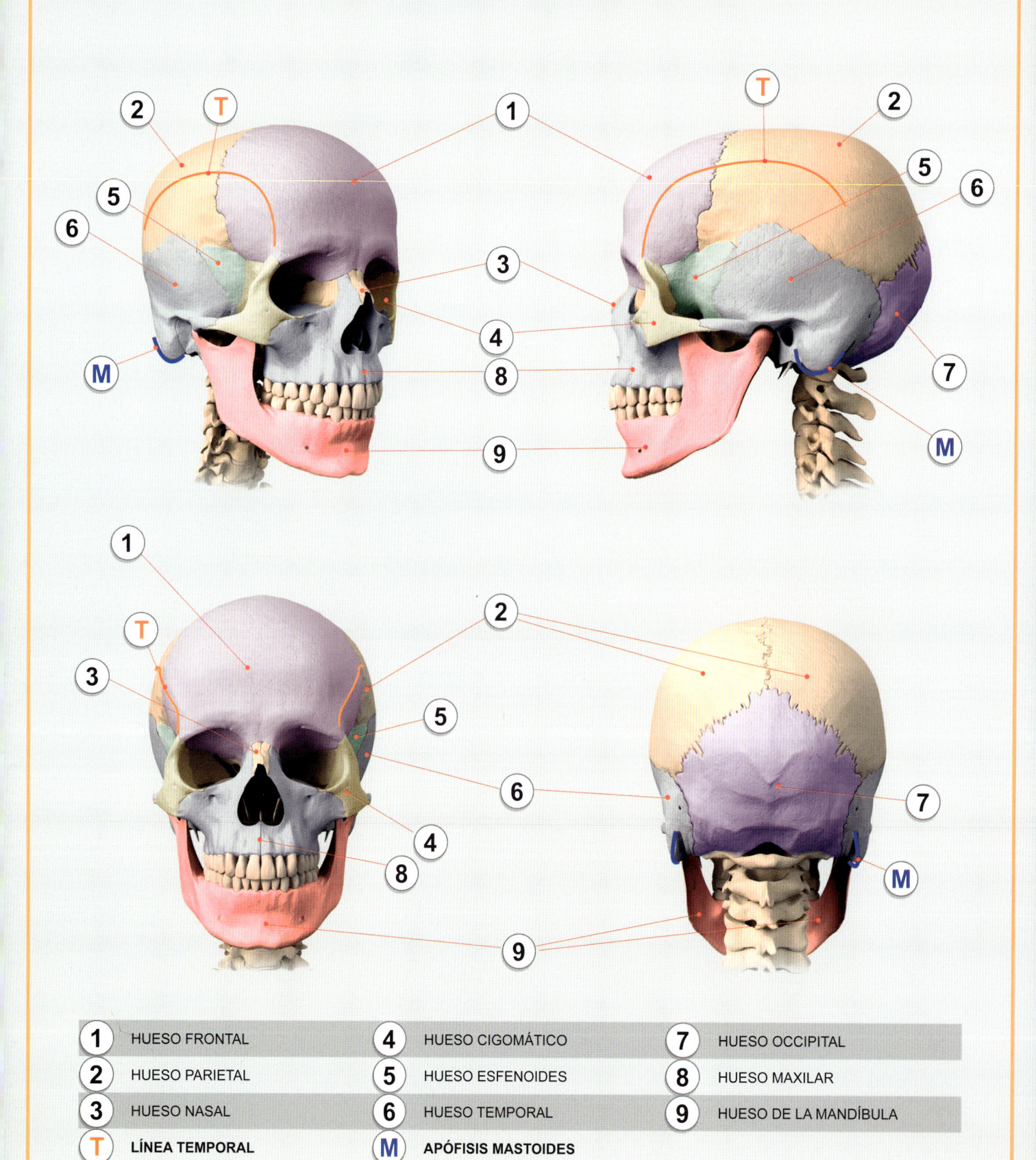

1	HUESO FRONTAL	**4**	HUESO CIGOMÁTICO	**7**	HUESO OCCIPITAL
2	HUESO PARIETAL	**5**	HUESO ESFENOIDES	**8**	HUESO MAXILAR
3	HUESO NASAL	**6**	HUESO TEMPORAL	**9**	HUESO DE LA MANDÍBULA
T	**LÍNEA TEMPORAL**	**M**	**APÓFISIS MASTOIDES**		

PRINCIPALES MÚSCULOS CRANEALES

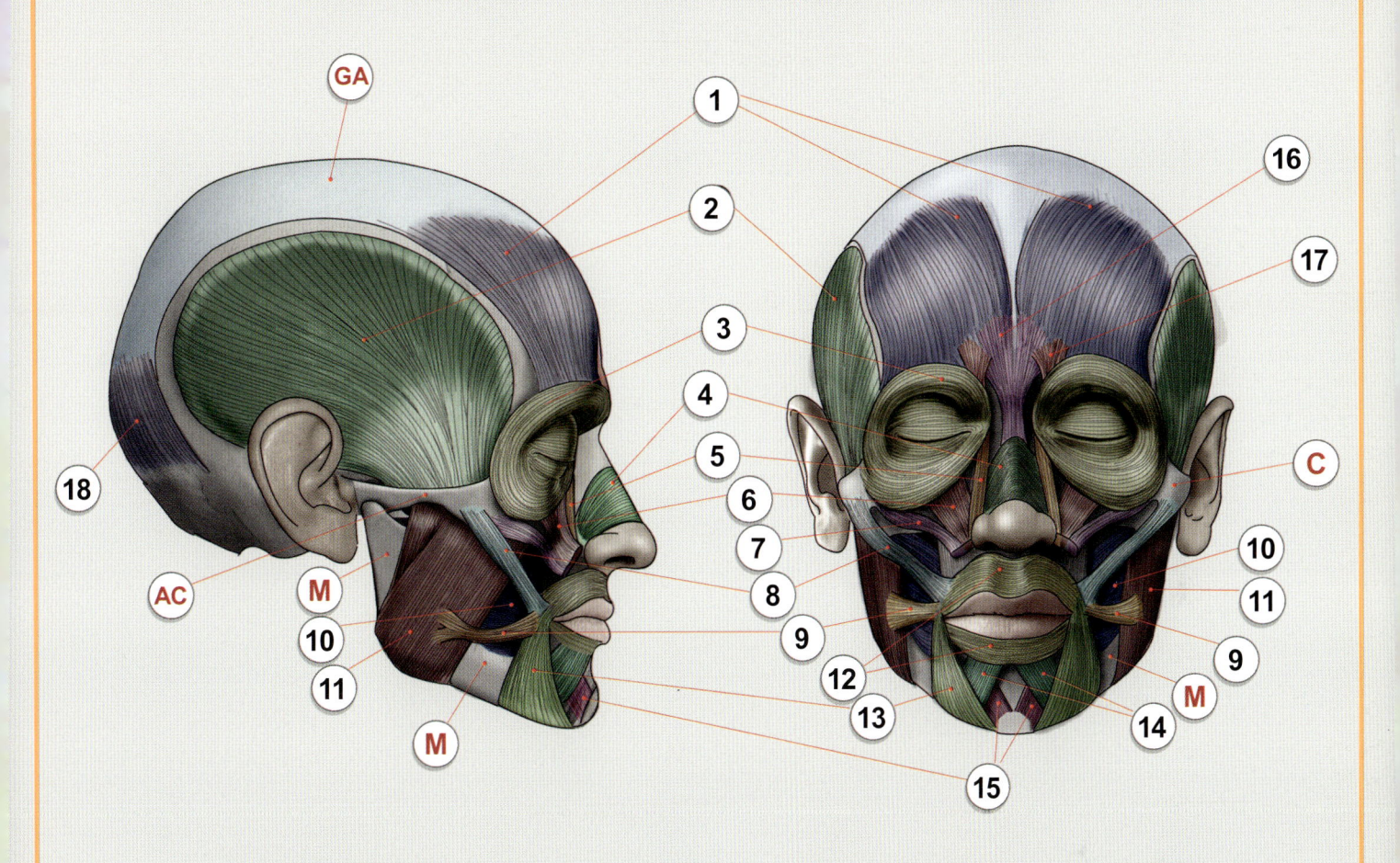

1	MÚSCULO FRONTAL	11	MÚSCULO MASETERO
2	MÚSCULO TEMPORAL	12	MÚSCULO ORBICULAR DE LA BOCA
3	MÚSCULO ORBICULAR DE LOS OJOS	13	MÚSCULO DEPRESOR DEL ÁNGULO DE LA BOCA
4	MÚSCULO NASAL	14	MÚSCULO DEPRESOR DEL LABIO INFERIOR
5	MÚSCULO DE OTTO	15	MÚSCULO BORLA DEL MENTÓN
6	MÚSCULO ELEVADOR DEL LABIO SUPERIOR	16	MÚSCULO PRÓCER
7	MÚSCULO CIGOMÁTICO MENOR	17	MÚSCULO CORRUGADOR
8	MÚSCULO CIGOMÁTICO MAYOR	18	MÚSCULO OCCIPITAL
9	MÚSCULO RISORIO	C	HUESO CIGOMÁTICO
10	MÚSCULO BUCCINADOR	AC	ARCO CIGOMÁTICO
M	HUESO DE LA MANDÍBULA INFERIOR	GA	GALEA APONEURÓTICA

PRINCIPALES MÚSCULOS DEL CUELLO

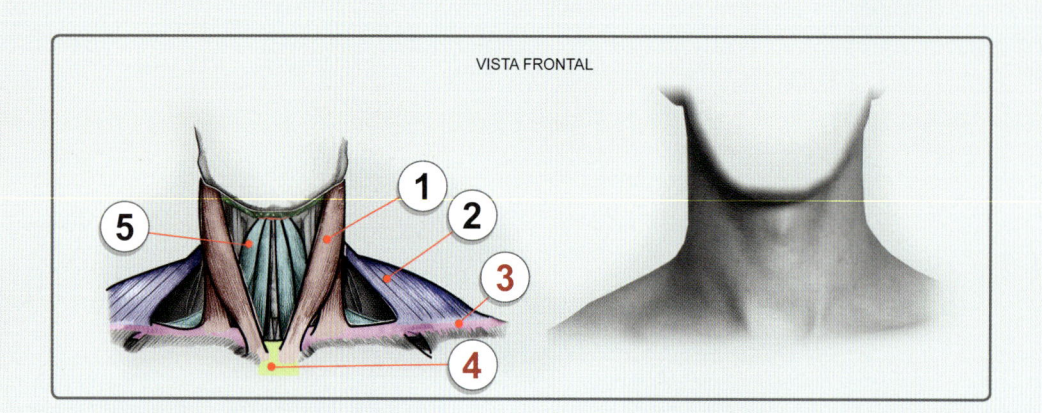

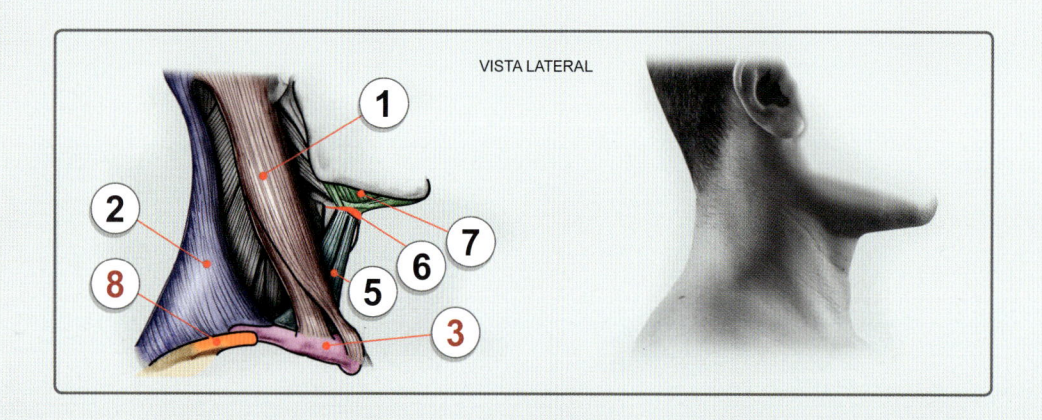

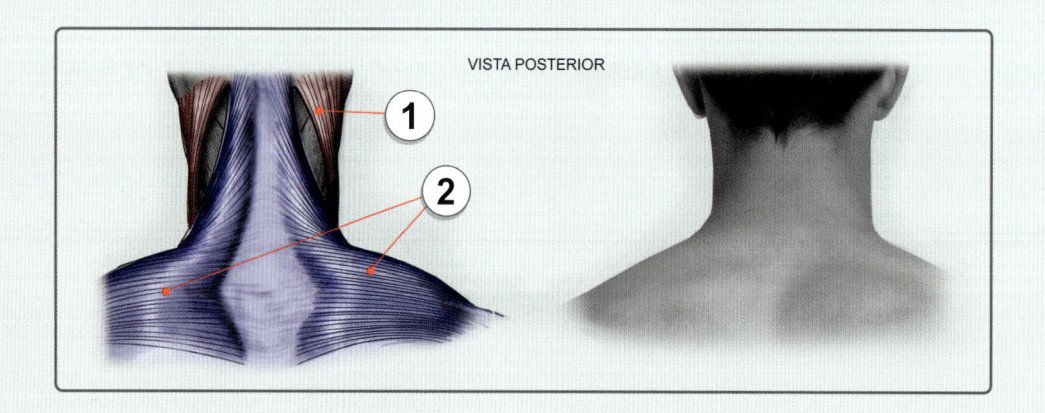

VISTA FRONTAL

VISTA LATERAL

VISTA POSTERIOR

1	ESTERNOCLEIDOMASTOIDEO	4	MÚSCULO DEL PECHO (ESTERNÓN)	7	MÚSCULOS SUPRAHIOIDEOS
2	TRAPECIO	5	MÚSCULOS INFRAHIOIDEOS	8	OMÓPLATO (ESCÁPULA)
3	CLAVÍCULA	6	HUESO HIOIDES		

PRINCIPALES HUESOS DEL CUELLO

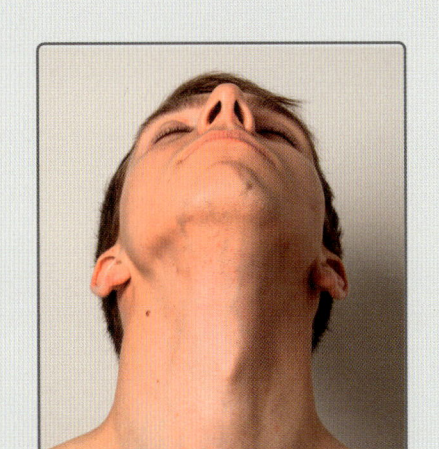

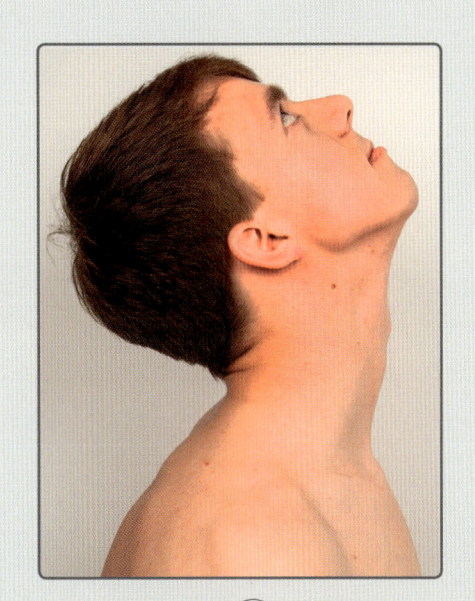

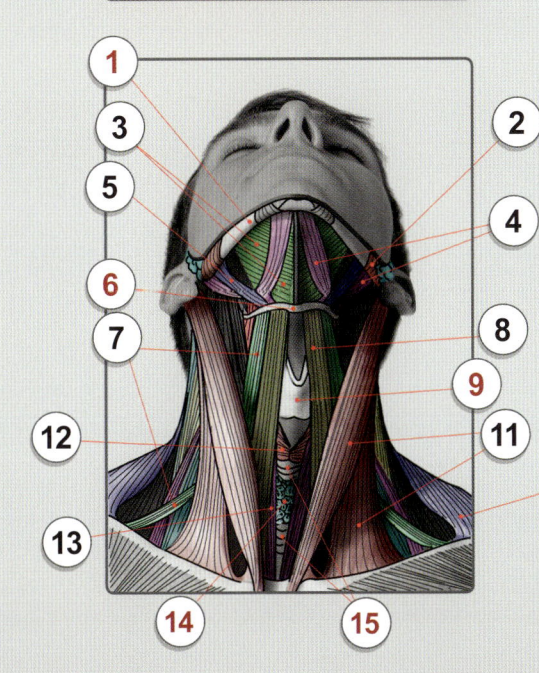

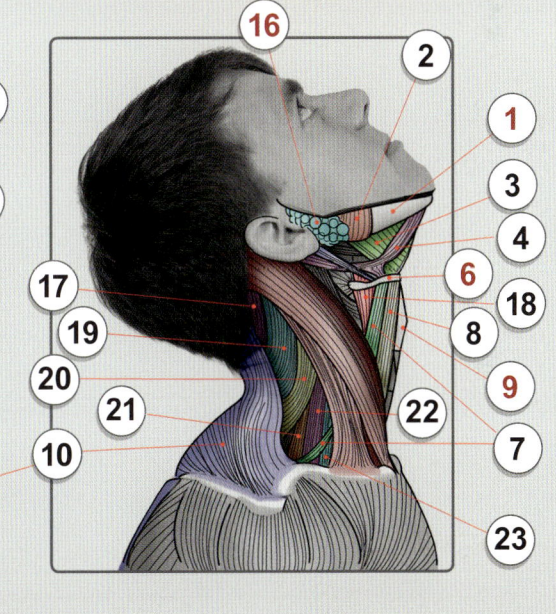

1 MANDÍBULA INFERIOR	9 NUEZ DE ADÁN (PROMINENCIA LARÍNGEA)	17 SEMIESPINOSO DE LA CABEZA
2 MASETERO	10 TRAPECIO	18 HIOGLOSO
3 MILOHIOIDEO	11 ESTERNOCLEIDOMASTOIDEO	19 ESPLENIO DE LA CABEZA
4 DIGÁSTRICO	12 CRICOTIROIDEO	20 ELEVADOR DE LA ESCÁPULA
5 ESTILOHIOIDEO	13 ESTERNOTIROIDEO	21 ESCALENO POSTERIOR
6 HUESO HIOIDES	14 GLÁNDULA TIROIDES	22 ESCALENO MEDIO
7 OMOHIOIDEO	15 TRÁQUEA	23 ESCALENO ANTERIOR
8 ESTERNOCLEIDOHIOIDEO	16 GLÁNDULA PARÓTIDA	

FORMAS QUE COMPONEN UN CRÁNEO

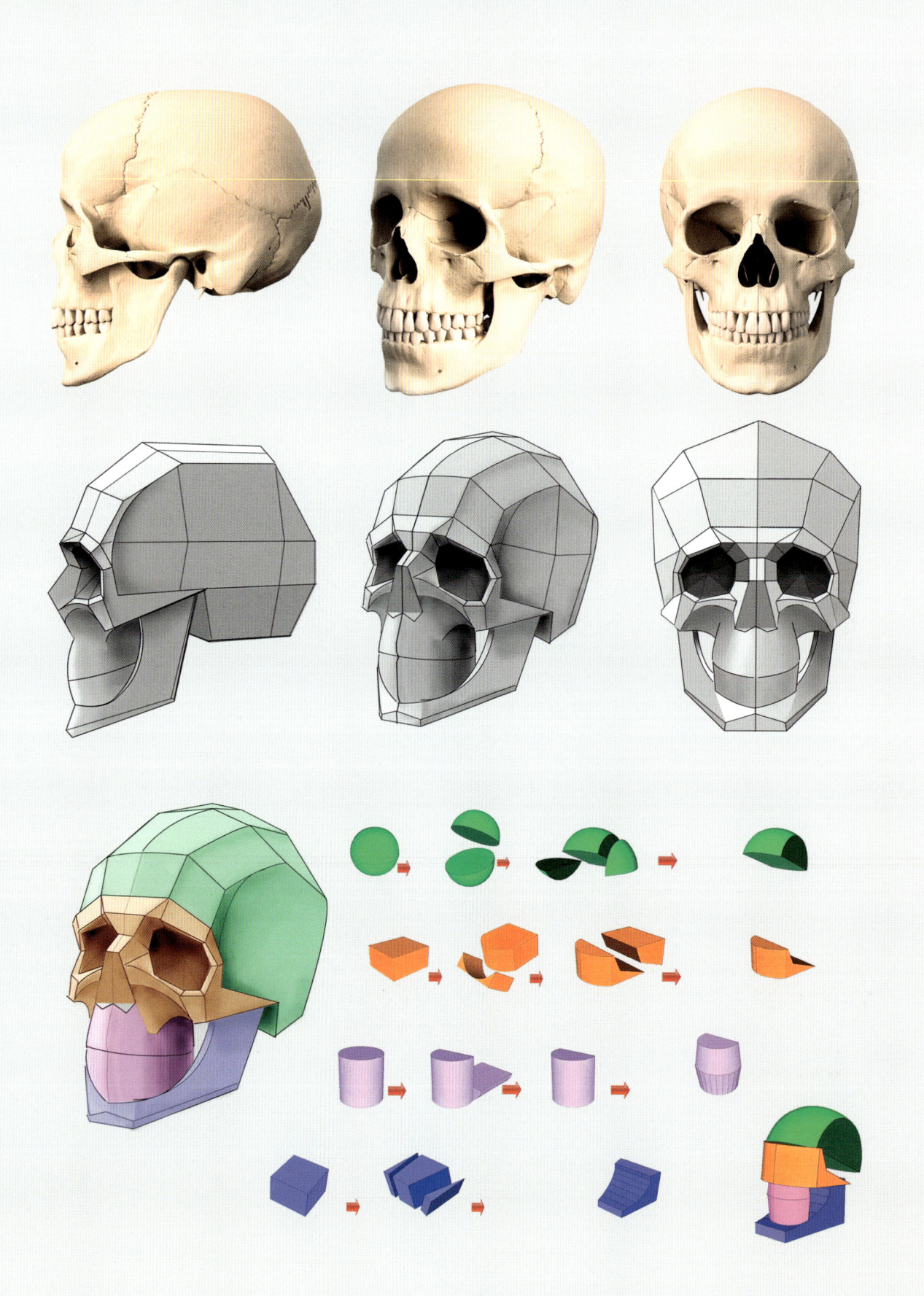

MODELAR UN CRÁNEO EN 3D

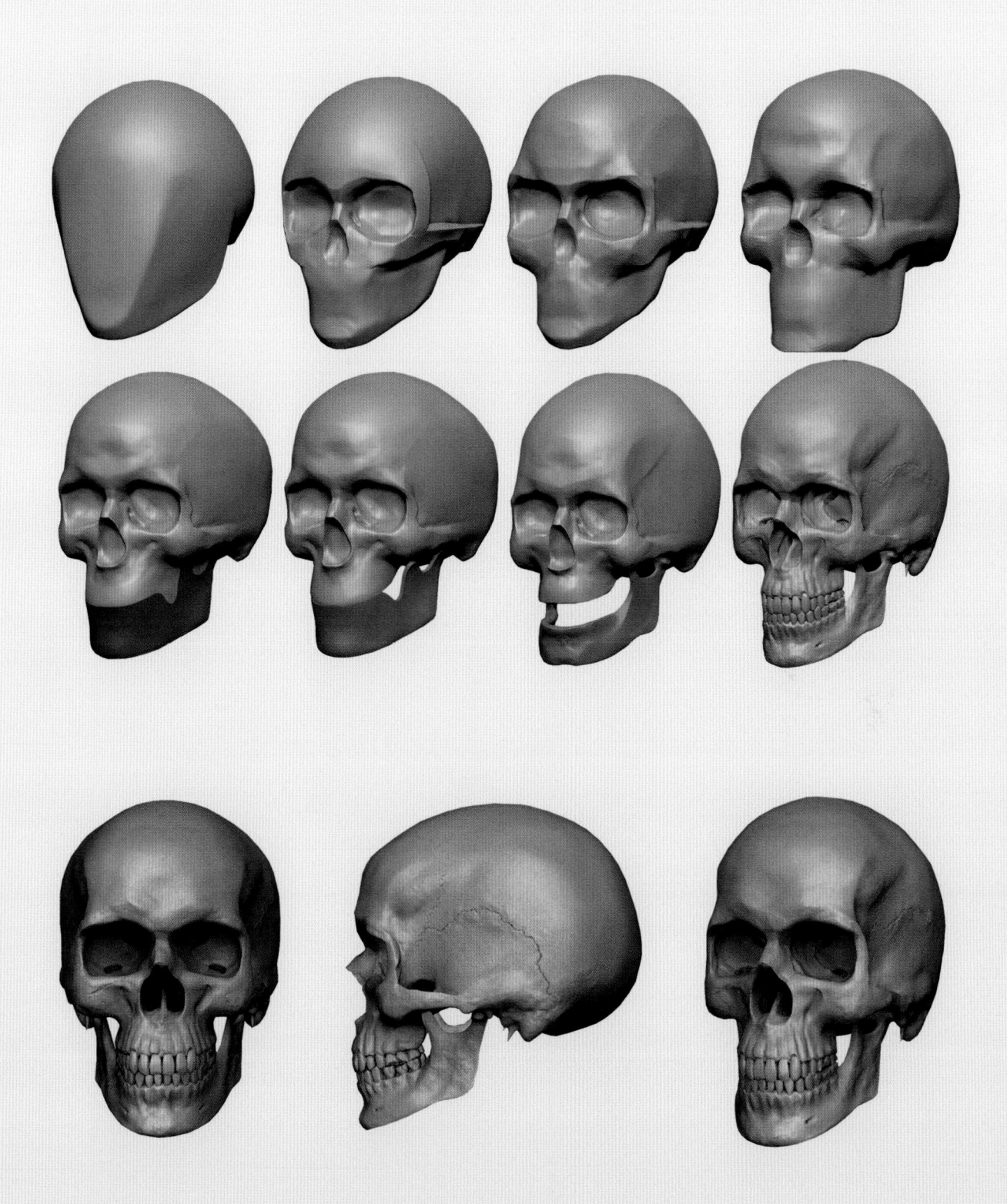

FORMAS Y MASAS DE LA CABEZA

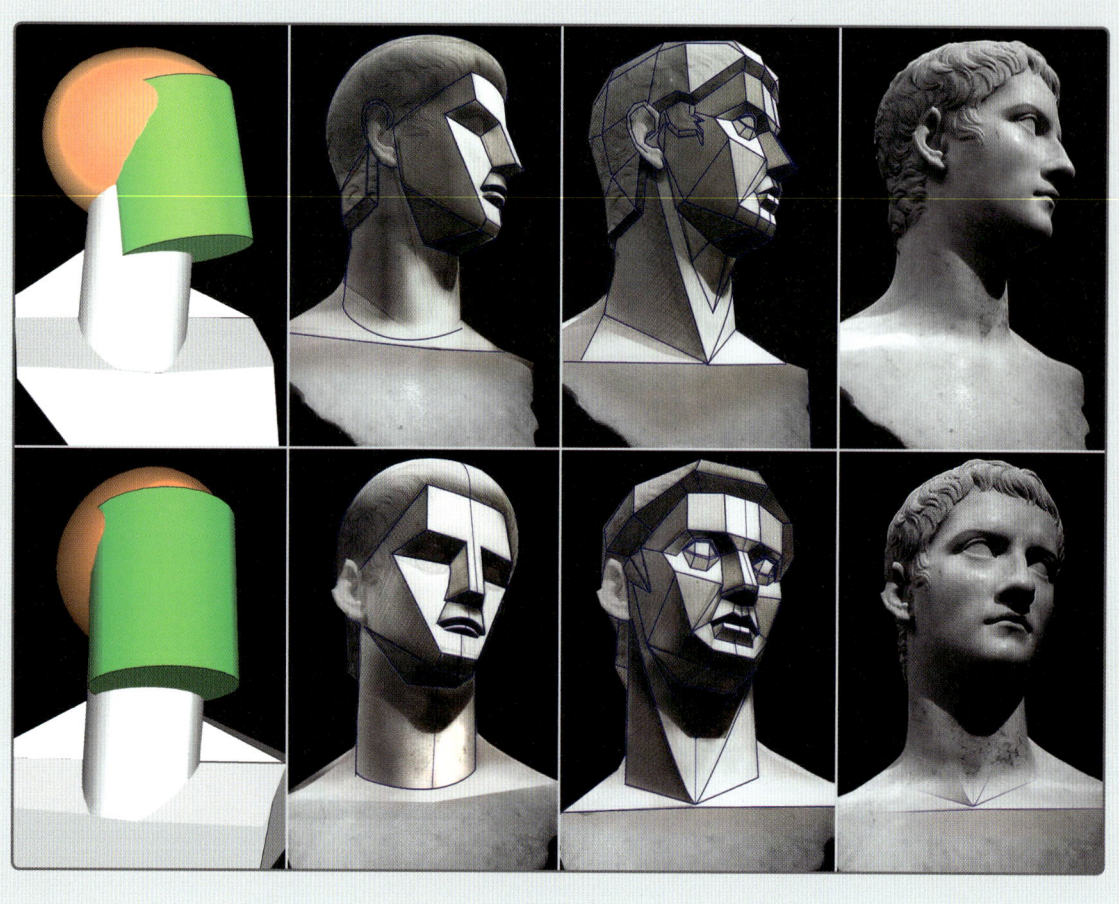

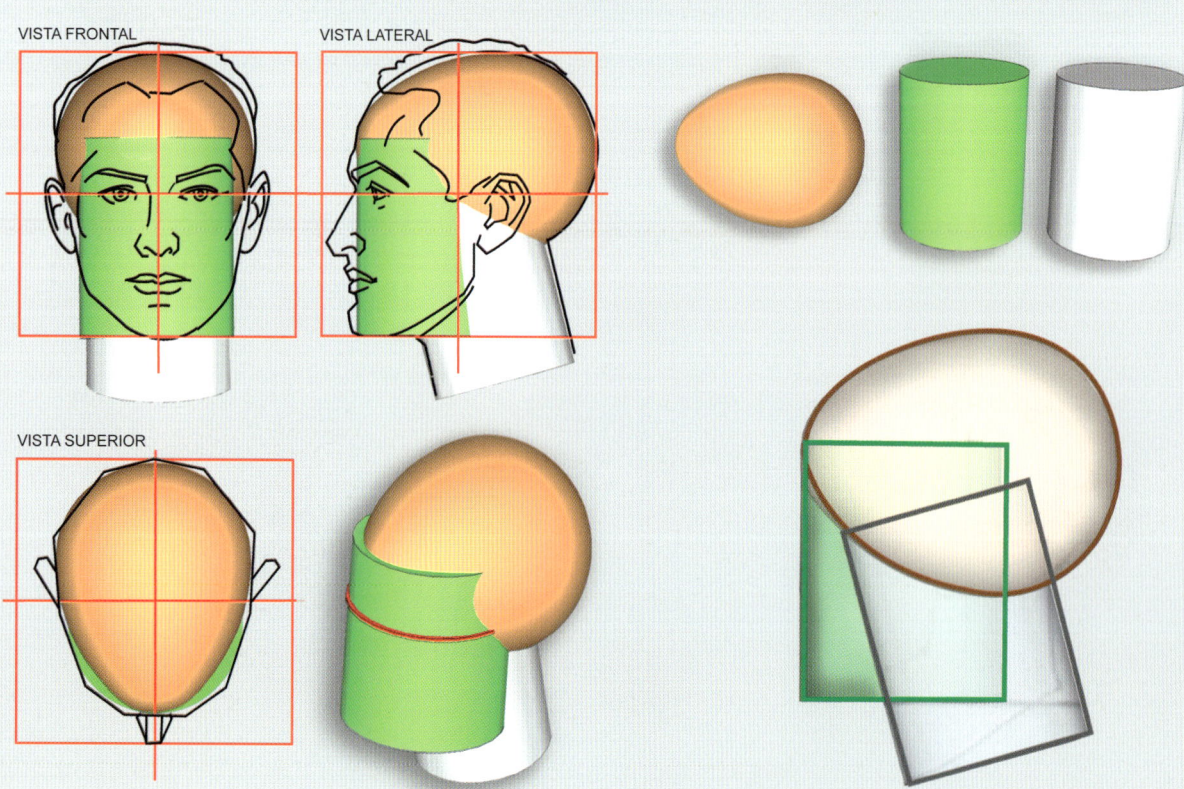

VISTA FRONTAL

VISTA LATERAL

VISTA SUPERIOR

CABEZA DE BEBÉ

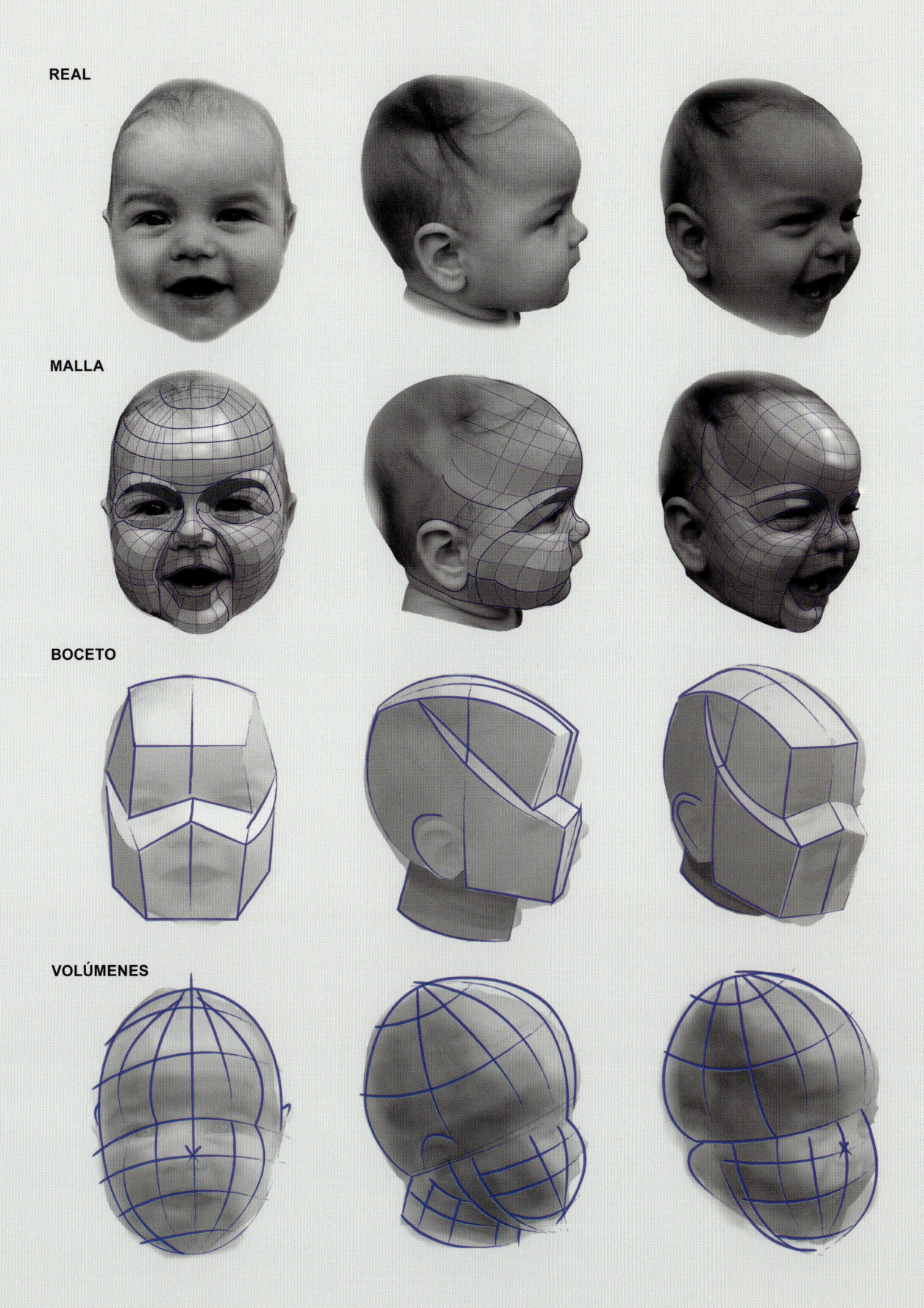

REAL

MALLA

BOCETO

VOLÚMENES

LA FORMA DE LA CABEZA

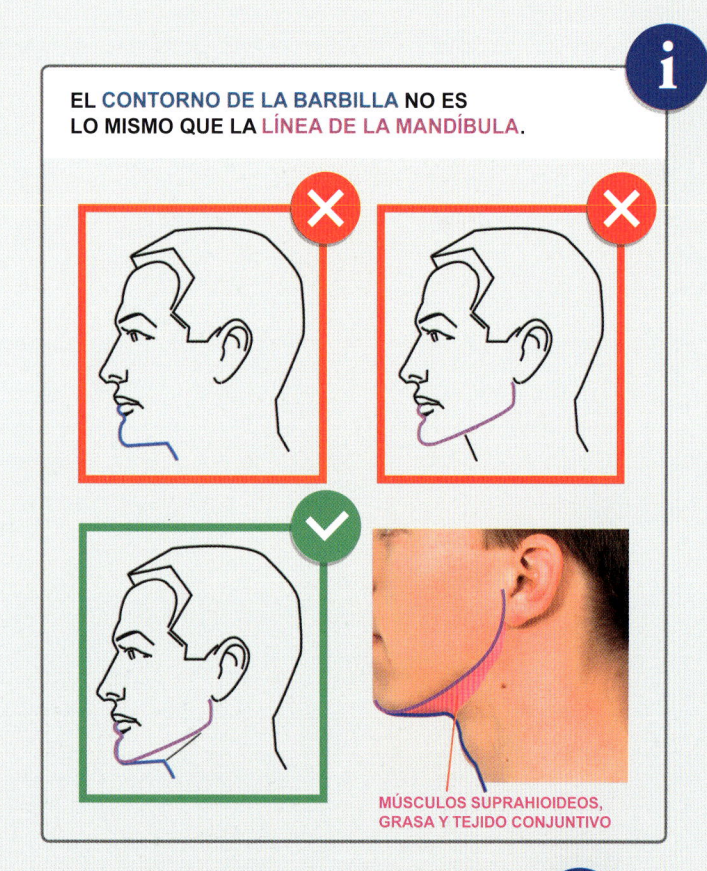

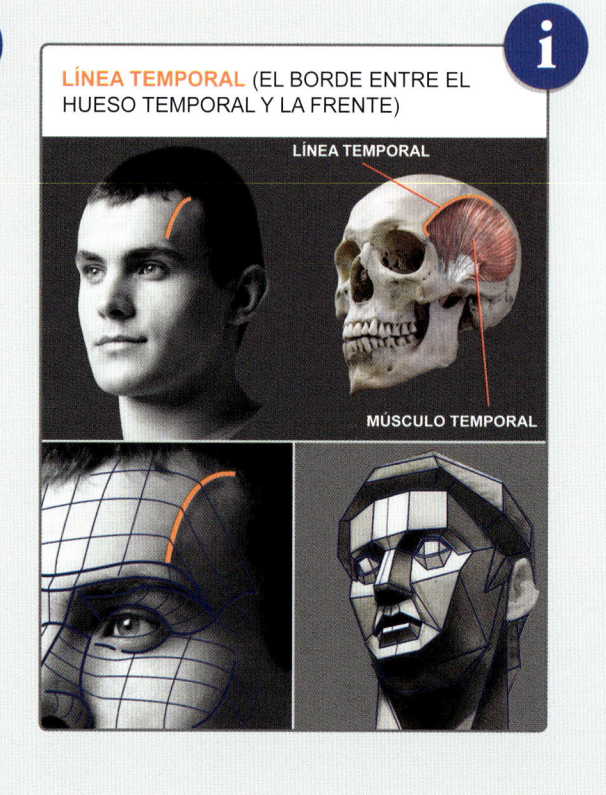

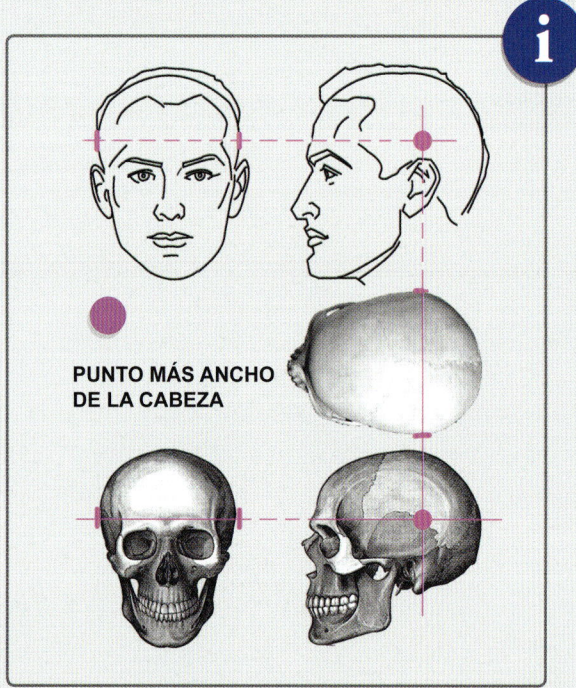

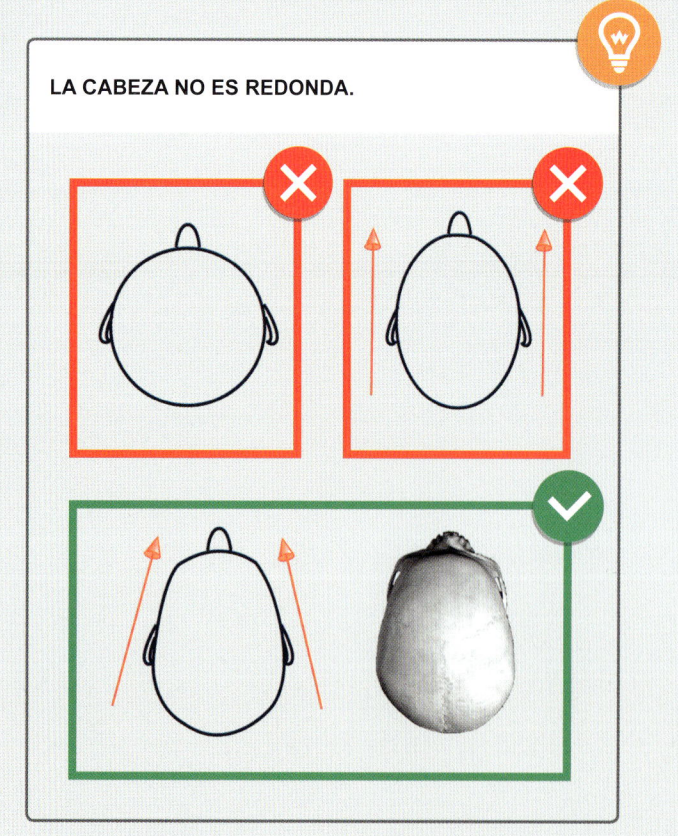

EL CONTORNO DE LA BARBILLA NO ES LO MISMO QUE LA LÍNEA DE LA MANDÍBULA.

MÚSCULOS SUPRAHIOIDEOS, GRASA Y TEJIDO CONJUNTIVO

LÍNEA TEMPORAL (EL BORDE ENTRE EL HUESO TEMPORAL Y LA FRENTE)

LÍNEA TEMPORAL

MÚSCULO TEMPORAL

PUNTO MÁS ANCHO DE LA CABEZA

LA CABEZA NO ES REDONDA.

ENMARCAR LOS OJOS

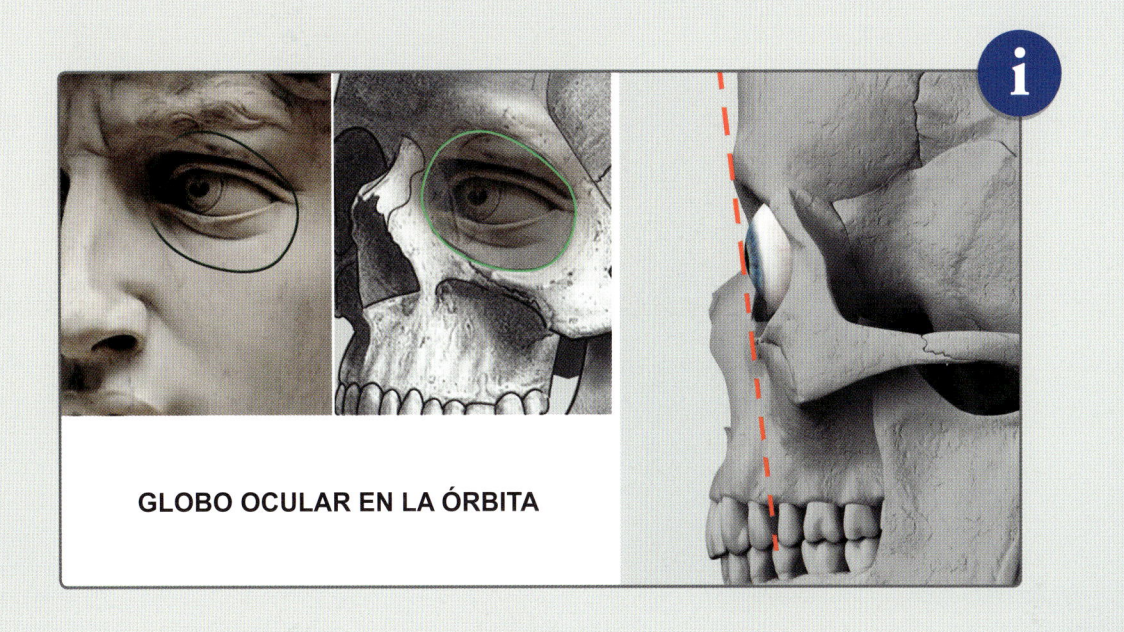

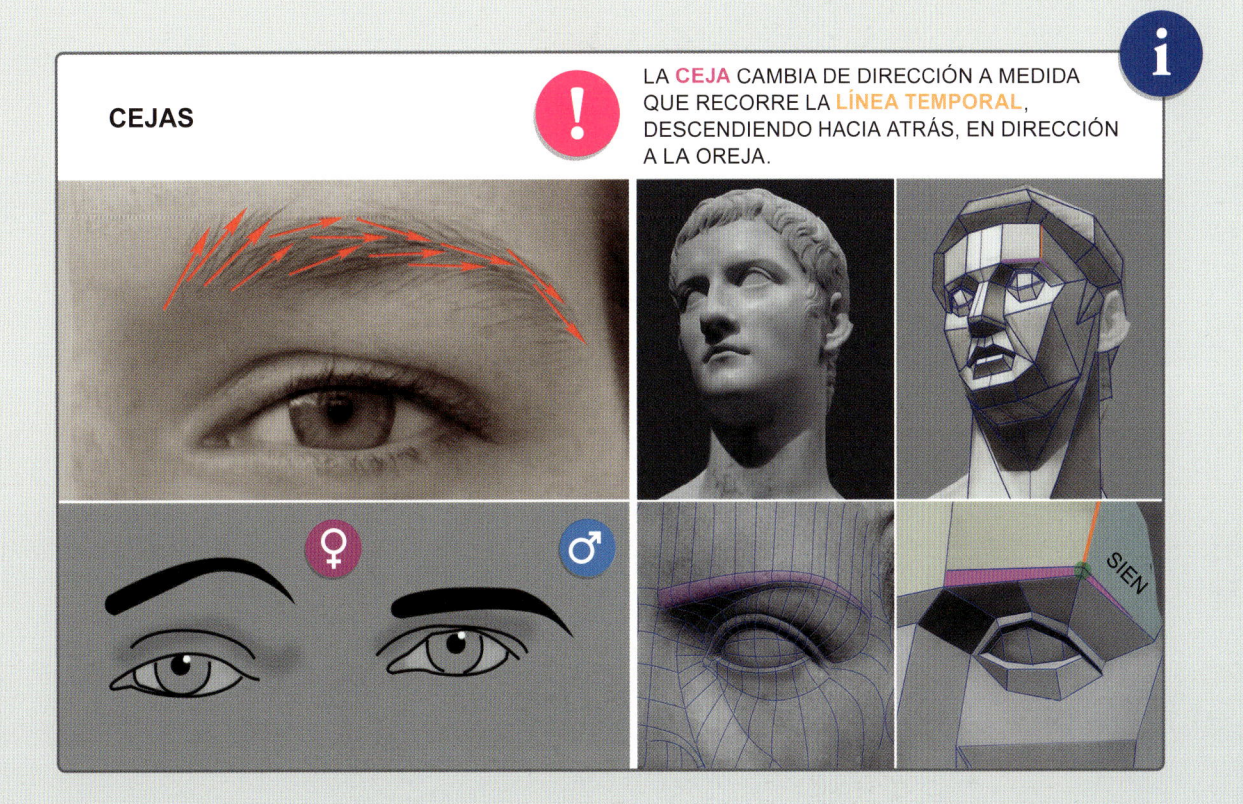

GLOBO OCULAR EN LA ÓRBITA

CEJAS

LA **CEJA** CAMBIA DE DIRECCIÓN A MEDIDA QUE RECORRE LA **LÍNEA TEMPORAL**, DESCENDIENDO HACIA ATRÁS, EN DIRECCIÓN A LA OREJA.

SIEN

ANATOMÍA PARA ESCULTORES

TODO SOBRE OJOS

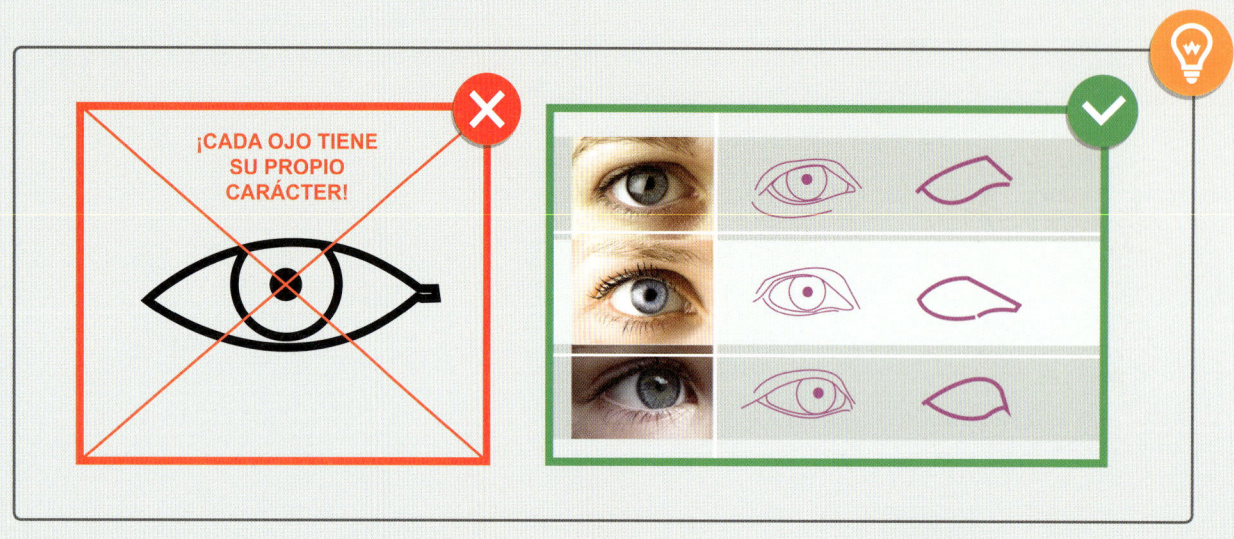

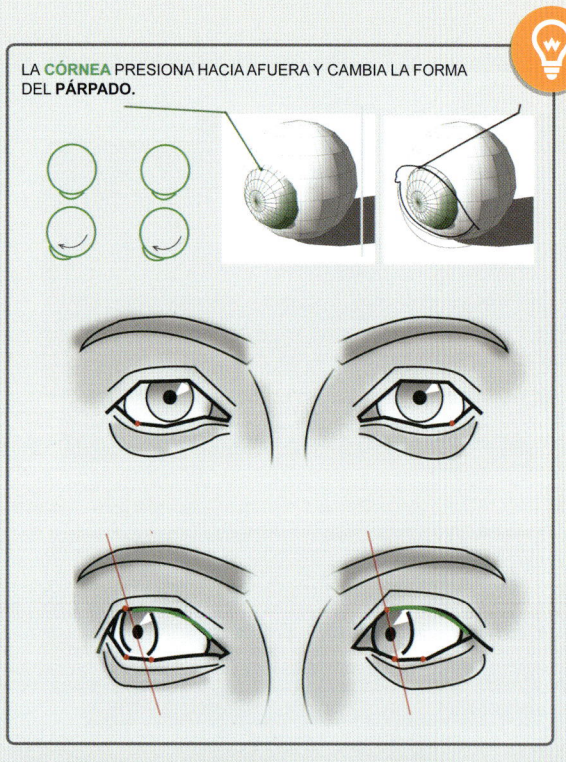

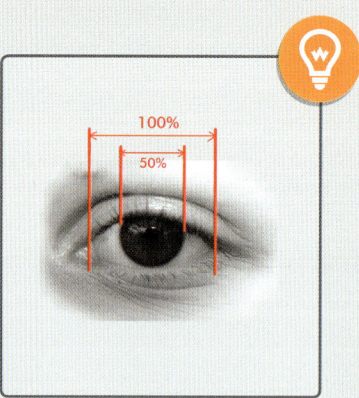

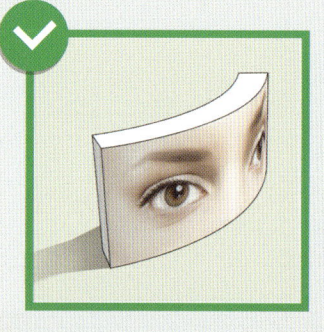

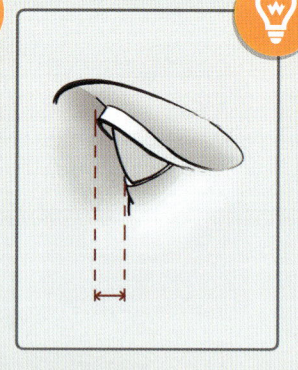

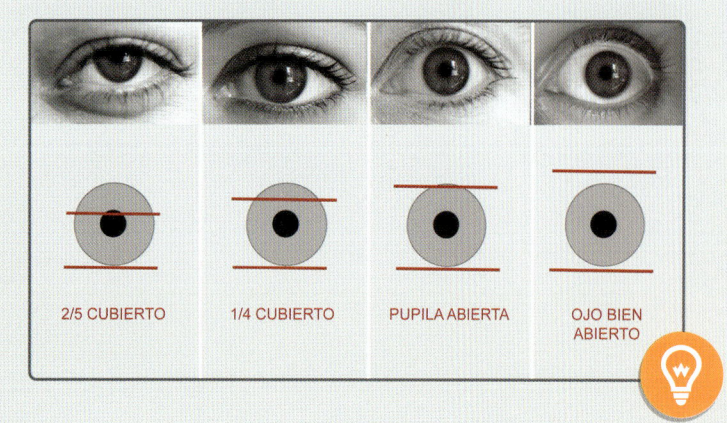

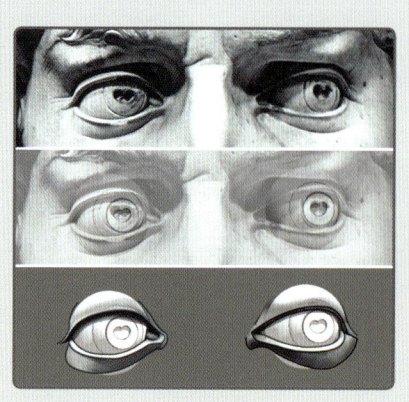

¡CADA OJO TIENE SU PROPIO CARÁCTER!

LA **CÓRNEA** PRESIONA HACIA AFUERA Y CAMBIA LA FORMA DEL **PÁRPADO**.

100%
50%

2/5 CUBIERTO | 1/4 CUBIERTO | PUPILA ABIERTA | OJO BIEN ABIERTO

104

EL OJO

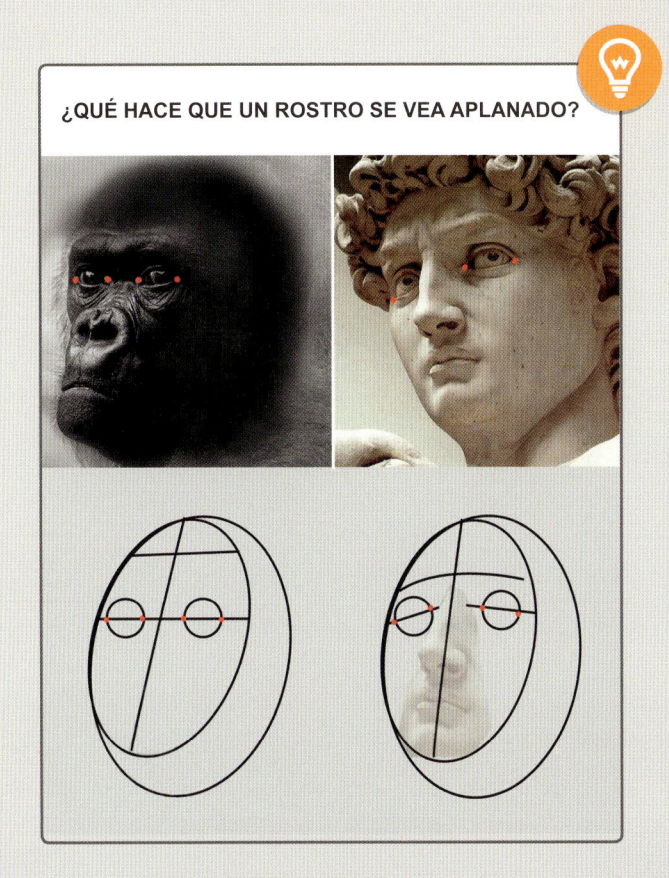

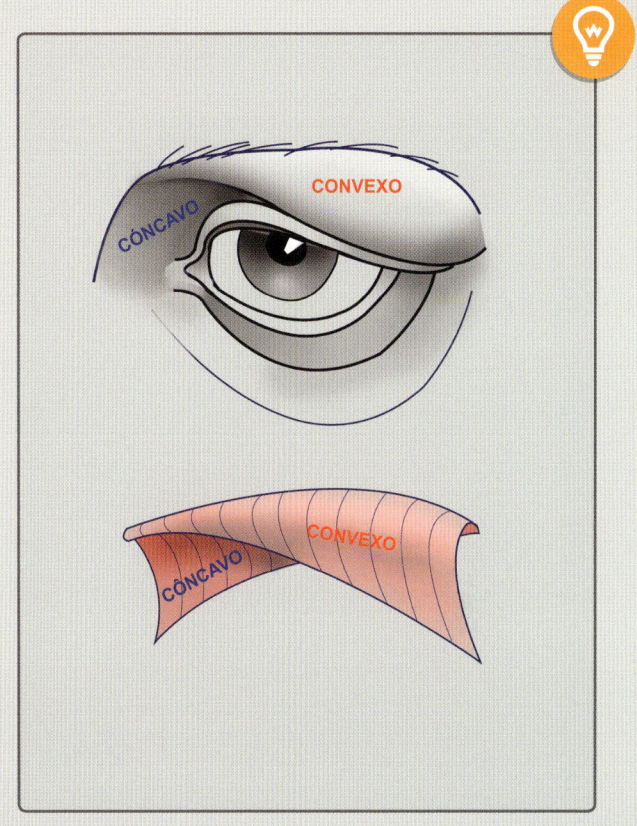

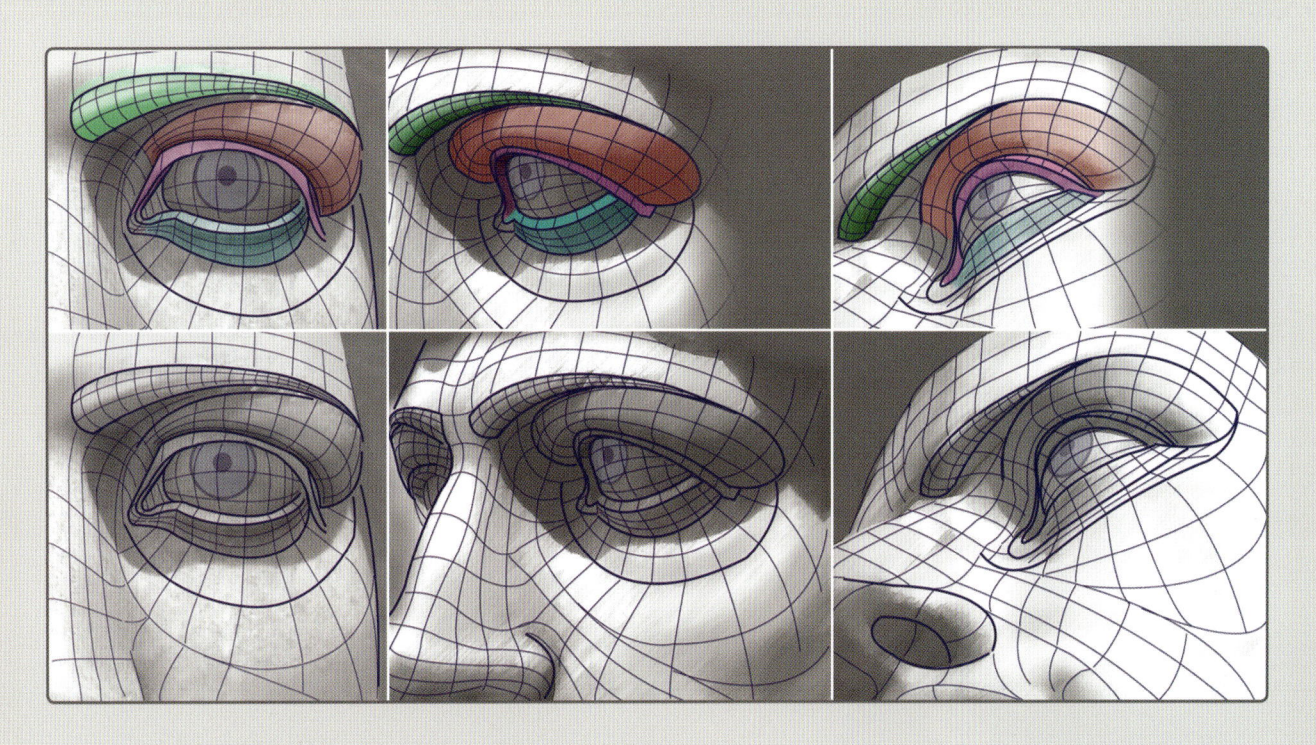

¿QUÉ HACE QUE UN ROSTRO SE VEA APLANADO?

CÓNCAVO CONVEXO

CÓNCAVO CONVEXO

REALIZAR UN BOCETO DE UN OJO CLÁSICO
(PASO A PASO)

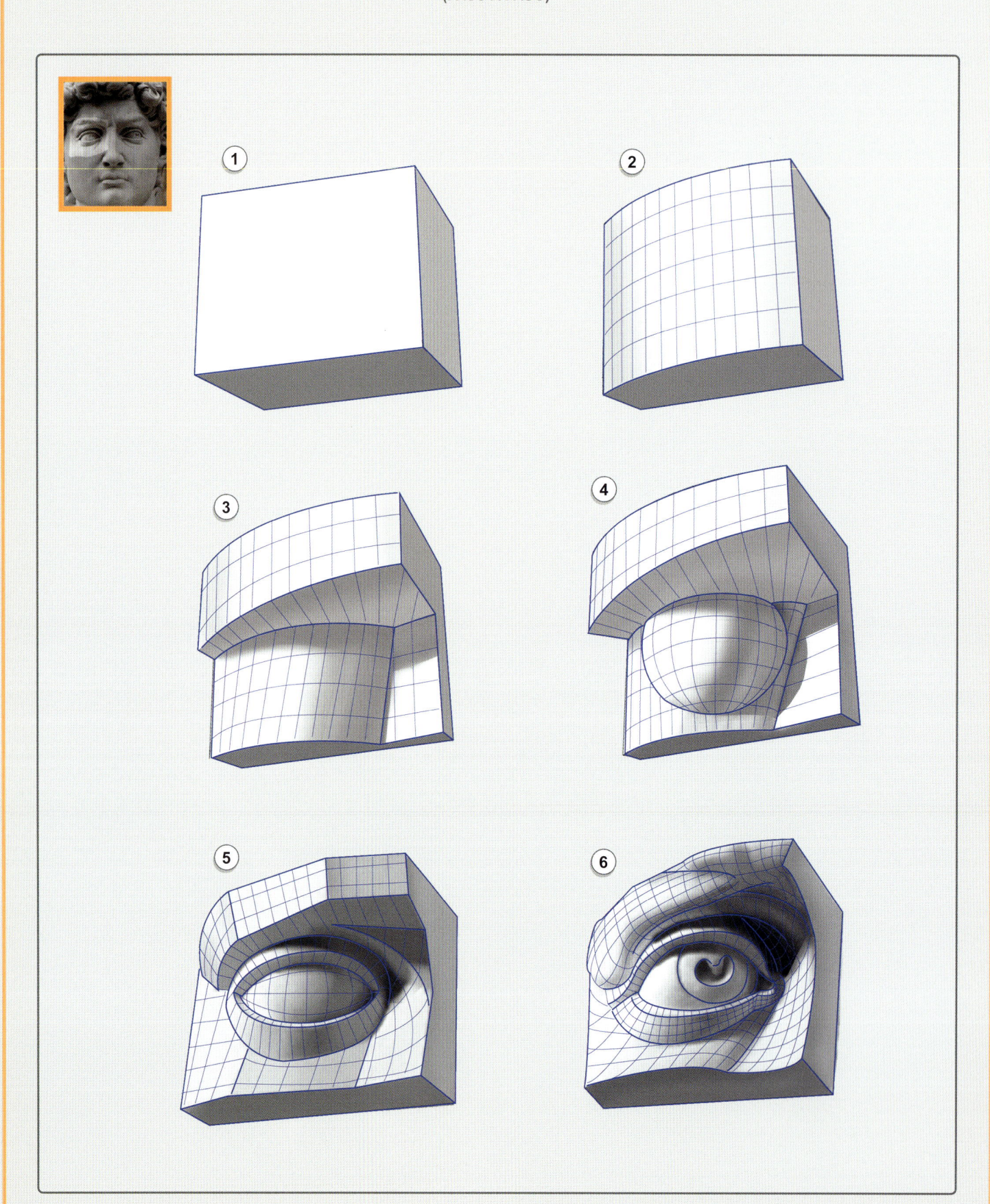

ANATOMÍA PARA ESCULTORES

LOS OJOS TIENEN UNA VARIEDAD DE FORMAS

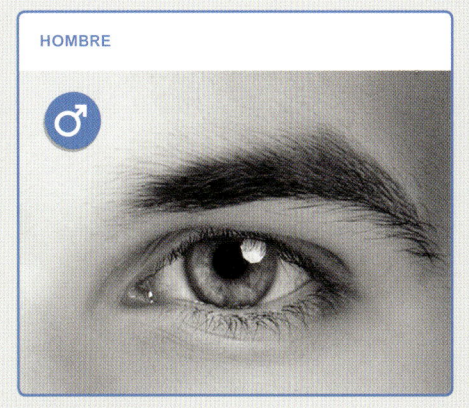

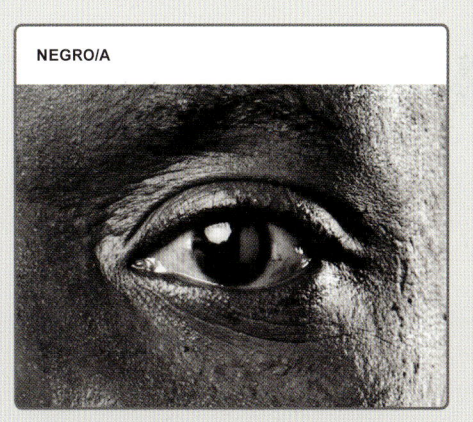

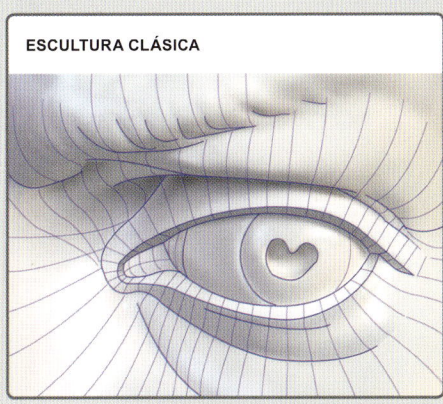

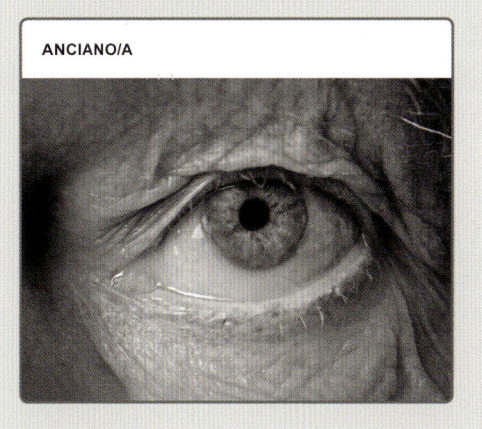

MUJER

HOMBRE

BEBÉ

NIÑO/A

ASIÁTICO/A

NEGRO/A

ESCULTURA CLÁSICA

ANCIANO/A

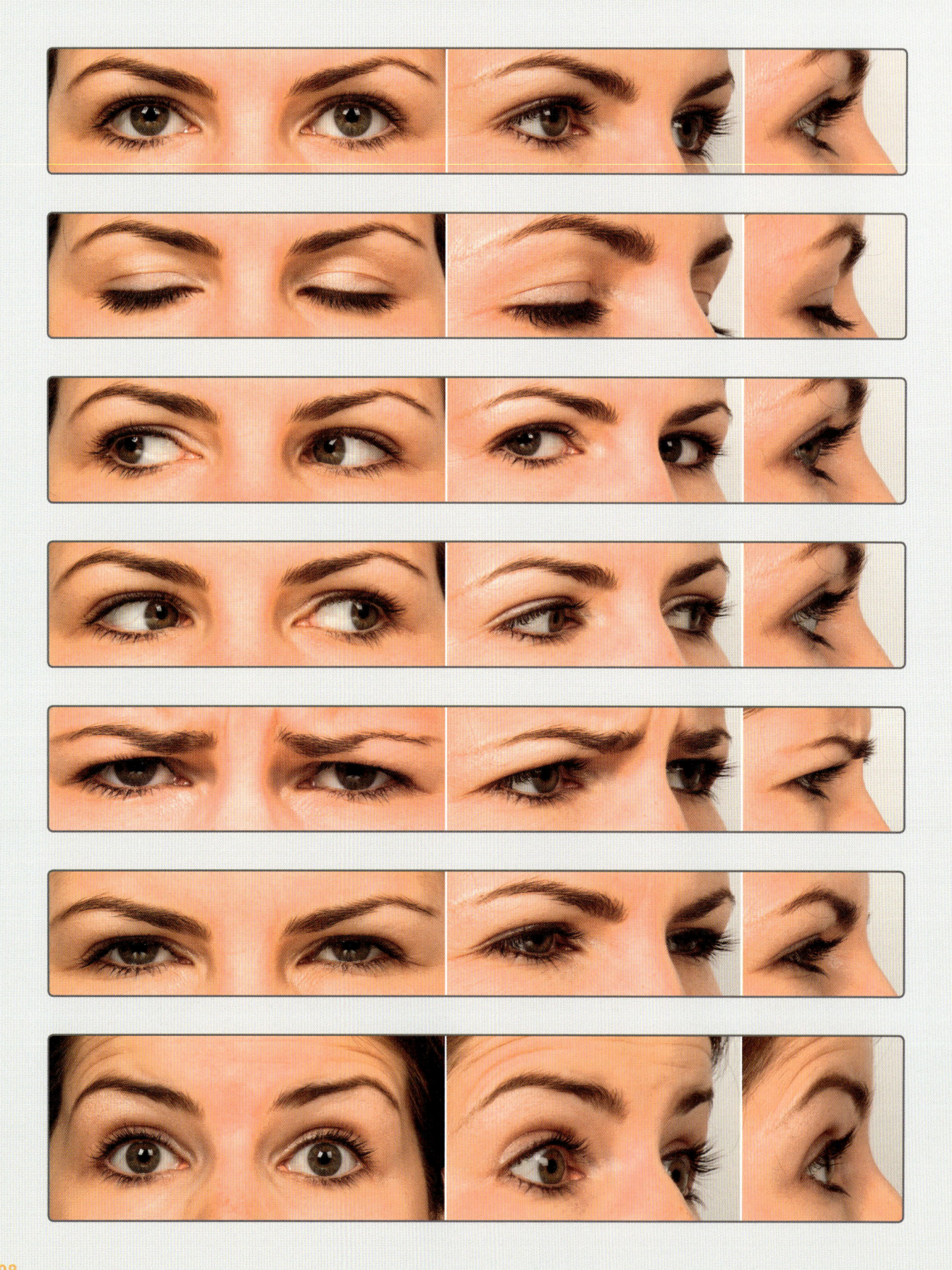

MOVIMIENTOS DE LOS OJOS
(EXPRESIONES)

MOVIMIENTOS DE LOS OJOS
(EXPRESIONES)

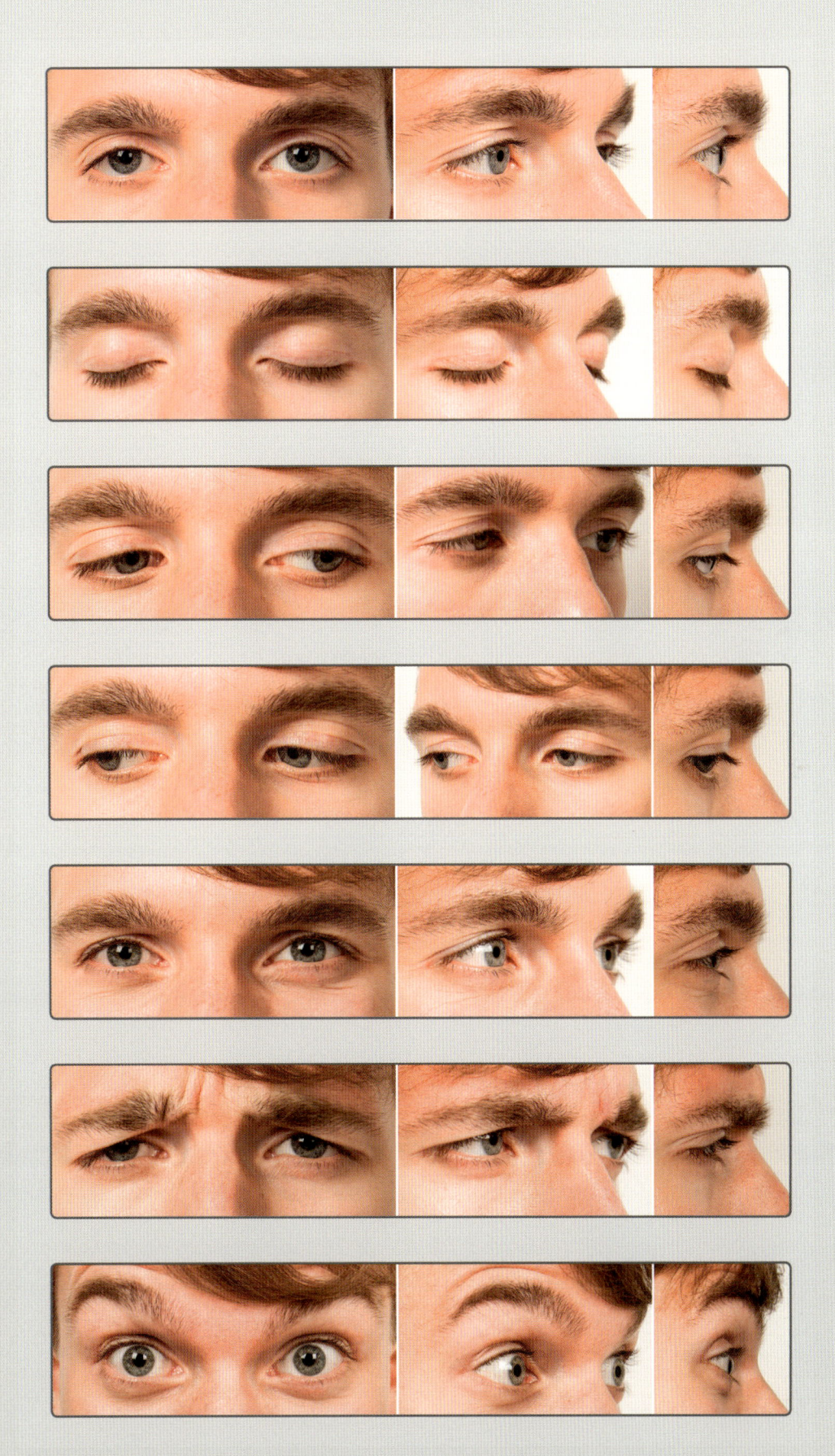

¡QUÉ MANDÍBULAS TAN FUERTES TIENE USTED!

MÚSCULO TEMPORAL – ¡AYUDA A CERRAR LA BOCA Y A MANTENERLA ASÍ!

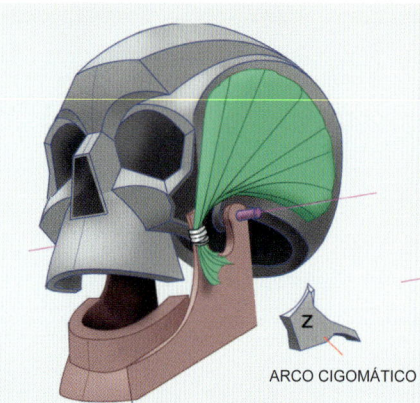

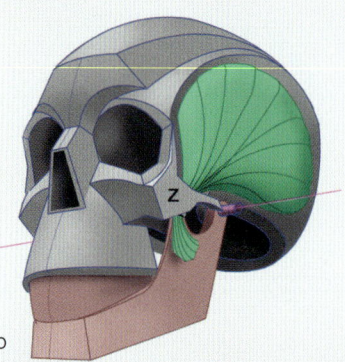

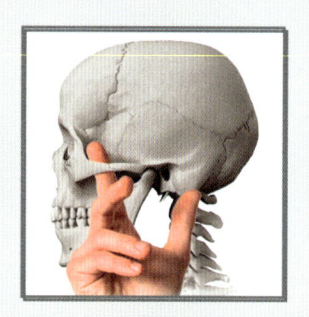

ARCO CIGOMÁTICO

MÚSCULO DE LA MASTICACIÓN (MÚSCULO MASETERO)

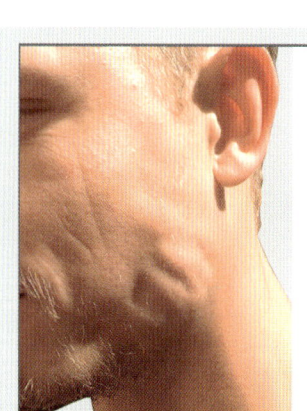

EL MASETERO ES EL PRINCIPAL MÚSCULO DE LA MASTICACIÓN Y HACE QUE LAS MANDÍBULAS SE CIERREN. SU SECCIÓN EXTERNA SE ORIGINA EN EL ARCO CIGOMÁTICO Y SE INSERTA EN LA SUPERFICIE DE LA RAMA DE LA MANDÍBULA

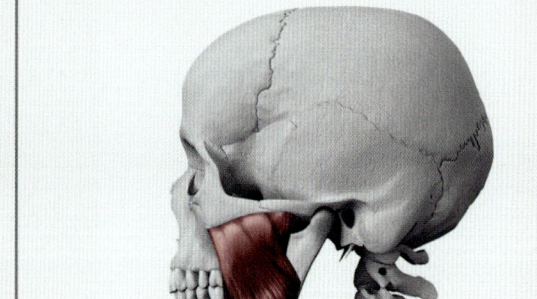

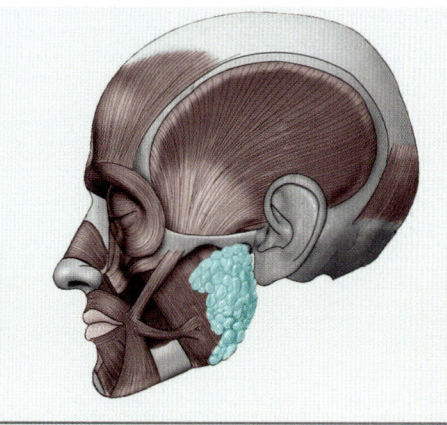

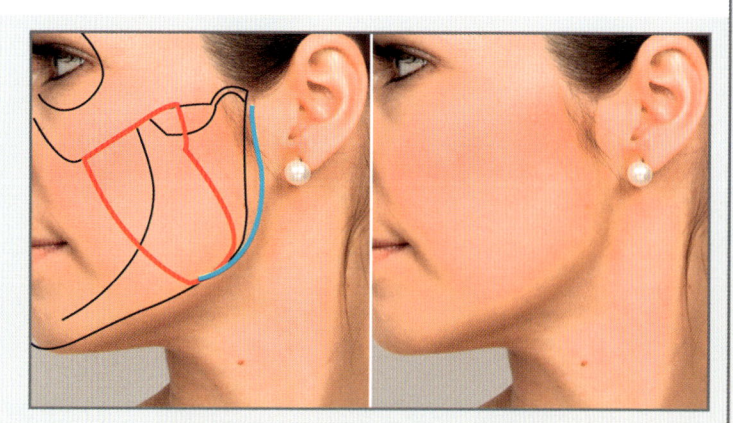

LA **GLÁNDULA PARÓTIDA** (GLÁNDULA SALIVAR) TAMBIÉN JUEGA UN PAPEL IMPORTANTE A LA HORA DE DEFINIR LA FORMA DE LA LÍNEA DE LA MANDÍBULA Y EL ROSTRO.

COMPRENDER LA CURVATURA DE LA BOCA

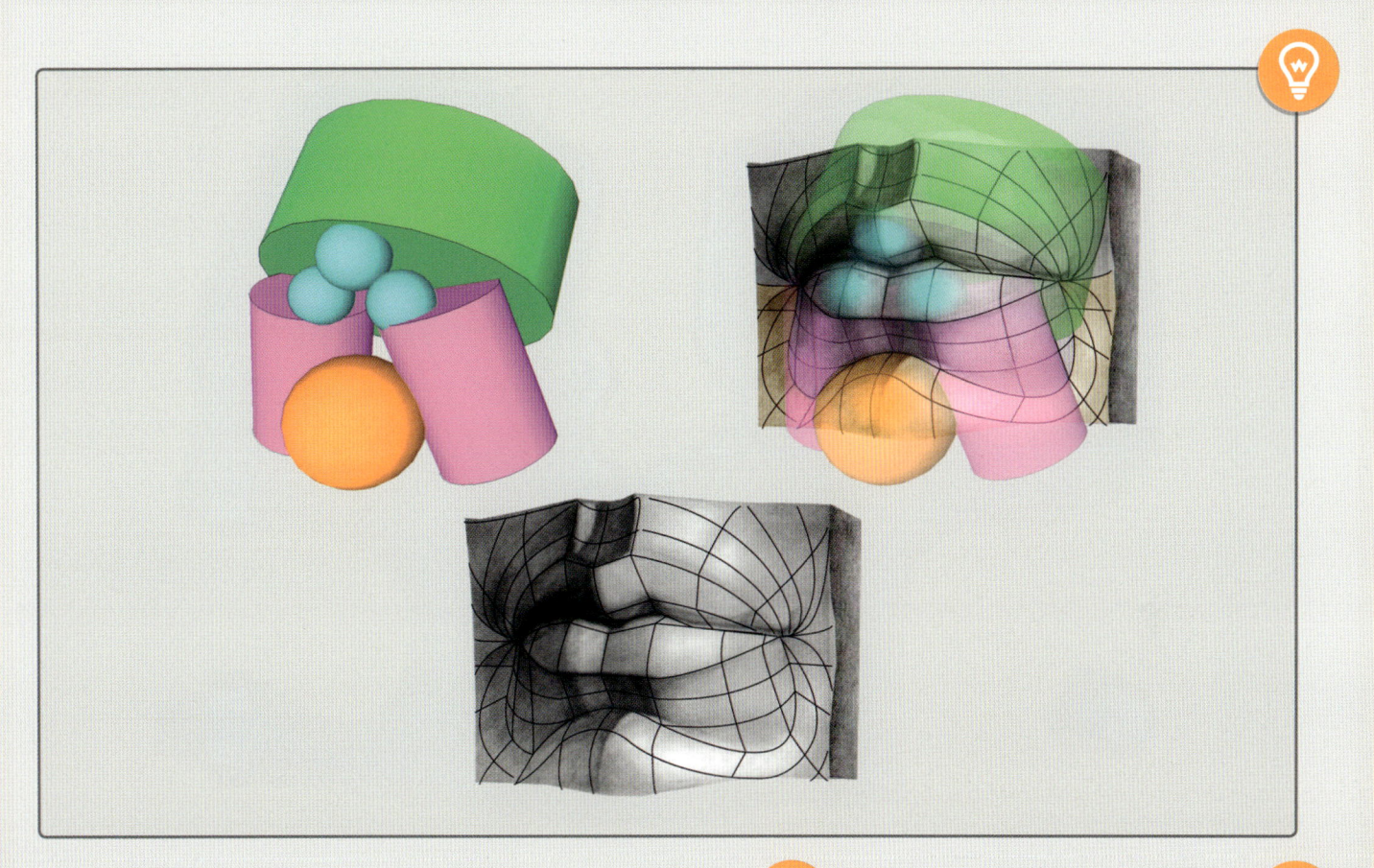

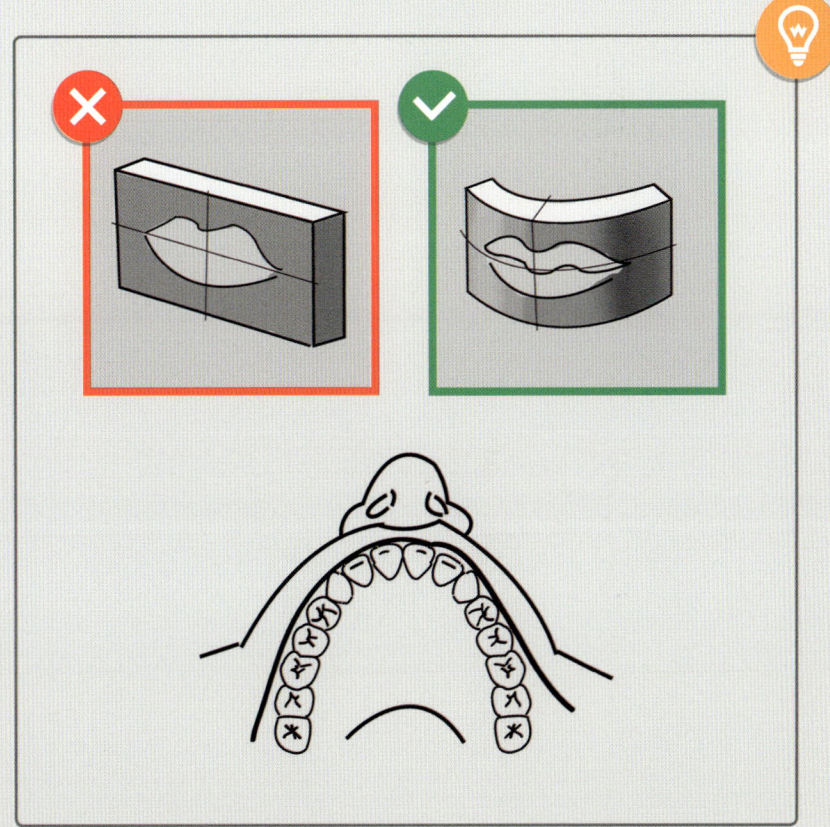

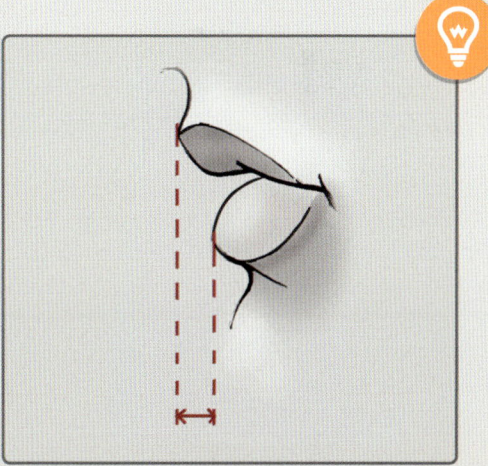

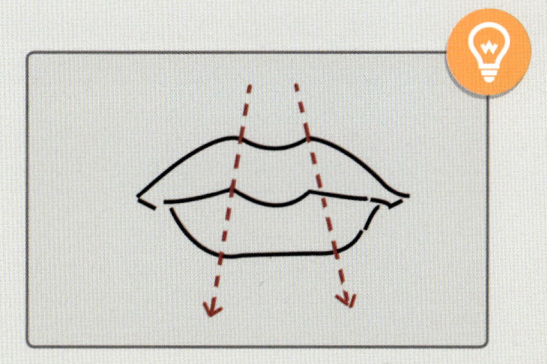

FORMA DE LABIOS QUIETOS

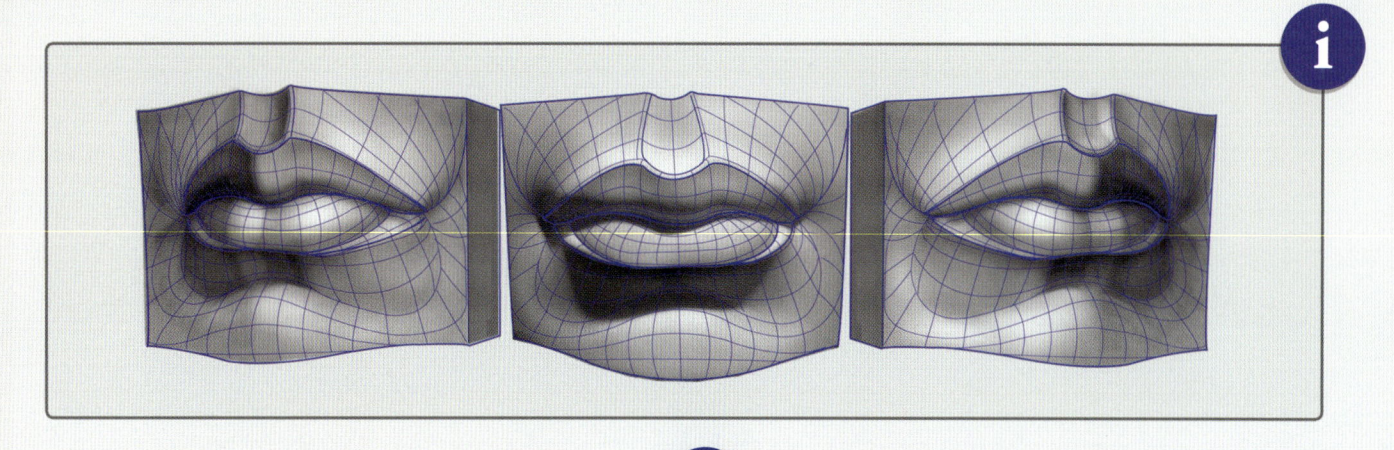

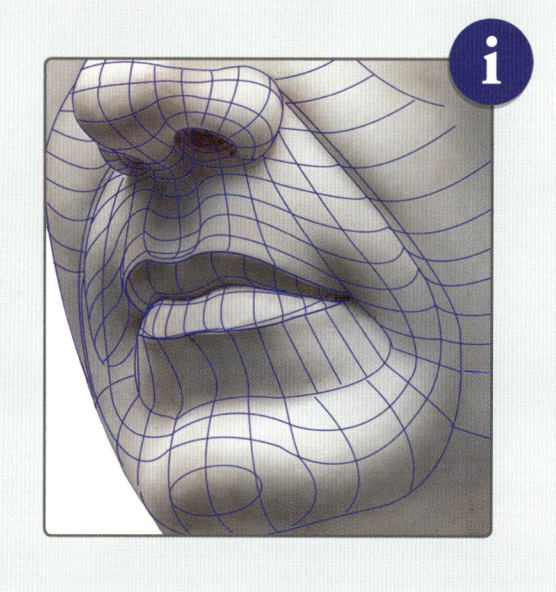

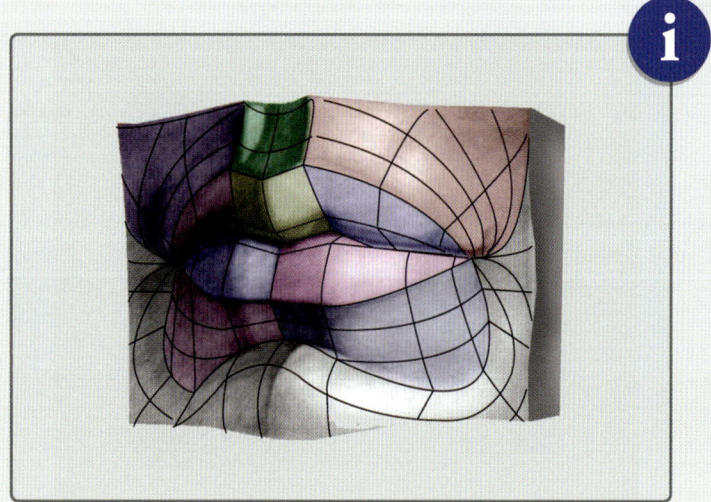

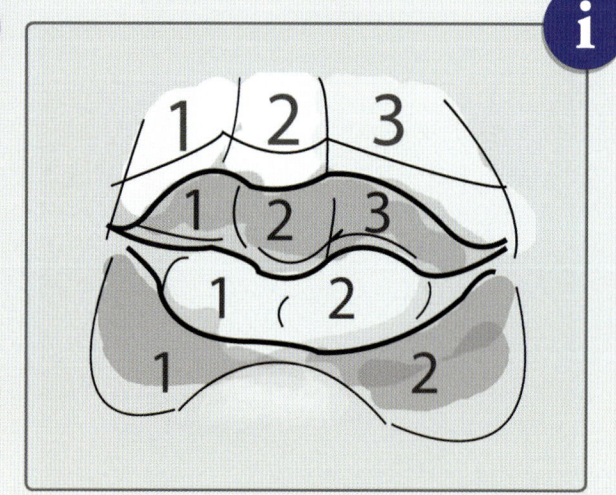

PROTUBERANCIA
BORDE PUNTIAGUDO
PARTE PLANA
PARTE ONDULADA
ARCO
PROTUBERANCIA

1	2	3
1	2	3
1	2
1	2

112

LA BOCA

EXPRESIONES DE LA BOCA – TODO CONSISTE EN TIRAR Y APRETAR

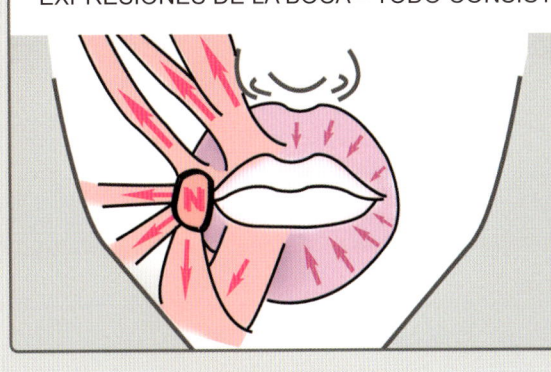

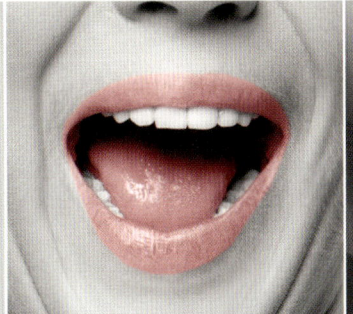

¿QUÉ ES ESTA PROTUBERANCIA?

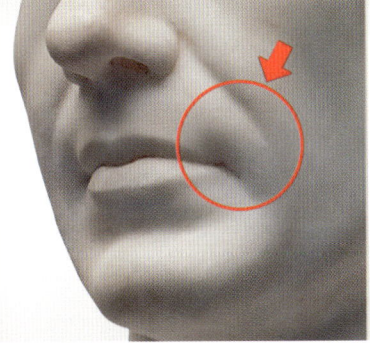

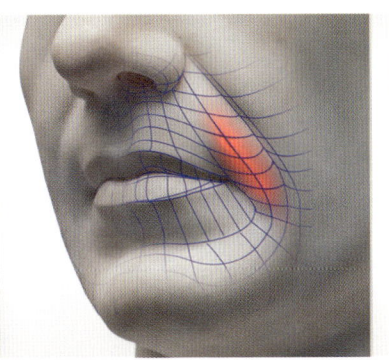

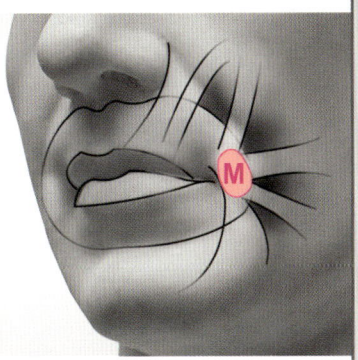

SE LLAMA EL "MODIOLO DEL ÁNGULO DE LA BOCA".
ES EL PUNTO EN QUE VARIOS MÚSCULOS FACIALES SE CONECTAN EN LA COMISURA DE LA BOCA.

CUANDO ESCULPA EXPRESIONES, ¡RECUERDE USTED LOS PUNTOS DE REFERENCIA ÓSEOS! AL TIRAR EN DIFERENTES DIRECCIONES, ESTOS MÚSCULOS CREAN LAS EXPRESIONES; MIENTRAS QUE EL CRÁNEO PERMANECE IGUAL.

EXPRESIONES DE LA BOCA

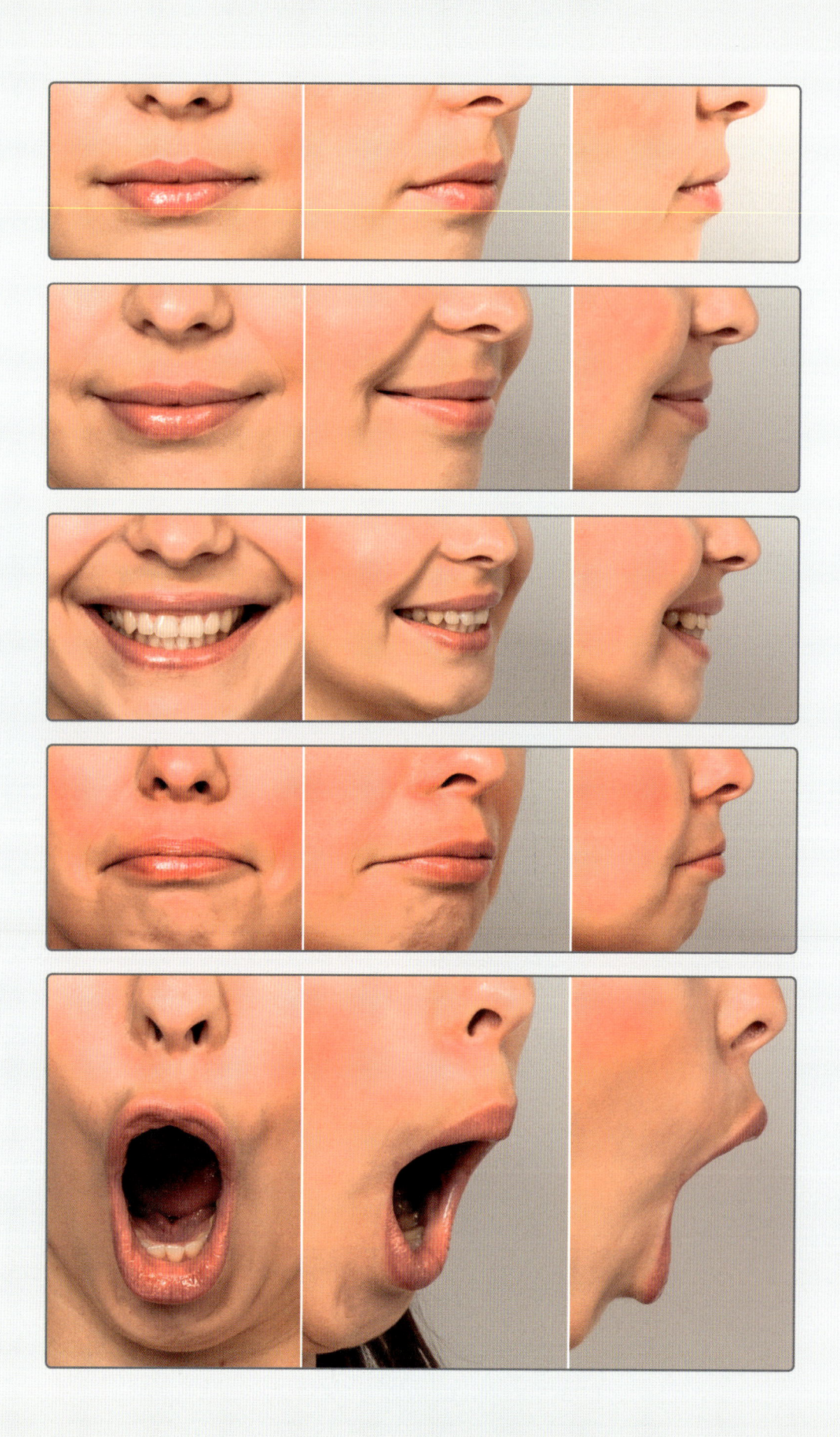

MÁS EXPRESIONES DE LA BOCA

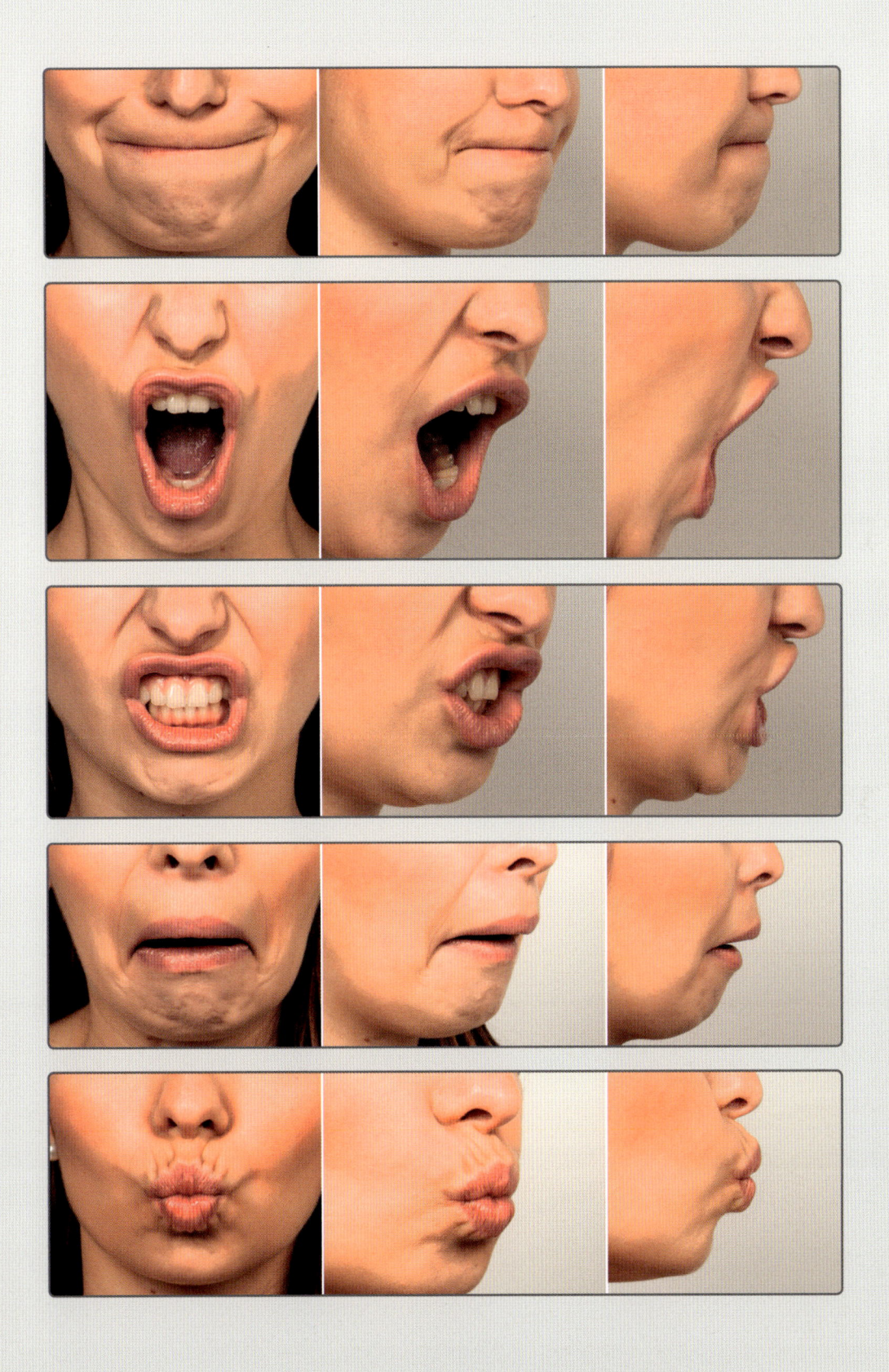

TODAVÍA MÁS EXPRESIONES DE LA BOCA

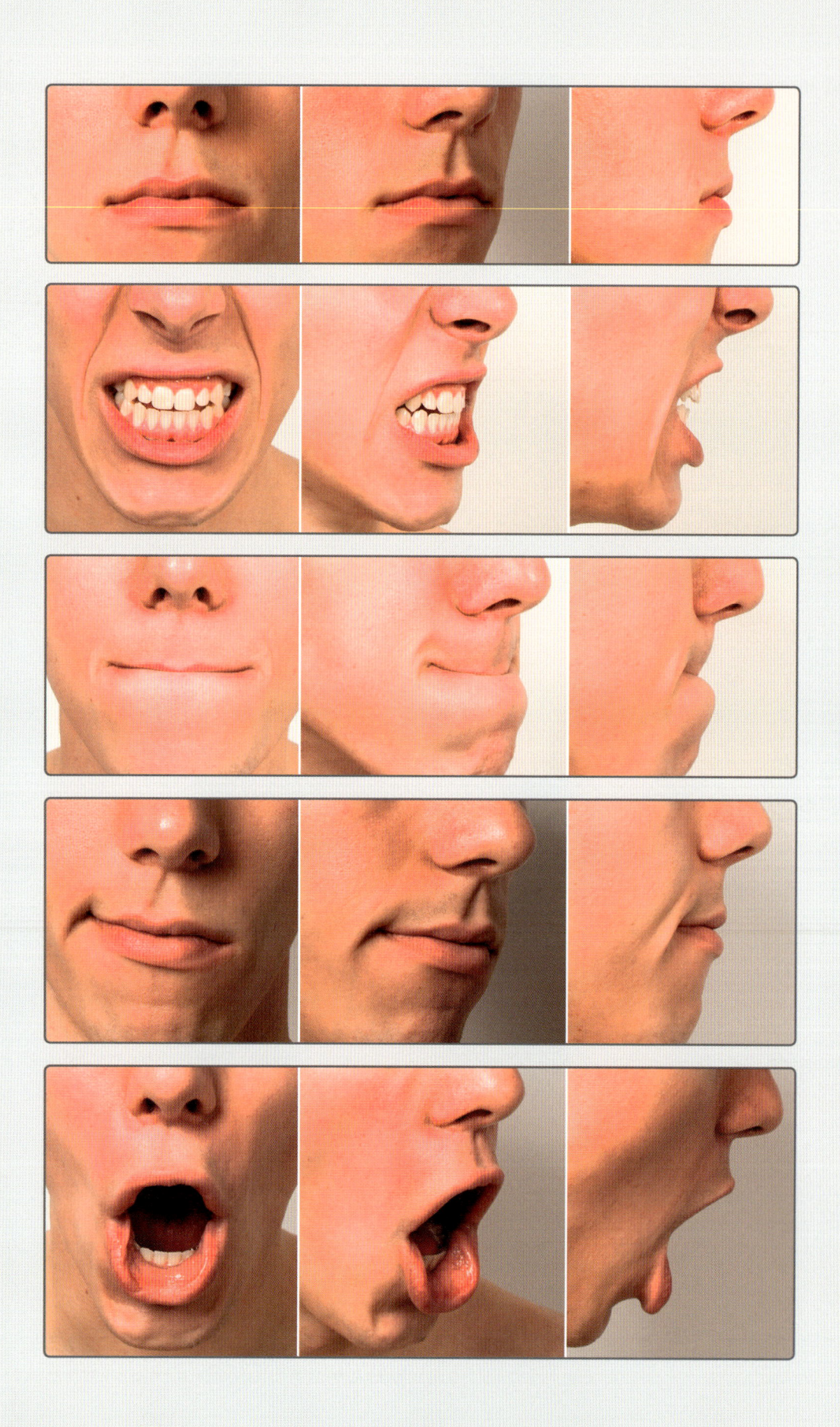

MÚSCULO PLATISMA

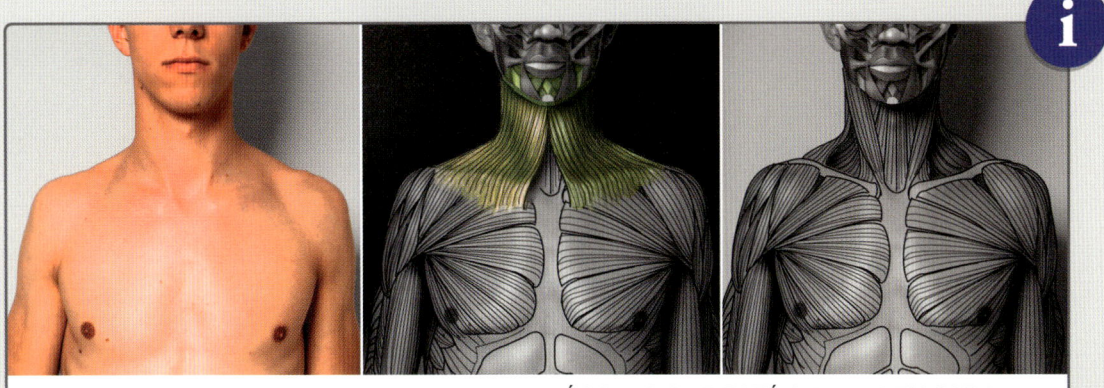

EL PLATISMA ES UNA ANCHA Y FINA CAPA DE MÚSCULO QUE ESTÁ SITUADA EN CADA LADO DEL CUELLO, JUSTO DEBAJO DE LA FASCIA SUPERFICIAL.

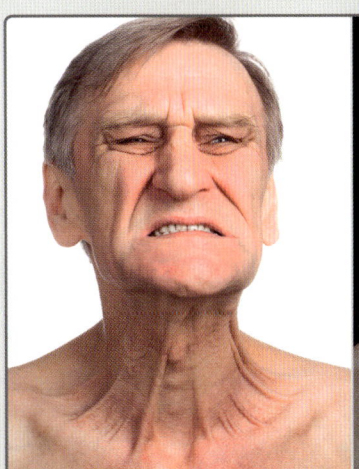

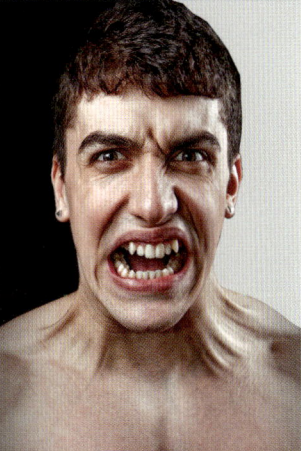

EL PLATISMA PERTENECE AL GRUPO DE MÚSCULOS FACIALES Y DEFINE LAS COMISURAS DEL LABIO INFERIOR Y LA BOCA HACIA LOS LADOS Y HACIA ABAJO. CUANDO SE FLEXIONA CON FUERZA, EXPANDE EL CUELLO Y CONTRAE SU PIEL HACIA ARRIBA.

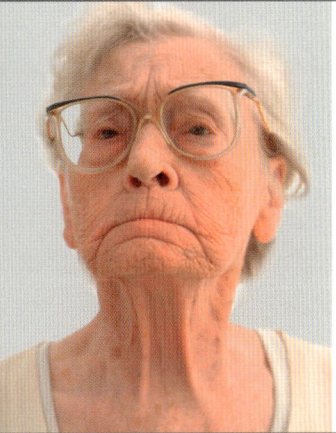

LA DEBILIDAD DE ESTE MÚSCULO ES A MENUDO LA RAZÓN PRINCIPAL POR LA QUE LA BARBILLA DE LA GENTE ANCIANA PRESENTA FLACIDEZ (NO SE DEBE AL ENVEJECIMIENTO CUTÁNEO NI A UNA ACUMULACIÓN DE GRASA).

EL MÚSCULO ESTERNOCLEIDOMASTOIDEO EN ACCIÓN

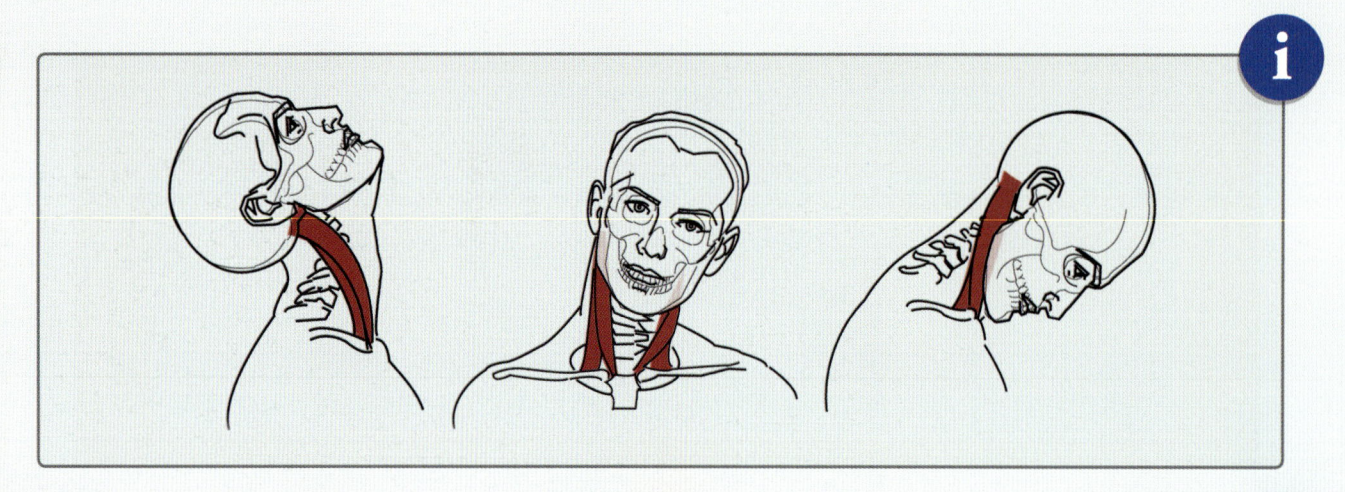

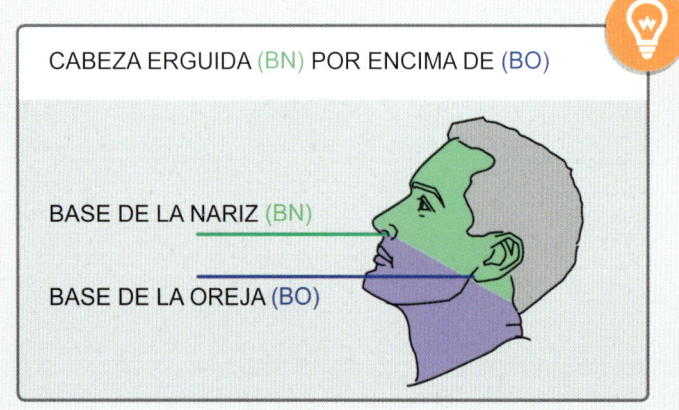

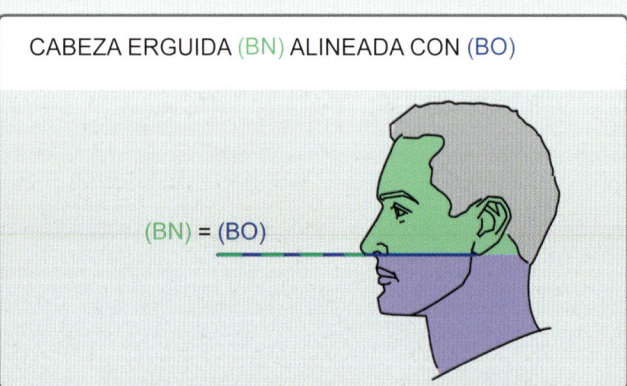

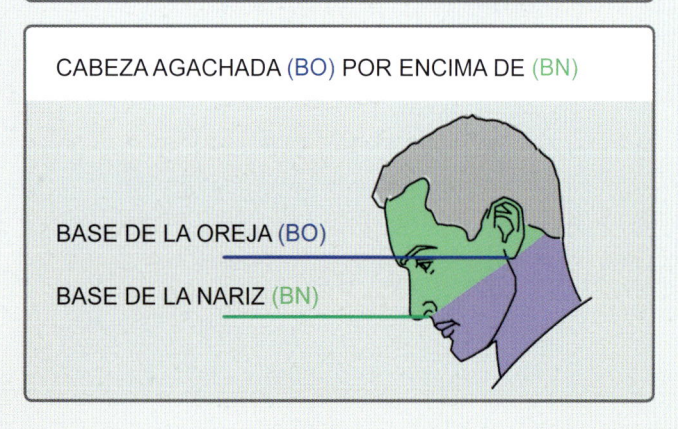

CABEZA ERGUIDA (BN) POR ENCIMA DE (BO)

BASE DE LA NARIZ (BN)
BASE DE LA OREJA (BO)

CABEZA ERGUIDA (BN) ALINEADA CON (BO)

(BN) = (BO)

CABEZA AGACHADA (BO) POR ENCIMA DE (BN)

BASE DE LA OREJA (BO)
BASE DE LA NARIZ (BN)

7ª VÉRTEBRA CERVICAL (PUNTO DE UNIÓN DEL CUELLO Y LOS HOMBROS)
CUANDO LA CABEZA SE INCLINA HACIA ADELANTE, PUEDE USTED OBSERVAR LAS VÉRTEBRAS PROMINENTES SOBRESALIENDO LIGERAMENTE EN LA PARTE SUPERIOR DE LA COLUMNA VERTEBRAL.

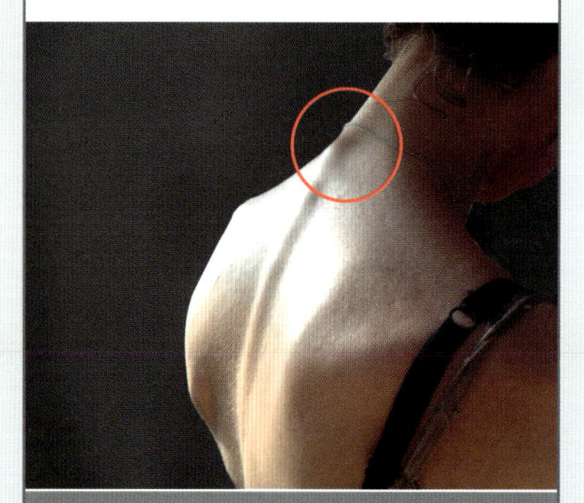

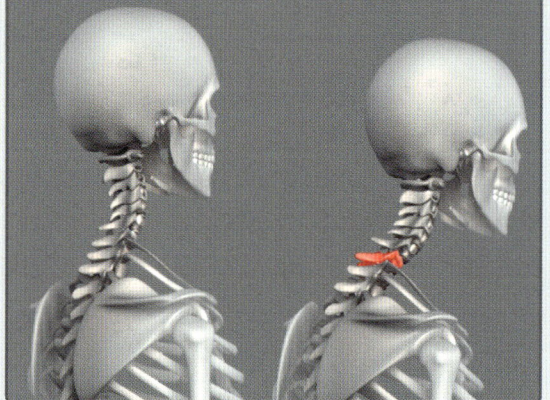

118

MÚSCULO TRAPECIO Y MÚSCULO ESTERNOCLEIDOMASTOIDEO

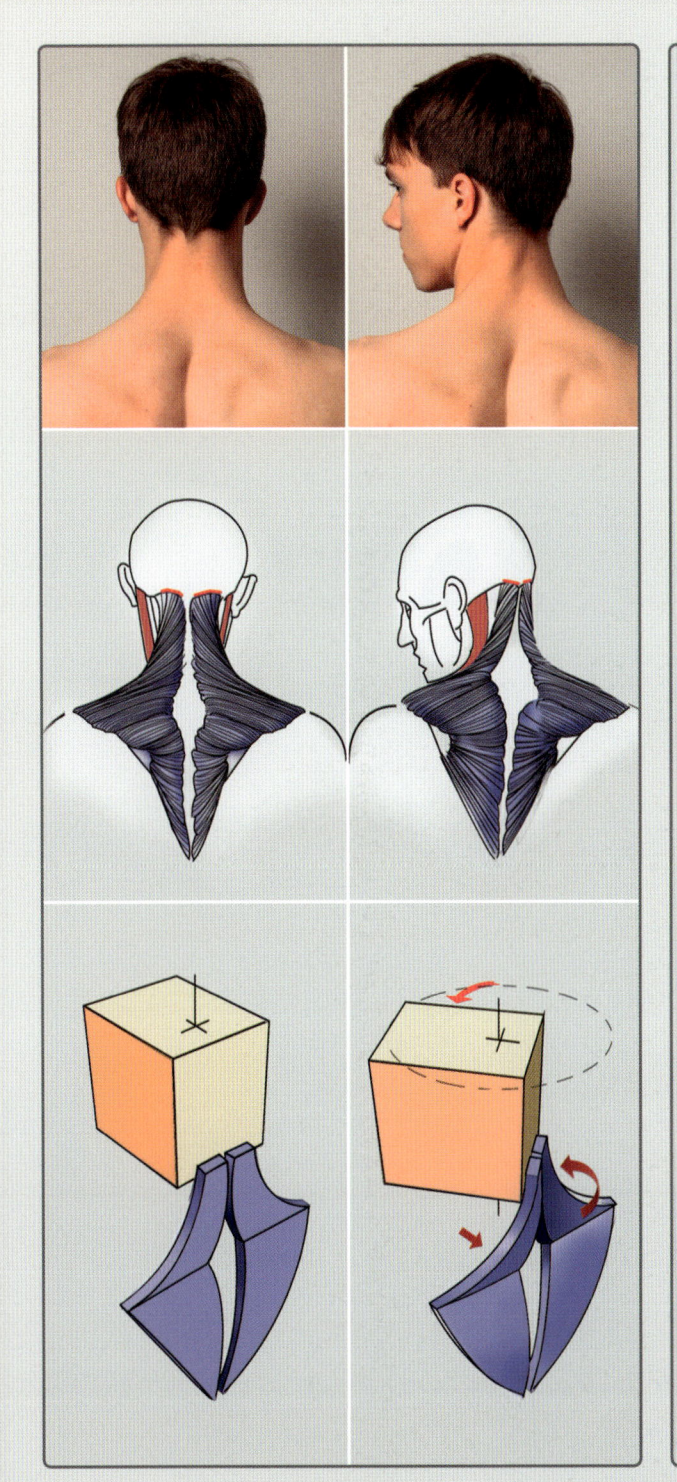

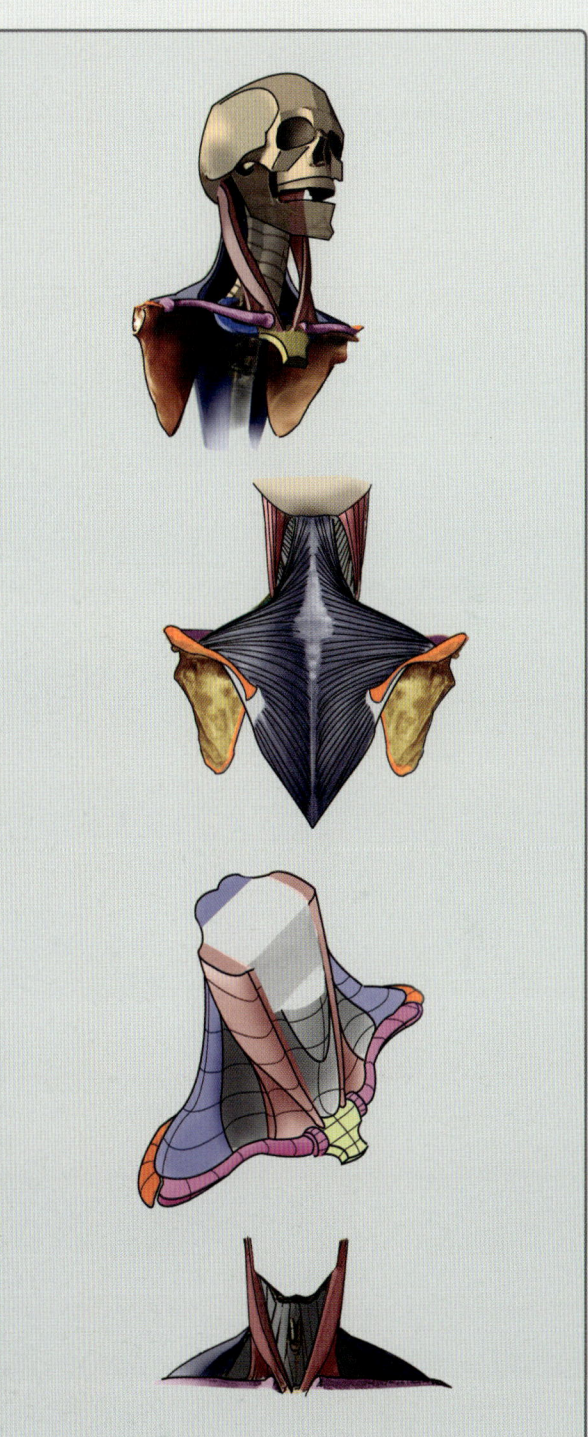

119

MÚSCULOS PRINCIPALES DEL CUELLO
(TRAPECIO Y ESTERNOCLEIDOMASTOIDEO)

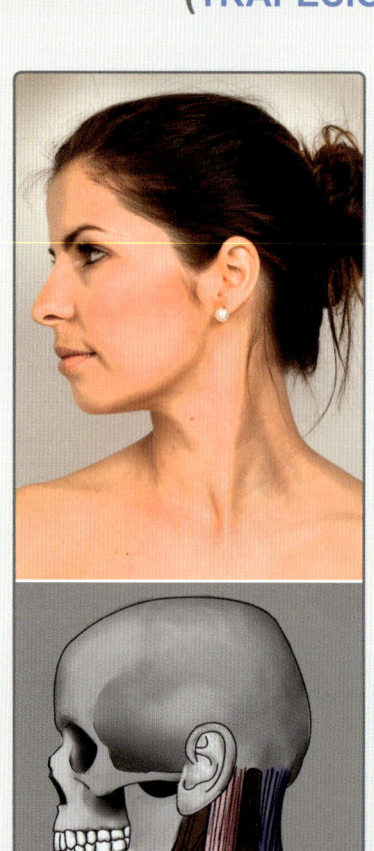

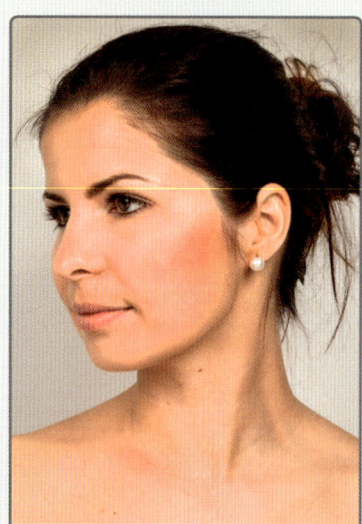

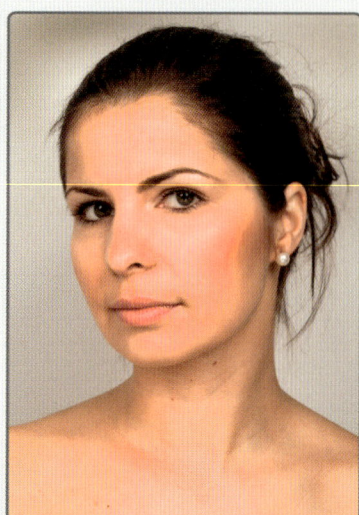

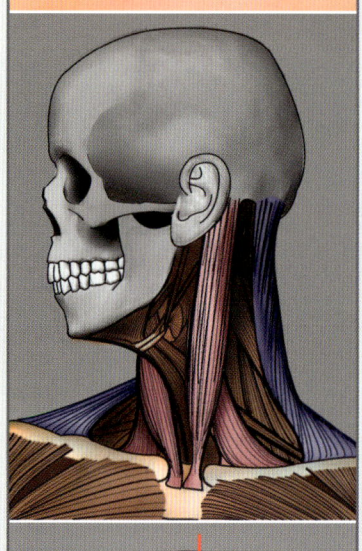

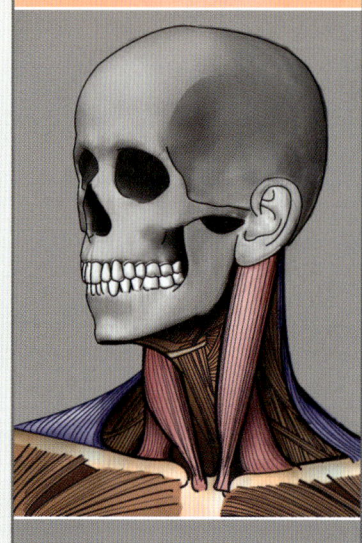

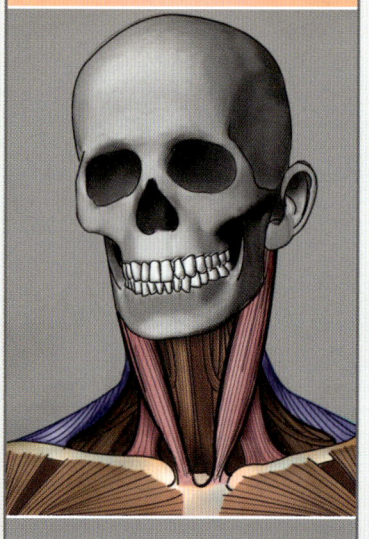

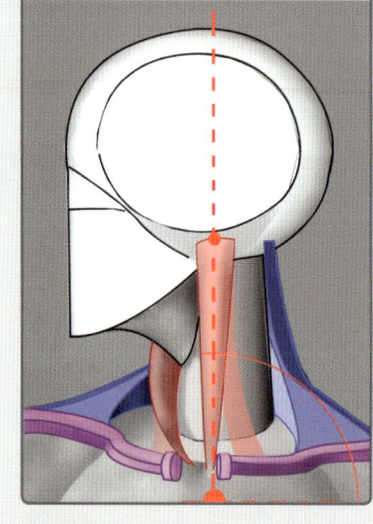

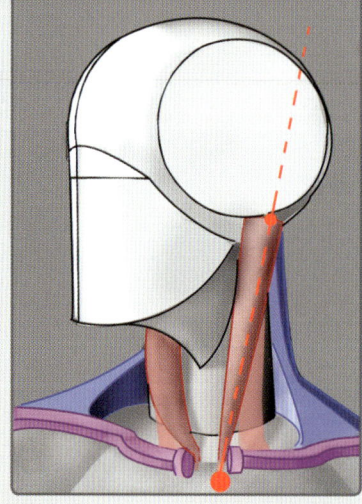

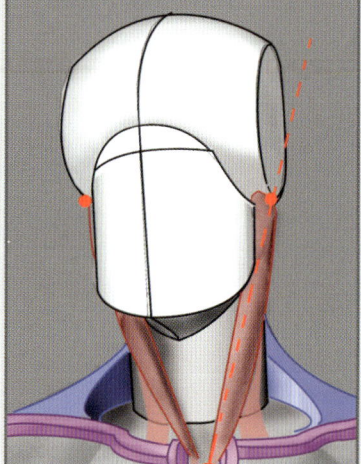

120

LA OREJA

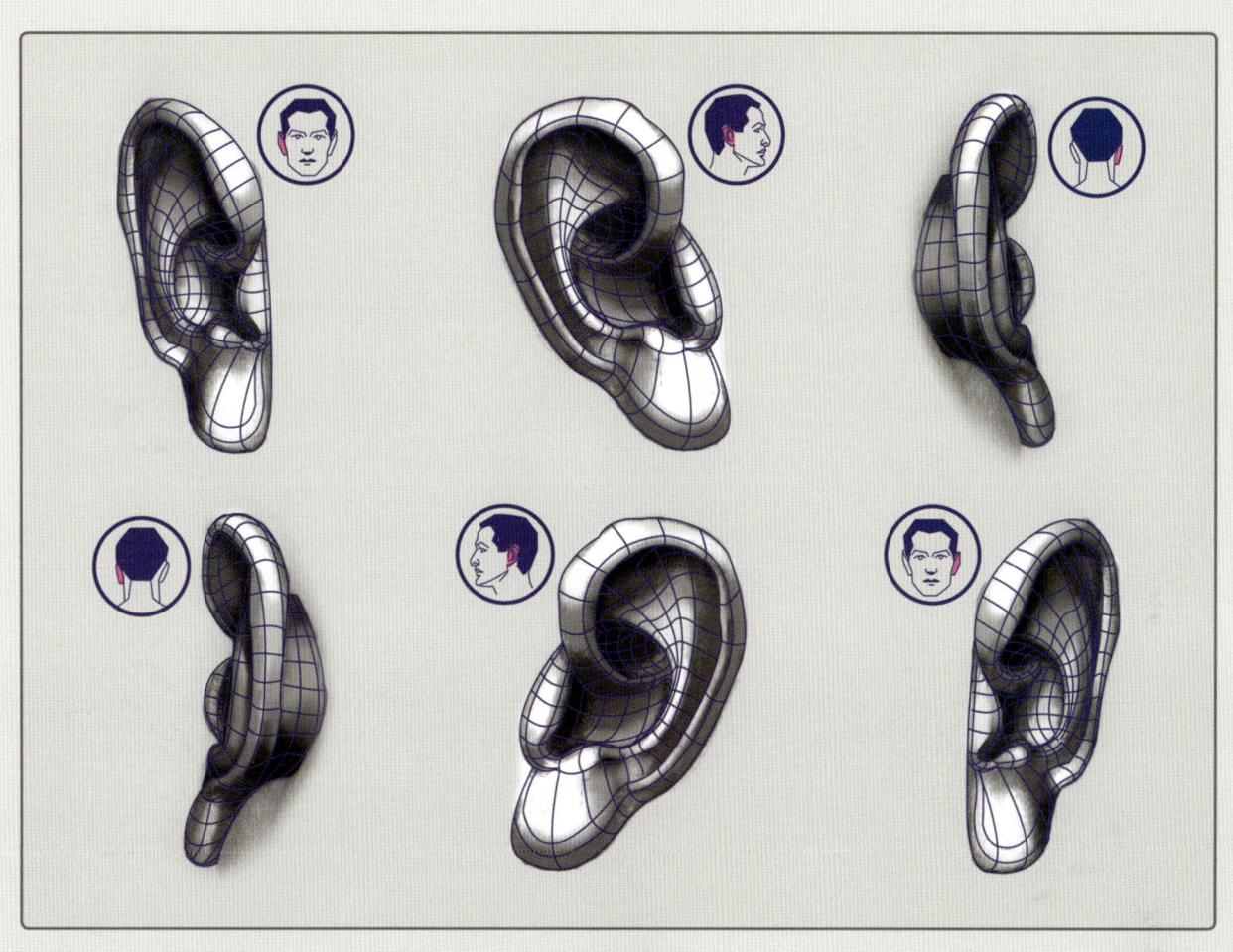

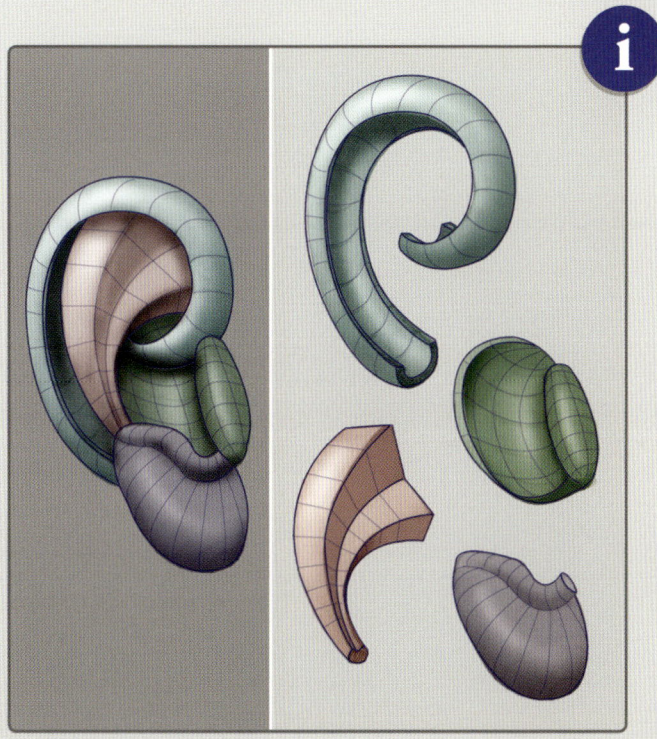

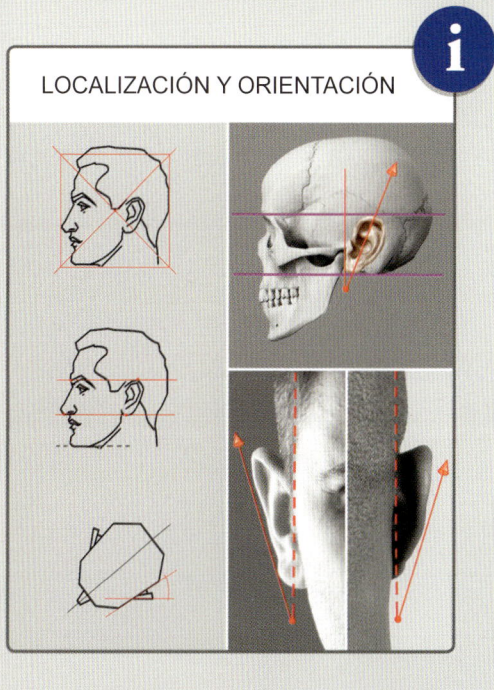

LOCALIZACIÓN Y ORIENTACIÓN

NARIZ CLÁSICA

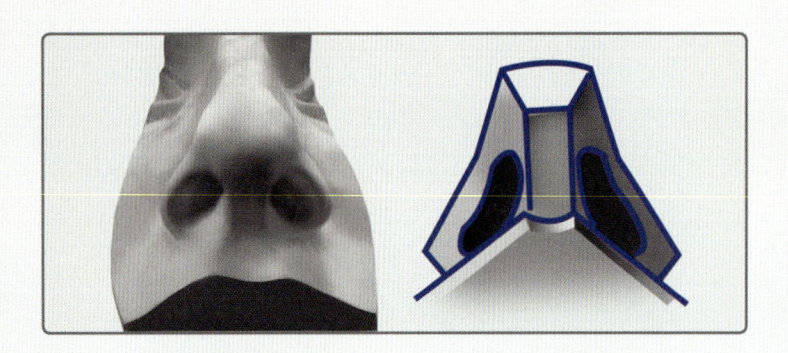

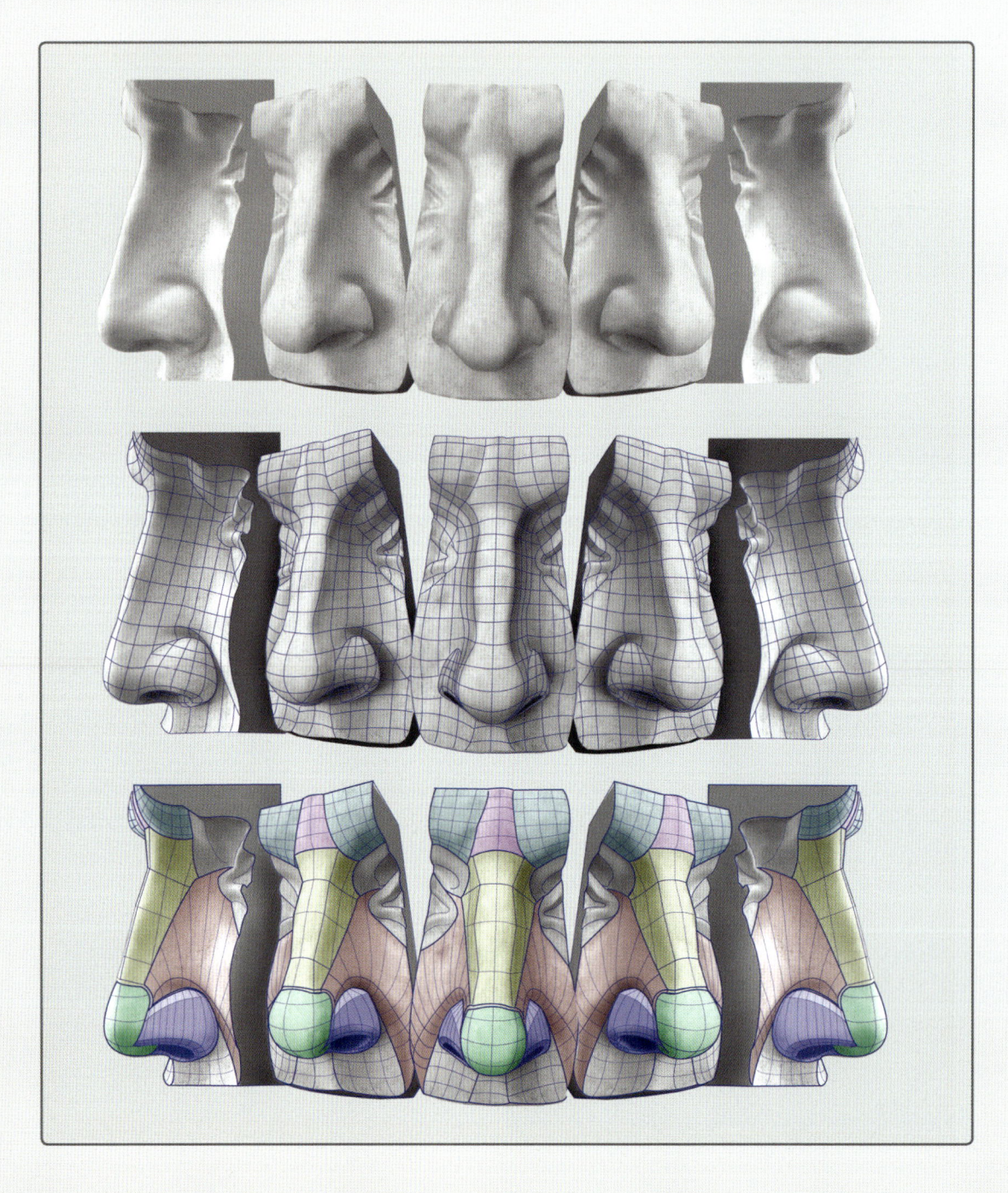

TODO SOBRE NARICES

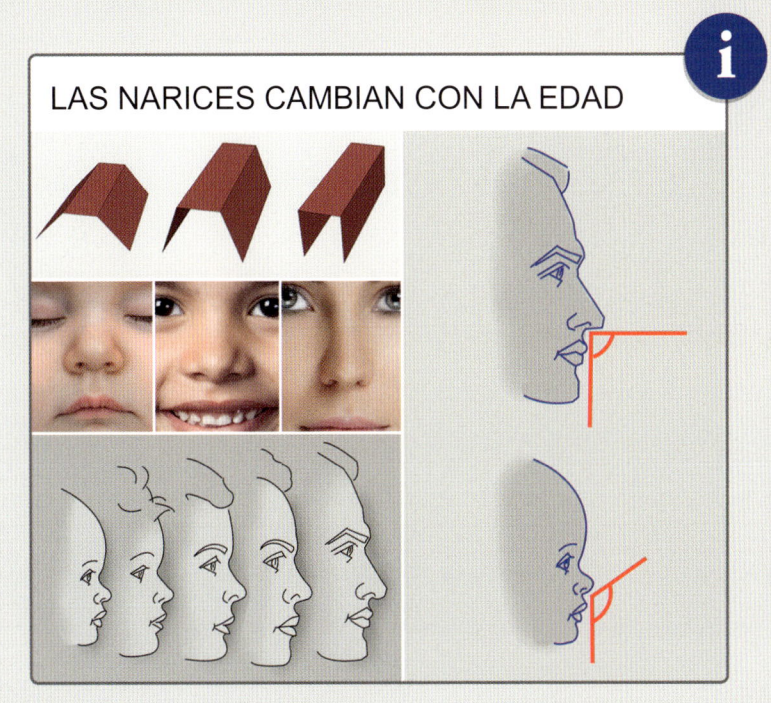

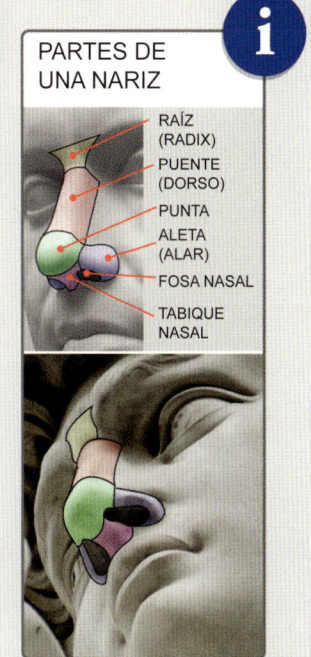

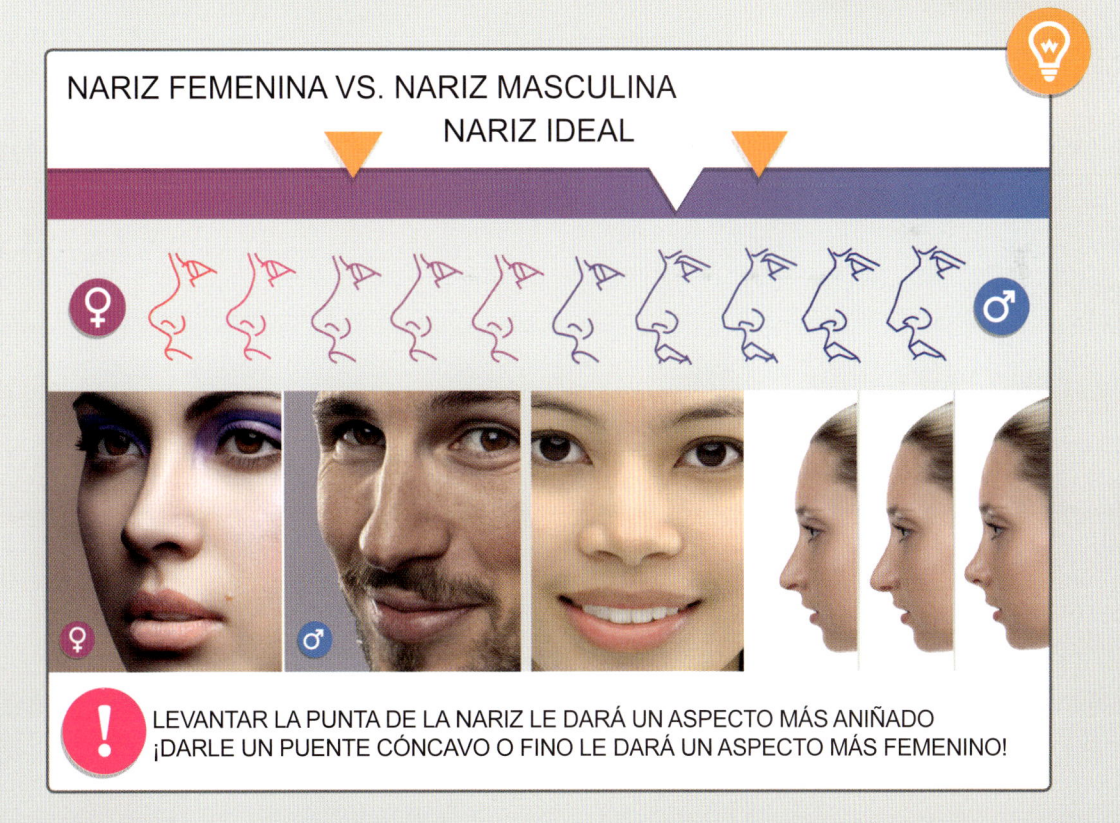

LAS NARICES CAMBIAN CON LA EDAD

PARTES DE UNA NARIZ

RAÍZ (RADIX)
PUENTE (DORSO)
PUNTA
ALETA (ALAR)
FOSA NASAL
TABIQUE NASAL

NARIZ FEMENINA VS. NARIZ MASCULINA
NARIZ IDEAL

! LEVANTAR LA PUNTA DE LA NARIZ LE DARÁ UN ASPECTO MÁS ANIÑADO
¡DARLE UN PUENTE CÓNCAVO O FINO LE DARÁ UN ASPECTO MÁS FEMENINO!

FUNCIONES DE LOS MÚSCULOS FACIALES

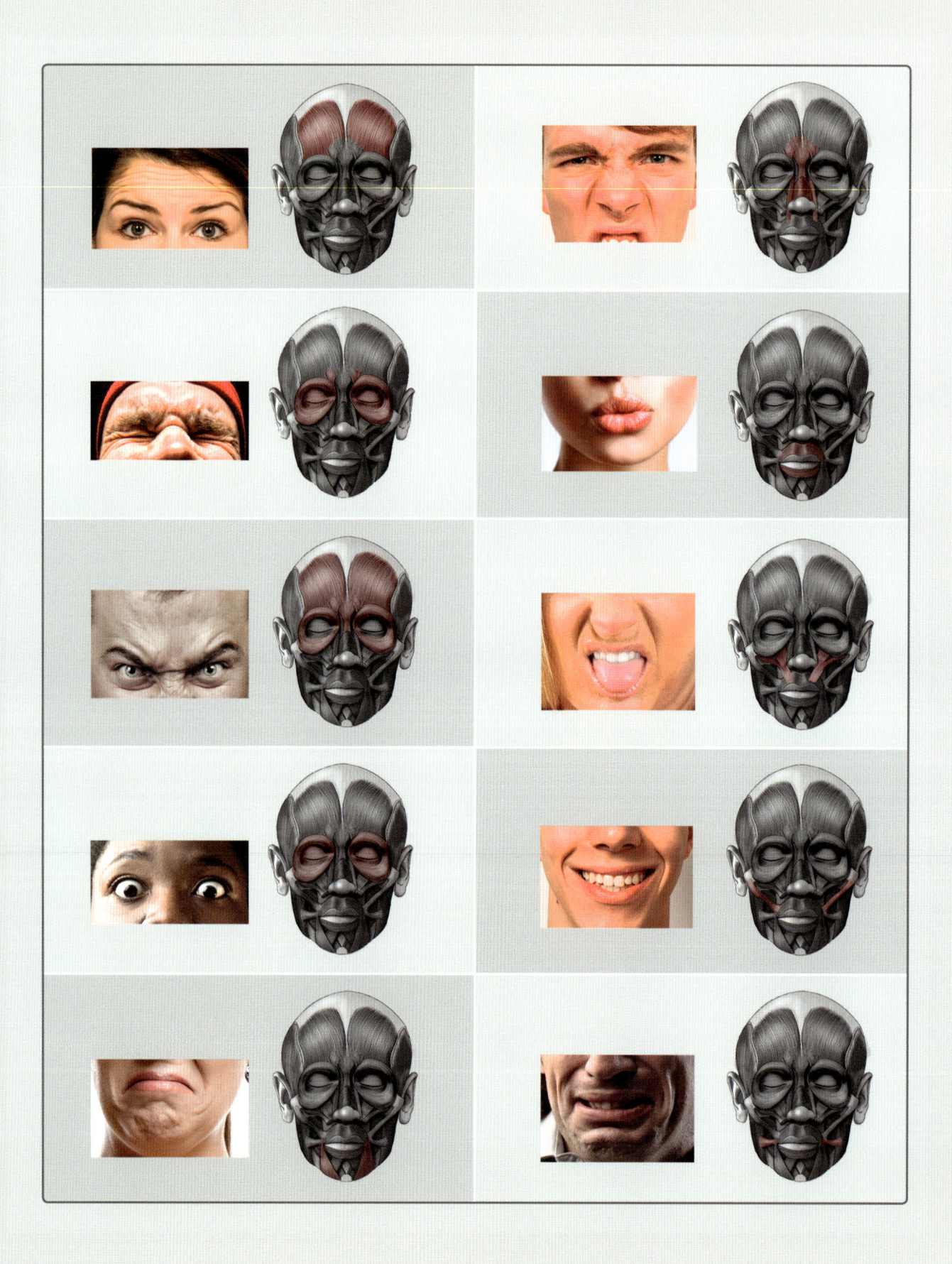

LÍNEAS DE EXPRESIÓN

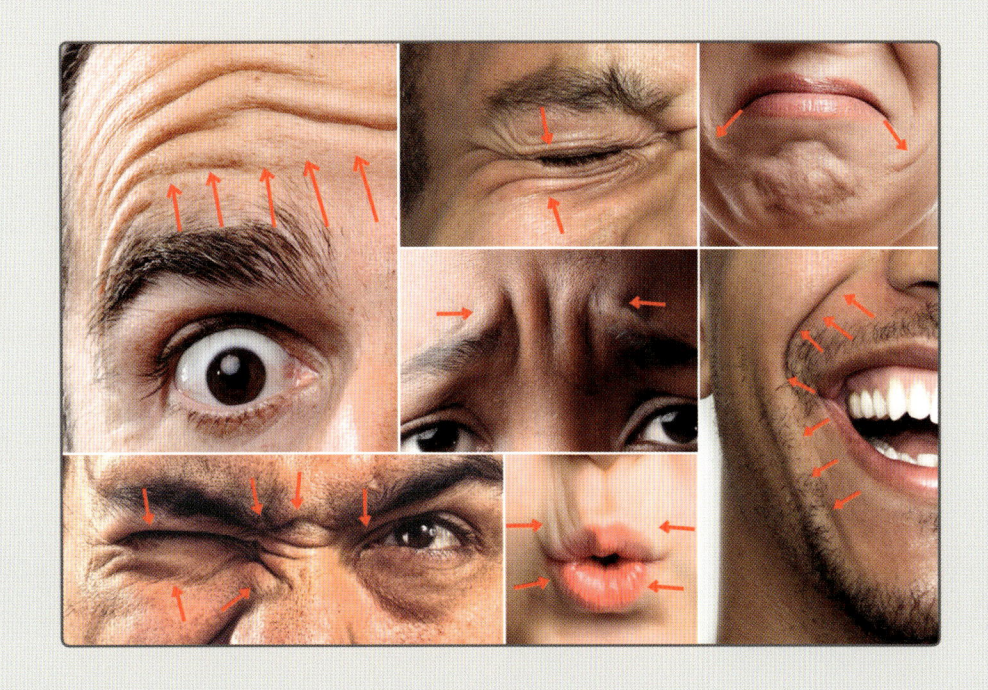

ARRUGAS DE ENVEJECIMIENTO

PROPORCIONES IDEALIZADAS DE CABEZAS DE ADULTOS

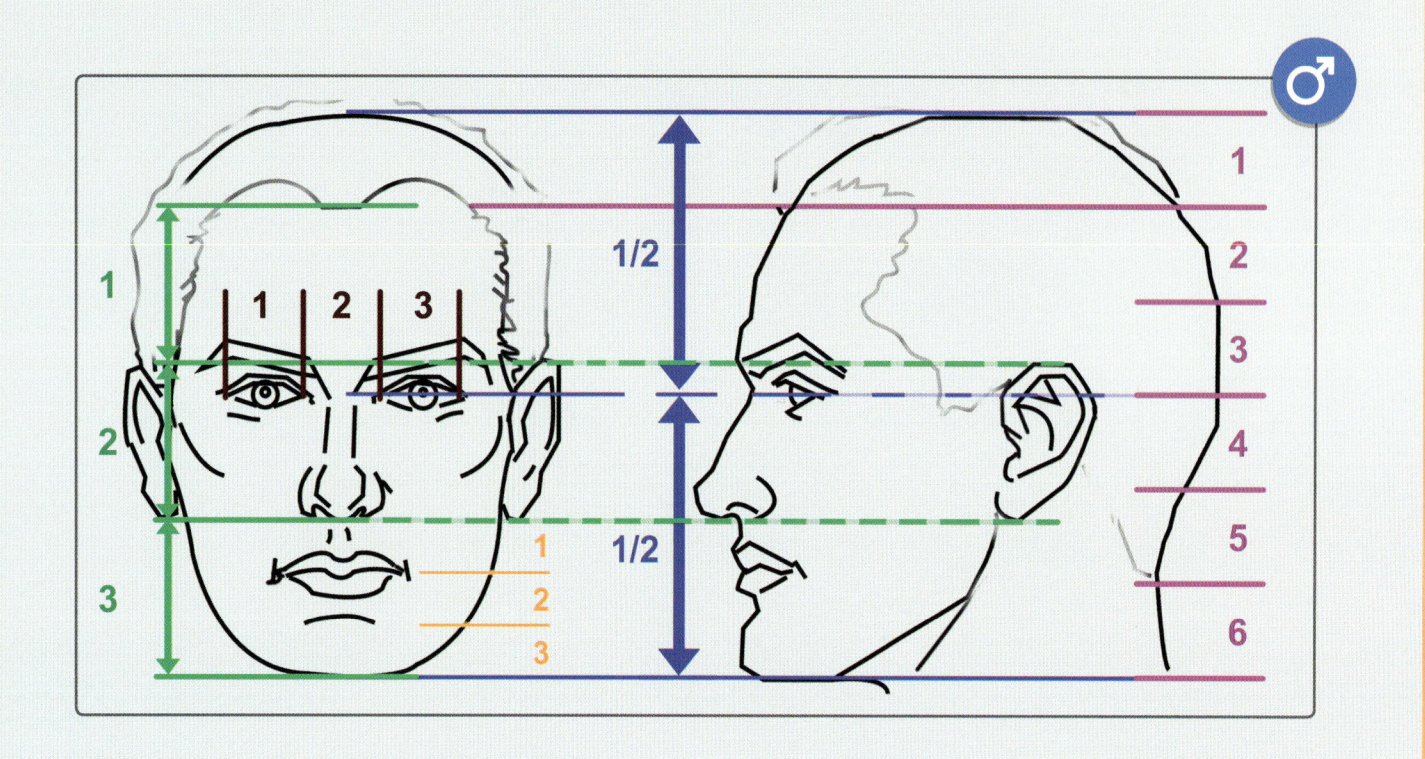

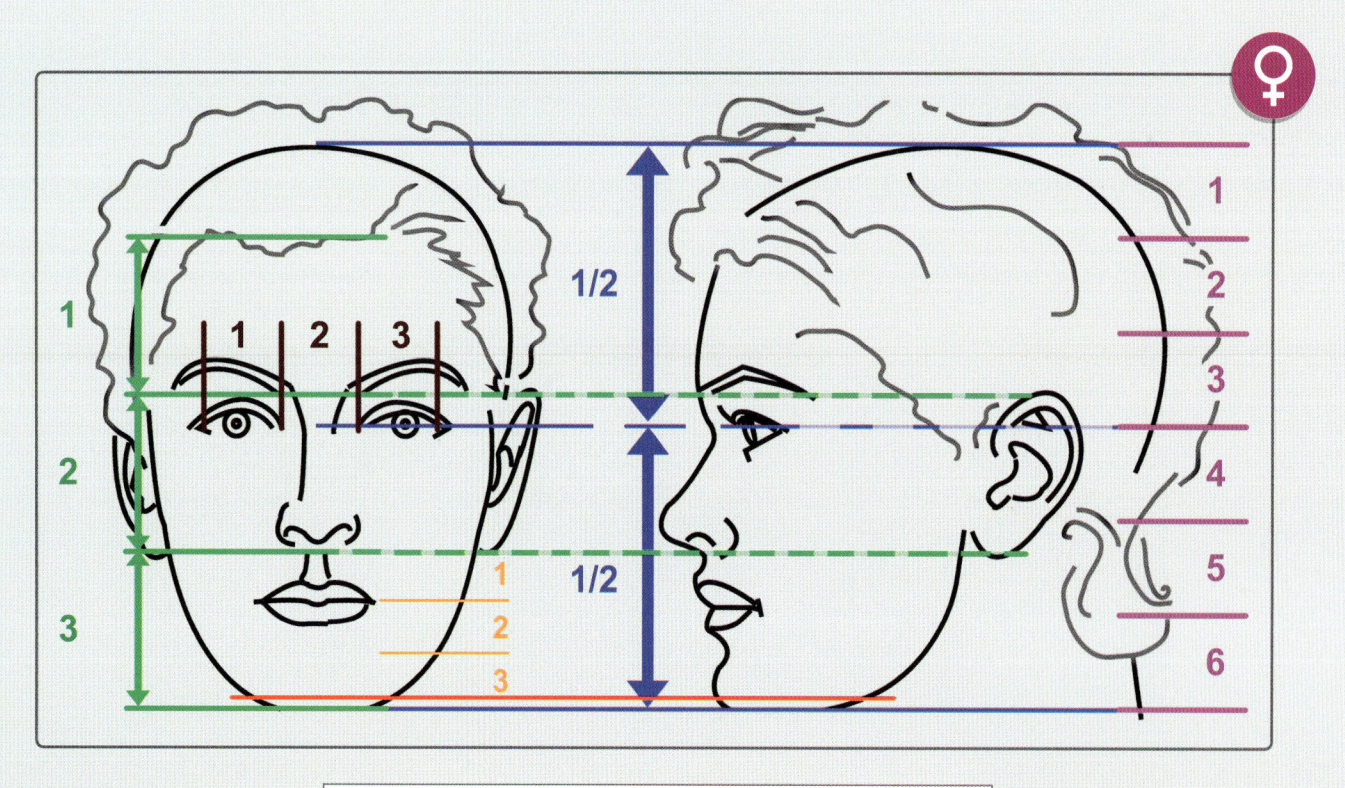

LAS MUJERES TIENEN UN MENTÓN Y UNA MANDÍBULA LIGERAMENTE MÁS ESTRECHOS.

PROPORCIONES DE CABEZAS (NIÑOS/AS)

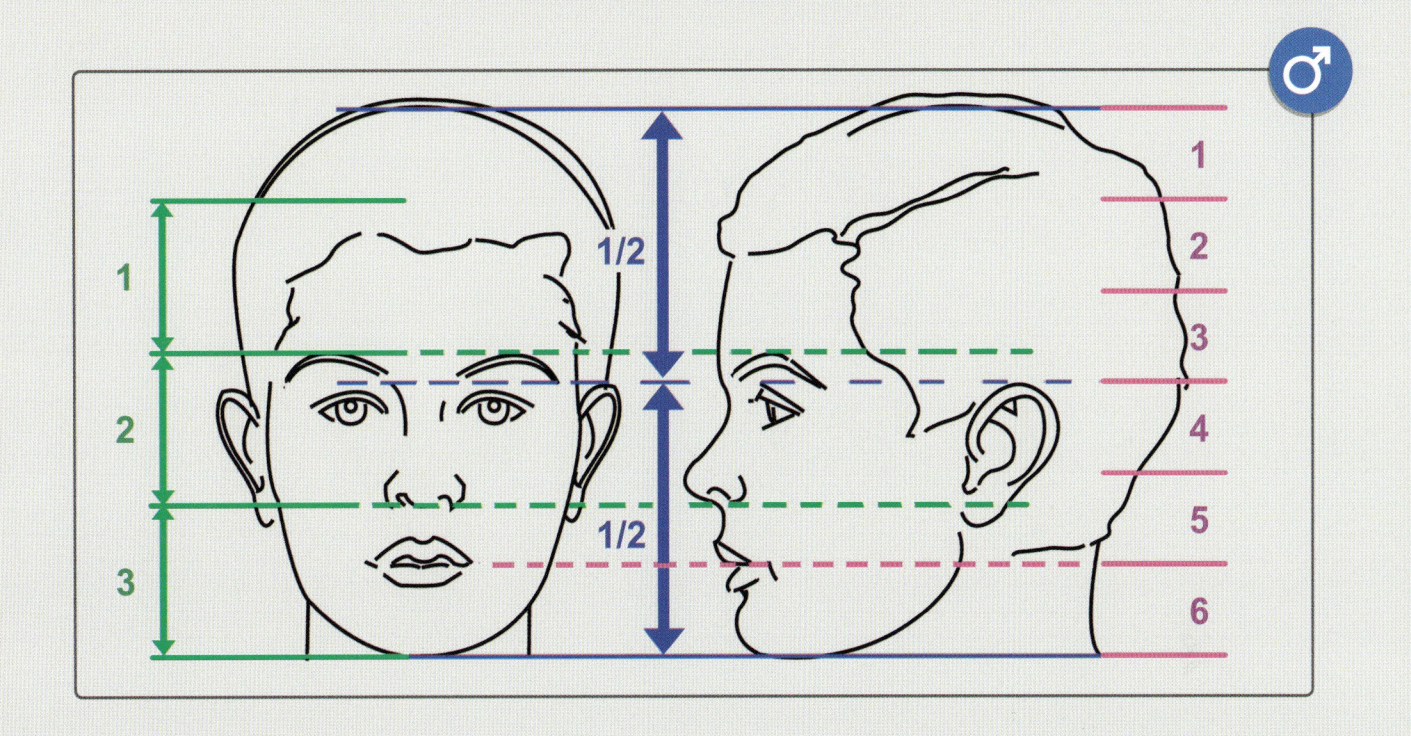

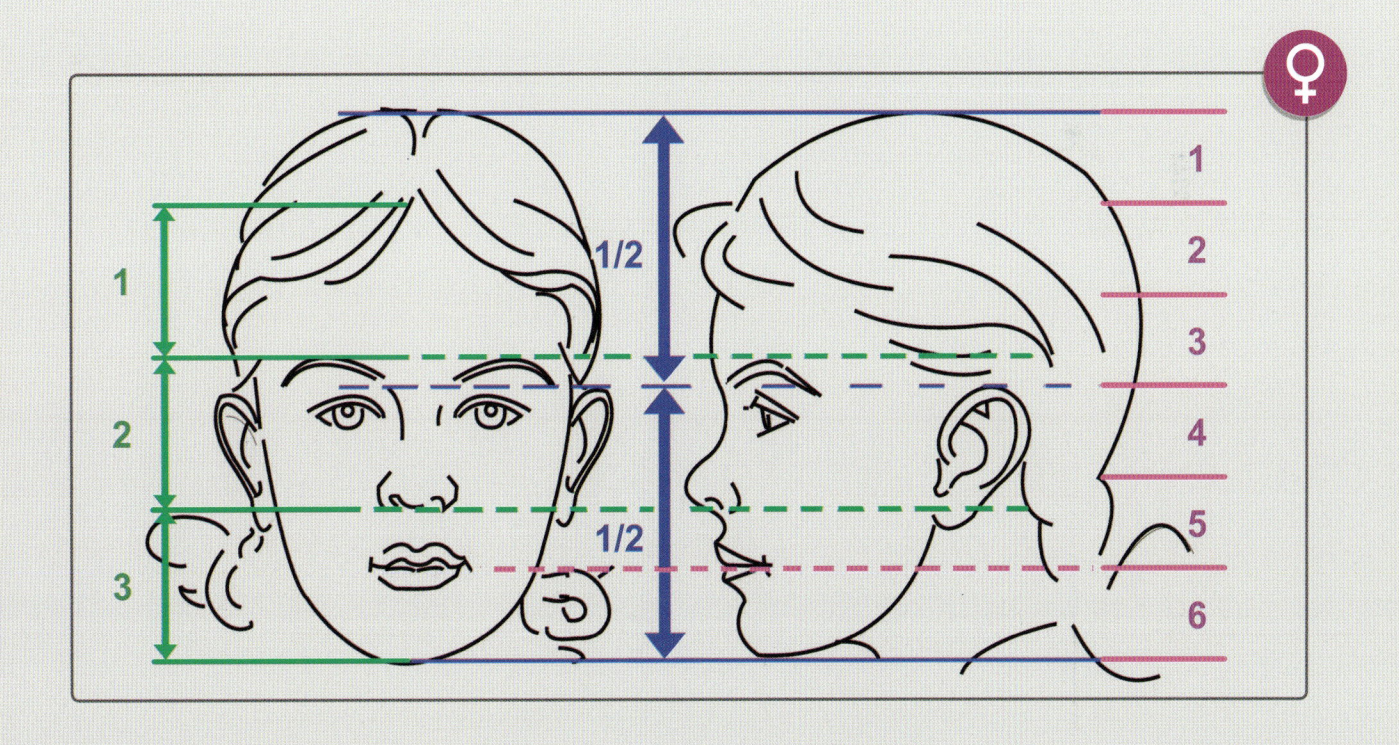

PROPORCIONES DE CABEZAS (BEBÉS DE 0 A 2 AÑOS)

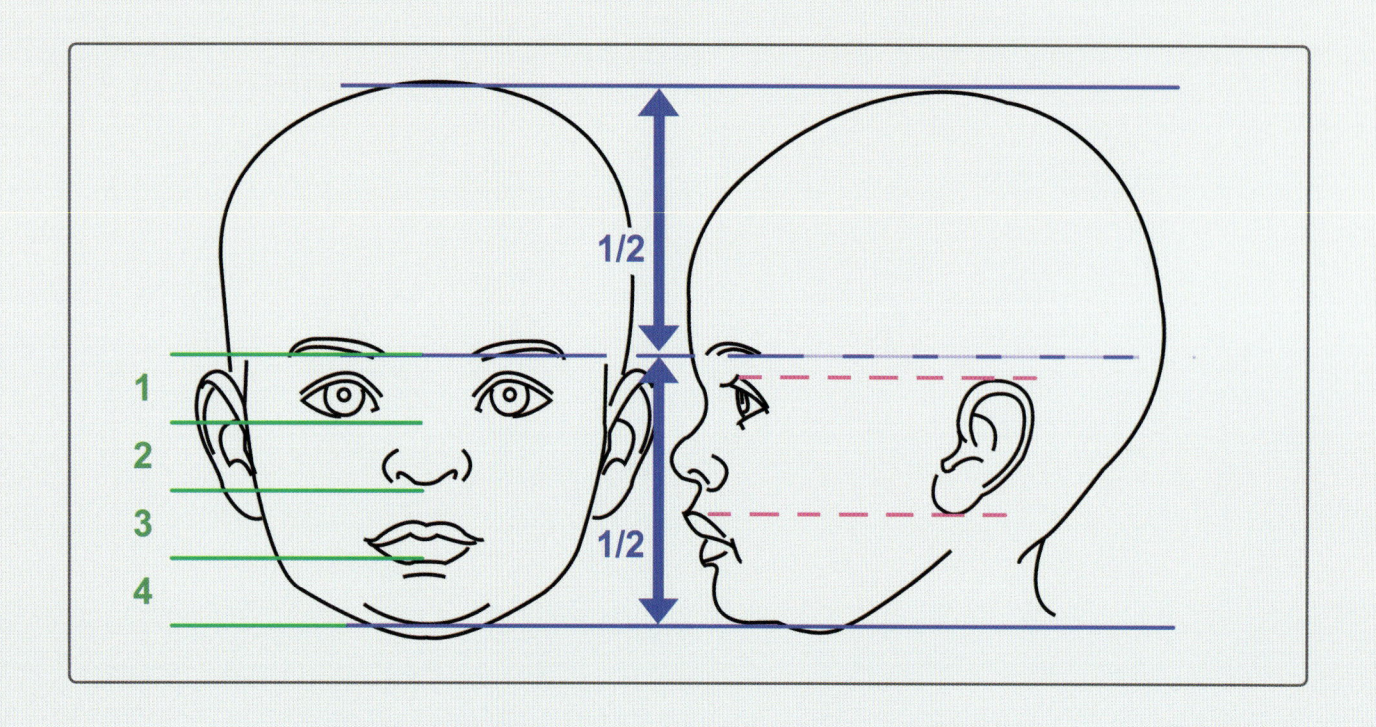

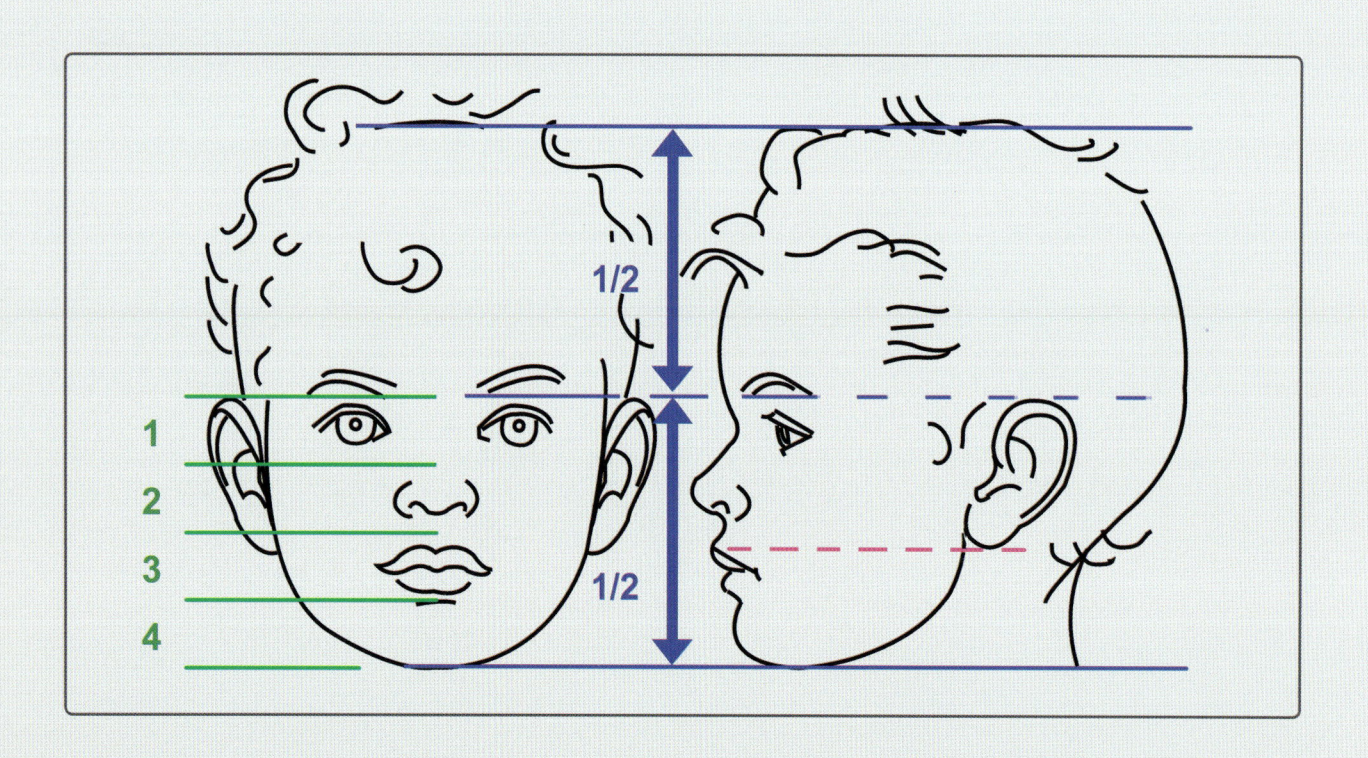

PROPORCIONES DE CABEZAS (ANCIANOS/AS)

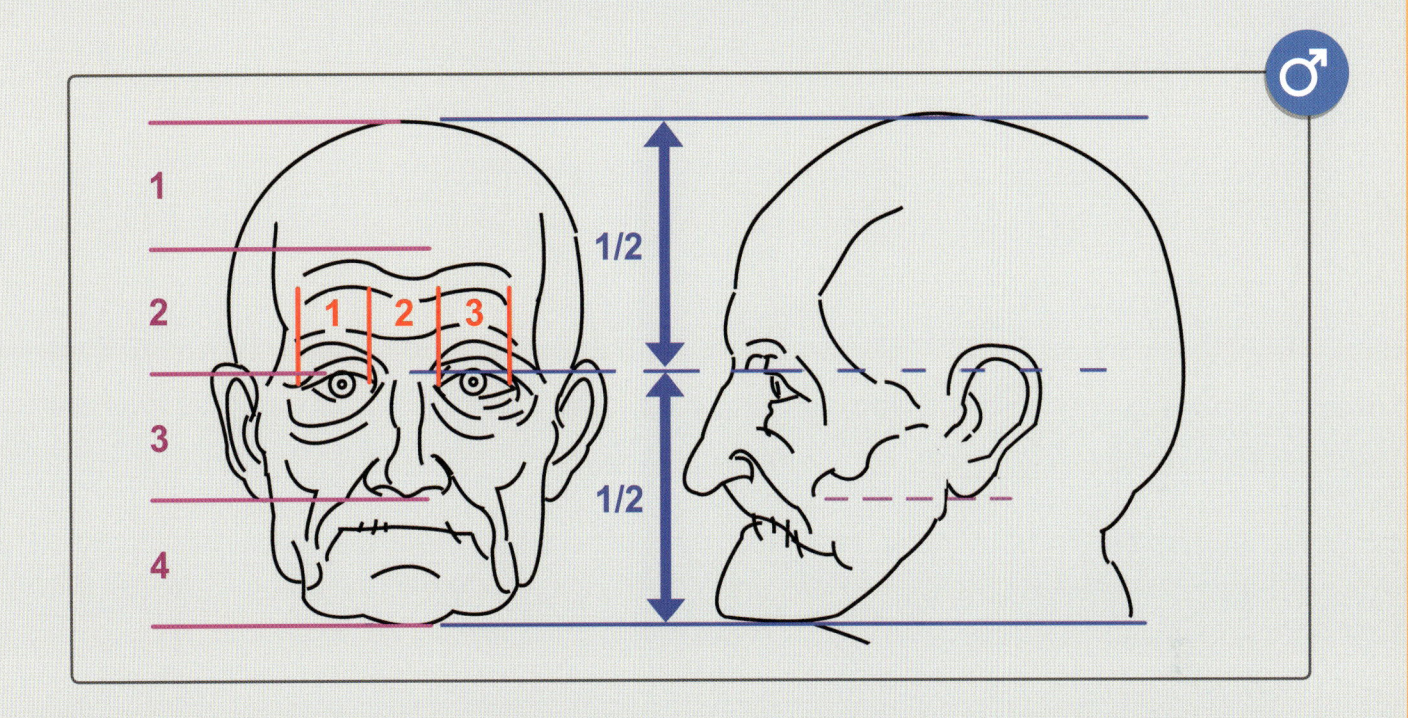

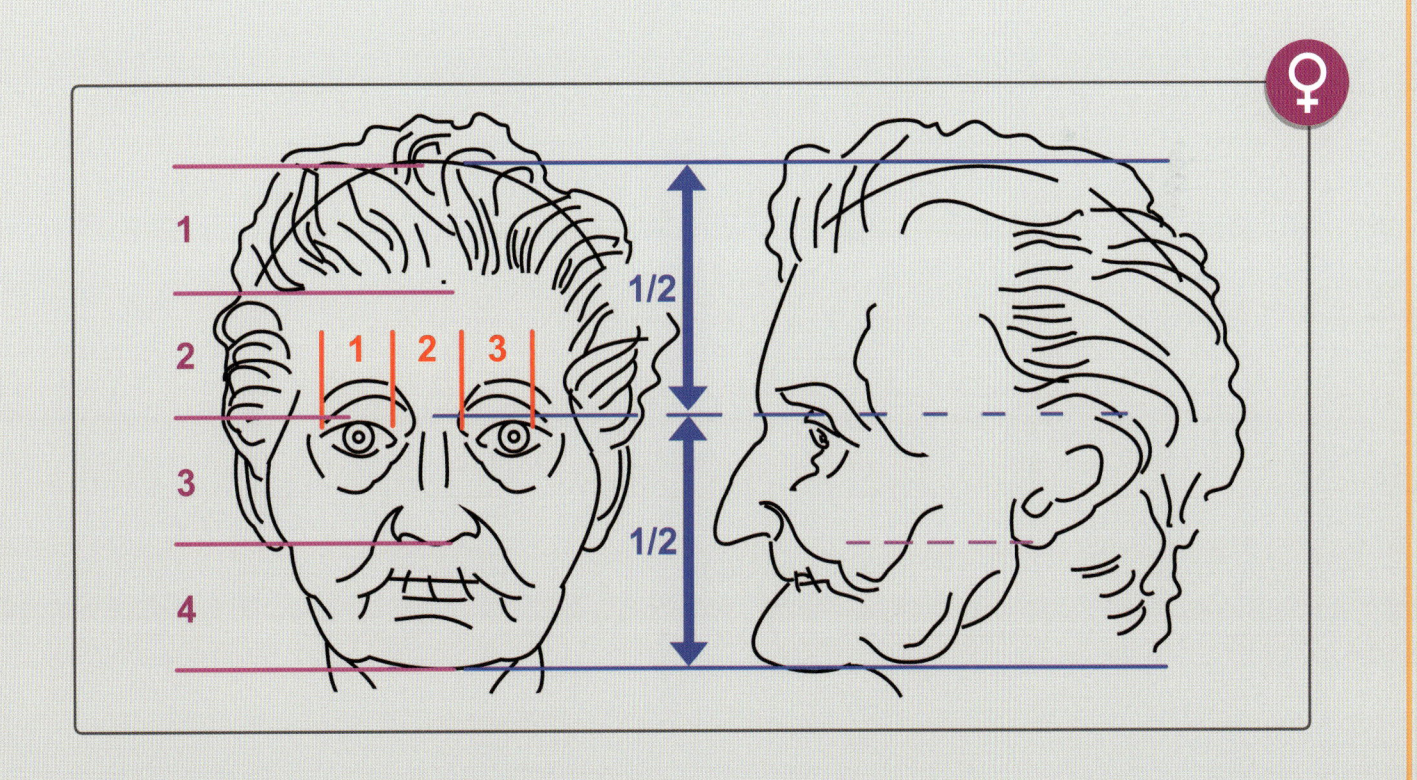

ANATOMÍA PARA ESCULTORES

PROPORCIONES DE CABEZAS (ADOLESCENTES)

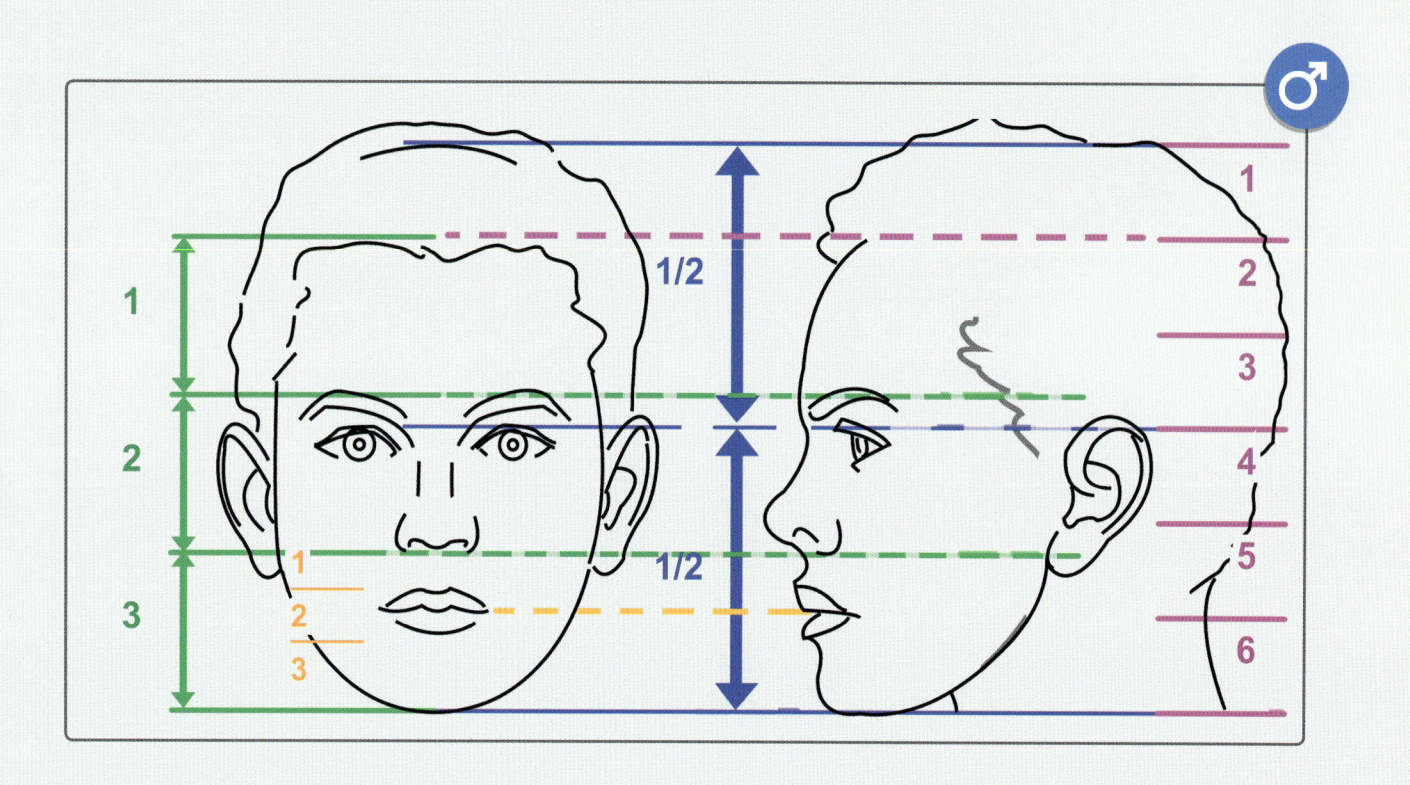

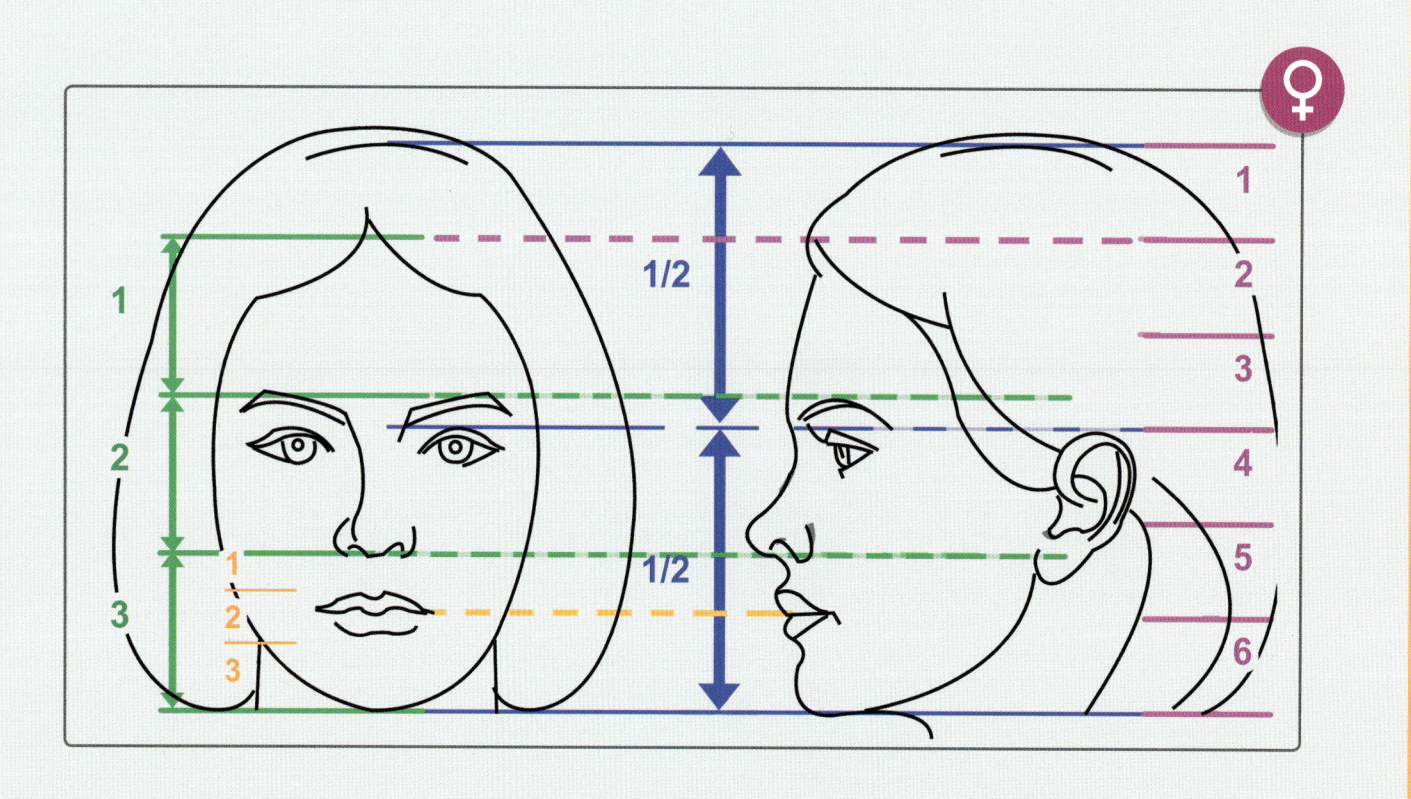

DIFERENCIAS DE GÉNERO ENTRE CABEZAS DE ADULTOS IDEALIZADAS

VARONES ♂

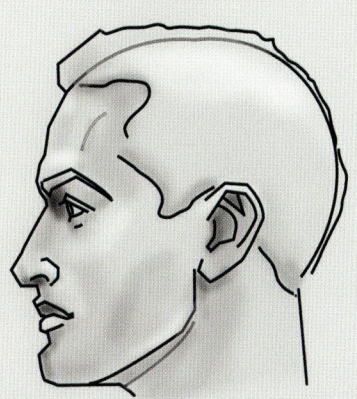

MUJERES ♀

- **ARCOS SUPERCILIARES** MARCADOS Y PROMINENTES
- LA **RAÍZ DE LA NARIZ** ESTÁ NORMALMENTE BIEN MARCADA Y PUEDE SER BASTANTE PROFUNDA.
- LA **FRENTE** TIENE UNA INCLINACIÓN HACIA ATRÁS MÁS PRONUNCIADA Y SU CONTORNO NO ES LISO SINO QUE A MENUDO ES MÁS CURVADO QUE EL DE LAS MUJERES
- **PÓMULOS** A MENUDO MÁS DEFINIDOS
- DESTACAN SUS TUPIDAS **CEJAS**, QUE POR REGLA GENERAL TIENEN UNA FORMA MENOS ARQUEADA Y SE HUNDEN MÁS SOBRE LOS OJOS
- EL **PÁRPADO SUPERIOR** NO SE DISTINGUE ESPECIALMENTE Y ESTÁ SITUADO MÁS CERCA DEL BORDE DEL FORAMEN SUPRAORBITAL
- LA **NARIZ** ES MÁS LARGA EN COMPARACIÓN CON LA DE LA MUJER
- DEBAJO DE LA **NARIZ** HAY UNA ESTRUCTURA ÓSEA CLARAMENTE VISIBLE, NORMALMENTE ES GRANDE. LA FORMA ES PRÁCTICAMENTE RECTA O LIGERAMENTE CONVEXA
- LA **NARIZ** ES GRUESA Y ANCHA
- LA BASE DE LA **NARIZ** REPOSA SOBRE UN PLANO HORIZONTAL
- LA PUNTA DE LA **NARIZ** ES GRANDE Y REDONDEADA
- EL CONTORNO PLEGABLE DEL **LABIO SUPERIOR** ES LIGERAMENTE CONVEXO
- EN LOS VARONES CAUCÁSICOS, LOS **LABIOS** NO SON TÍPICAMENTE TAN CARNOSOS Y LLENOS COMO LOS FEMENINOS.
- **PÓMULOS** PROMINENTES
- EL **MENTÓN** ES ANCHO Y CLARAMENTE DEFINIDO, A MENUDO TIENE UN HOYUELO
- LA **MANDÍBULA INFERIOR** ES MÁS CUADRADA EN LA PARTE FRONTAL Y LATERAL, Y ALGO DESPLAZADA HACIA LOS LADOS (DEBIDO A MÚSCULOS MASTICADORES DESARROLLADOS)

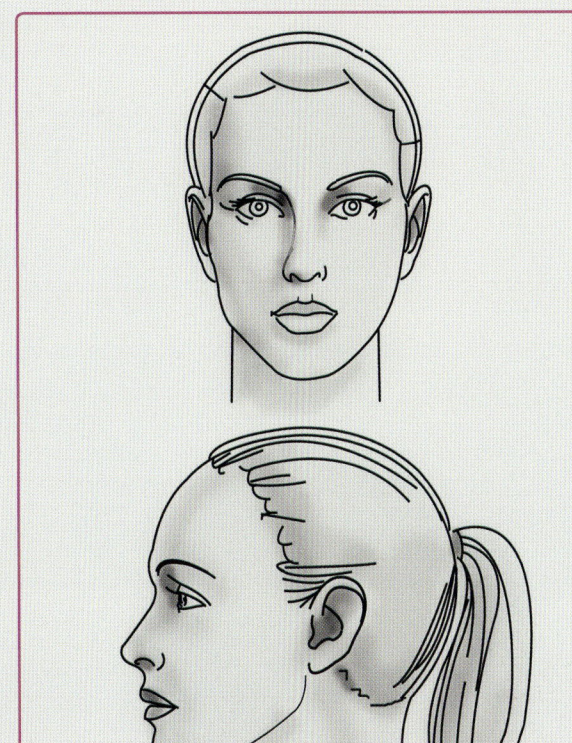

- **CEJAS** CLARAMENTE DEFINIDAS
- **ÁNGULO NASAL** MÁS PEQUEÑO
- LA **FRENTE** ES MÁS VERTICAL, PROMINENTE Y REDONDEADA
- **PÓMULOS** DEFINIDOS
- **CEJAS** FINAS CON FORMA ARQUEADA, NORMALMENTE MUCHO MÁS LEVANTADAS QUE LAS DE LOS HOMBRES
- **PÁRPADO SUPERIOR** MÁS GRANDE
- EL HUNDIMIENTO DE LA **RAÍZ DE LA NARIZ** ES APENAS PERCEPTIBLE
- LA ESTRUCTURA DE LA **NARIZ** ES FINA Y NORMALMENTE RECTA O LIGERAMENTE CÓNCAVA
- **NARIZ** DELGADA Y BIEN DEFINIDA
- LA **BASE DE LA NARIZ** Y ES LIGERAMENTE RESPINGONA
- LA **PUNTA DE LA NARIZ** ESTÁ CLARAMENTE DEFINIDA (DEBIDO A LA ESTRUCTURA CARTILAGINOSA)
- EL **LABIO SUPERIOR** TIENE UNA LIGERA HENDIDURA EN EL CENTRO, JUSTO DEBAJO DE LA NARIZ, LLAMADA SURCO NASOLABIAL O SURCO DEL FILTRUM
- LOS **LABIOS** PUEDEN SER PEQUEÑOS Y FINOS, PERO A MENUDO SON CARNOSOS, A VECES VOLUPTUOSOS
- LAS **MEJILLAS** SON TERSAS, EN OCASIONES PUBESCENTES, PLANAS O LIGERAMENTE CONVEXAS
- **MENTÓN** PEQUEÑO DE FORMA REDONDEADA
- LA **MANDÍBULA INFERIOR** ESTÁ NOTABLEMENTE DEFINIDA, CON UN ÁNGULO REDONDEADO.
- LAS MUJERES TIENEN **CUELLOS** LARGOS Y ESBELTOS EN RELACIÓN CON EL TAMAÑO DE LA CABEZA Y LOS HOMBROS

EMOCIÓN – ENTUSIASMO

EMOCIÓN – FELICIDAD

EMOCIÓN – ENOJO

EMOCIÓN – SORPRESA

EMOCIÓN – REPULSIÓN

EMOCIÓN – MIEDO

EMOCIÓN – INTERÉS

EMOCIÓN – PREOCUPACIÓN

ETNIAS

EMOCIONES EN BEBÉS

ANATOMÍA PARA ESCULTORES

EMOCIONES EN PERSONAS ANCIANAS

ANATOMÍA PARA
ESCULTORES

MÚSCULOS DE LA MANO Y LA MUÑECA

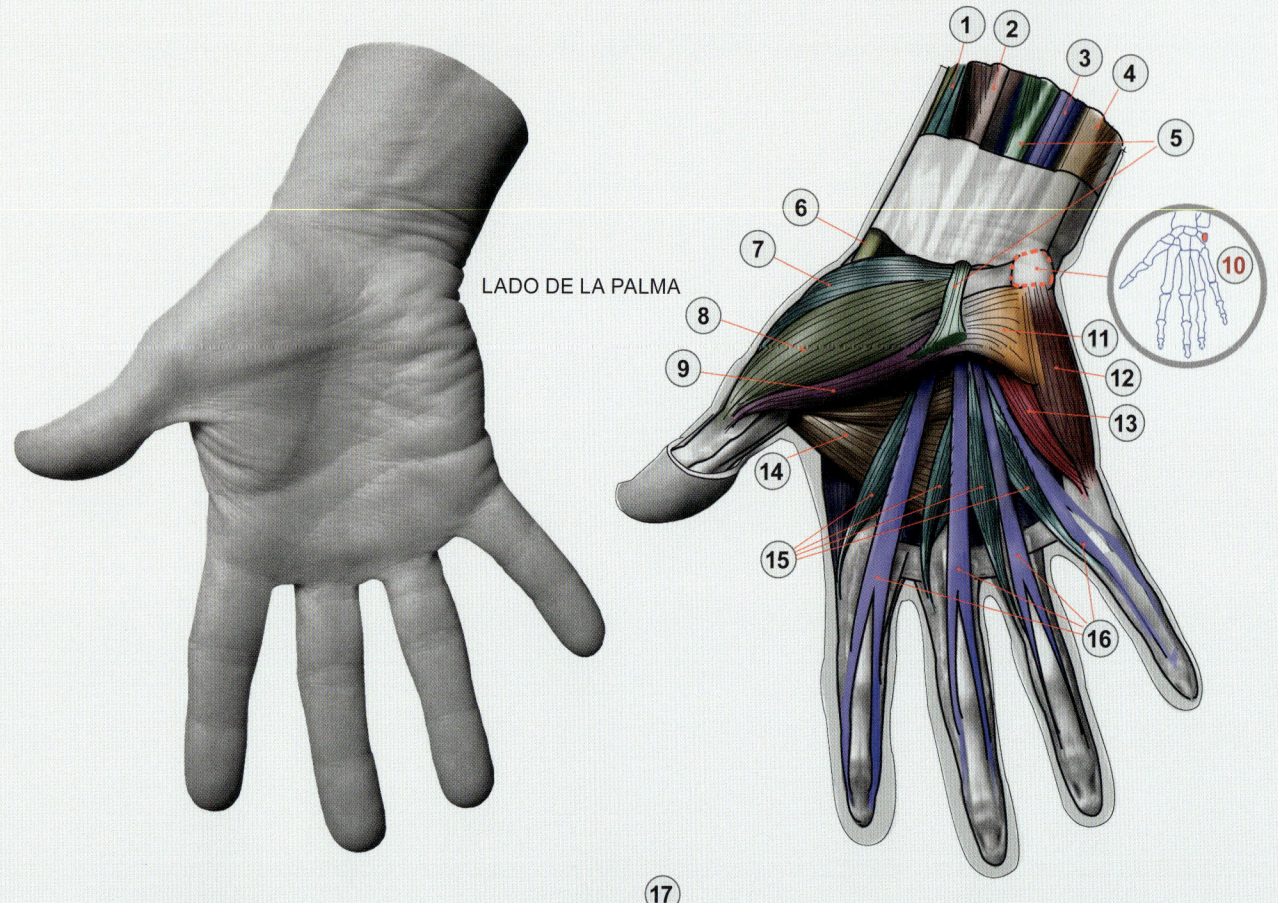

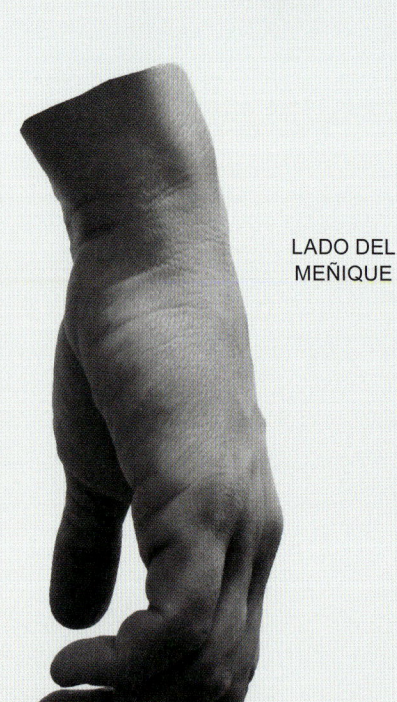

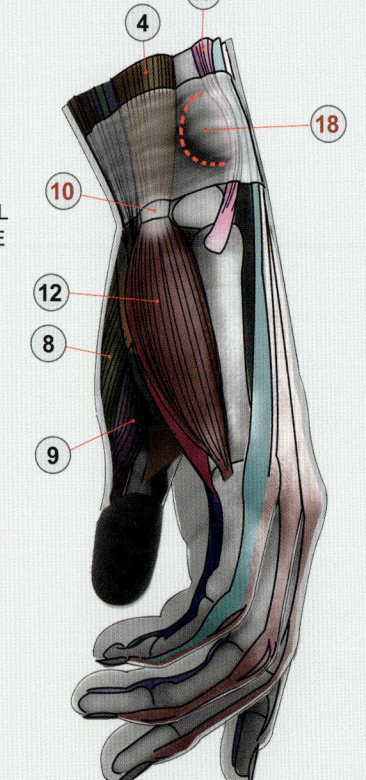

LADO DE LA PALMA

LADO DEL MEÑIQUE

#	
1	BRAQUIORRADIAL
2	FLEXOR RADIAL DEL CARPO
3	f.c.s.d.m*
4	FLEXOR CUBITAL DEL CARPO
5	PALMAR LARGO
6	ABDUCTOR LARGO DEL PULGAR
7	OPONENTE DEL PULGAR
8	ABDUCTOR CORTO DEL PULGAR
9	FLEXOR CORTO DEL PULGAR
10	**HUESO PISIFORME**
11	PALMAR CORTO
12	ABDUCTOR DEL MEÑIQUE
13	FLEXOR CORTO DEL MEÑIQUE
14	ADUCTOR DEL PULGAR
15	LUMBRICALES
16	TENDONES DEL f.c.s.d.m*
17	EXTENSOR CUBITAL DEL CARPO
18	**CABEZA DEL CÚBITO**

flexor común superficial de los dedos de la mano *

MÚSCULOS DE LA MANO Y LA MUÑECA

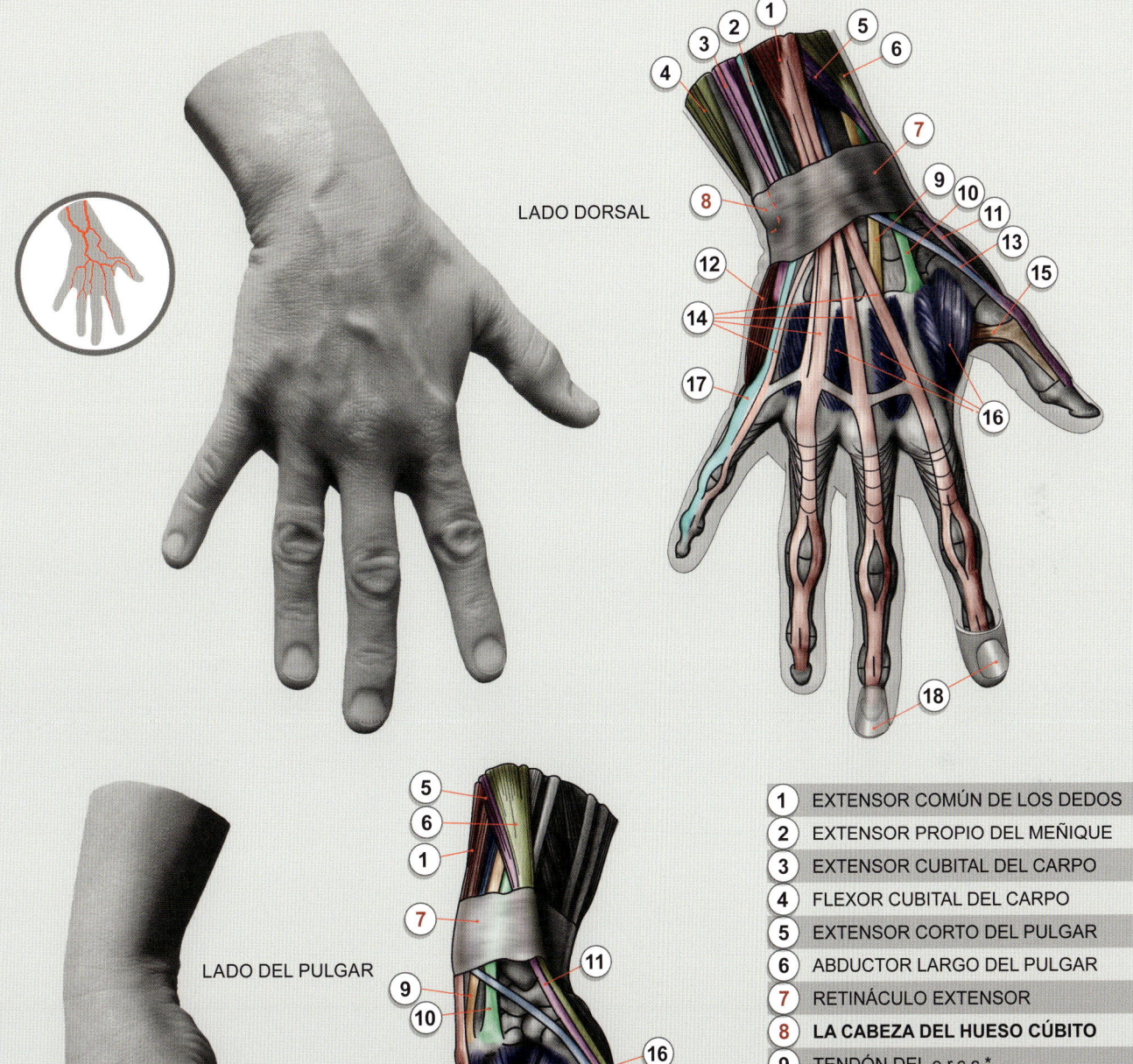

LADO DORSAL

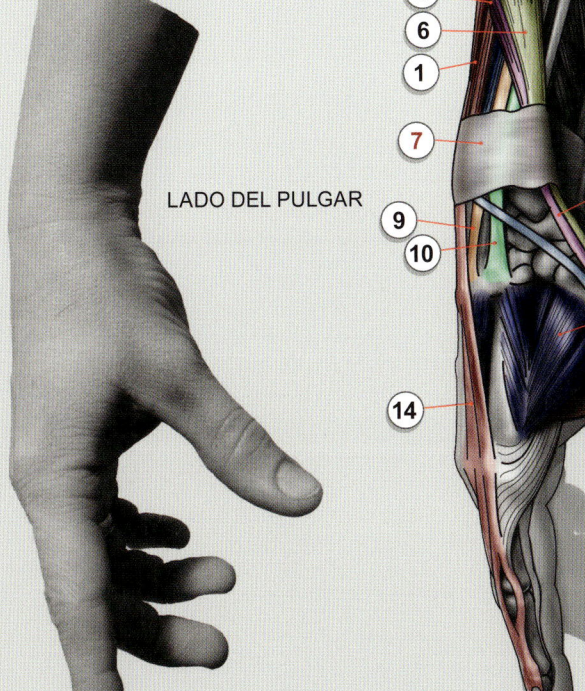

LADO DEL PULGAR

1	EXTENSOR COMÚN DE LOS DEDOS
2	EXTENSOR PROPIO DEL MEÑIQUE
3	EXTENSOR CUBITAL DEL CARPO
4	FLEXOR CUBITAL DEL CARPO
5	EXTENSOR CORTO DEL PULGAR
6	ABDUCTOR LARGO DEL PULGAR
7	RETINÁCULO EXTENSOR
8	**LA CABEZA DEL HUESO CÚBITO**
9	TENDÓN DEL e.r.c.c.*
10	TENDÓN DEL e.r.l.c.**
11	TENDÓN DEL e.c.p.***
12	ABDUCTOR DEL MEÑIQUE
13	TENDÓN DEL e.l.p.****
14	TENDÓN DEL e.c.d.*****
15	ADUCTOR DEL PULGAR
16	MÚSCULOS INTERÓSEOS DORSALES
17	TENDÓN DEL e.p.m.******
18	UÑA

*extensor radial corto del carpo
**extensor radial largo del carpo
***extensor corto del pulgar
****extensor largo del pulgar
*****extensor común de los dedos
******extensor propio del meñique

HUESOS DE LA MANO Y LA MUÑECA

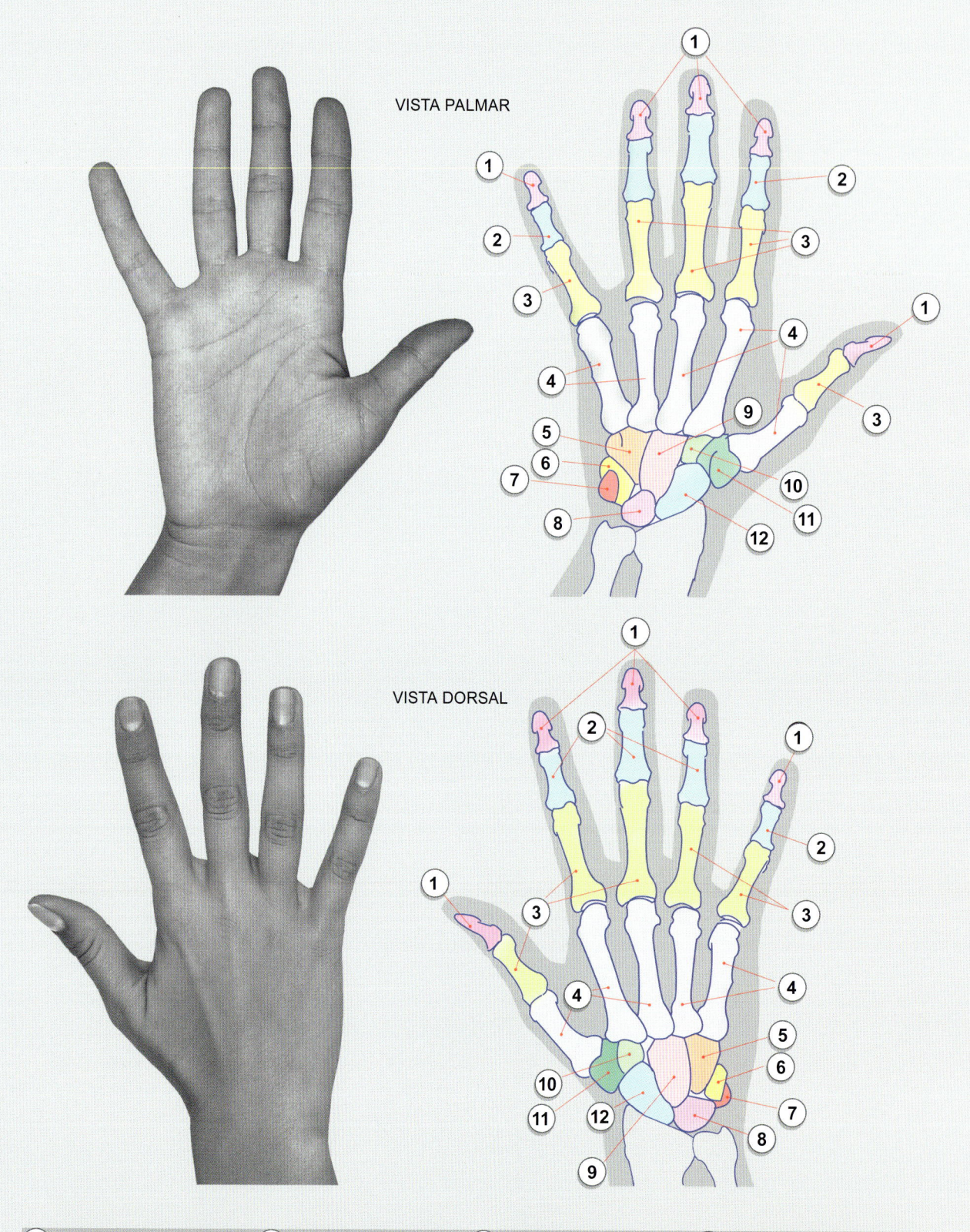

VISTA PALMAR

VISTA DORSAL

1	FALANGES DISTALES	4	METACARPIANOS	7	PISIFORME	10	TRAPEZOIDE
2	FALANGES MEDIAS	5	GANCHOSO	8	SEMILUNAR	11	TRAPECIO
3	FALANGES PROXIMALES	6	PIRAMIDAL	9	GRANDE	12	ESCAFOIDES

MÚSCULOS PRINCIPALES DE LA EXTREMIDAD SUPERIOR

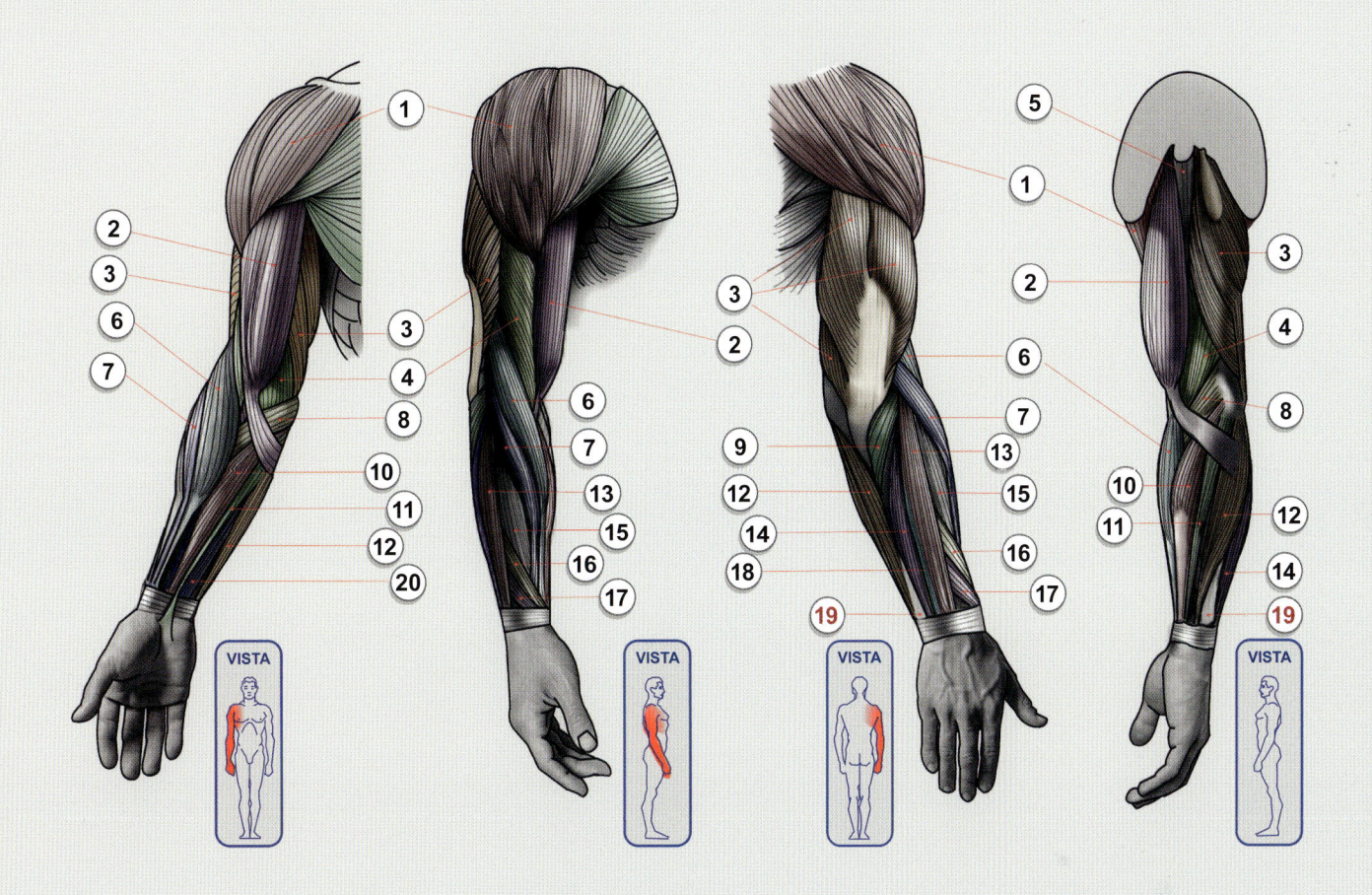

1	MÚSCULO DEL HOMBRO (deltoide)	11	PALMAR LARGO
2	BÍCEPS BRAQUIAL	12	FLEXOR CUBITAL DEL CARPO
3	TRÍCEPS BRAQUIAL	13	EXTENSOR COMÚN DE LOS DEDOS
4	BRAQUIAL	14	EXTENSOR CUBITAL DEL CARPO
5	CORACOBRAQUIAL	15	EXTENSOR RADIAL CORTO DEL CARPO
6	BRAQUIORRADIAL	16	ABDUCTOR LARGO DEL PULGAR
7	EXTENSOR RADIAL LARGO DEL CARPO	17	EXTENSOR CORTO DEL PULGAR
8	PRONADOR REDONDO	18	EXTENSOR PROPIO DEL MEÑIQUE
9	ANCÓNEO	19	**CABEZA DISTAL DEL CÚBITO**
10	FLEXOR RADIAL DEL CARPO	20	FLEXOR COMÚN SUPERFICIAL DE LOS DEDOS

SUPINACCIÓN Y PRONACCIÓN

EN LA POSTURA DEL BRAZO LLAMADA SUPINACIÓN, EL RADIO Y EL CÚBITO ESTÁN PARALELOS, LA PALMA DE LA MANO APUNTA HACIA ADELANTE O HACIA ARRIBA, Y EL PULGAR APUNTA EN DIRECCIÓN OPUESTA AL CUERPO. EN LA POSTURA LLAMADA PRONACIÓN, EL RADIO Y EL CÚBITO ESTÁN CRUZADOS, LA PALMA APUNTA HACIA ATRÁS O HACIA ABAJO, Y EL PULGAR HACIA EL CUERPO.

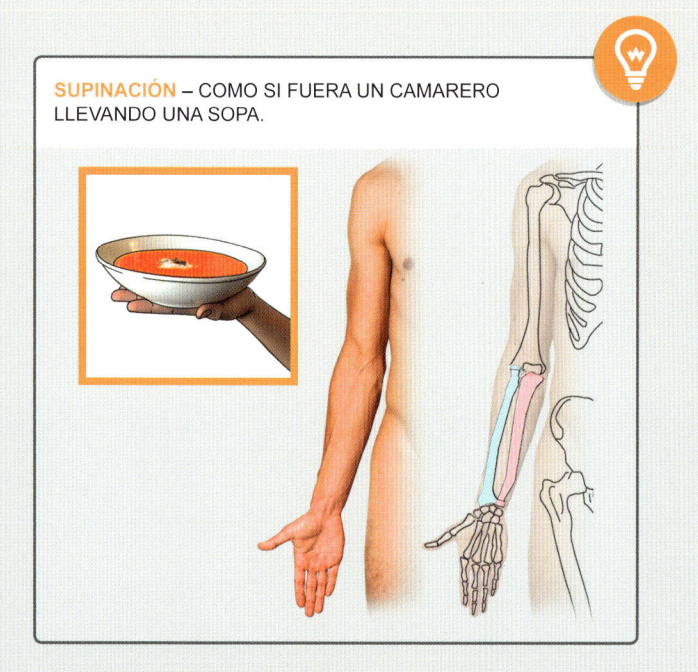

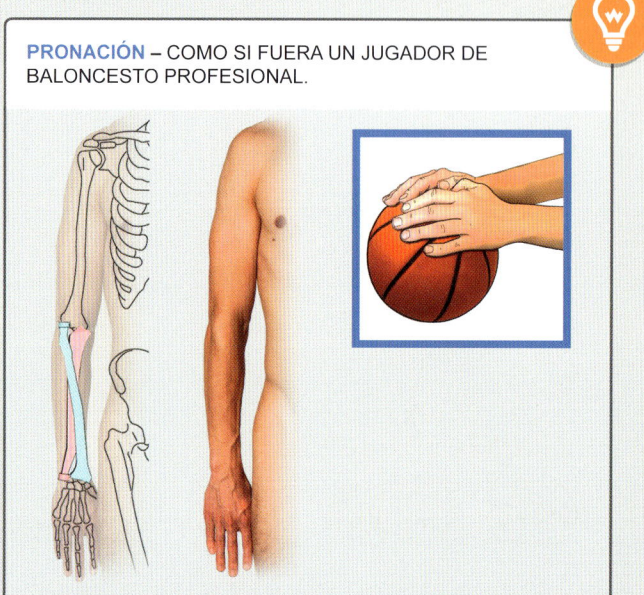

SUPINACIÓN – COMO SI FUERA UN CAMARERO LLEVANDO UNA SOPA.

PRONACIÓN – COMO SI FUERA UN JUGADOR DE BALONCESTO PROFESIONAL.

¡TENGA EN CUENTA QUE LA PRONACIÓN DEL ANTEBRAZO ES EN SU MAYOR PARTE INDEPENDIENTE A LA ROTACIÓN DE LA PARTE SUPERIOR DEL BRAZO DESDE LA ARTICULACIÓN DEL HOMBRO!

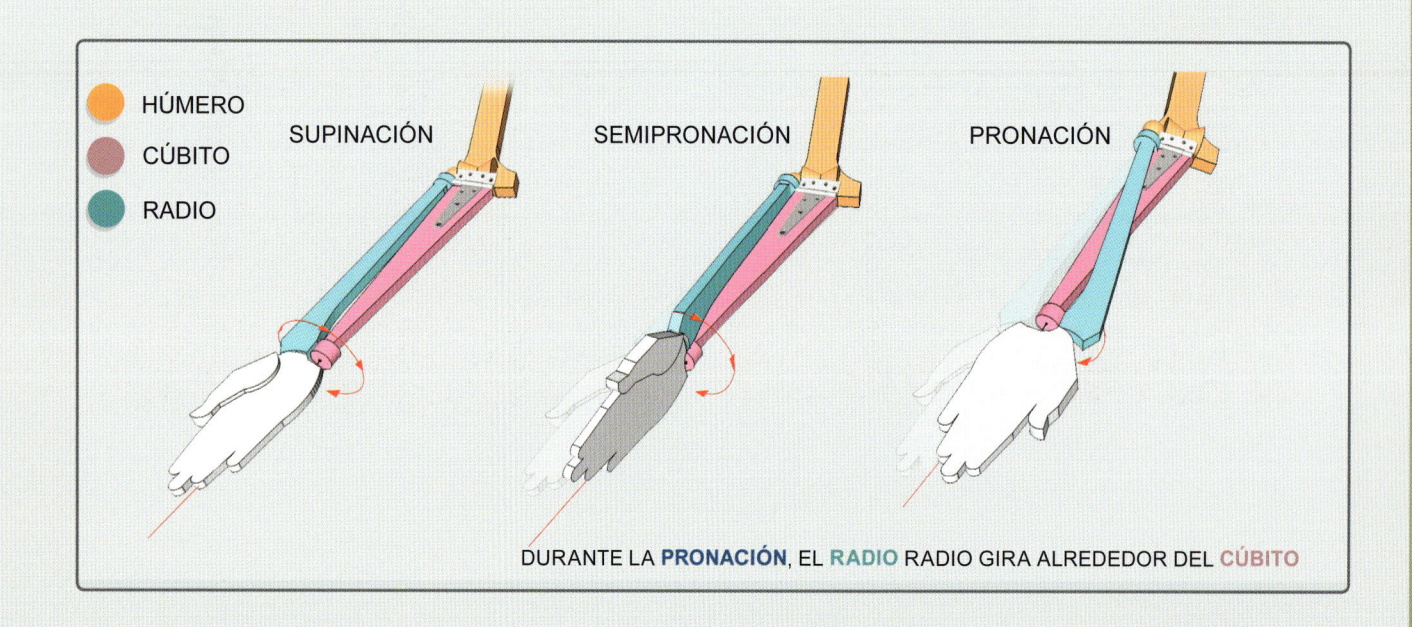

- HÚMERO
- CÚBITO
- RADIO

SUPINACIÓN   SEMIPRONACIÓN   PRONACIÓN

DURANTE LA PRONACIÓN, EL RADIO RADIO GIRA ALREDEDOR DEL CÚBITO

PRONACIÓN Y CAMBIO DE VOLÚMENES

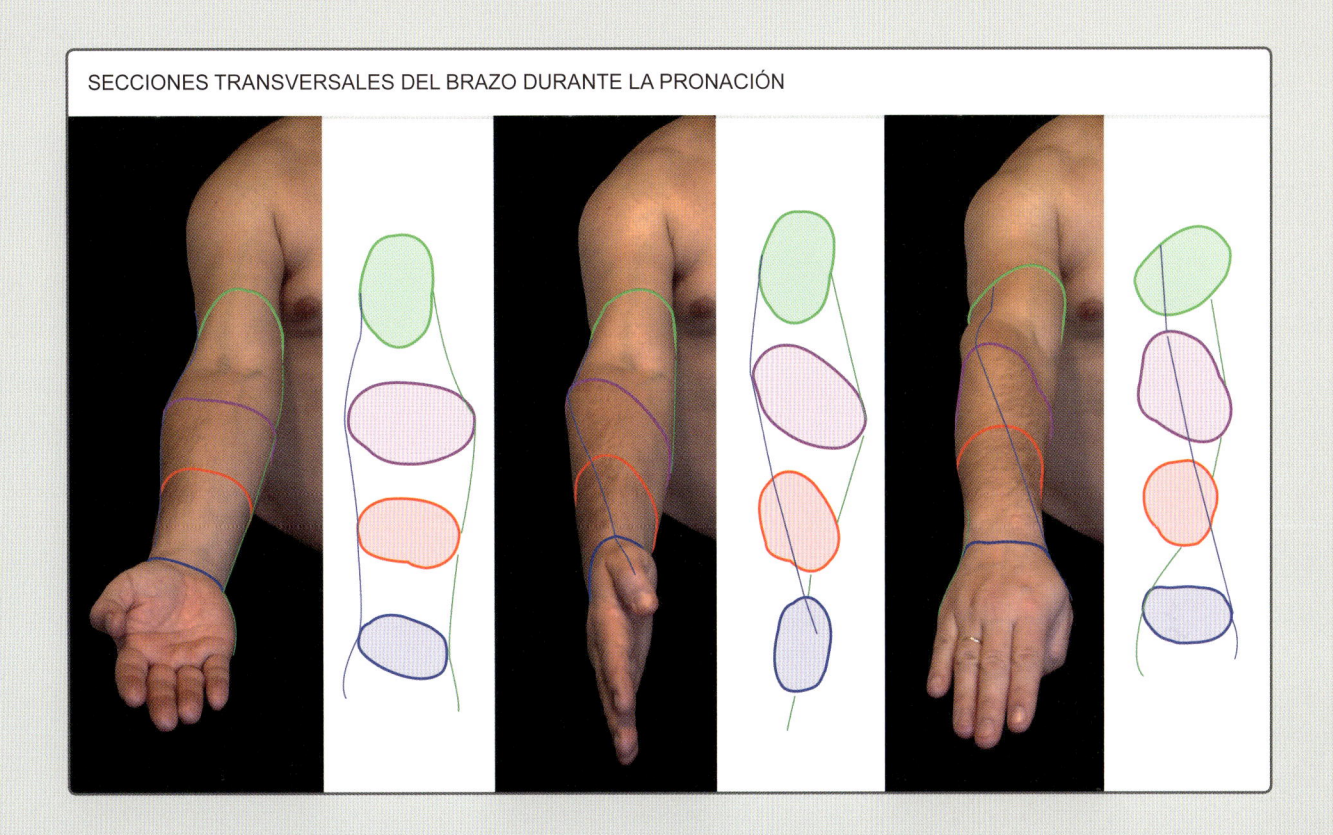

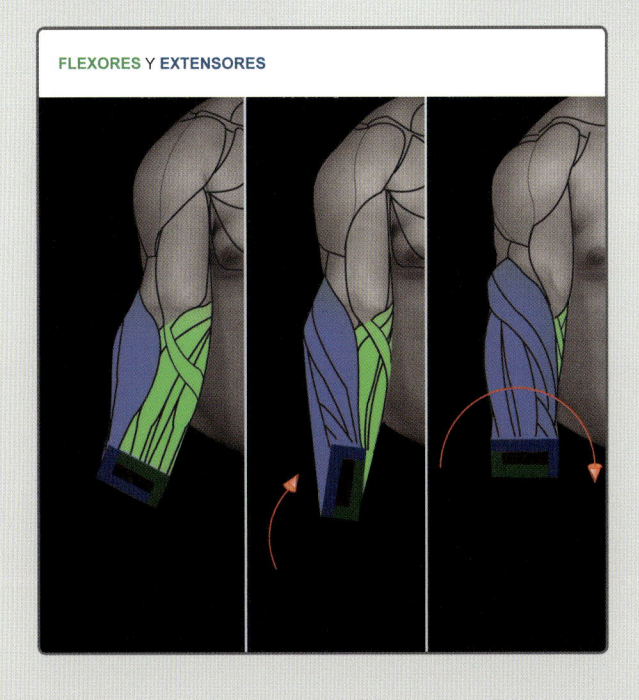

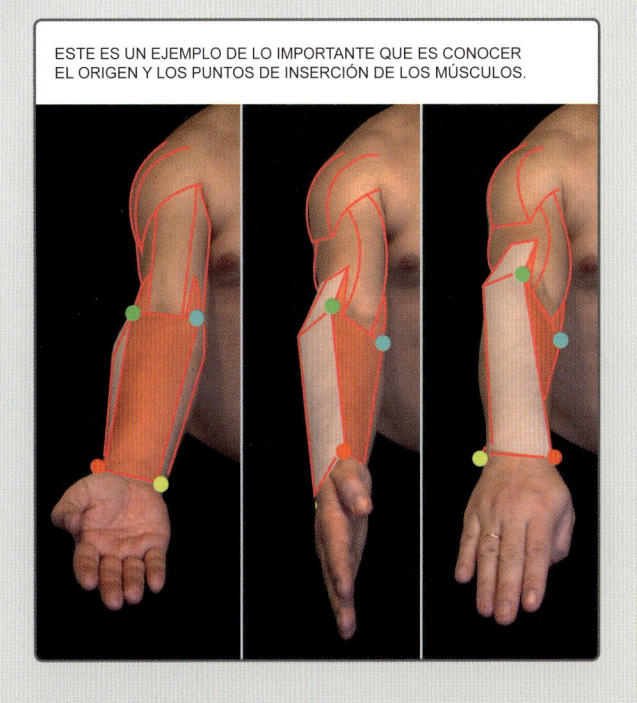

SECCIONES TRANSVERSALES DEL BRAZO DURANTE LA PRONACIÓN

FLEXORES Y EXTENSORES

ESTE ES UN EJEMPLO DE LO IMPORTANTE QUE ES CONOCER EL ORIGEN Y LOS PUNTOS DE INSERCIÓN DE LOS MÚSCULOS.

EXTREMIDAD SUPERIOR SUPINADA
(CUANDO EL ANTEBRAZO O LA PALMA APUNTAN HACIA LA PARTE DELANTERA)

DERECHA

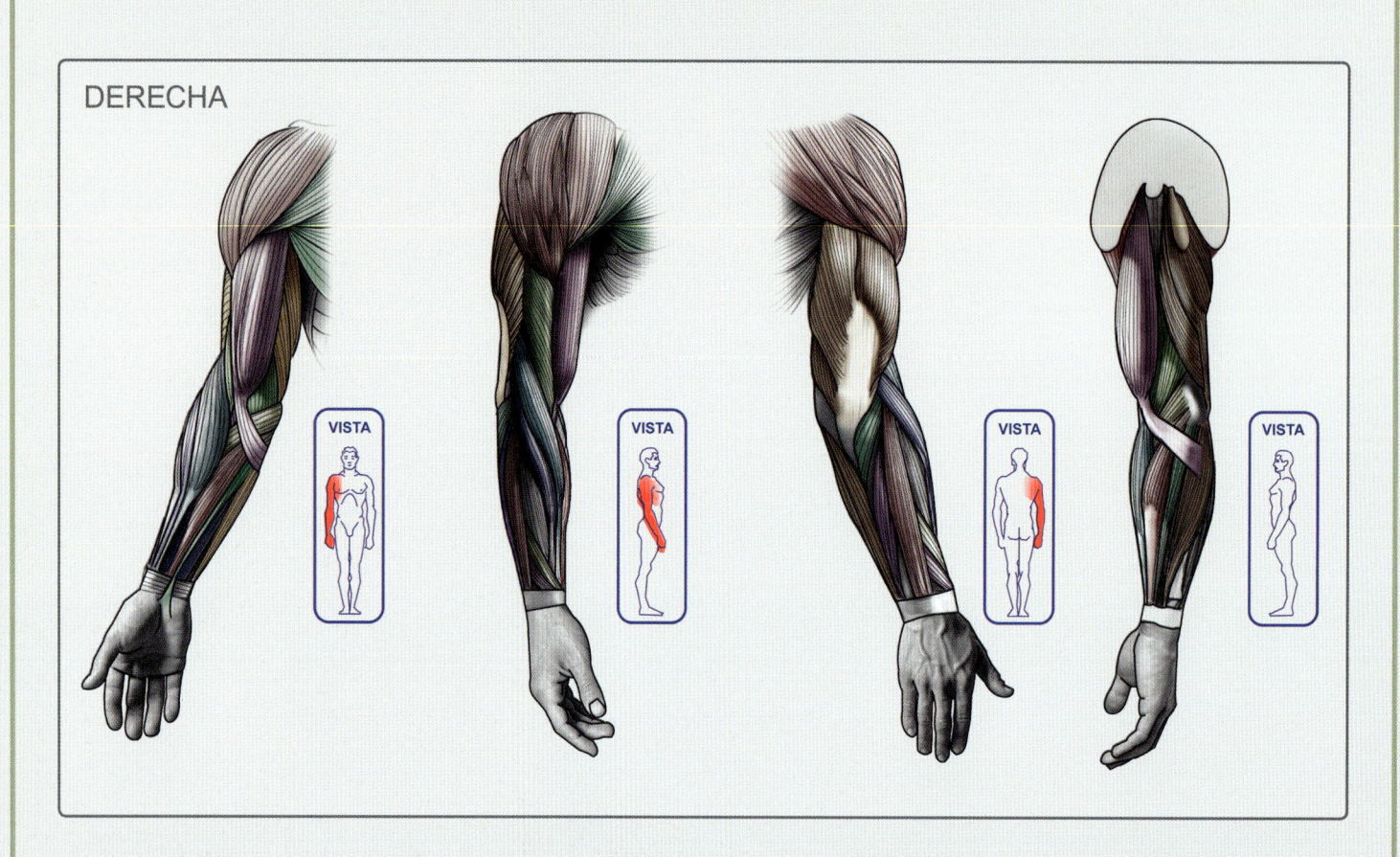

IZQUIERDA

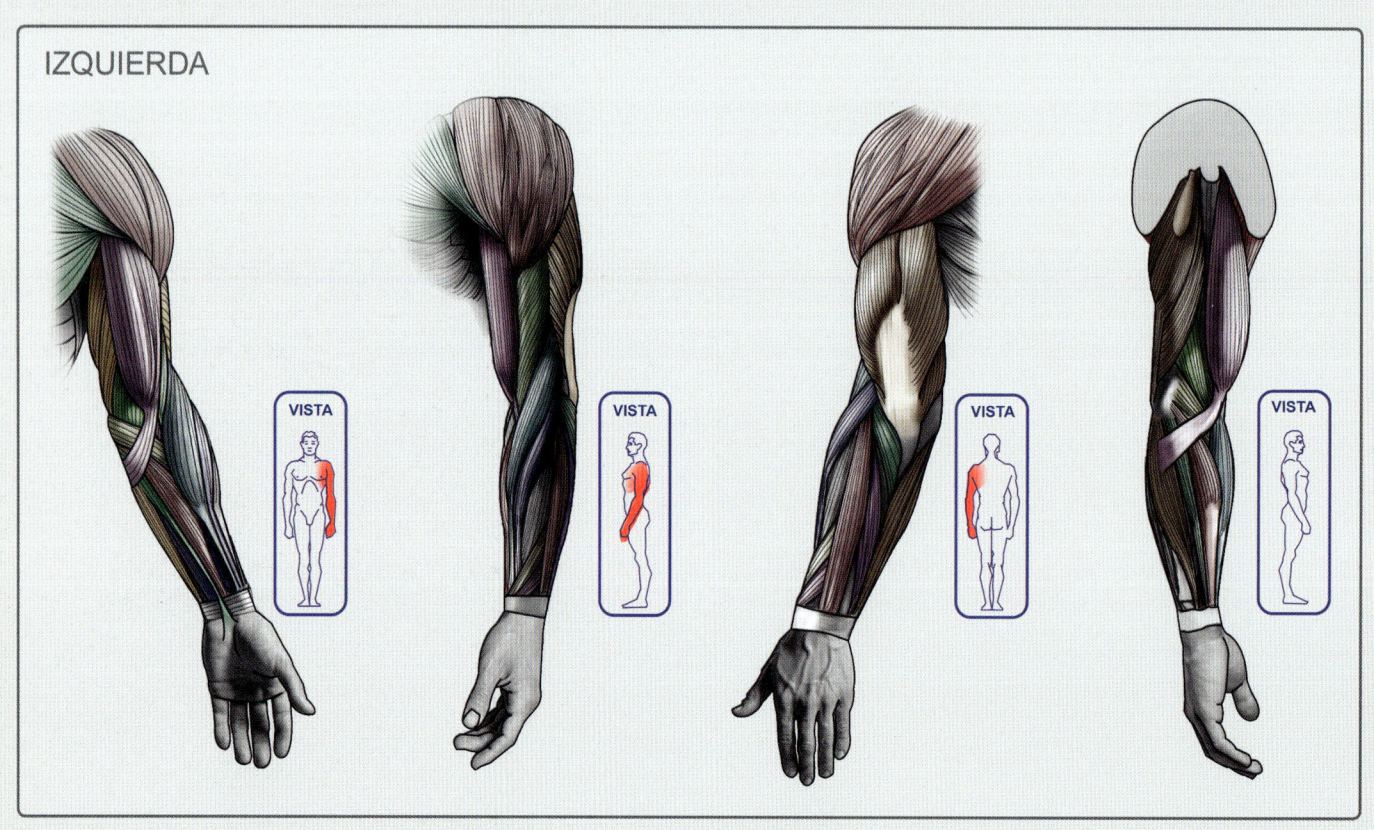

ANATOMÍA PARA ESCULTORES

EXTREMIDAD SUPERIOR SEMIPRONADA
(MANOS/BRAZOS A LOS LADOS, PALMAS HACIA EL CUERPO)

DERECHA

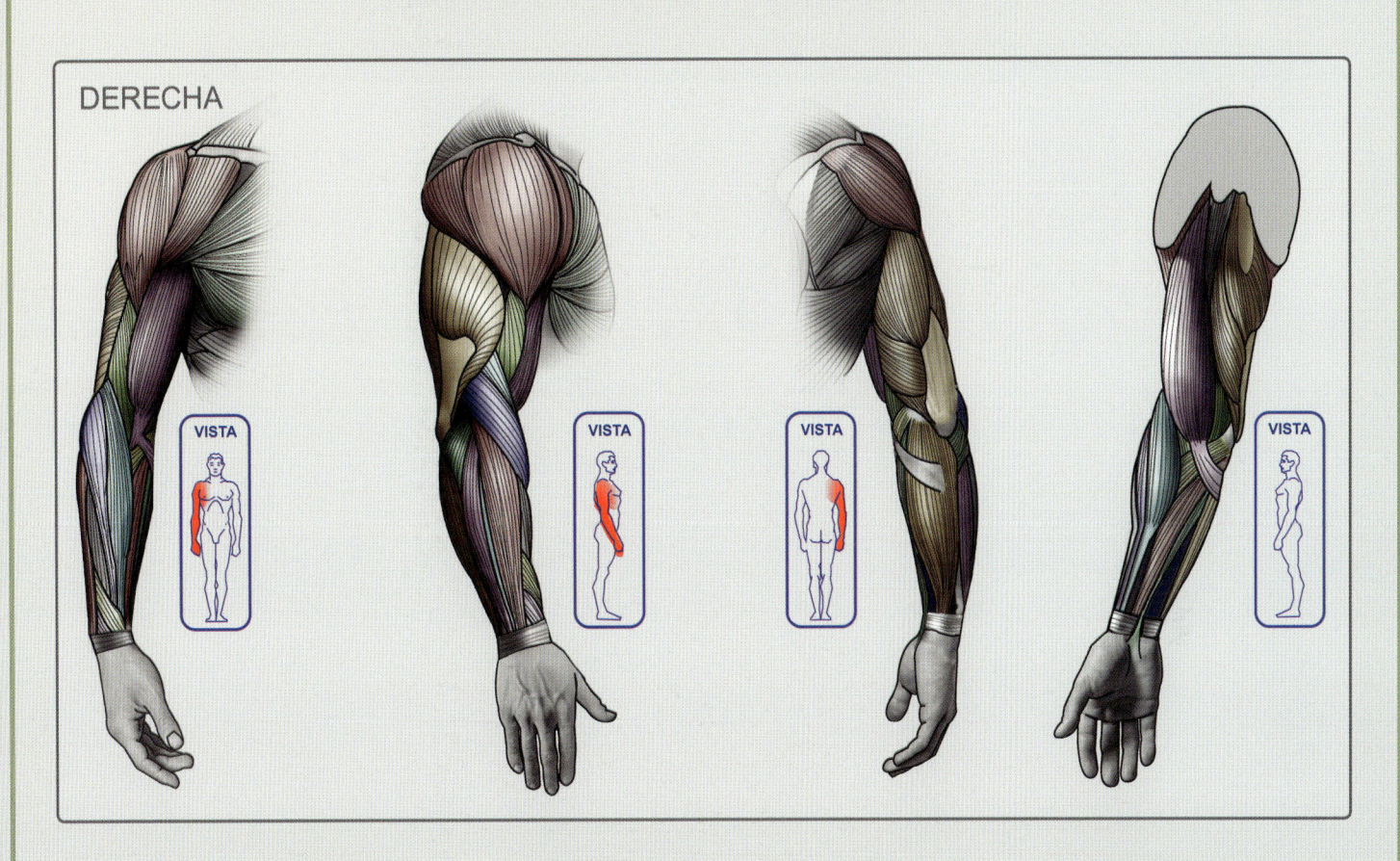

IZQUIERDA

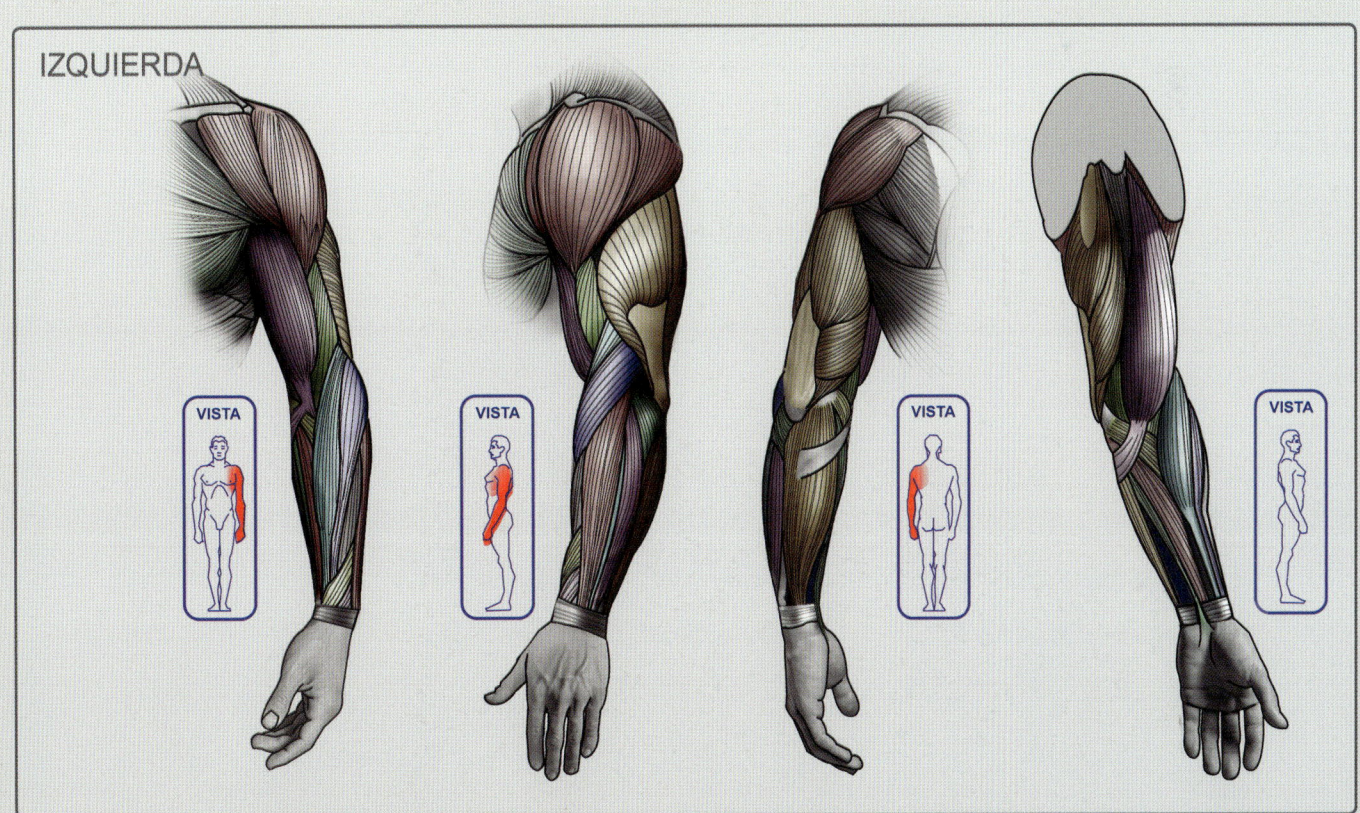

EXTREMIDAD SUPERIOR PRONADA
(CUANDO EL ANTEBRAZO O LA PALMA APUNTAN HACIA ATRÁS)

DERECHA

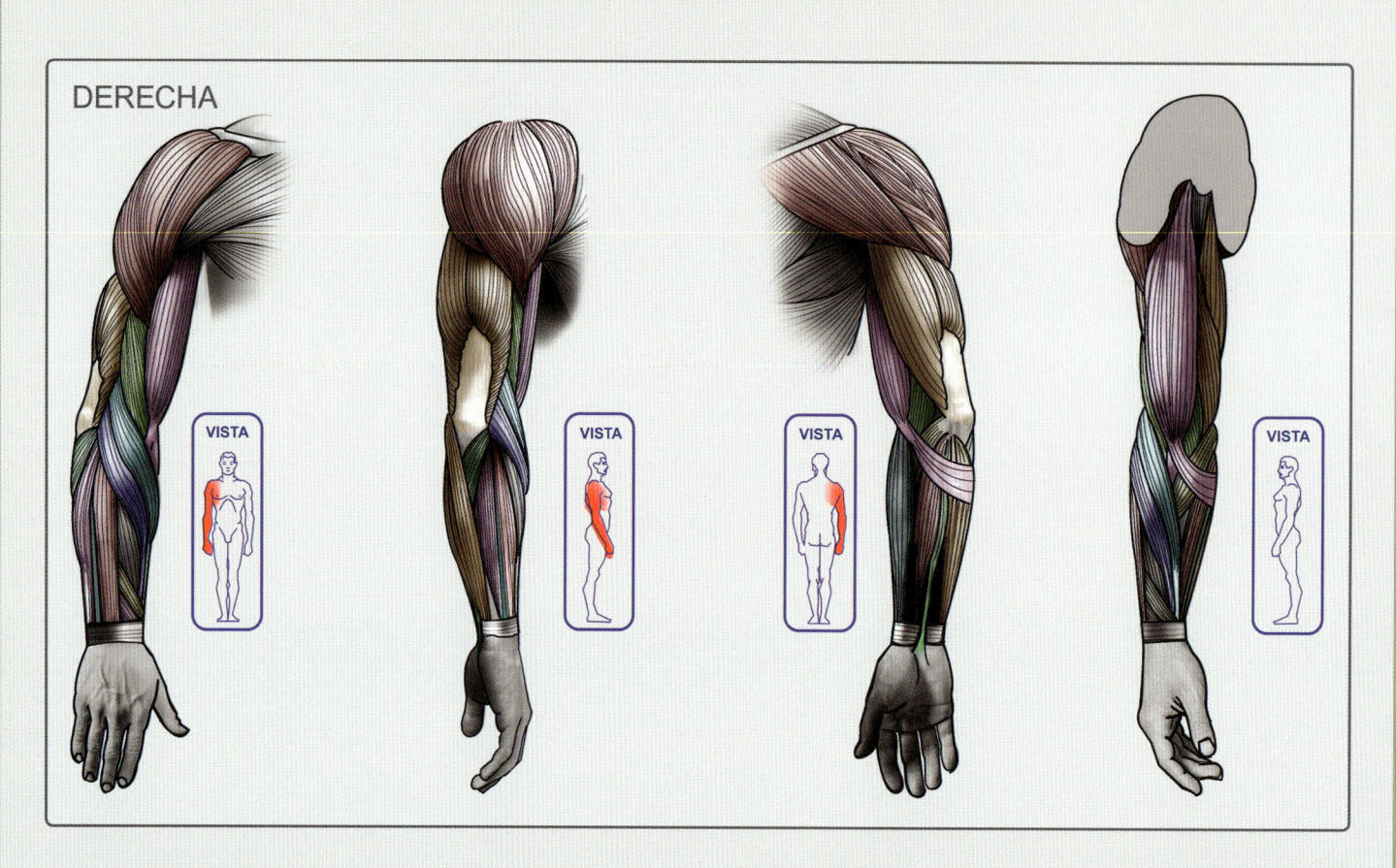

IZQUIERDA

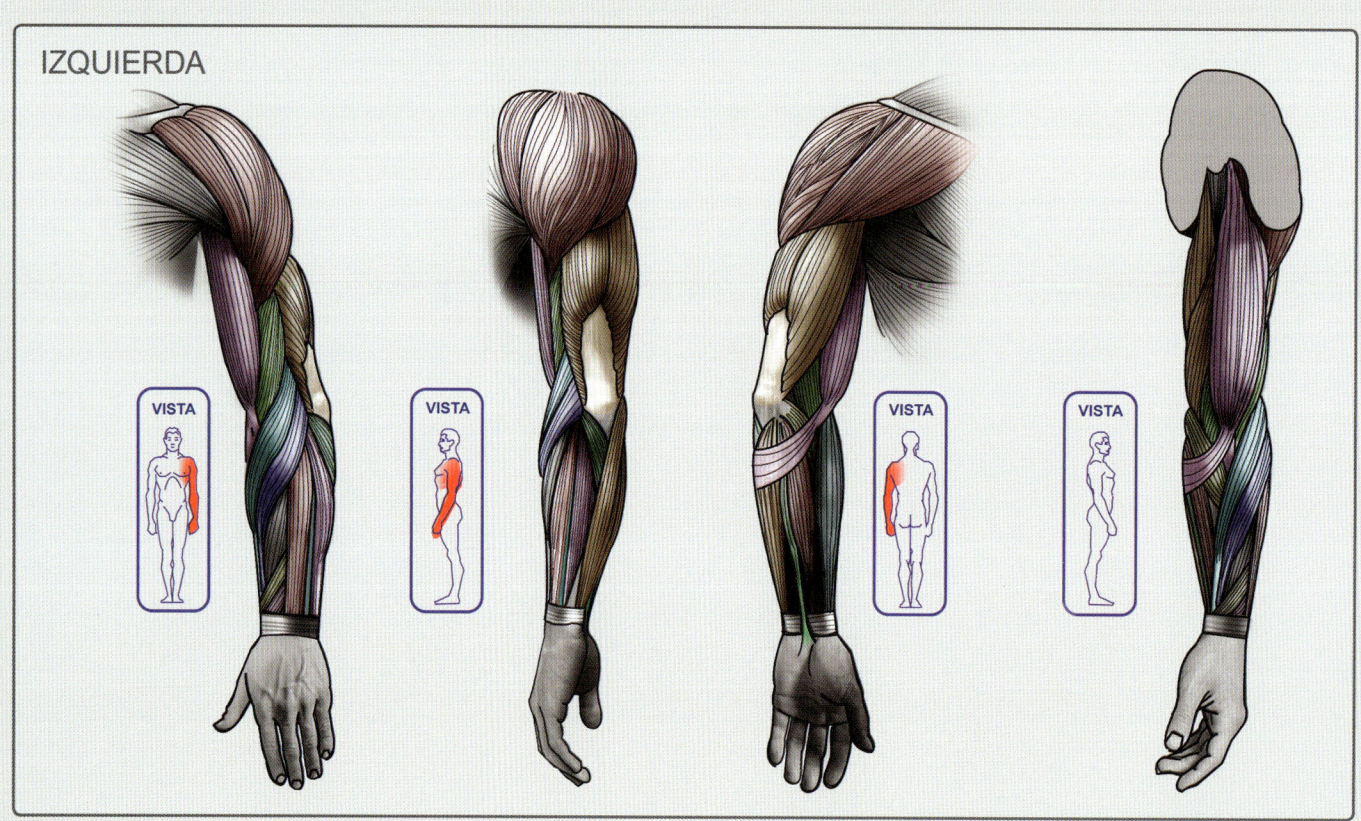

PRONACIÓN FORZADA DE LA EXTREMIDAD SUPERIOR
(CUANDO EL ANTEBRAZO O LA PALMA APUNTAN EN DIRECCIÓN OPUESTA AL TRONCO)

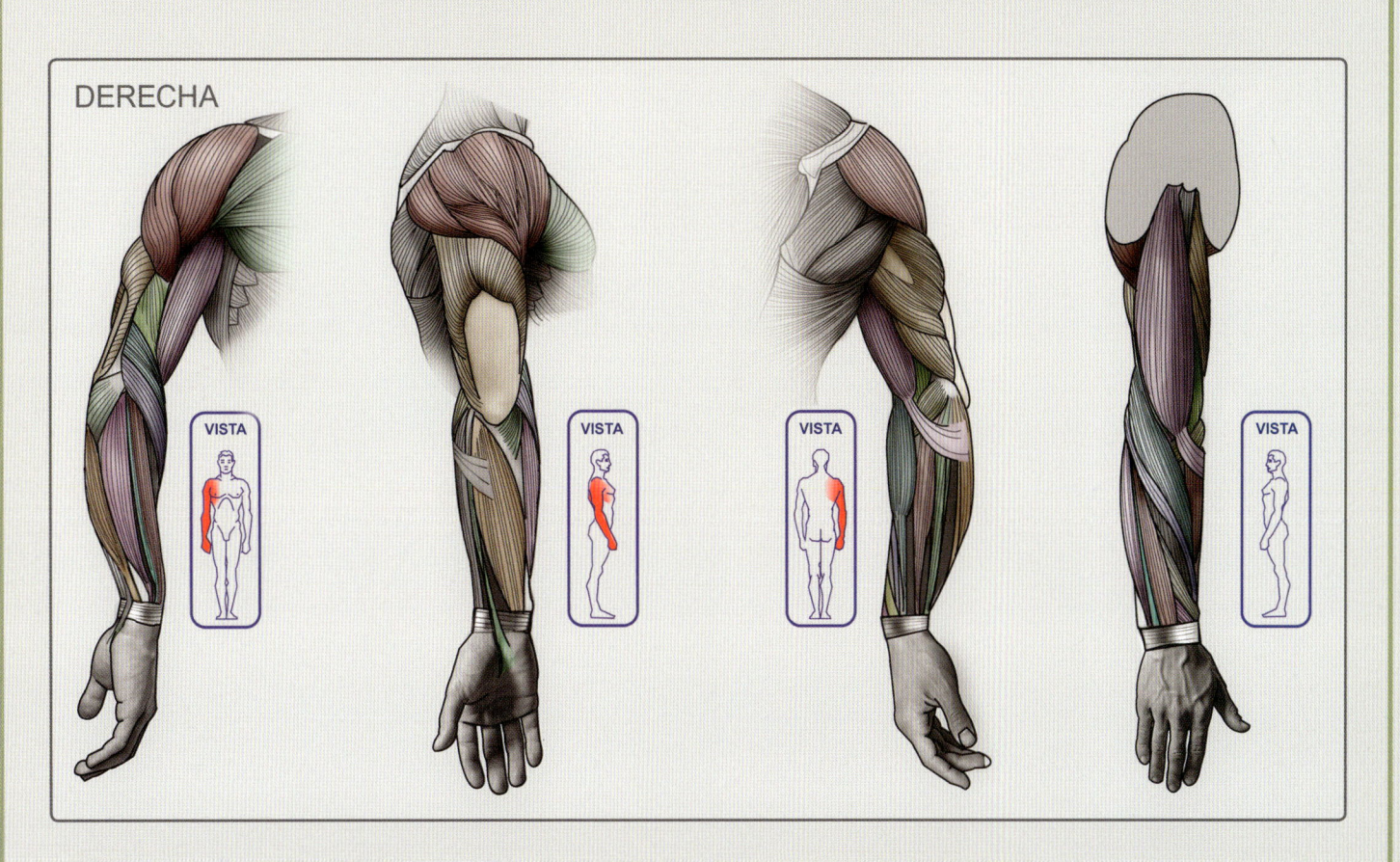

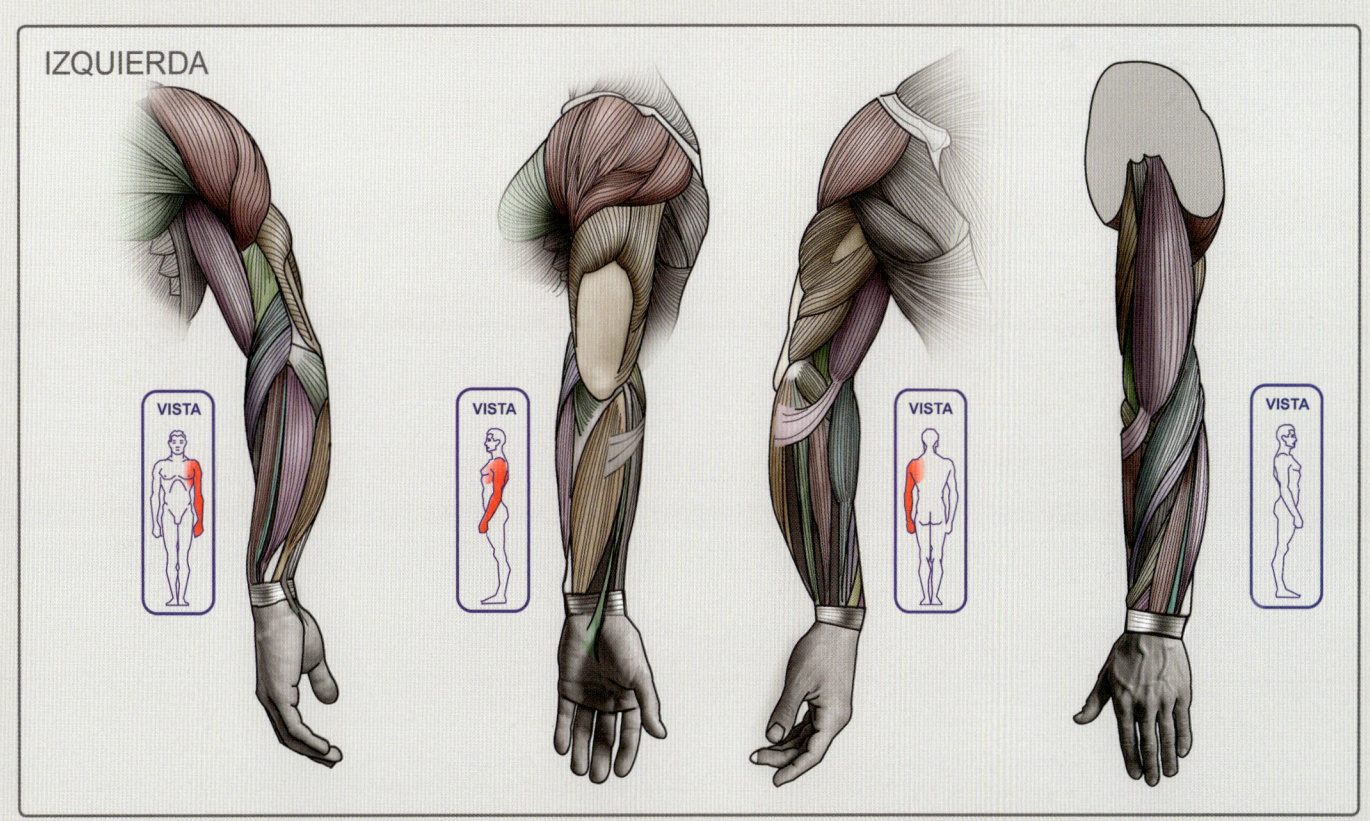

DERECHA

IZQUIERDA

ANATOMÍA PARA ESCULTORES

BRAZO PARCIALMENTE FLEXIONADO
(COMO SI ESTUVIERA SUJETANDO UN OBJETO)

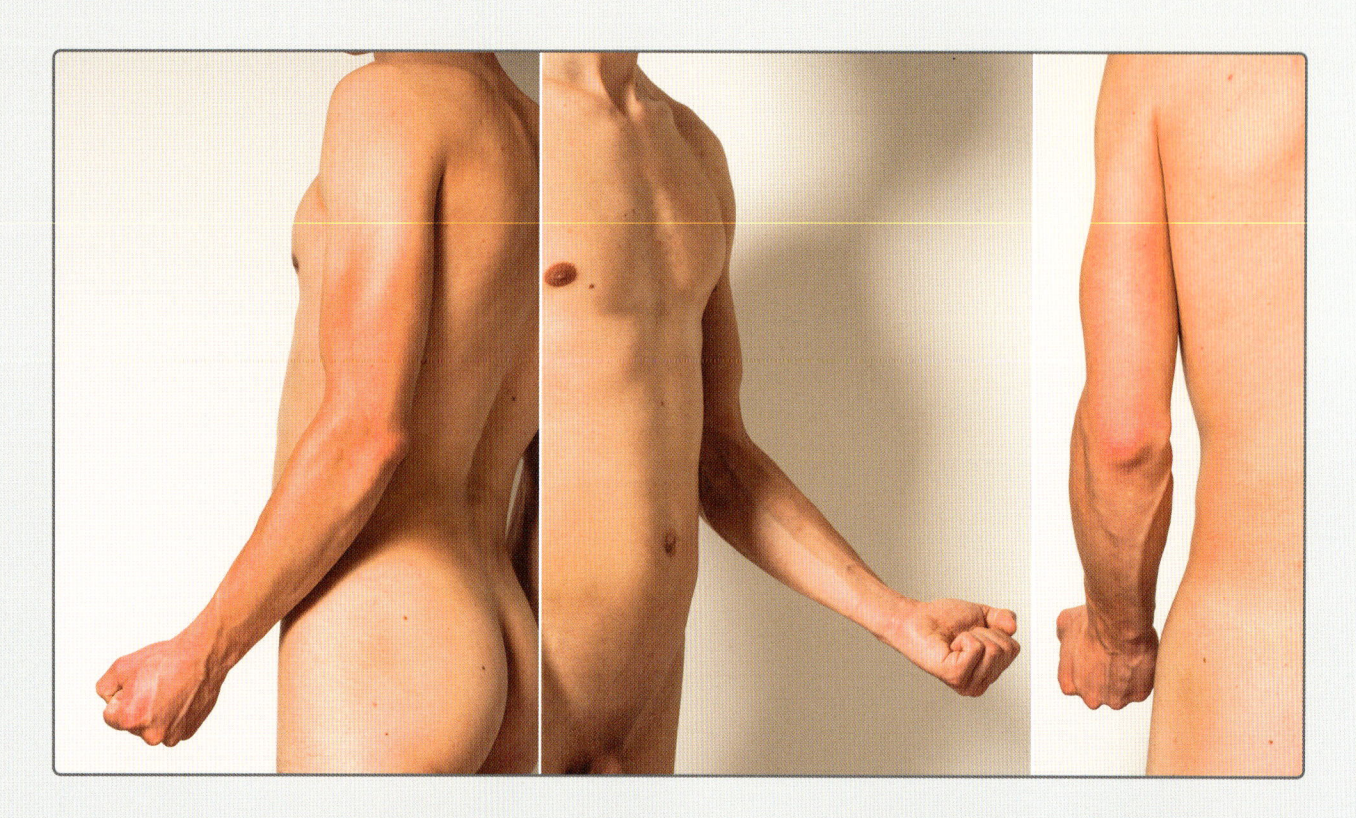

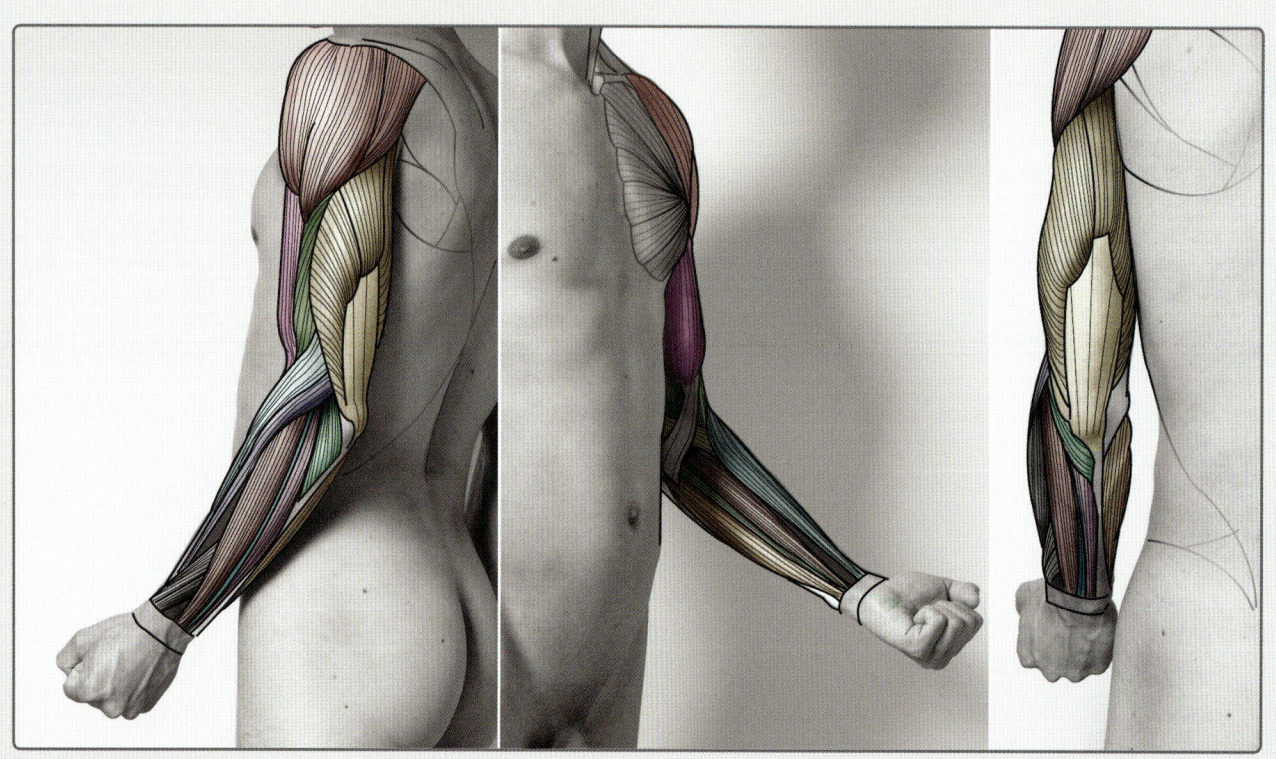

BÍCEPS Y TRÍCEPS EN ACCIÓN

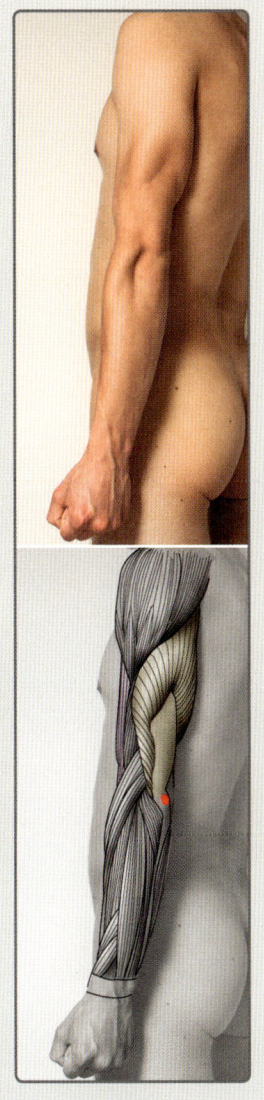

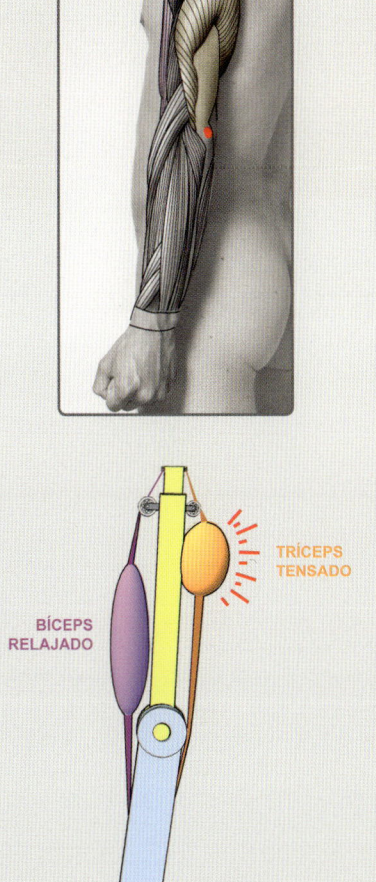

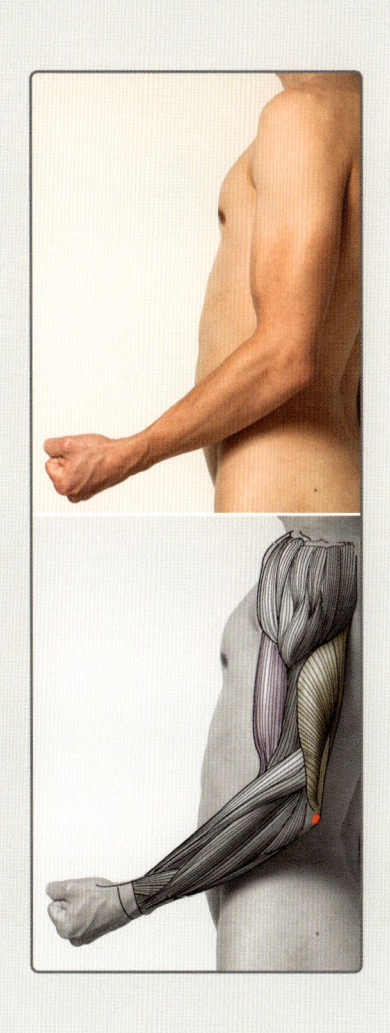

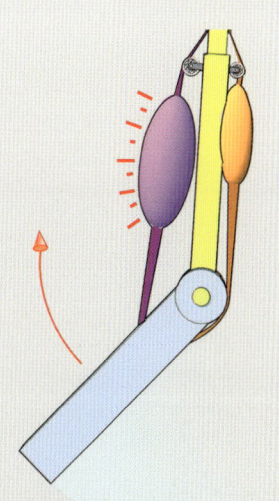

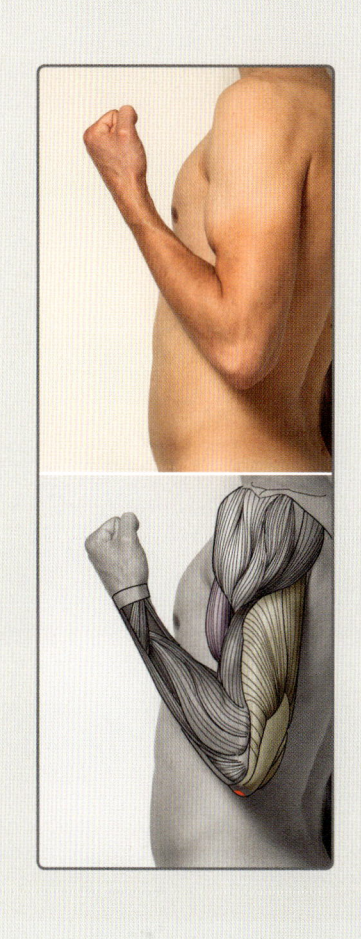

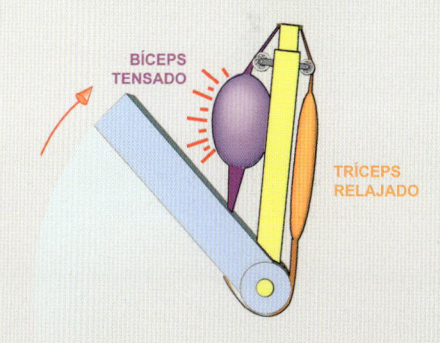

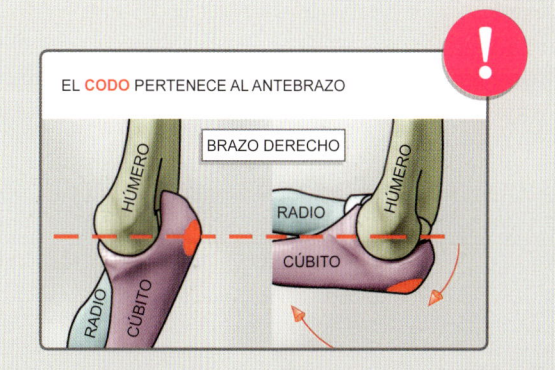

BÍCEPS RELAJADO

TRÍCEPS TENSADO

BÍCEPS TENSADO

TRÍCEPS RELAJADO

> EL **CODO** PERTENECE AL ANTEBRAZO
>
> BRAZO DERECHO
>
> HÚMERO — RADIO — CÚBITO

155

MÚSCULO BÍCEPS BRAQUIAL

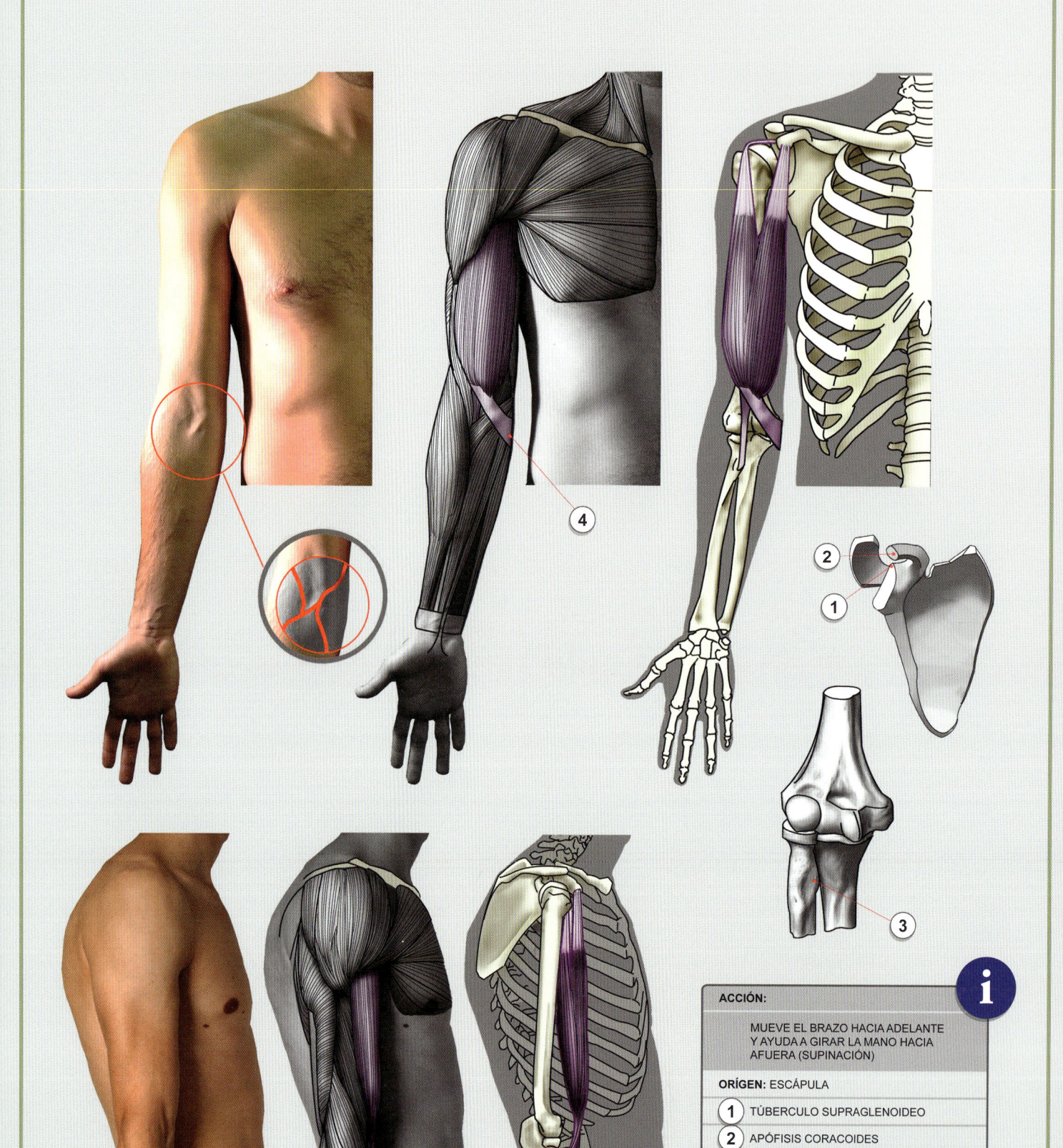

ACCIÓN:	
	MUEVE EL BRAZO HACIA ADELANTE Y AYUDA A GIRAR LA MANO HACIA AFUERA (SUPINACIÓN)
ORÍGEN: ESCÁPULA	
1	TÚBERCULO SUPRAGLENOIDEO
2	APÓFISIS CORACOIDES
INSERCIÓN:	
3	TUBEROSIDAD RADIAL
4	Y APONEUROSIS BICIPTAL EN LA FASCIA PROFUNDA, EN LA PARTE MEDIA DEL ANTEBRAZO

MÚSCULO BÍCEPS

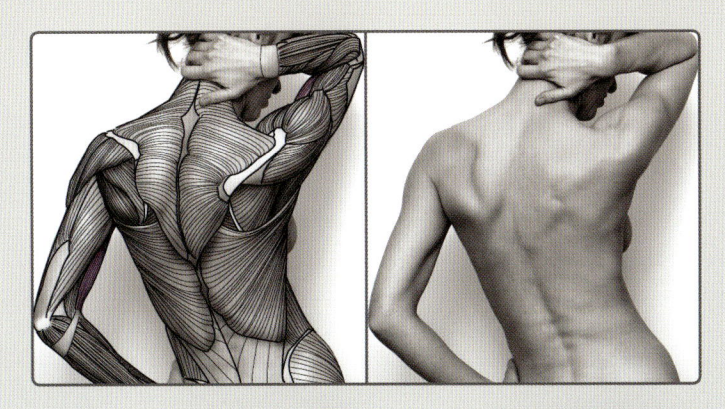

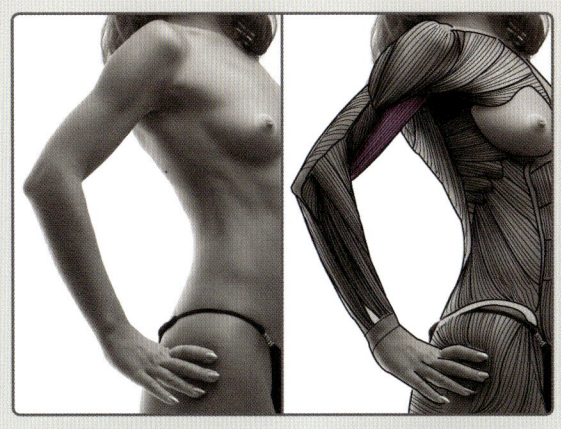

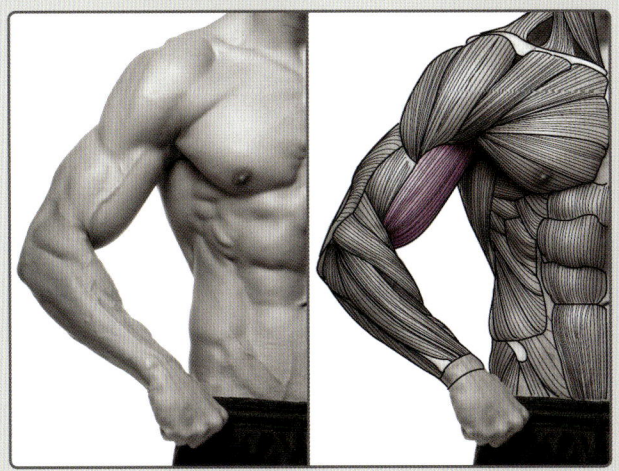

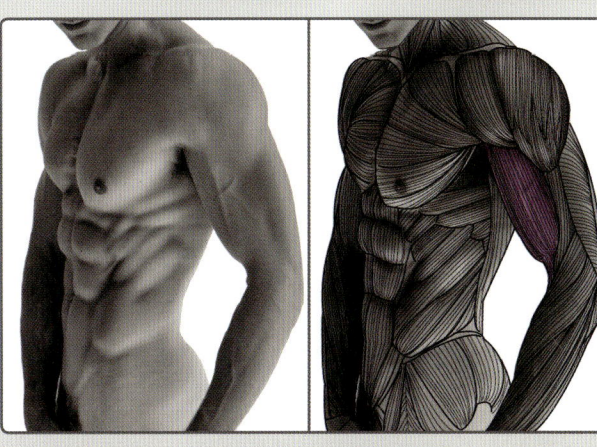

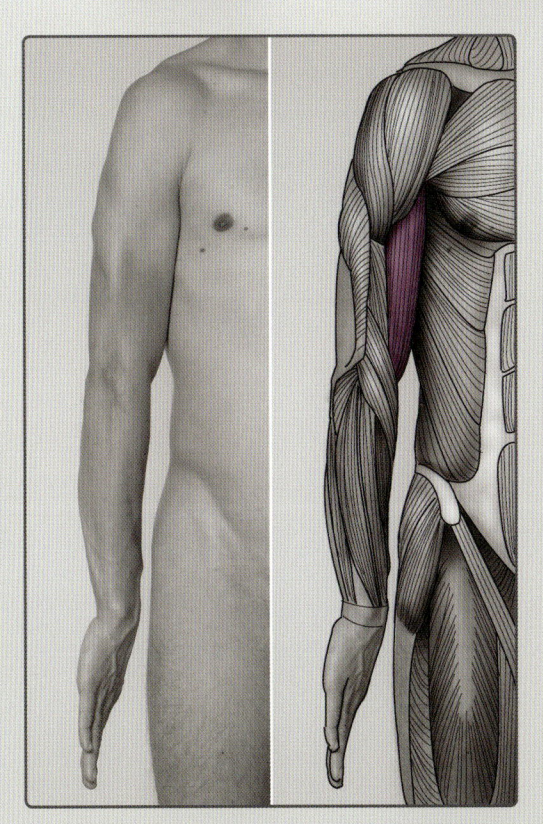

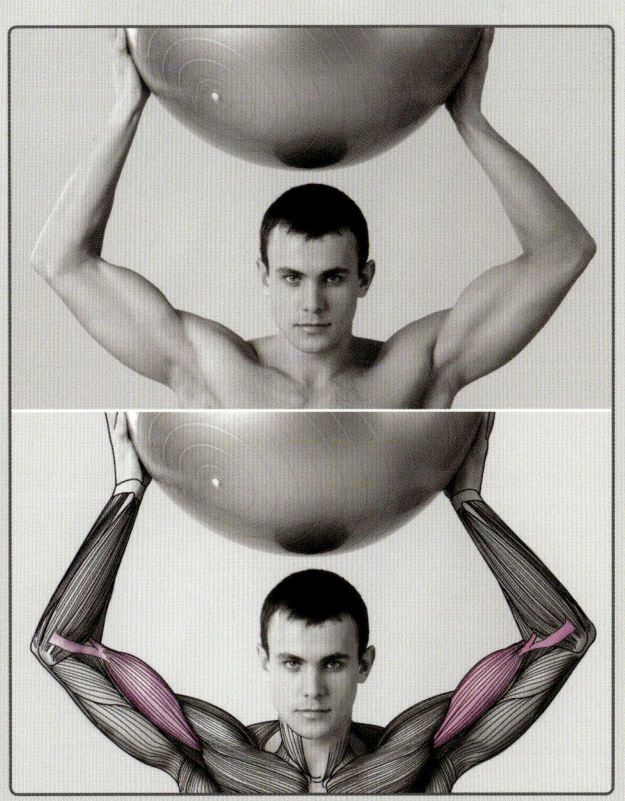

ANATOMÍA PARA ESCULTORES

MÚSCULO TRÍCEPS BRAQUIAL

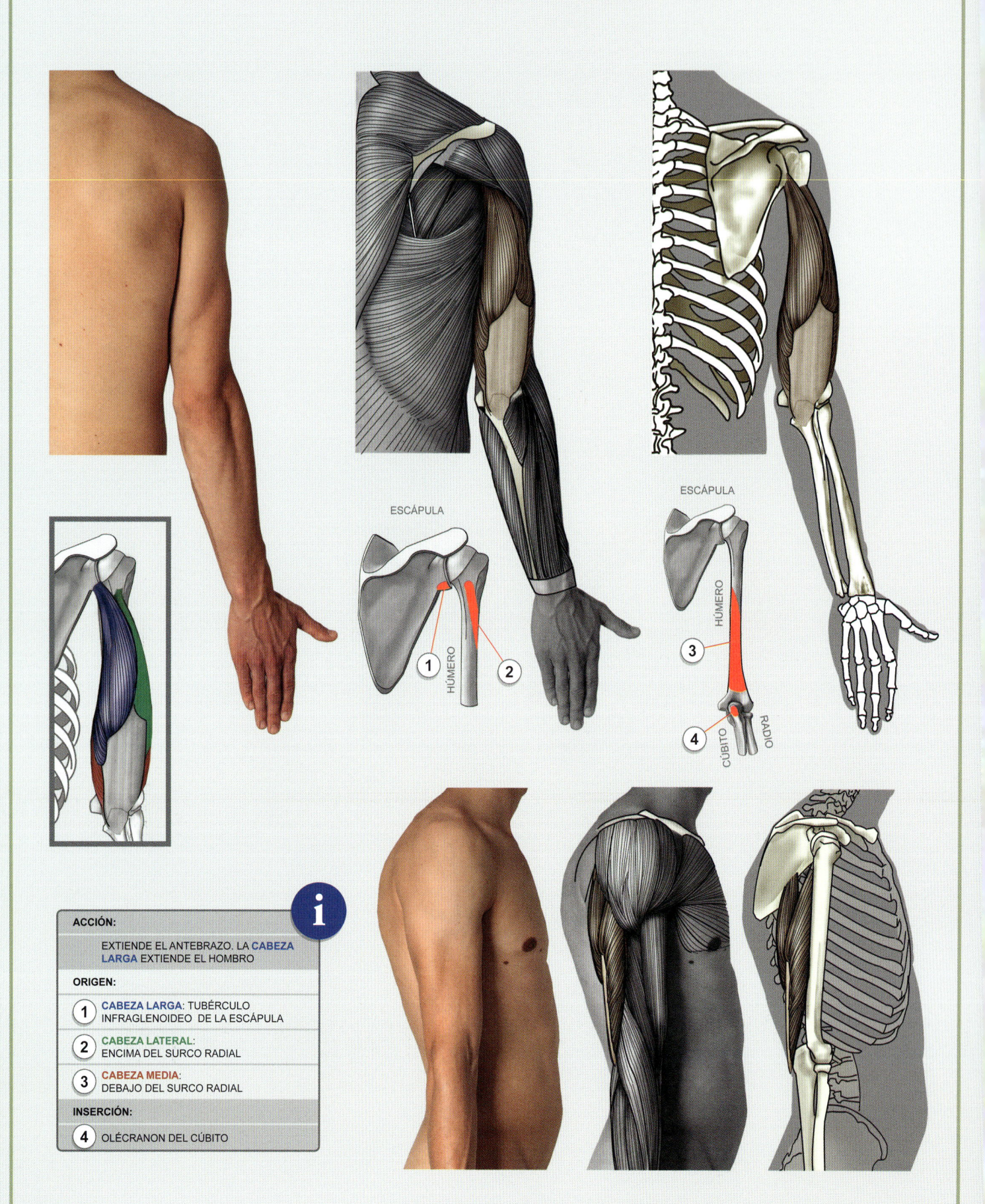

ACCIÓN:
EXTIENDE EL ANTEBRAZO. LA **CABEZA LARGA** EXTIENDE EL HOMBRO

ORIGEN:
1. **CABEZA LARGA**: TUBÉRCULO INFRAGLENOIDEO DE LA ESCÁPULA
2. **CABEZA LATERAL**: ENCIMA DEL SURCO RADIAL
3. **CABEZA MEDIA**: DEBAJO DEL SURCO RADIAL

INSERCIÓN:
4. OLÉCRANON DEL CÚBITO

MÚSCULO TRÍCEPS

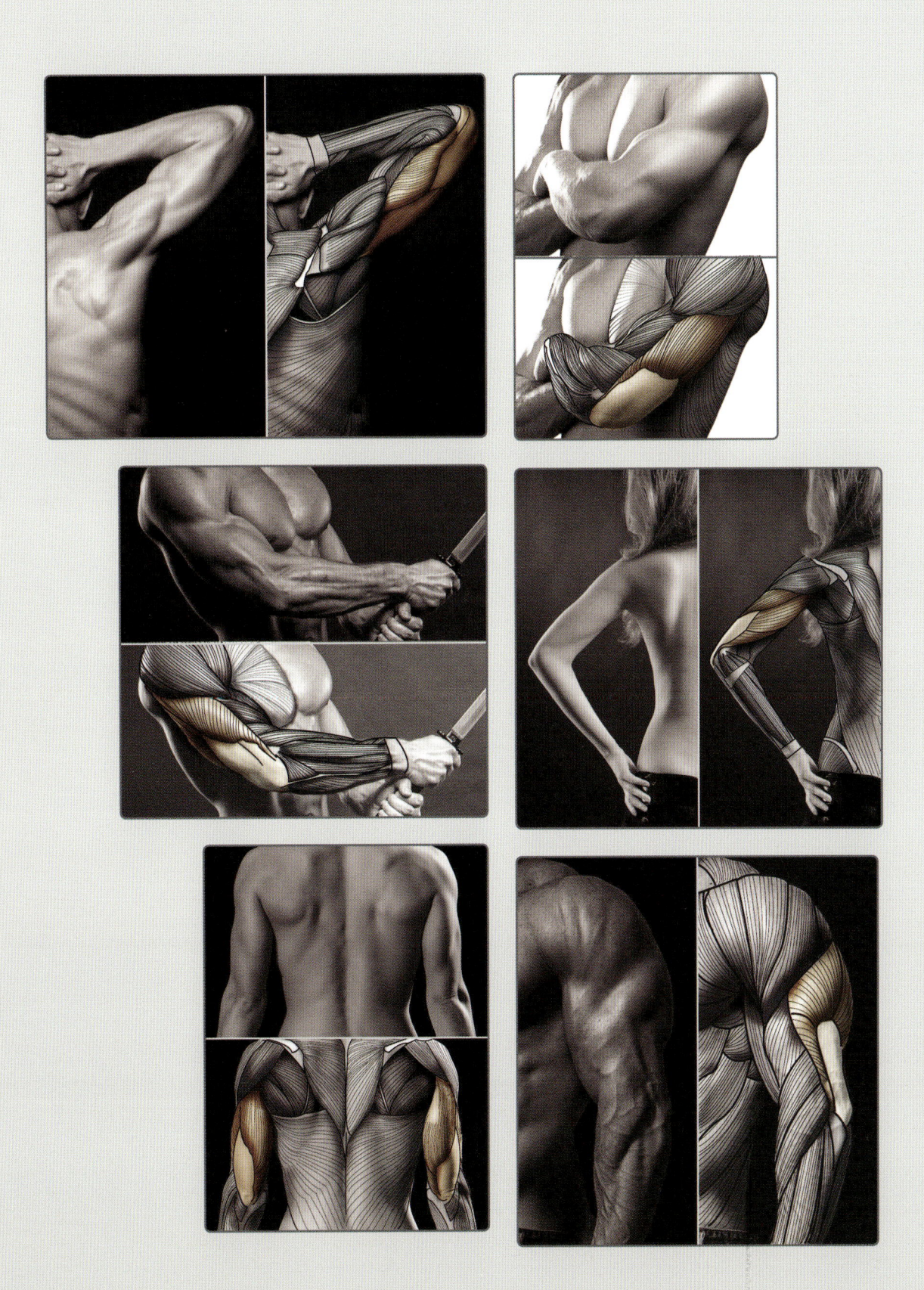

MÚSCULOS BRAQUIAL Y CORACOBRAQUIAL

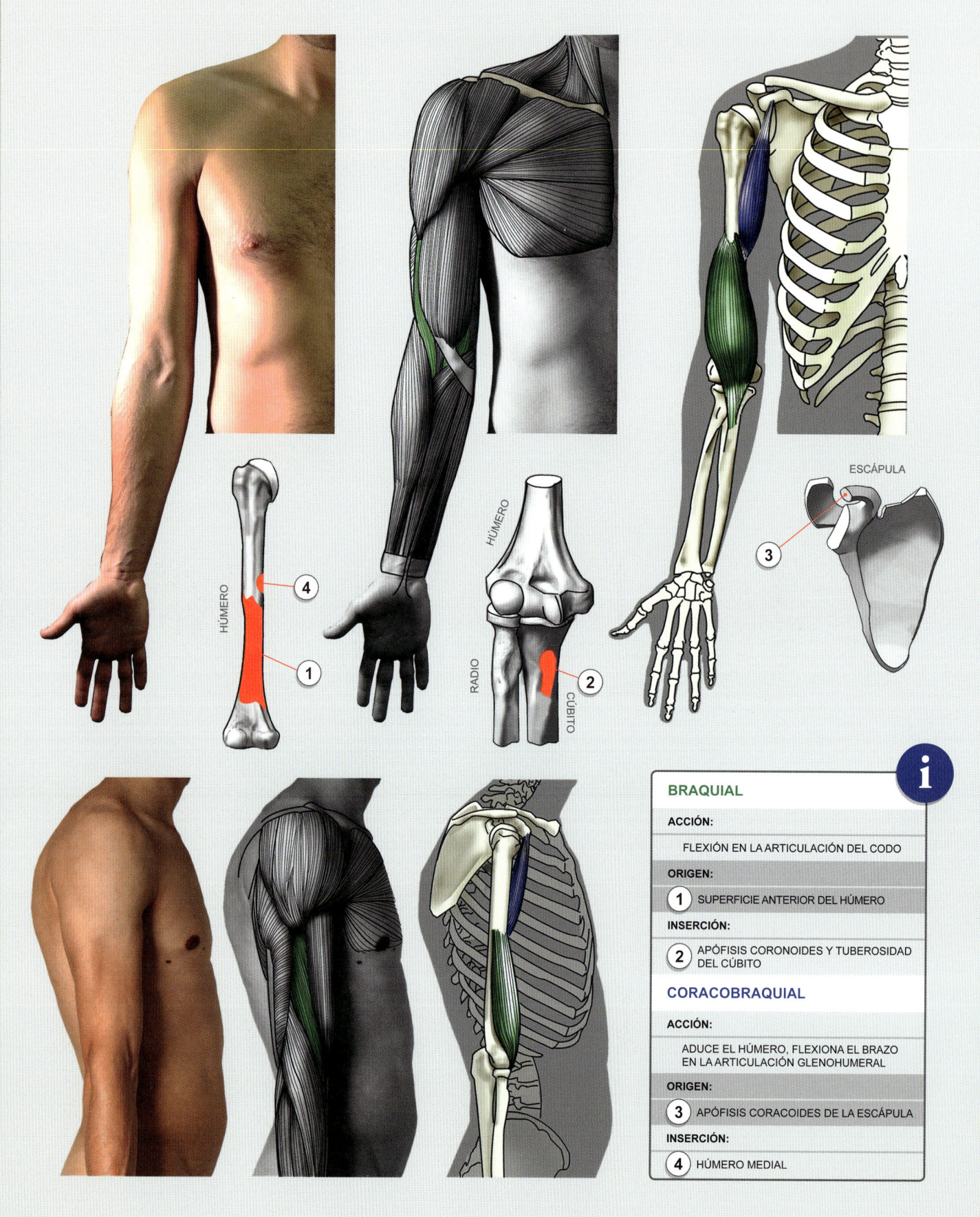

BRAQUIAL

ACCIÓN:
FLEXIÓN EN LA ARTICULACIÓN DEL CODO

ORIGEN:
(1) SUPERFICIE ANTERIOR DEL HÚMERO

INSERCIÓN:
(2) APÓFISIS CORONOIDES Y TUBEROSIDAD DEL CÚBITO

CORACOBRAQUIAL

ACCIÓN:
ADUCE EL HÚMERO, FLEXIONA EL BRAZO EN LA ARTICULACIÓN GLENOHUMERAL

ORIGEN:
(3) APÓFISIS CORACOIDES DE LA ESCÁPULA

INSERCIÓN:
(4) HÚMERO MEDIAL

MÚSCULOS BRAQUIAL Y CORACOBRAQUIAL

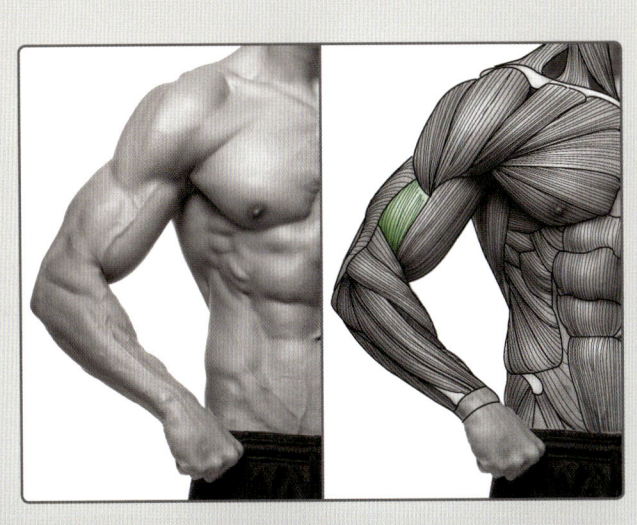

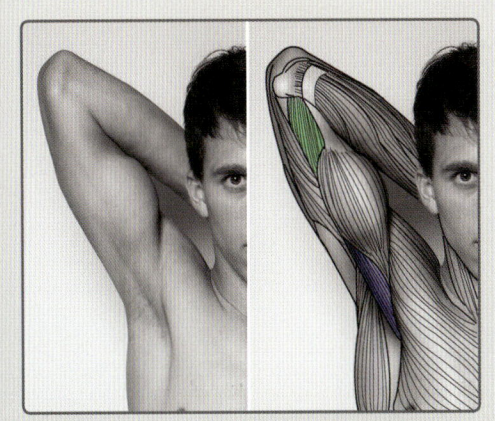

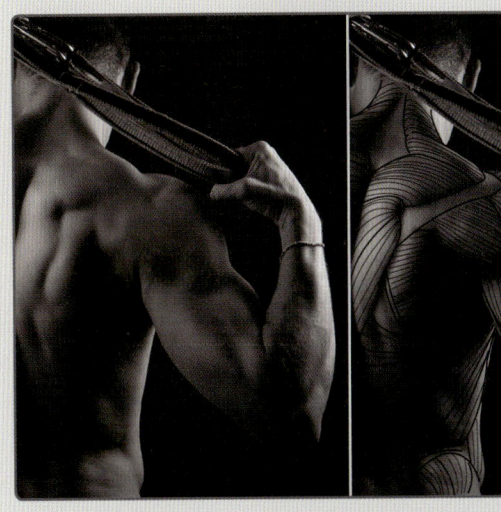

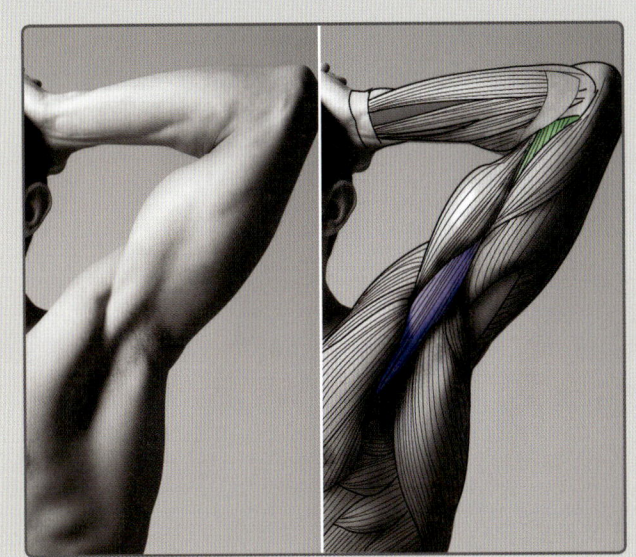

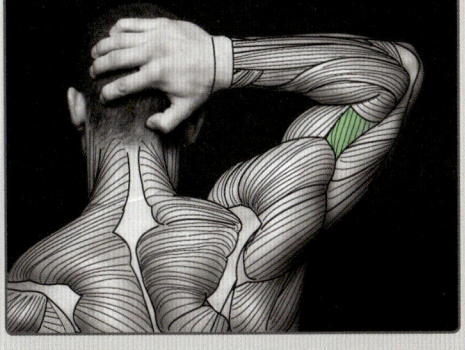

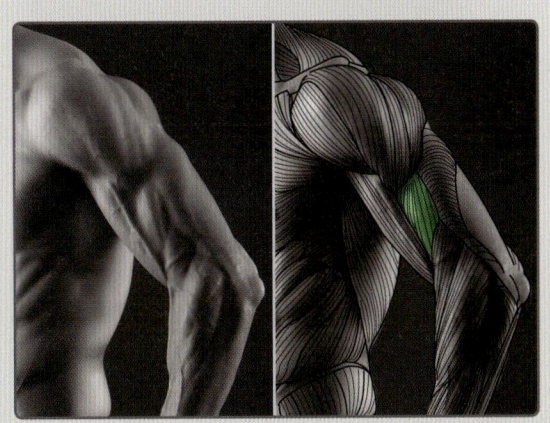

161

MÚSCULOS BRAQUIORRADIAL Y EXTENSOR RADIAL LARGO DEL CARPO

VISTA TRASERA DE LA MANO DERECHA

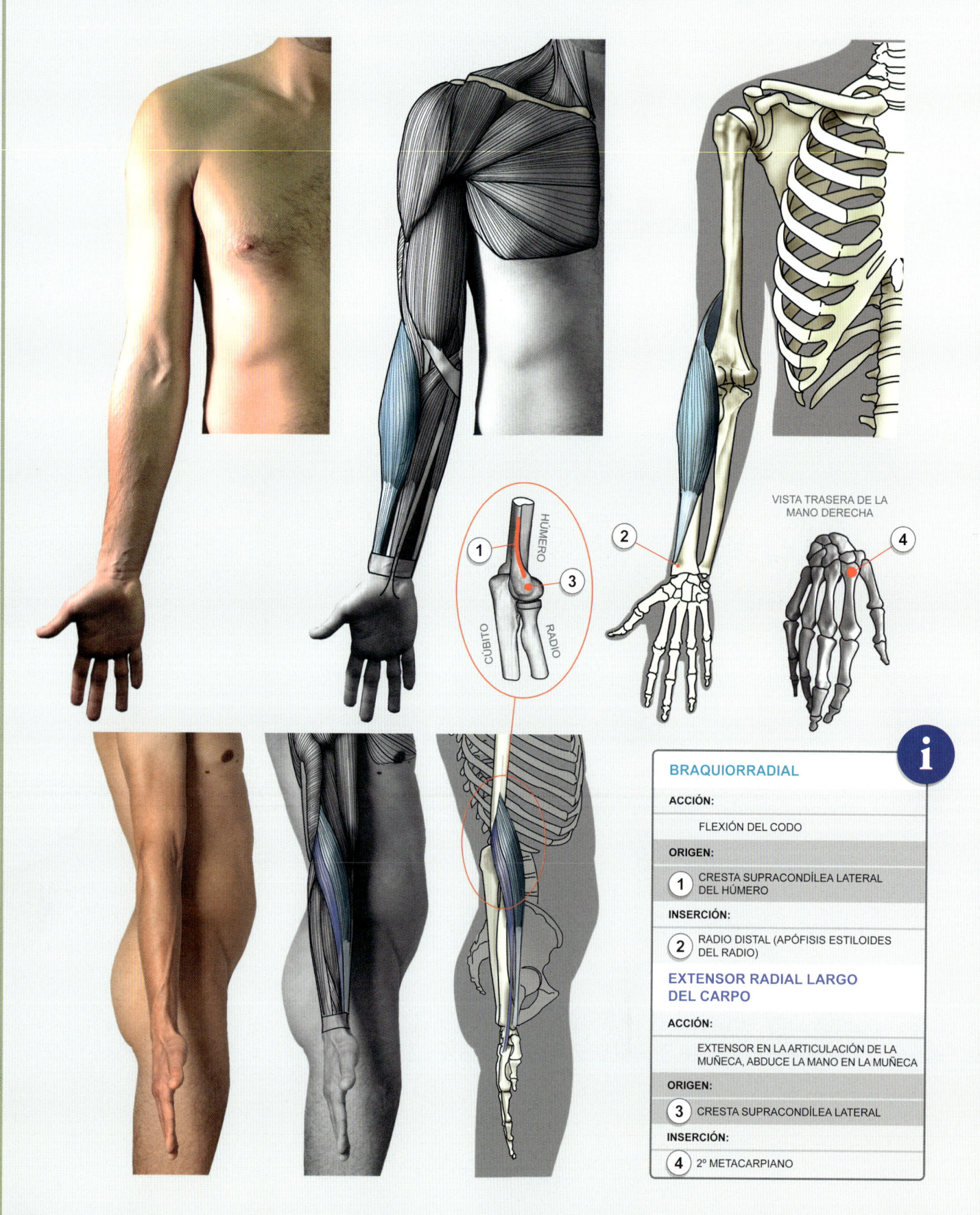

BRAQUIORRADIAL

ACCIÓN:

FLEXIÓN DEL CODO

ORIGEN:

1. CRESTA SUPRACONDÍLEA LATERAL DEL HÚMERO

INSERCIÓN:

2. RADIO DISTAL (APÓFISIS ESTILOIDES DEL RADIO)

EXTENSOR RADIAL LARGO DEL CARPO

ACCIÓN:

EXTENSOR EN LA ARTICULACIÓN DE LA MUÑECA, ABDUCE LA MANO EN LA MUÑECA

ORIGEN:

3. CRESTA SUPRACONDÍLEA LATERAL

INSERCIÓN:

4. 2º METACARPIANO

BRAQUIORRADIAL Y EXTENSOR RADIAL LARGO DEL CARPO

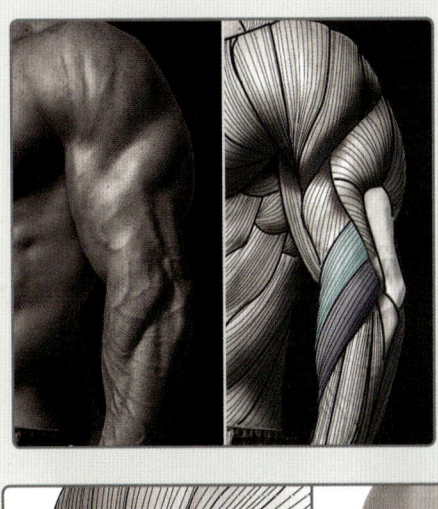

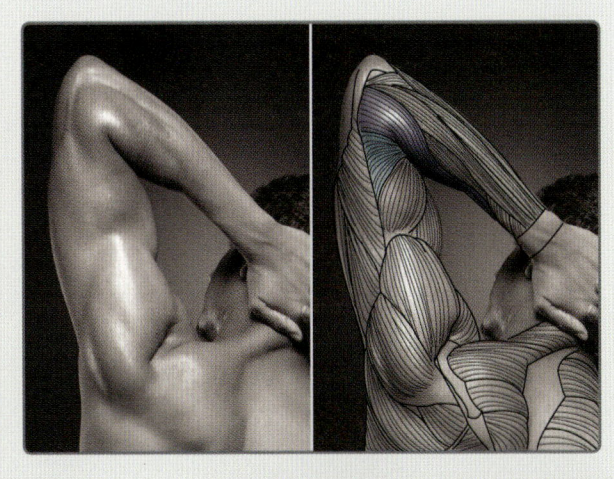

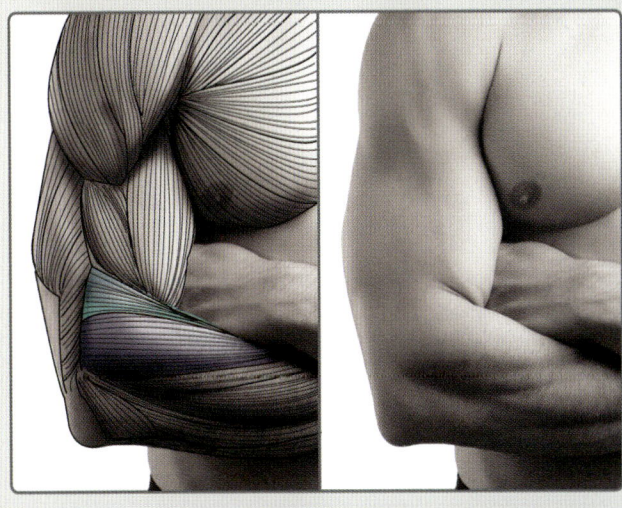

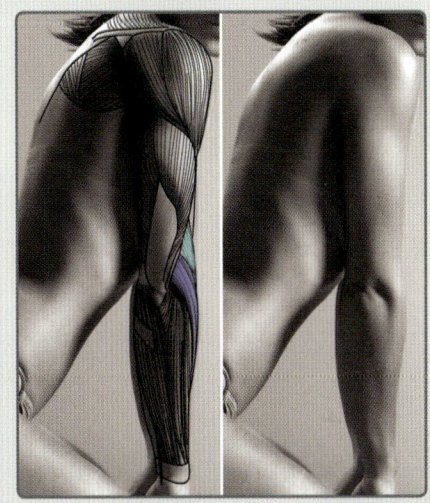

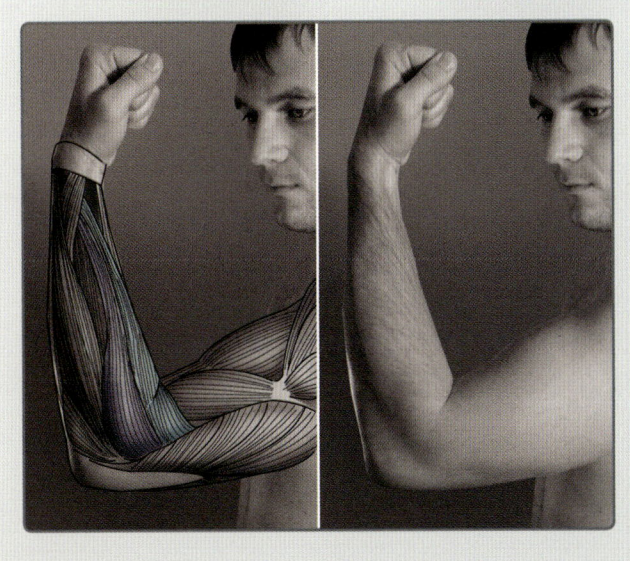

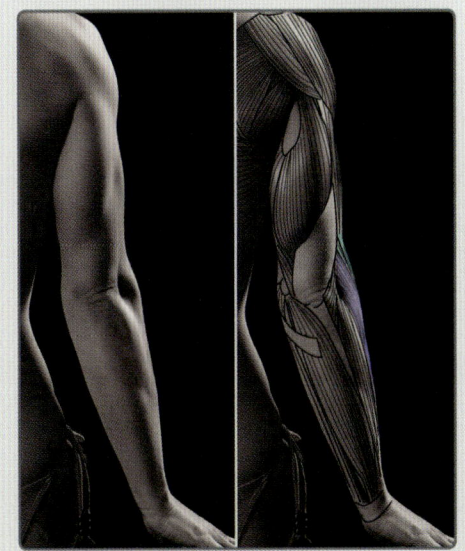

163

ANATOMÍA PARA ESCULTORES

MÚSCULOS EXTENSOR CUBITAL DEL CARPO, EXTENSOR PROPIO DEL MEÑIQUE, EXTENSOR COMÚN DE LOS DEDOS Y ANCÓNEO DEL ANTEBRAZO

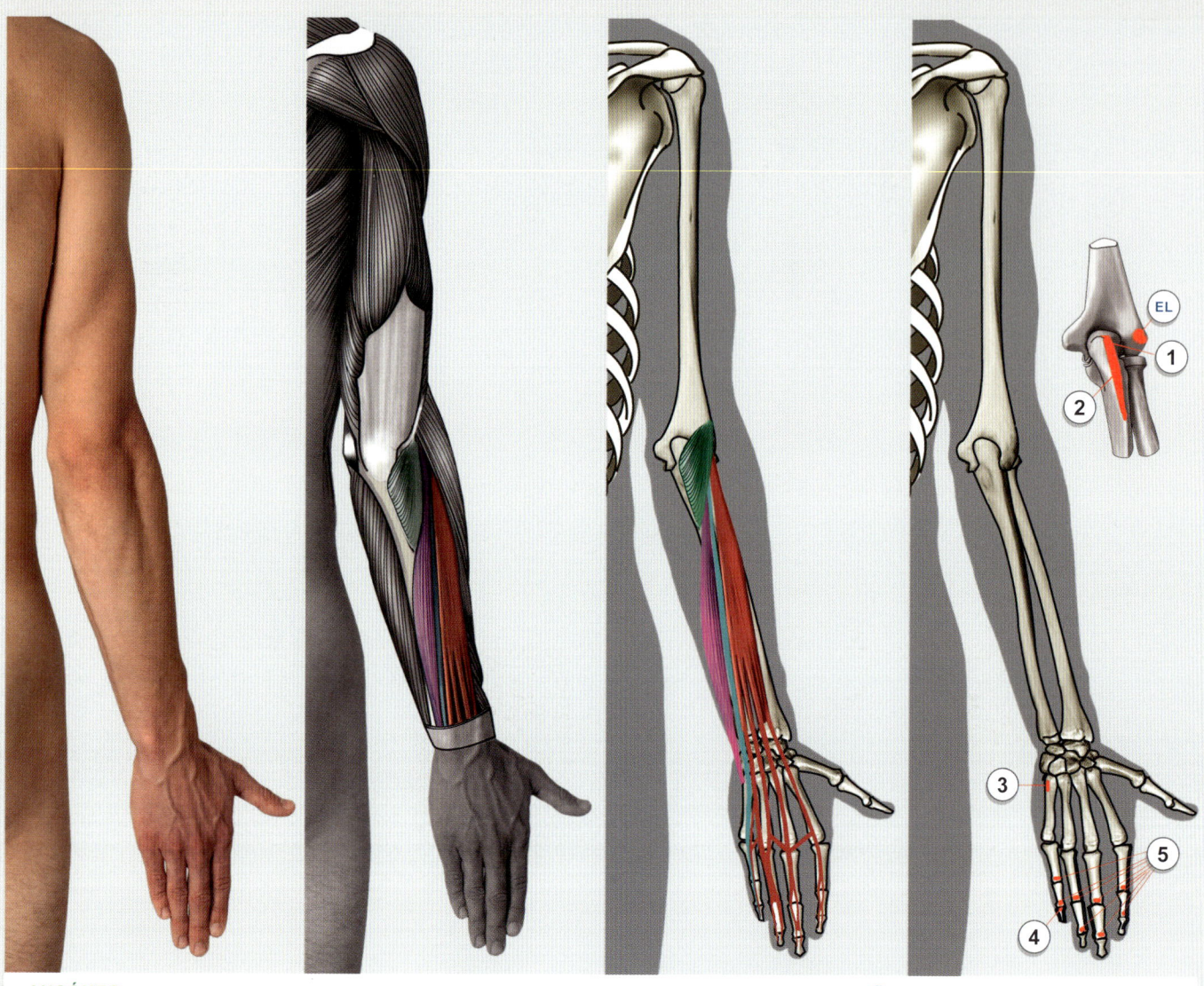

ANCÓNEO

ACCIÓN:
ESTABILIZA EL CODO

ORIGEN:
(EP) EPICÓNDILO LATERAL DEL HÚMERO

INSERCIÓN:
(1) SUPERFICIE LATERAL DEL OLÉCRANON
(2) PARTE SUPERIOR DEL CÚBITO POSTERIOR PROXIMALMENTE

EXTENSOR CUBITAL DEL CARPO

ACCIÓN:
ESTIRA Y ADUCE LA MUÑECA

ORIGEN:
(EL) EPICÓNDILO LATERAL DEL HÚMERO

INSERCIÓN:
(3) 5º METACARPIANO

EXTENSOR PROPIO DEL MEÑIQUE

ACCIÓN:
EXTIENDE LA MUÑECA Y EL MEÑIQUE EN TODAS LAS ARTICULACIONES

ORIGEN:
(EL) EPICÓNDILO LATERAL DEL HÚMERO

INSERCIÓN:
(4) EN LA EXPANSIÓN EXTENSORA DE LA FALANGE PROXIMAL DEL MEÑIQUE

EXTENSOR COMÚN DE LOS DEDOS

ACCIÓN:
EXTIENDE LA MANO, MUÑECA Y DEDOS

ORIGEN:
(EL) EPICÓNDILO LATERAL DEL HÚMERO

INSERCIÓN:
(5) EXPANSIÓN EXTENSORA DE LAS FALANGES MEDIAS Y DISTALES DEL 2º, 3º 4º y 5º DEDO

164

SUPINACIÓN Y PRONACIÓN

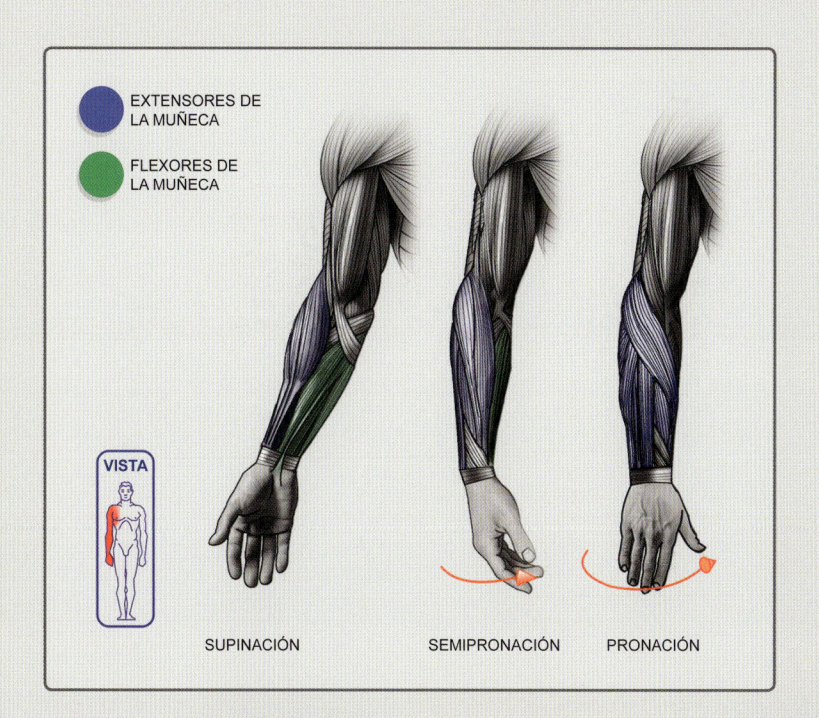

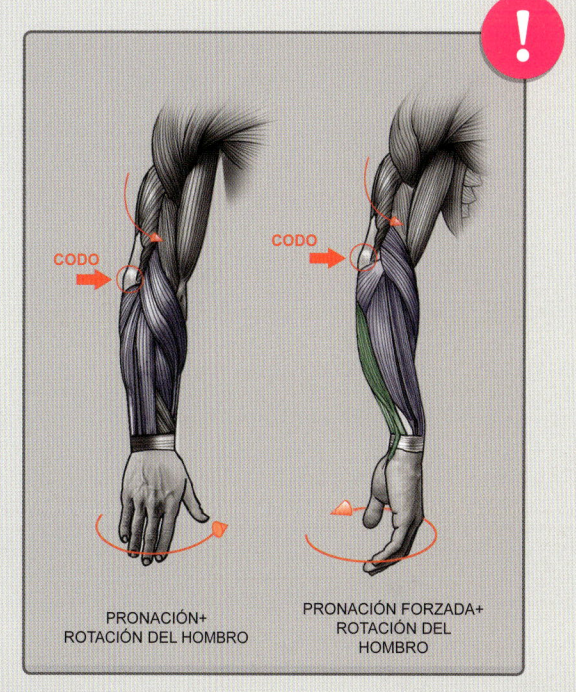

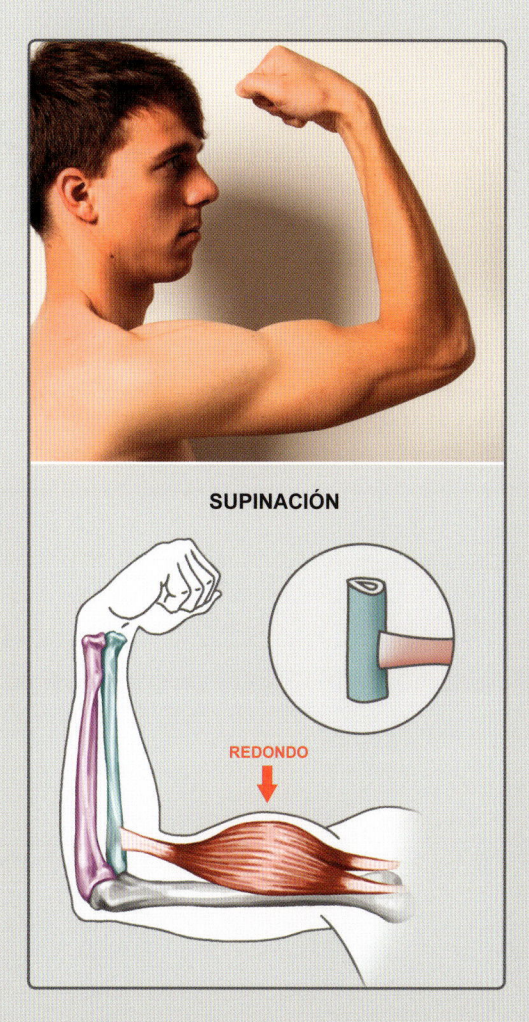

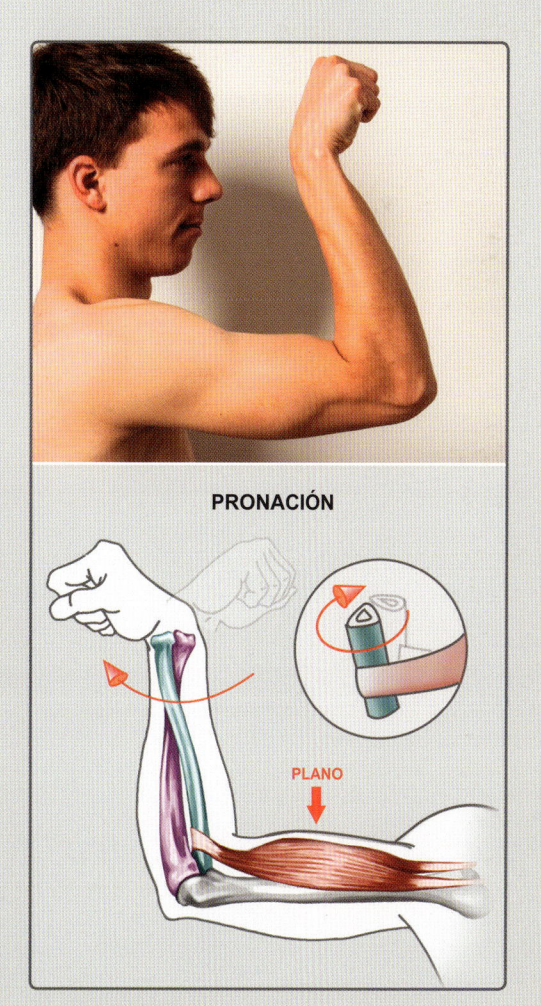

- EXTENSORES DE LA MUÑECA
- FLEXORES DE LA MUÑECA

VISTA

SUPINACIÓN | SEMIPRONACIÓN | PRONACIÓN

CODO — CODO

PRONACIÓN + ROTACIÓN DEL HOMBRO | PRONACIÓN FORZADA + ROTACIÓN DEL HOMBRO

SUPINACIÓN — REDONDO

PRONACIÓN — PLANO

165

ANATOMÍA PARA ESCULTORES

MÚSCULOS FLEXORES

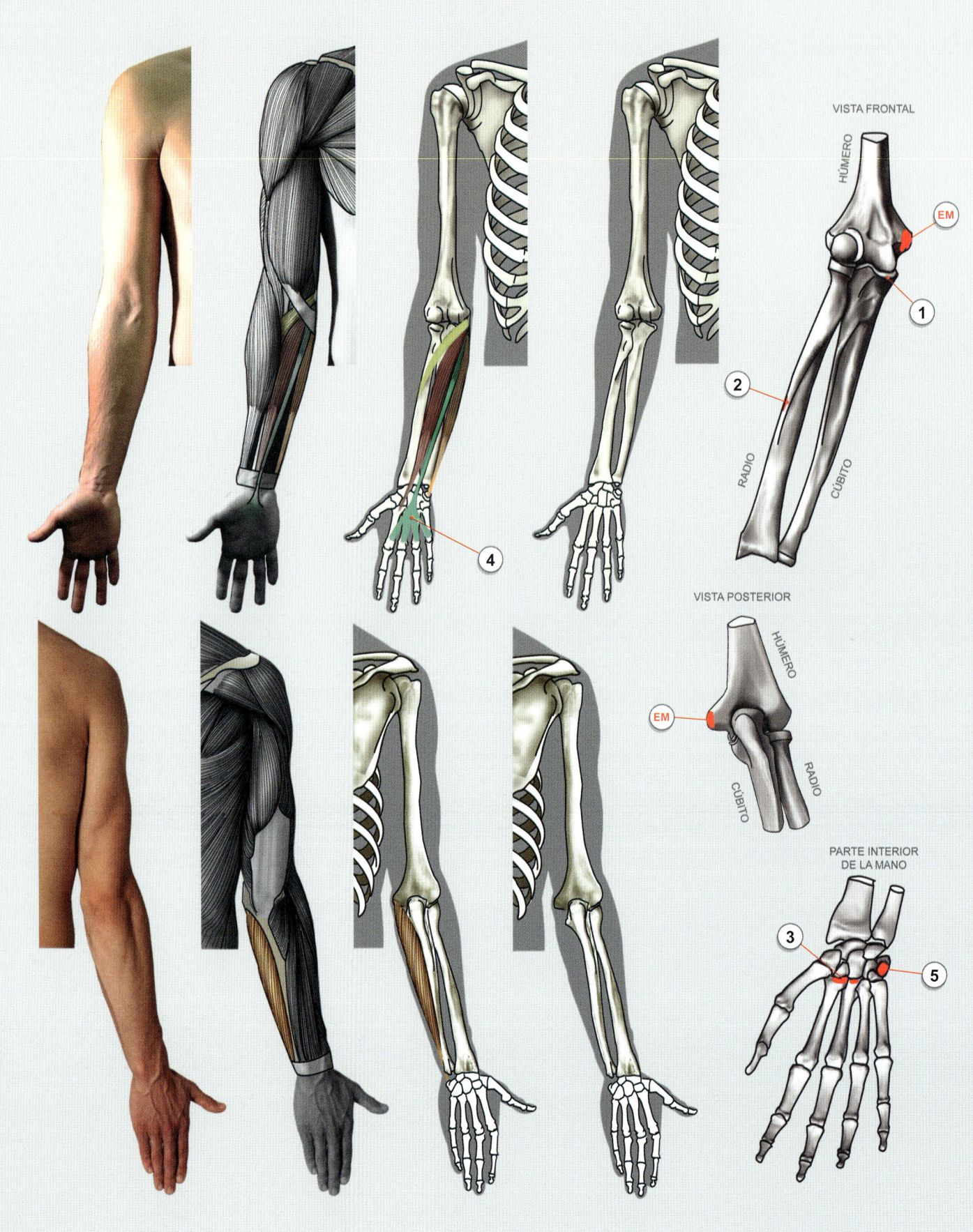

MÚSCULOS FLEXORES
(DESDE EL LADO INTERNO)

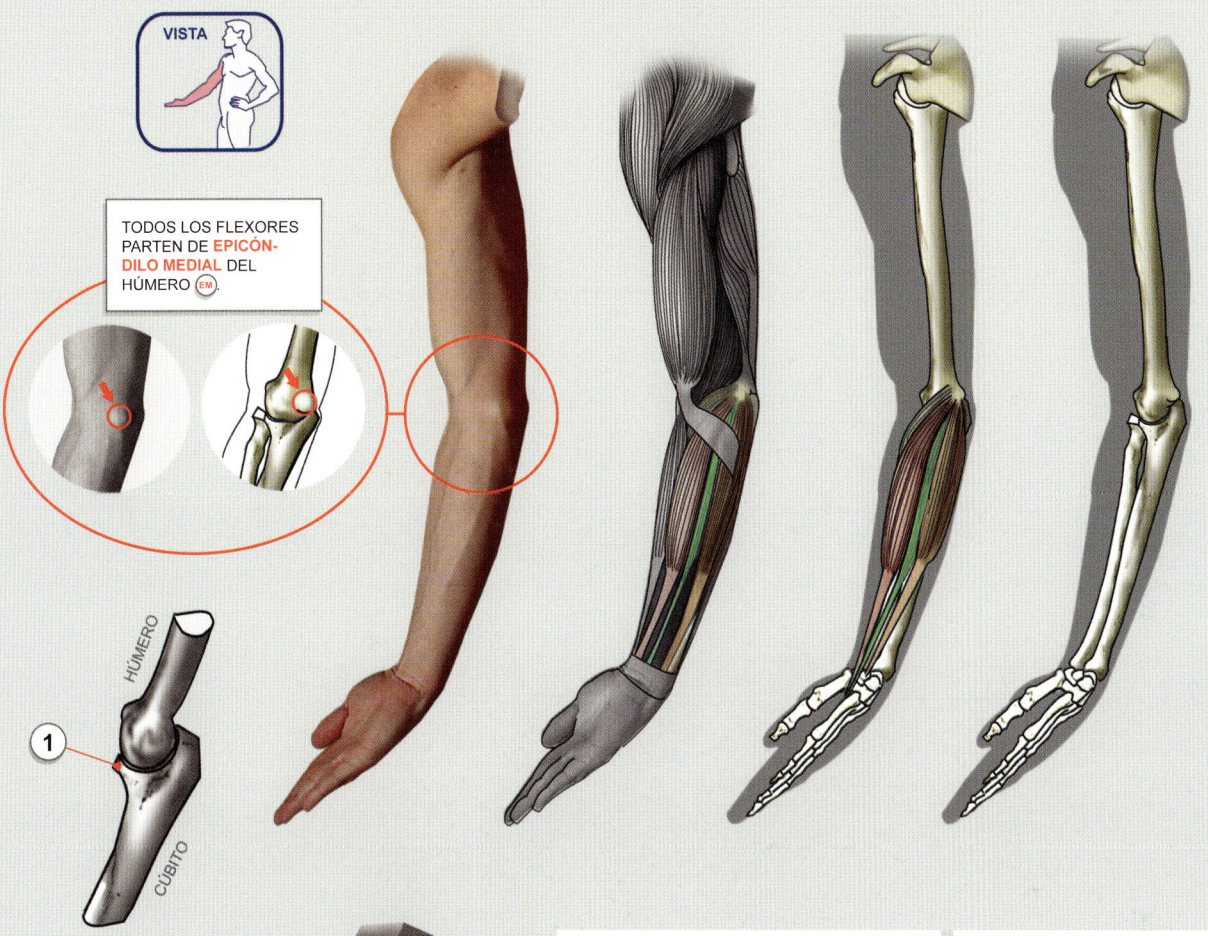

TODOS LOS FLEXORES PARTEN DE **EPICÓNDILO MEDIAL** DEL HÚMERO (EM).

PRONADOR REDONDO	PALMAR LARGO
ACCIÓN:	**ACCIÓN:**
PRONACIÓN DEL ANTEBRAZO, FLEXIONA EL CODO	FLEXIÓN DE LA MUÑECA
ORIGEN:	**ORIGEN:**
(EM) EPICÓNDILO MEDIAL DEL HÚMERO (TENDÓN FLEXOR COMÚN)	(EM) EPICÓNDILO MEDIAL DEL HÚMERO (TENDÓN FLEXOR COMÚN)
(1) CABEZA DEL CÚBITO: APÓFISIS CORONOIDES DEL CÚBITO	
INSERCIÓN:	**INSERCIÓN:**
(2) MITAD DE LA SUPERFICIE LATERAL DEL RADIO	(4) APONEUROSIS PALMAR

FLEXOR RADIAL DEL CARPO	FLEXOR CUBITAL DEL CARPO
ACCIÓN:	**ACCIÓN:**
FLEXIÓN Y ABDUCCIÓN EN LA MUÑECA	FLEXIÓN Y ABDUCCIÓN DE LA MUÑECA
ORIGEN:	**ORIGEN:**
(EM) EPICÓNDILO MEDIAL DEL HÚMERO (TENDÓN FLEXOR COMÚN)	(EM) EPICÓNDILO MEDIAL DEL HÚMERO (TENDÓN FLEXOR COMÚN)
INSERCIÓN:	**INSERCIÓN:**
(3) BASE DEL SEGUNDO Y TERCER HUESO METACARPIANO	(5) PISIFORME

MÚSCULOS FLEXORES

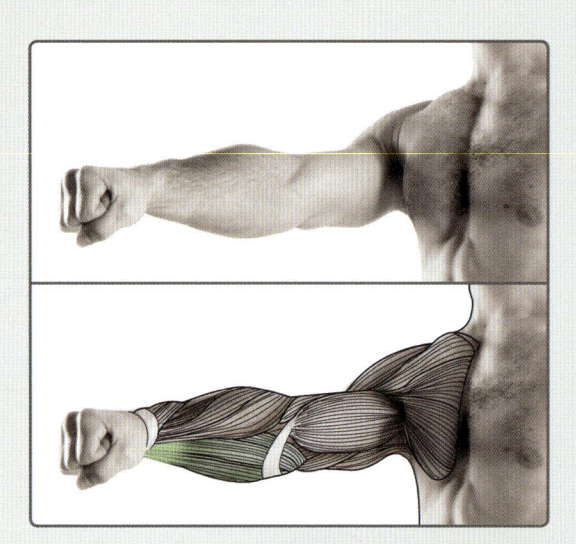

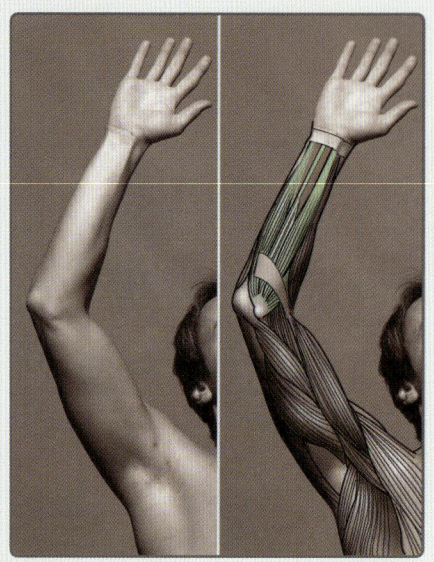

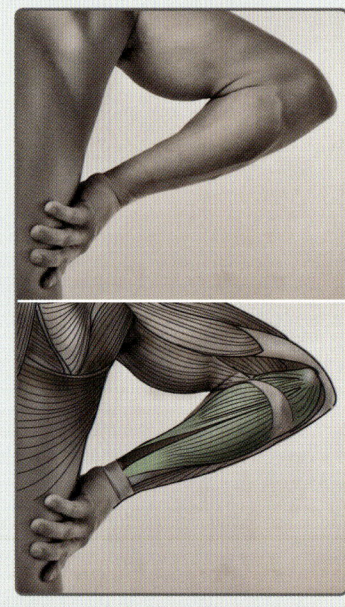

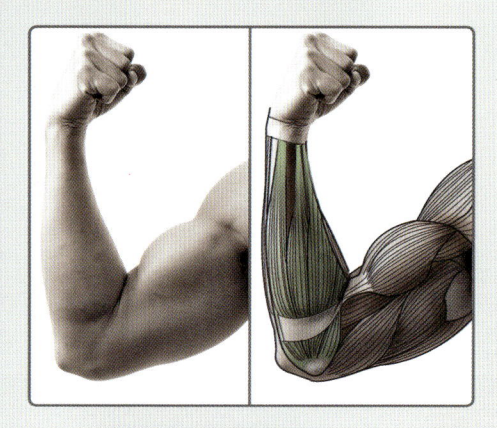

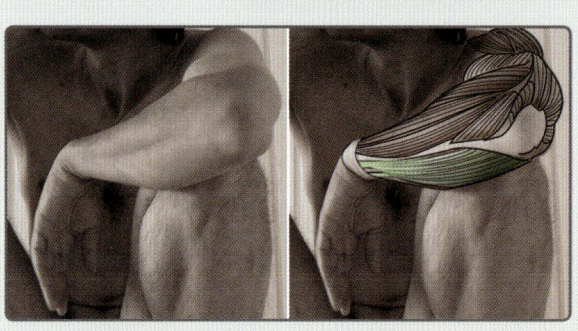

MÚSCULOS ABDUCTOR LARGO DEL PULGAR Y EXTENSOR CORTO DEL PULGAR

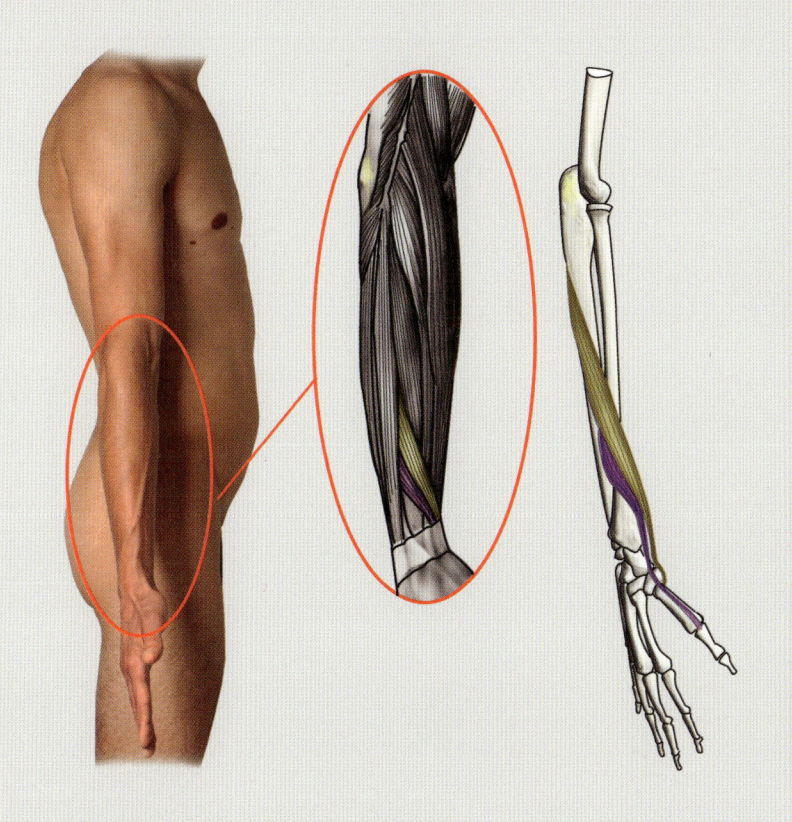

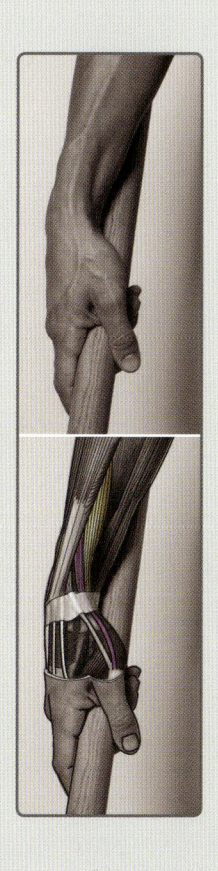

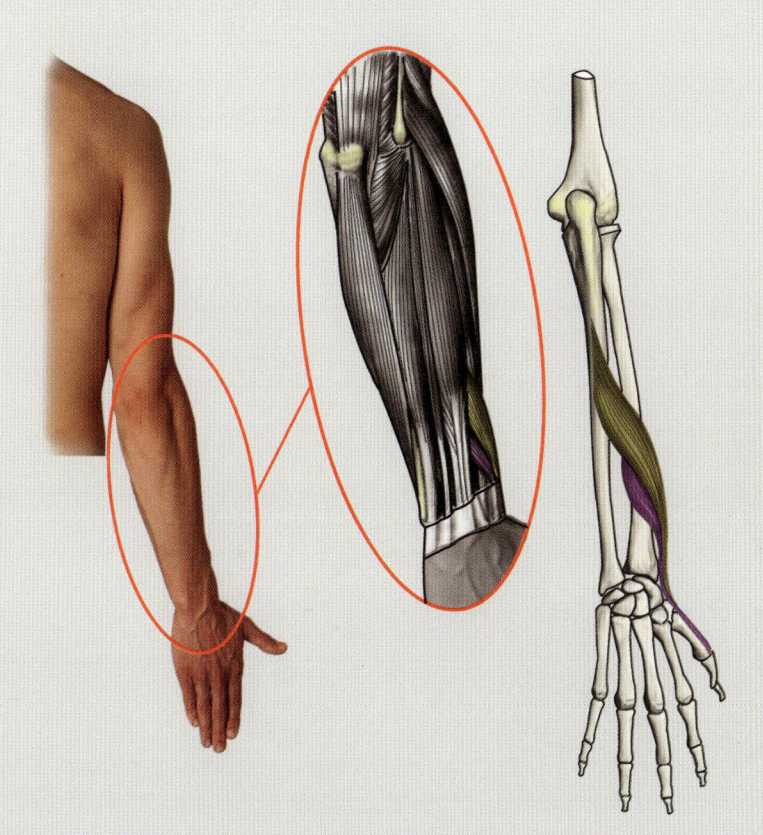

ABDUCTOR LARGO DEL PULGAR

ACCIÓN:

ABDUCCIÓN Y EXTENSIÓN DEL PULGAR

ORIGEN:

CÚBITO, RADIO, MEMBRANA INTERÓSEA

INSERCIÓN:

PRIMER METACARPIANO

EXTENSOR CORTO DEL PULGAR

ACCIÓN:

EXTENSIÓN DEL PULGAR EN LA ARTICULACIÓN METACARPOFALANGEAL

ORIGEN:

EXTREMO PROXIMAL DEL RADIO EN LA MEMBRANA INTERÓSEA

INSERCIÓN:

PULGAR, FALANGE PROXIMAL

EL CUERPO DEL CÚBITO

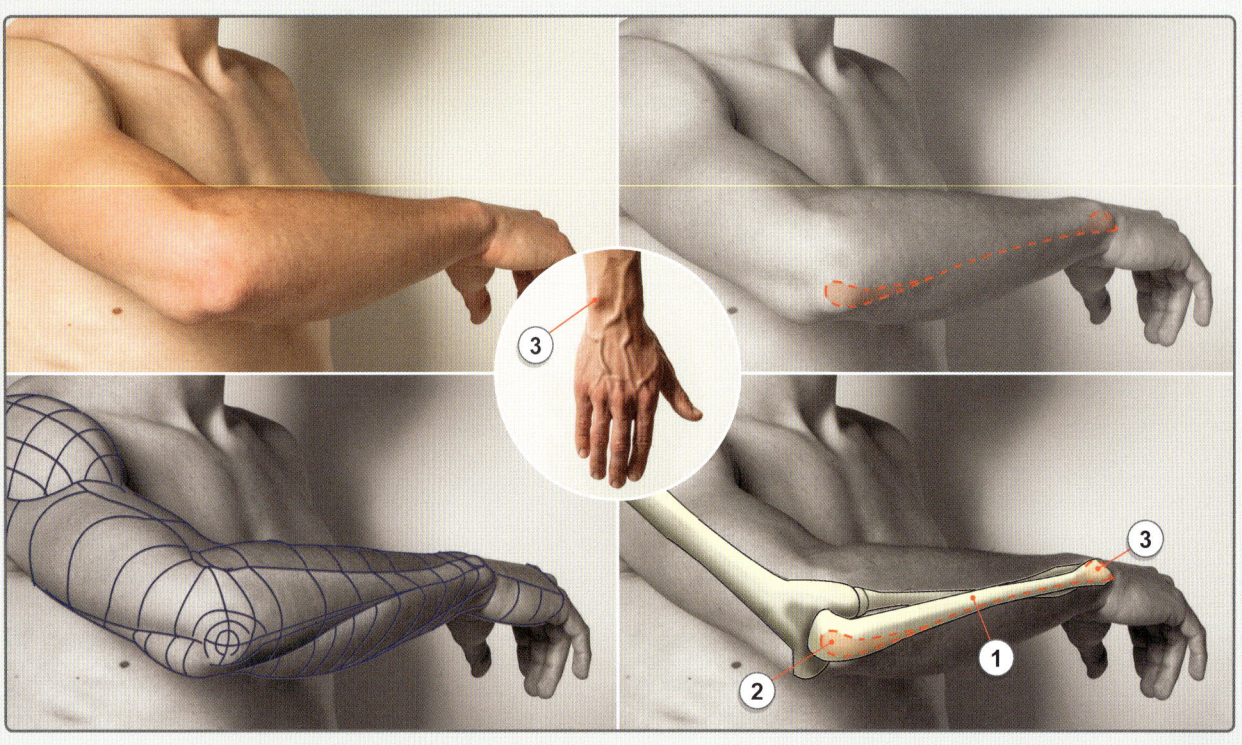

EL CUERPO DEL **CÚBITO** ① ES UN IMPORTANTE PUNTO DE REFERENCIA. NO IMPORTA CÓMO GIRE USTED LA MANO, EL CÚBITO SIEMPRE SE EXTIENDE DESDE EL **CODO** ② HASTA EL LADO DEL MEÑIQUE DE LA MANO, DONDE ES VISIBLE COMO UNA **PROTUBERANCIA** ③. SIEMPRE ES VISIBLE COMO UN ARCO O UN SURCO. NINGUNO DE LOS EXTREMOS DEL HUESO ESTÁN CUBIERTOS POR MÚSCULOS, TAN SOLO POR UNA FINA CAPA DE PIEL.

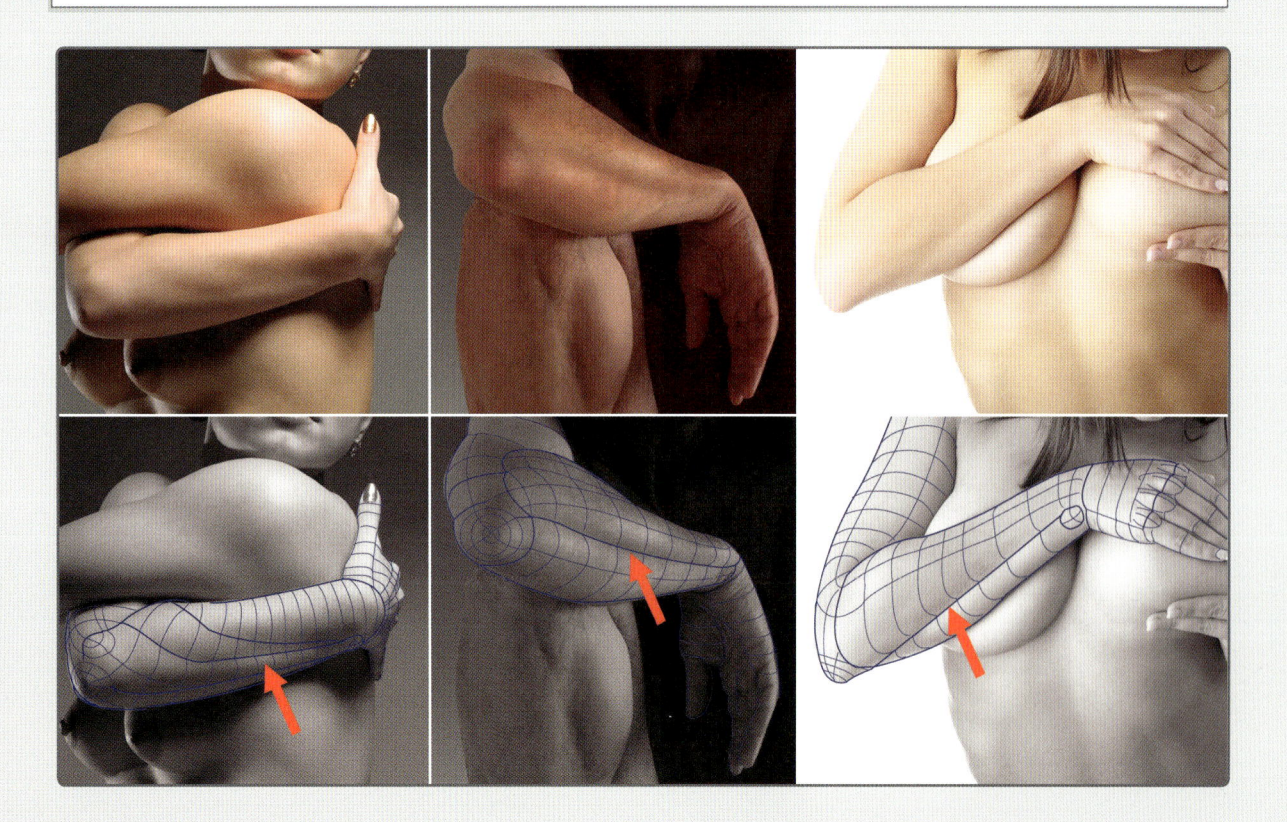

CÓMO SE CONECTAN LOS BRAZOS CON EL CUERPO

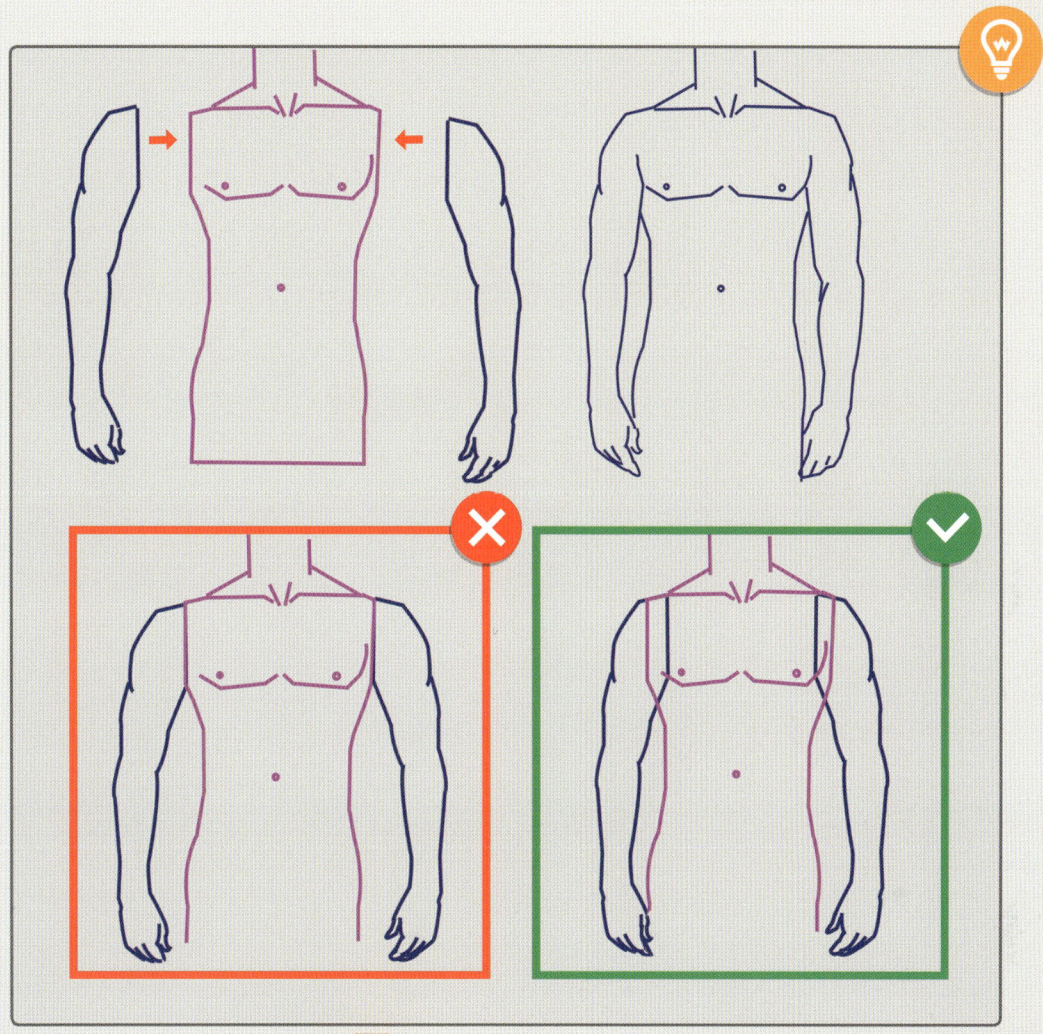

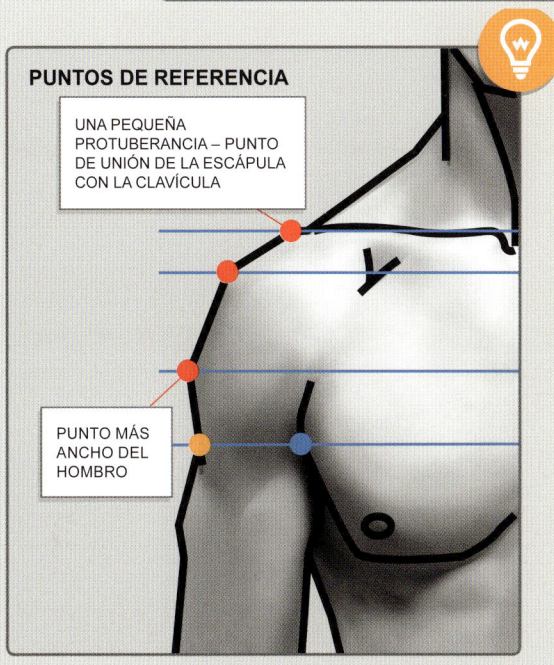

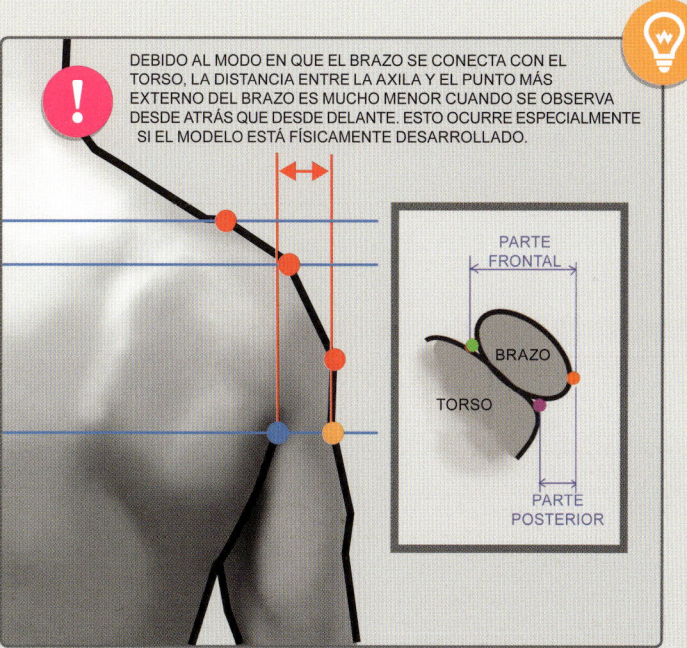

PUNTOS DE REFERENCIA

UNA PEQUEÑA PROTUBERANCIA – PUNTO DE UNIÓN DE LA ESCÁPULA CON LA CLAVÍCULA

PUNTO MÁS ANCHO DEL HOMBRO

DEBIDO AL MODO EN QUE EL BRAZO SE CONECTA CON EL TORSO, LA DISTANCIA ENTRE LA AXILA Y EL PUNTO MÁS EXTERNO DEL BRAZO ES MUCHO MENOR CUANDO SE OBSERVA DESDE ATRÁS QUE DESDE DELANTE. ESTO OCURRE ESPECIALMENTE SI EL MODELO ESTÁ FÍSICAMENTE DESARROLLADO.

PARTE FRONTAL

BRAZO

TORSO

PARTE POSTERIOR

BOCETO FORMANDO UN BRAZO SEMIPRONADO

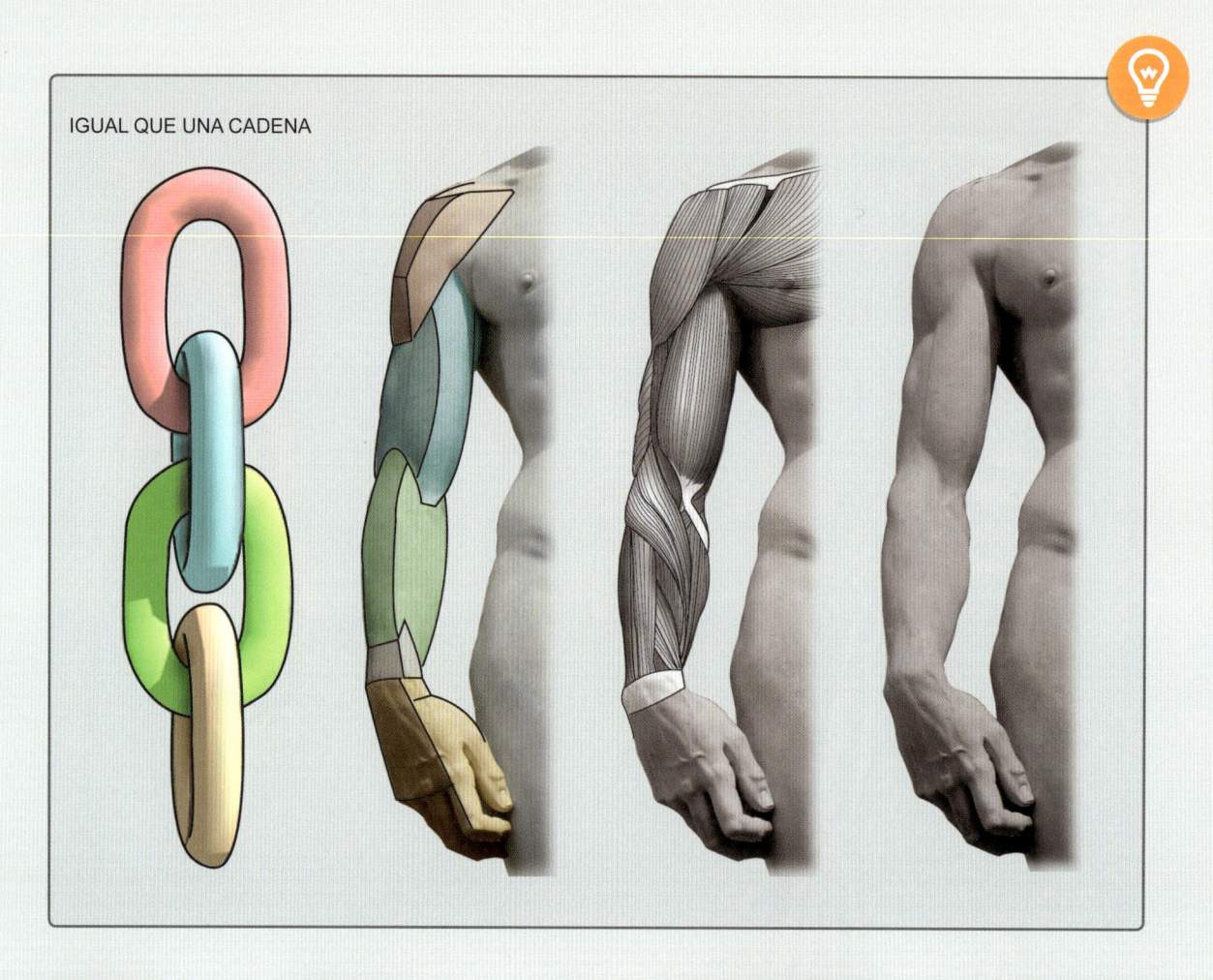

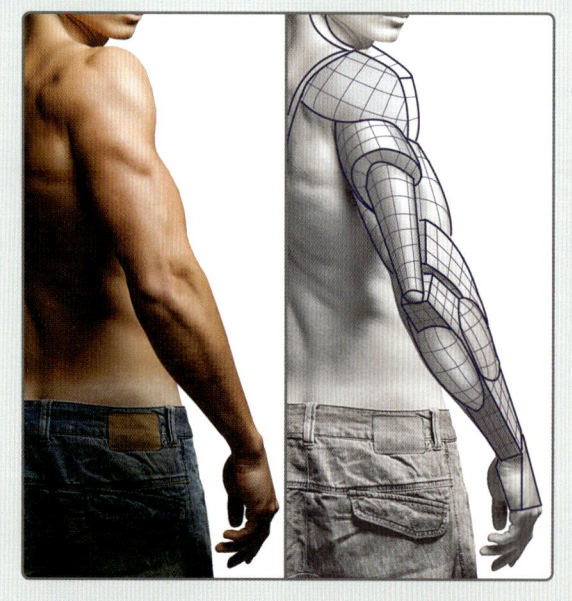

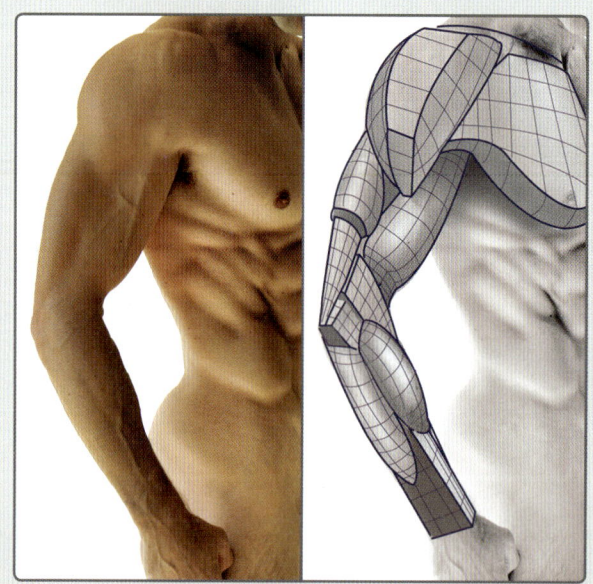

IGUAL QUE UNA CADENA

BOCETO DE UN BRAZO

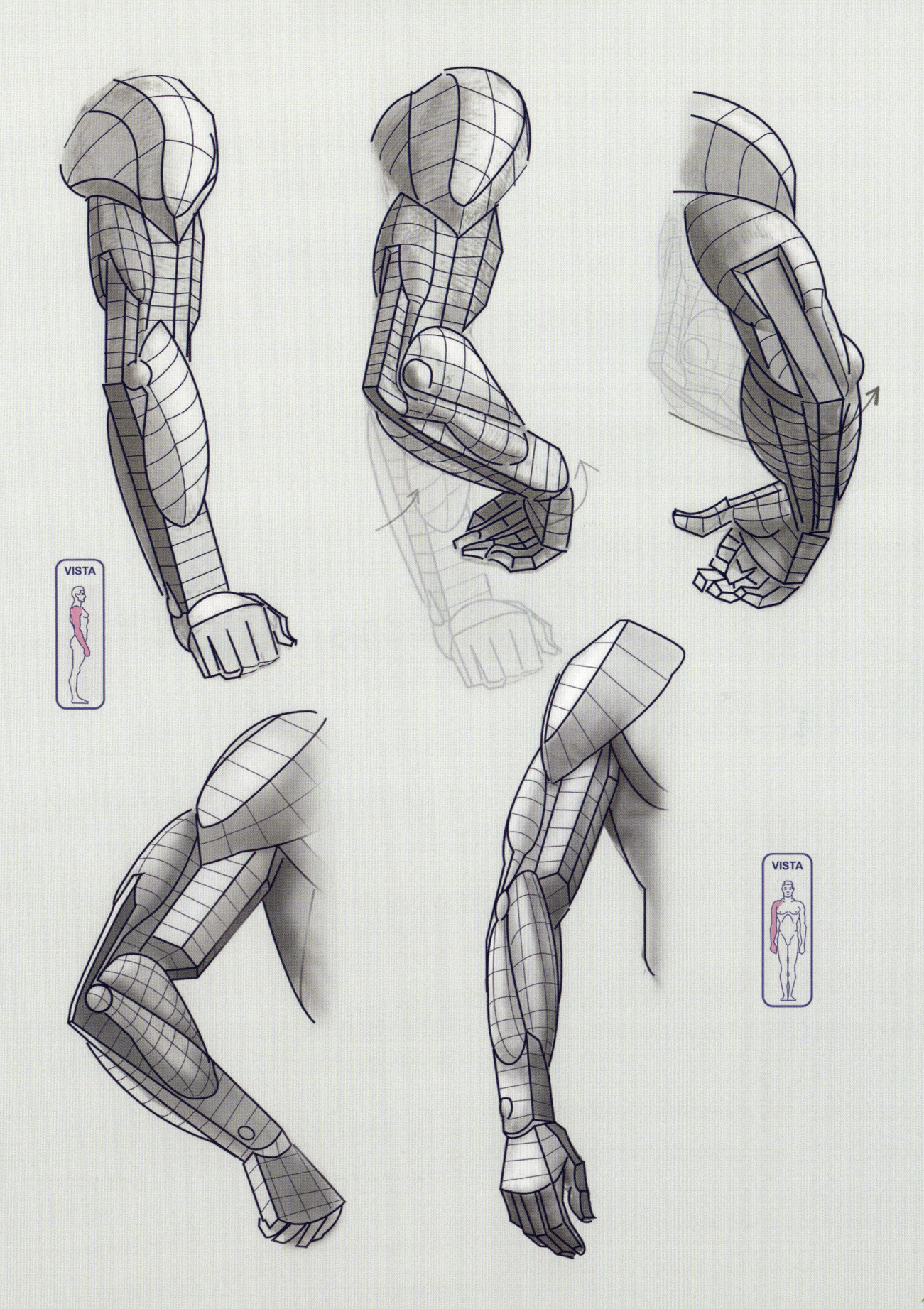

VISTA

VISTA

173

¿CÓMO PUEDE USTED HACER QUE BRAZOS Y MANOS LUZCAN MENOS RÍGIDOS?

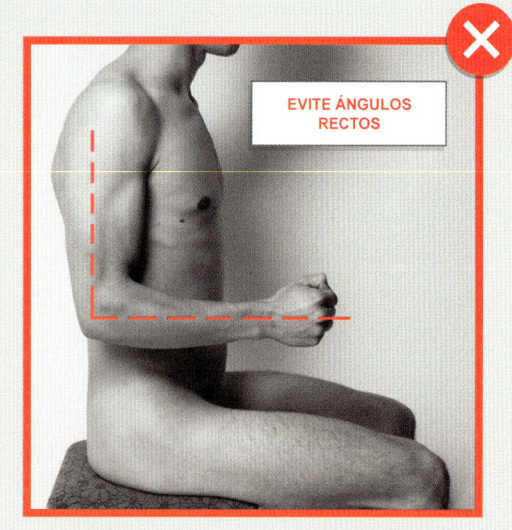

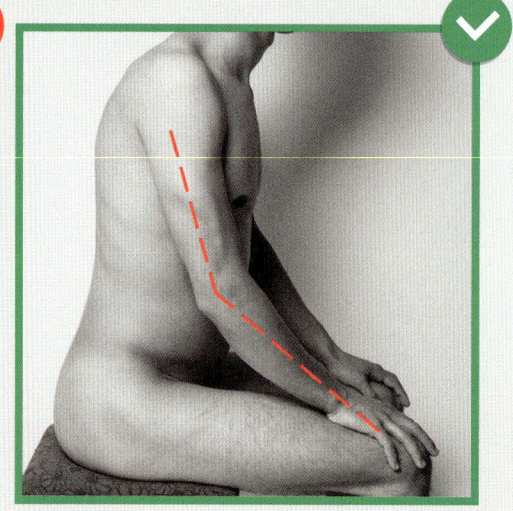

EVITE ÁNGULOS RECTOS

NO HAGA LOS BRAZOS O LAS MANOS RECTOS SIN UNA RAZÓN ESPECIAL.

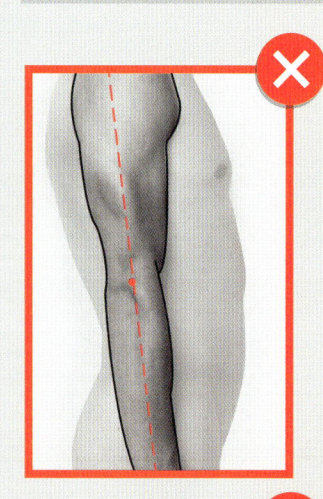

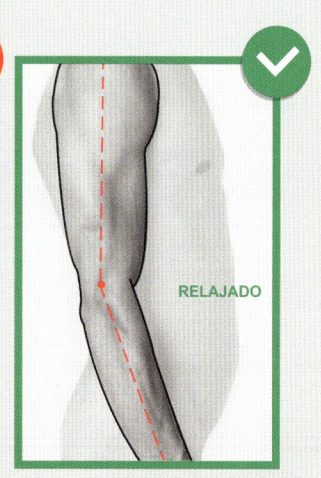

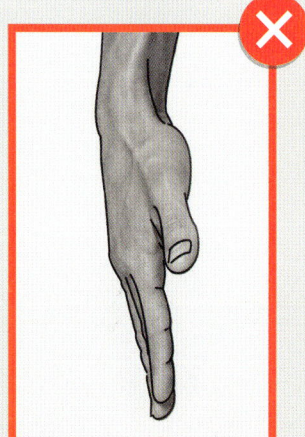

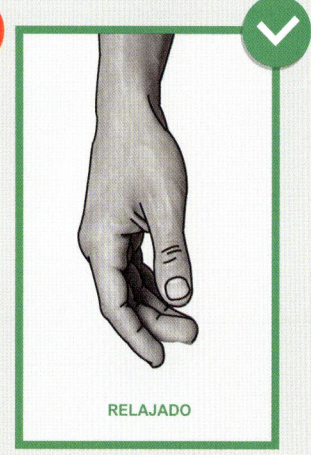

RELAJADO

RELAJADO

NO HAGA LOS BRAZOS PARALELOS, ESTO HARÁ QUE LA POSTURA DE TODA LA FIGURA SE VEA FORZADA.

CONSEJOS ÚTILES

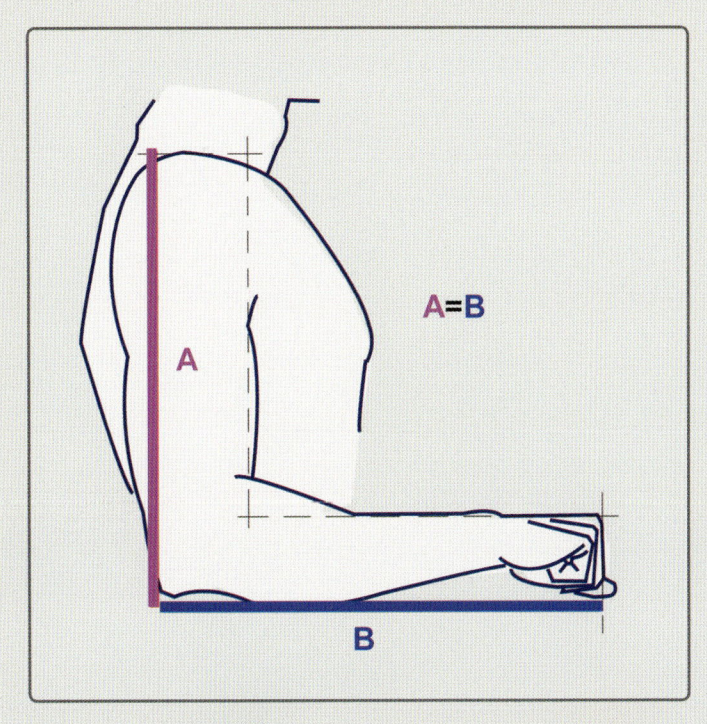

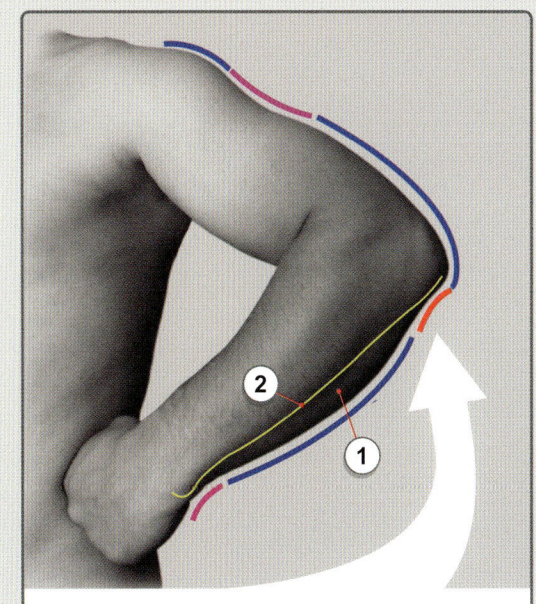

A = B

LA SILUETA DEL CUERPO SE INCLINA HACIA **ADENTRO** JUSTO DEBAJO DEL CODO DEBIDO A QUE EL MÚSCULO FLEXOR CUBITAL DEL CARPO ① **SOBRESALE**.

EL HUESO CÚBITO ② PERMANECE RECTO.

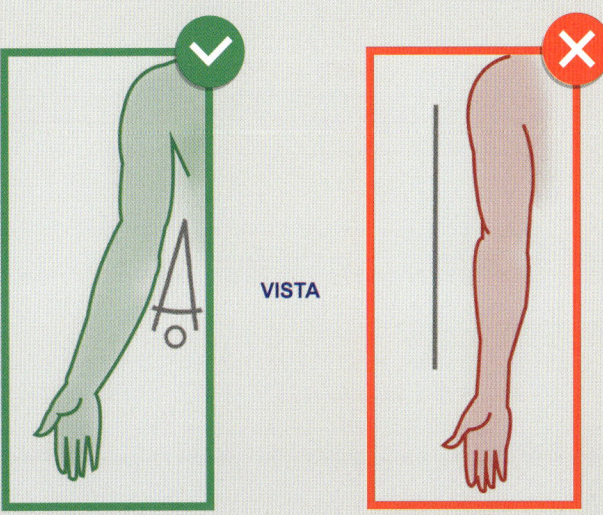

VISTA

CUANDO LOS BRAZOS SE COLOCAN A CADA LADO CON LAS PALMAS APUNTANDO HACIA ADELANTE (SUPINACIÓN) EL ANTEBRAZO Y LA MANO ESTÁN A UNA DISTANCIA APROXIMADA DE ENTRE 5 Y 15 GRADOS DEL CUERPO. ESTO SE LLAMA "EL ÁNGULO DE PORTE", O AP.

LOS BRAZOS FEMENINOS TIENEN UN MAYOR A.P.

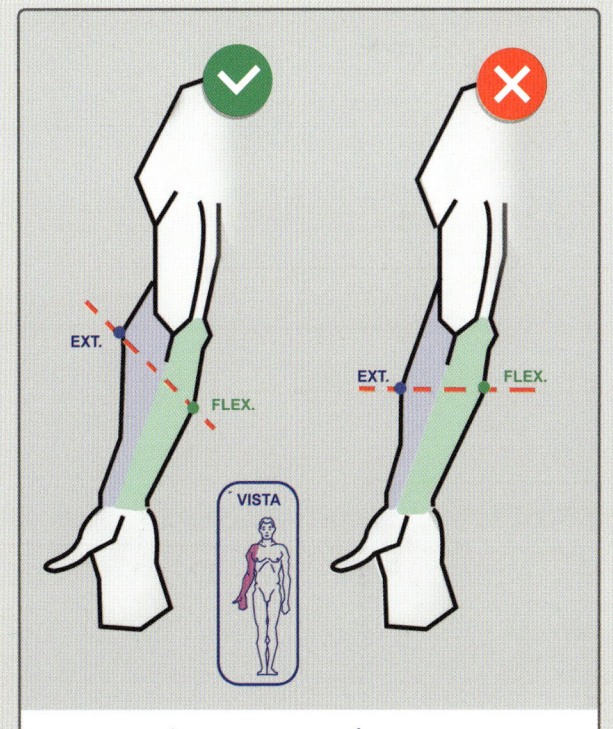

EL PUNTO MÁS ALTO DE LOS **MÚSCULOS EXTENSORES** ESTÁ SITUADO MÁS ARRIBA QUE EL PUNTO MÁS ALTO DE LOS **MÚSCULOS FLEXORES**.

ANATOMÍA PARA ESCULTORES

FORMAS DE LA MANO

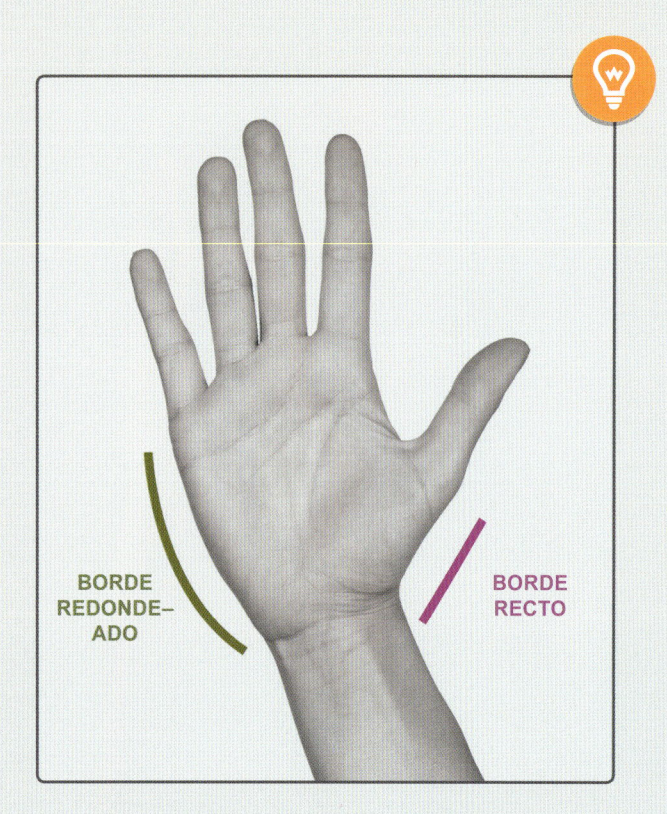

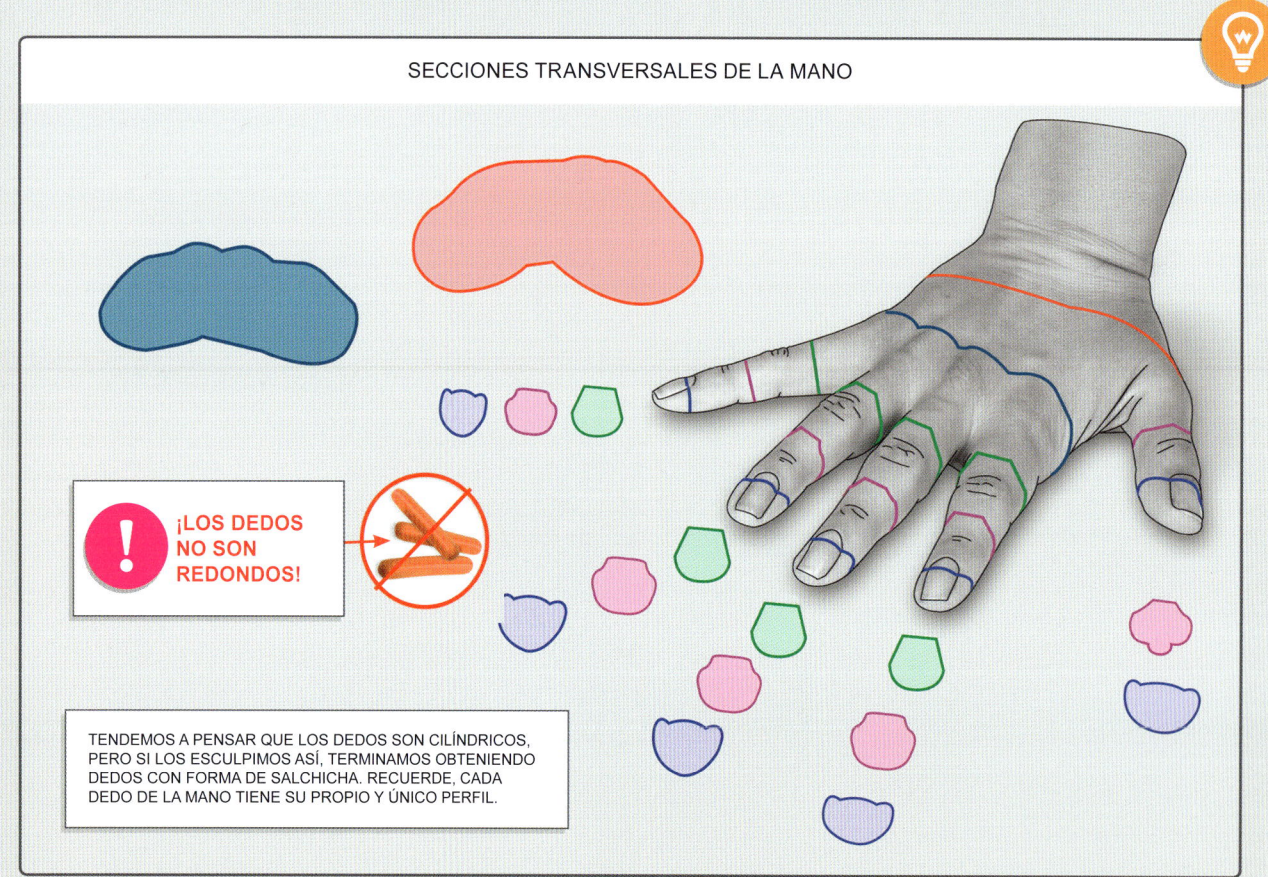

BORDE REDONDEADO

BORDE RECTO

LA PALMA ESTÁ COMPUESTA DE 3 ALMOHADILLAS

SECCIONES TRANSVERSALES DE LA MANO

¡LOS DEDOS NO SON REDONDOS!

TENDEMOS A PENSAR QUE LOS DEDOS SON CILÍNDRICOS, PERO SI LOS ESCULPIMOS ASÍ, TERMINAMOS OBTENIENDO DEDOS CON FORMA DE SALCHICHA. RECUERDE, CADA DEDO DE LA MANO TIENE SU PROPIO Y ÚNICO PERFIL.

PROPORCIONES IDEALIZADAS DE LA MANO

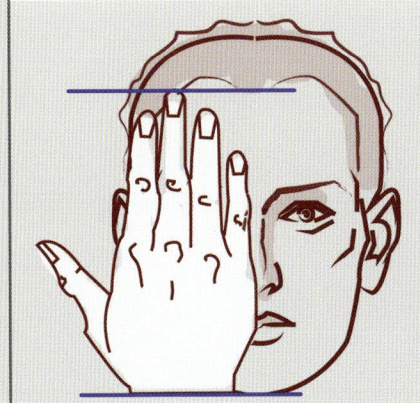

TAMAÑO DE LA MANO DE UN **ADULTO**

CUANDO MODELE LA MANO, ASEGÚRESE DE QUE ESTA SEA SUFICIENTEMENTE GRANDE Y EN PROPORCIÓN AL SUJETO.

IDEALMENTE, LA MANO TIENE EL MISMO TAMAÑO QUE EL ROSTRO (DESDE LA PUNTA DEL MENTÓN AL NACIMIENTO DEL CABELLO).

BEBÉ

LA LONGITUD DE LA MANO ES LA DISTANCIA DESDE EL MENTÓN A LA LÍNEA DE LAS CEJAS.

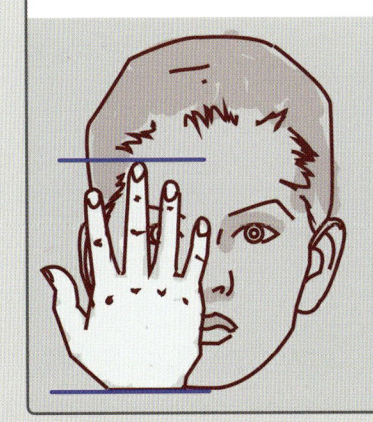

ADOLESCENTE

LA LONGITUD DE LA MANO ES LA DISTANCIA DESDE EL MENTÓN A LA MITAD DE LA FRENTE.

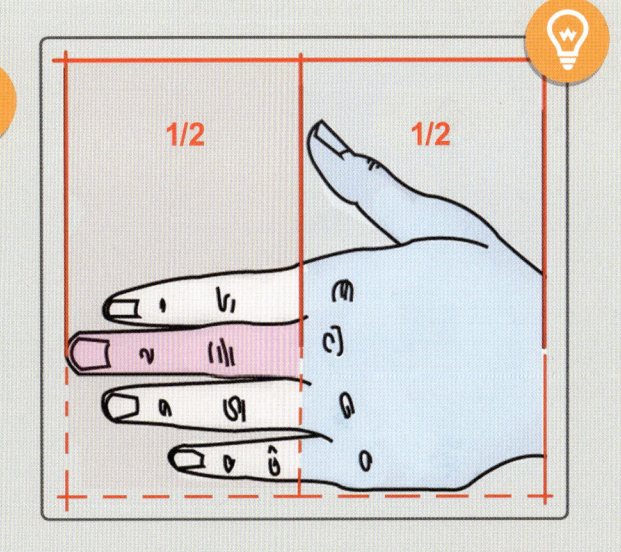

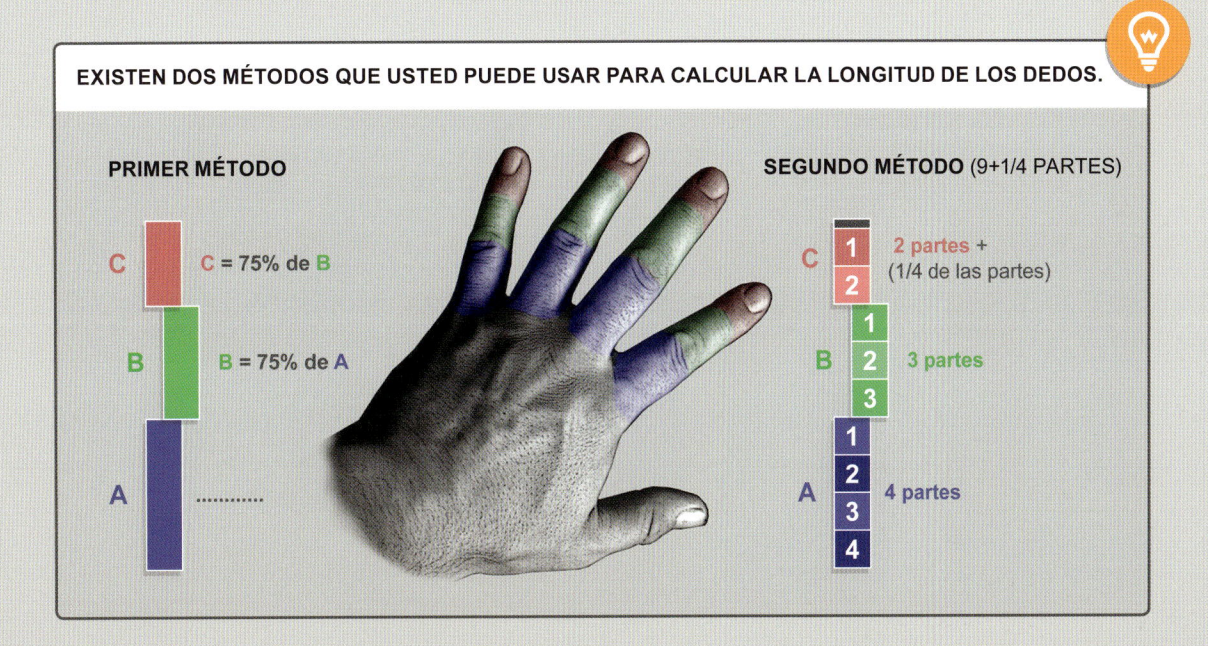

1/2 | 1/2

EXISTEN DOS MÉTODOS QUE USTED PUEDE USAR PARA CALCULAR LA LONGITUD DE LOS DEDOS.

PRIMER MÉTODO

C = 75% de B
B = 75% de A
A ....

SEGUNDO MÉTODO (9+1/4 PARTES)

C: 2 partes + (1/4 de las partes)
B: 3 partes
A: 4 partes

LA MANO

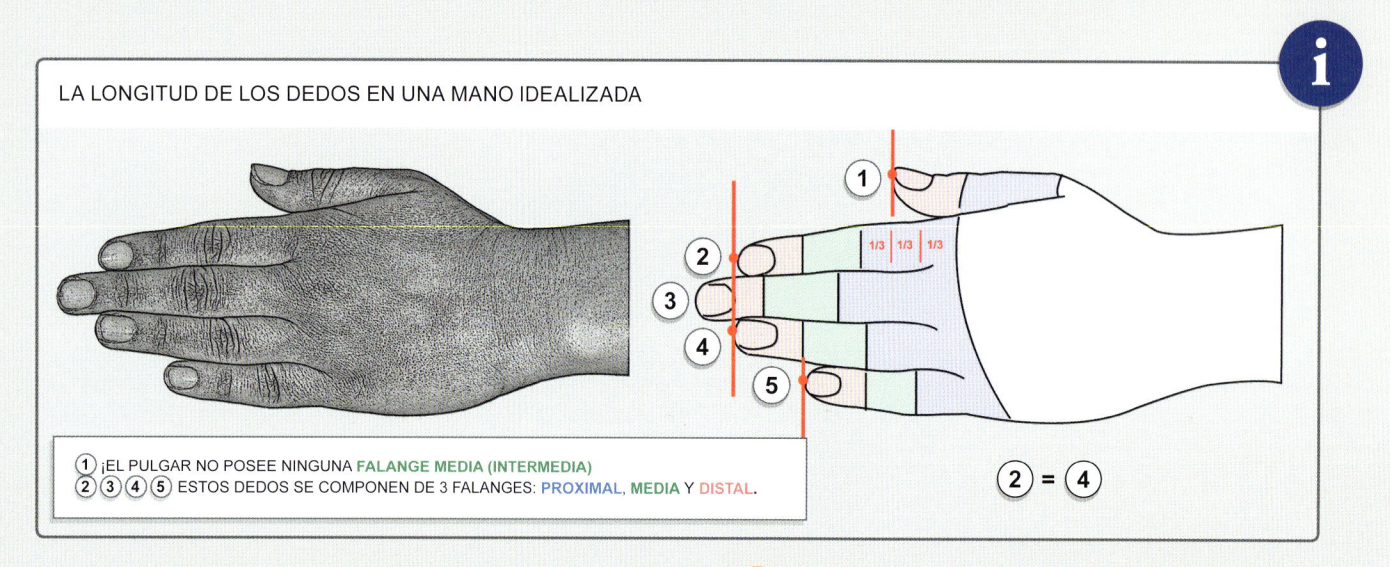

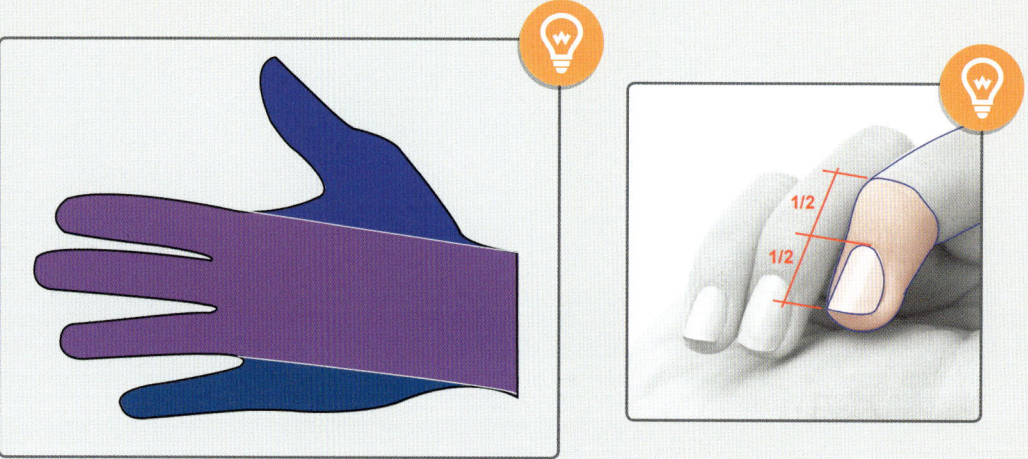

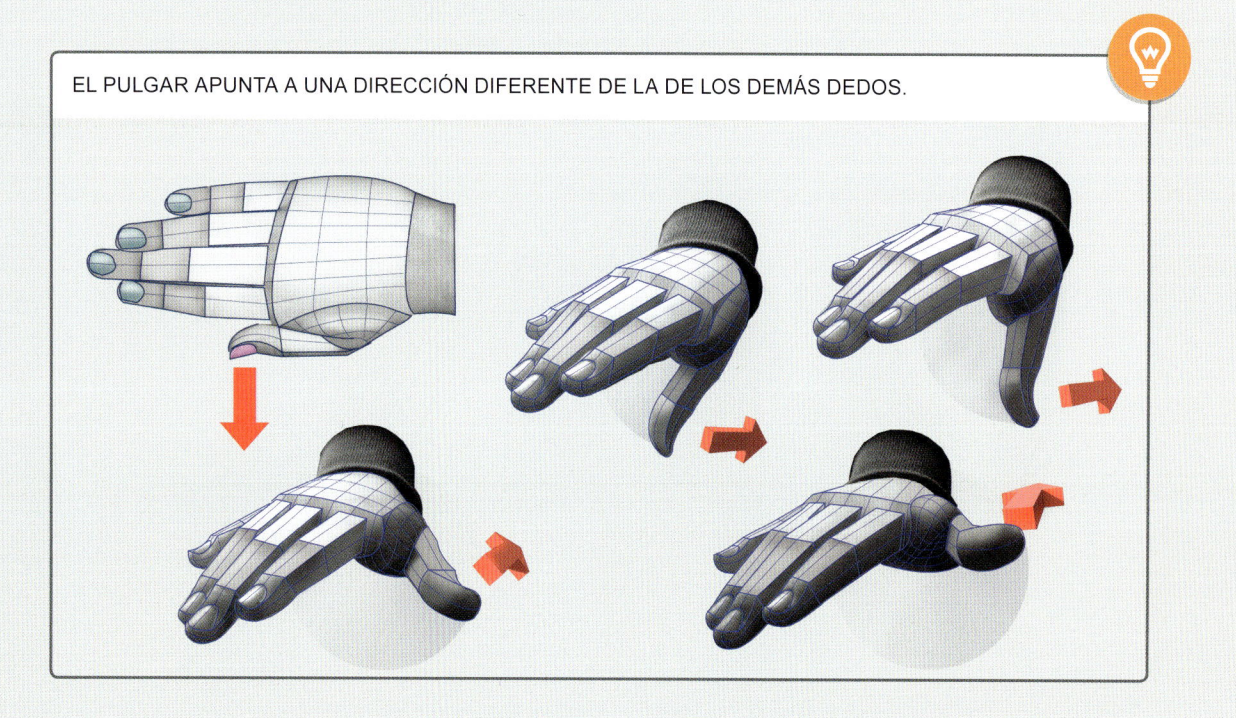

LA LONGITUD DE LOS DEDOS EN UNA MANO IDEALIZADA

① ¡EL PULGAR NO POSEE NINGUNA FALANGE MEDIA (INTERMEDIA)
② ③ ④ ⑤ ESTOS DEDOS SE COMPONEN DE 3 FALANGES: PROXIMAL, MEDIA Y DISTAL.

② = ④

EL PULGAR APUNTA A UNA DIRECCIÓN DIFERENTE DE LA DE LOS DEMÁS DEDOS.

MODELAR LA MANO Y LOS DEDOS

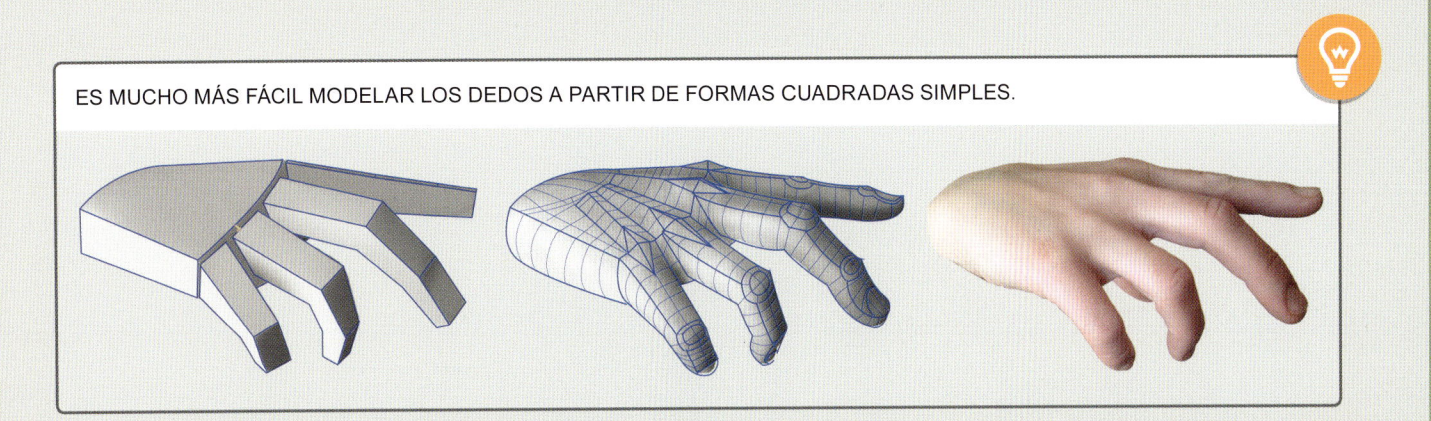

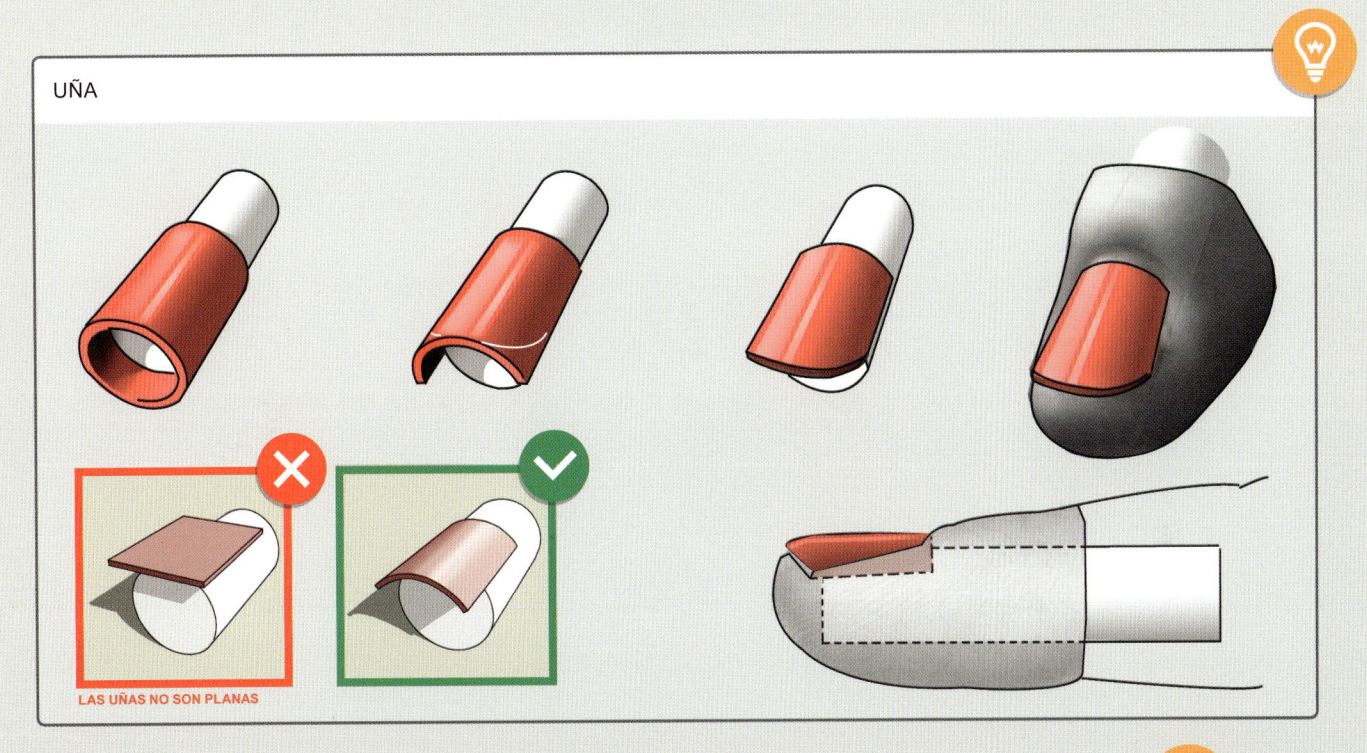

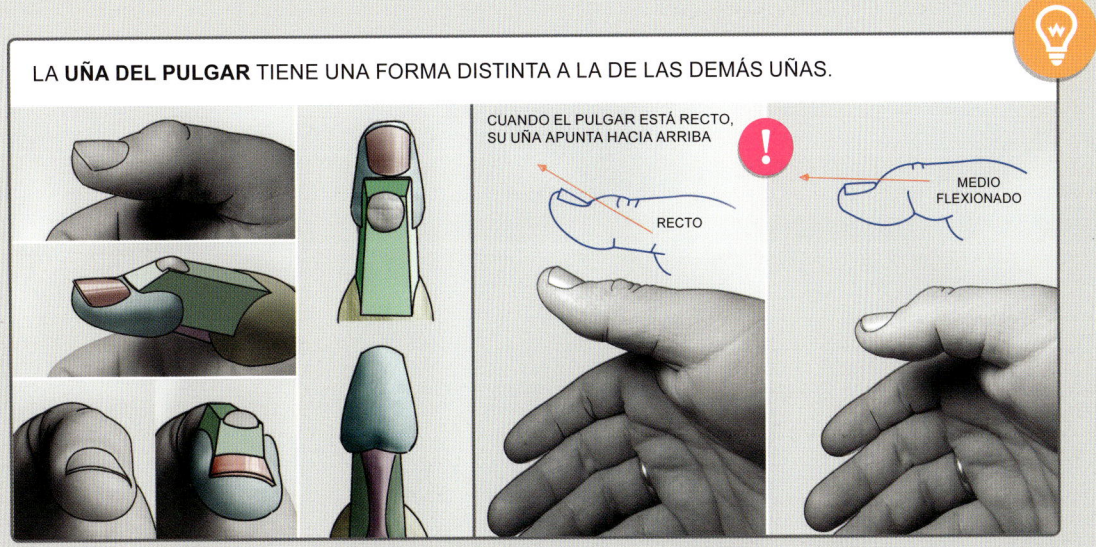

ES MUCHO MÁS FÁCIL MODELAR LOS DEDOS A PARTIR DE FORMAS CUADRADAS SIMPLES.

UÑA

LAS UÑAS NO SON PLANAS

LA **UÑA DEL PULGAR** TIENE UNA FORMA DISTINTA A LA DE LAS DEMÁS UÑAS.

CUANDO EL PULGAR ESTÁ RECTO, SU UÑA APUNTA HACIA ARRIBA

RECTO

MEDIO FLEXIONADO

MOVIMIENTOS DE LA MANO

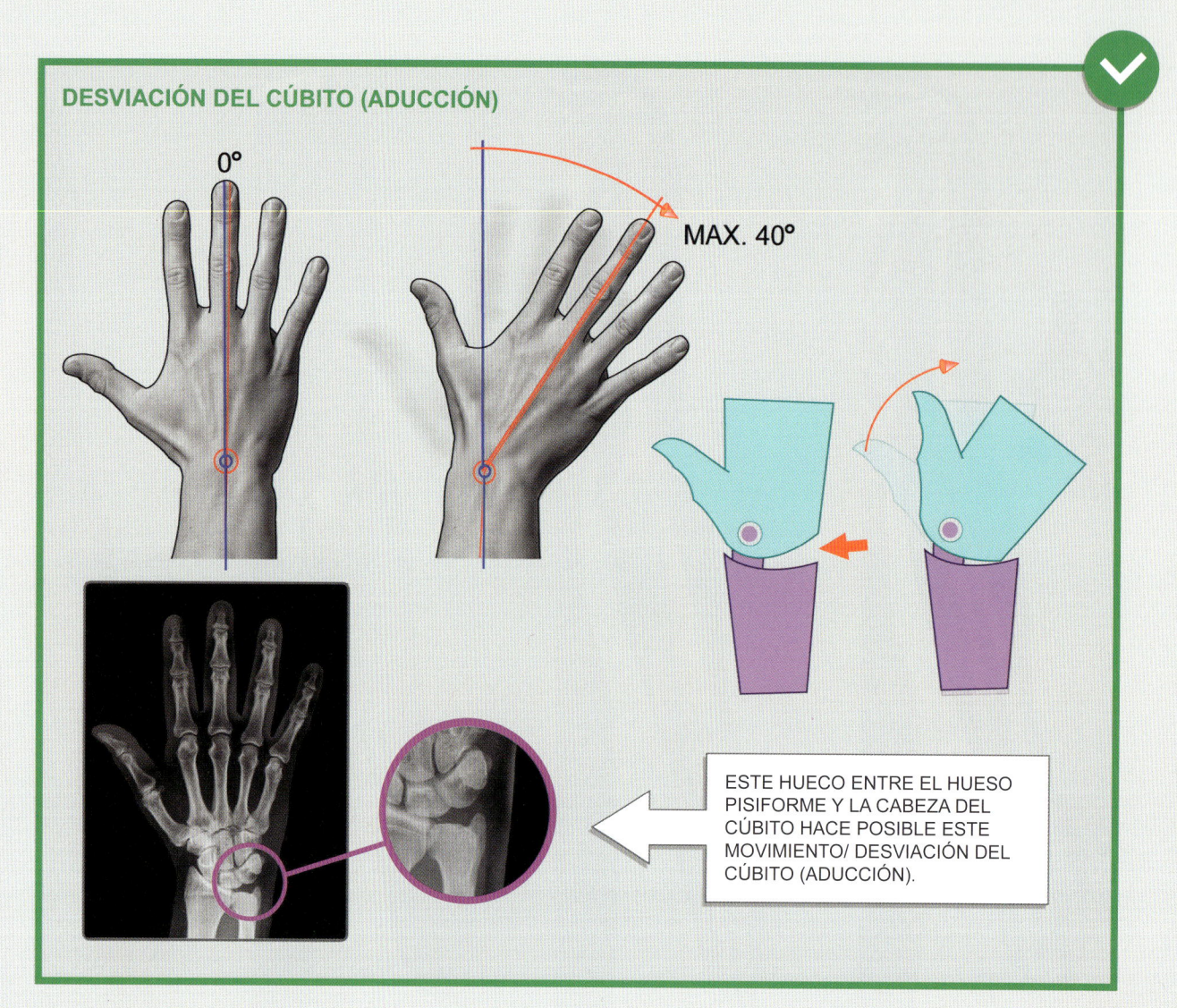

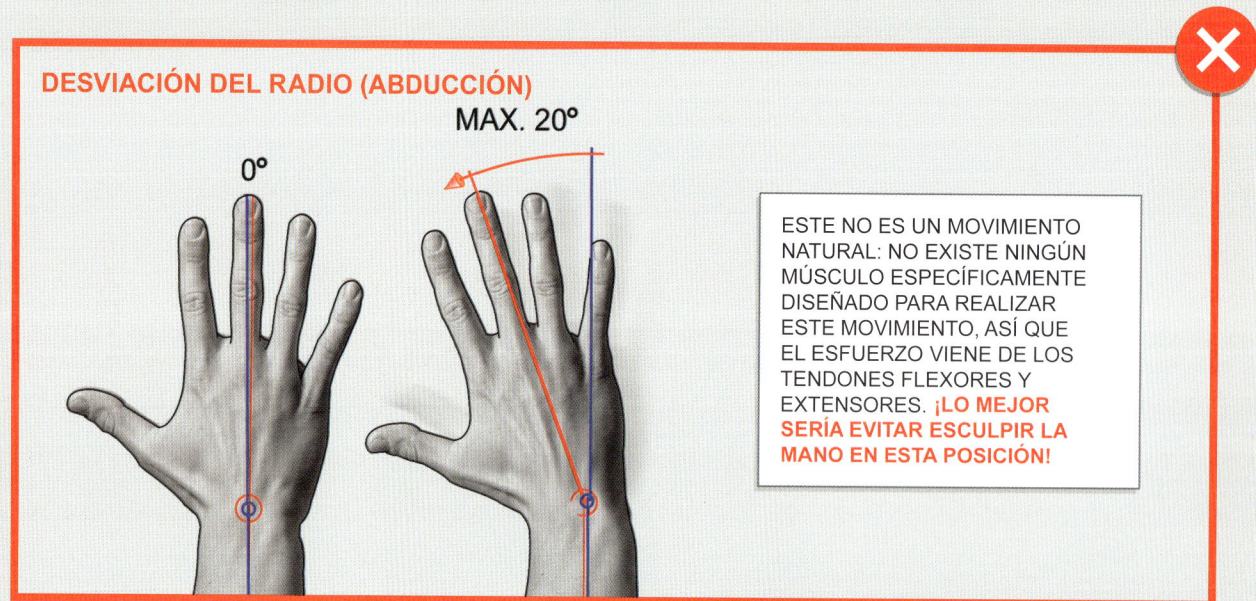

DESVIACIÓN DEL CÚBITO (ADUCCIÓN)

0°

MAX. 40°

ESTE HUECO ENTRE EL HUESO PISIFORME Y LA CABEZA DEL CÚBITO HACE POSIBLE ESTE MOVIMIENTO/ DESVIACIÓN DEL CÚBITO (ADUCCIÓN).

DESVIACIÓN DEL RADIO (ABDUCCIÓN)

MAX. 20°

0°

ESTE NO ES UN MOVIMIENTO NATURAL: NO EXISTE NINGÚN MÚSCULO ESPECÍFICAMENTE DISEÑADO PARA REALIZAR ESTE MOVIMIENTO, ASÍ QUE EL ESFUERZO VIENE DE LOS TENDONES FLEXORES Y EXTENSORES. ¡LO MEJOR SERÍA EVITAR ESCULPIR LA MANO EN ESTA POSICIÓN!

POSICIONES DE LA MUÑECA

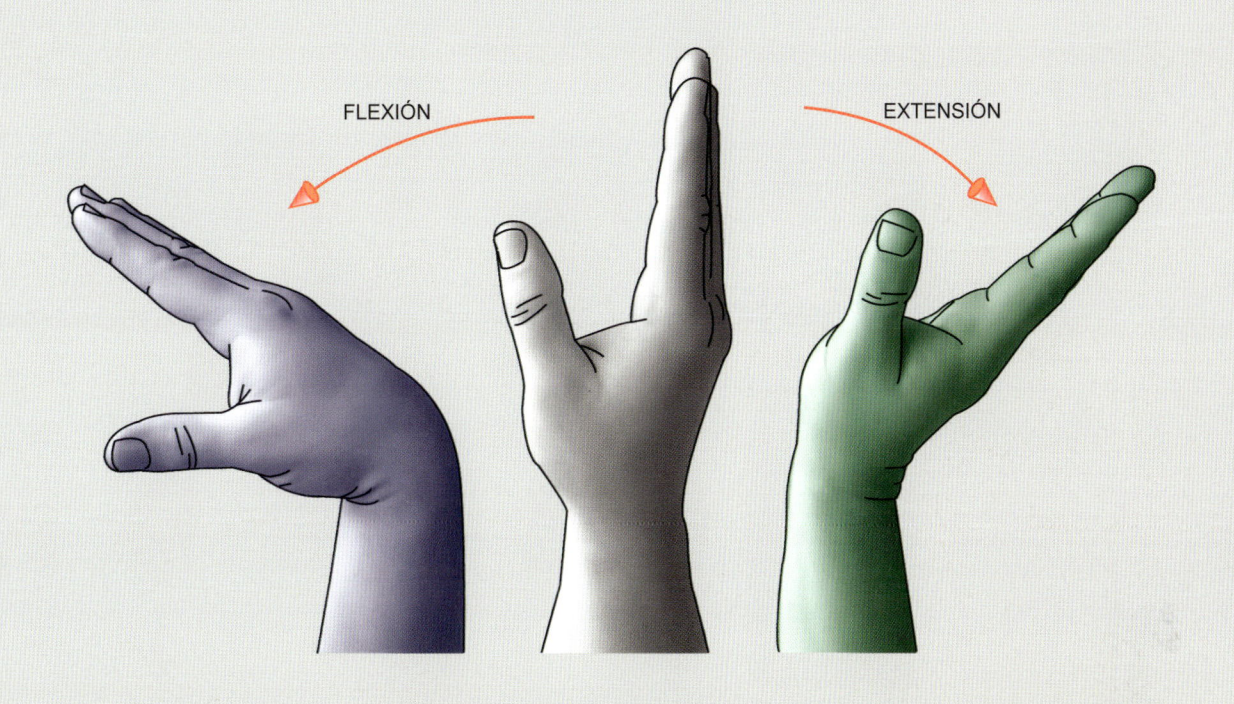

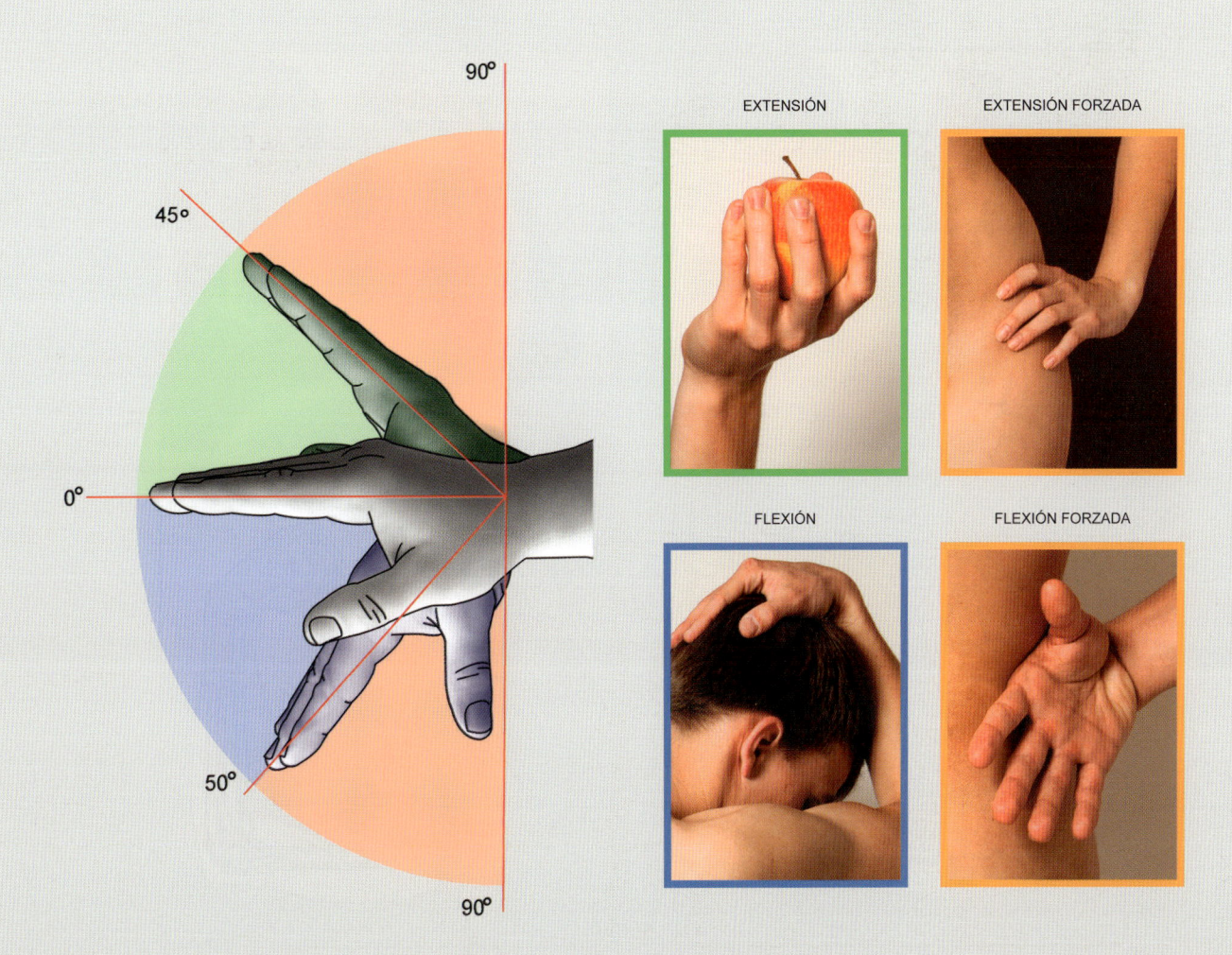

FLEXIÓN

EXTENSIÓN

90°
45°
0°
50°
90°

EXTENSIÓN

EXTENSIÓN FORZADA

FLEXIÓN

FLEXIÓN FORZADA

181

PLIEGUES Y HUECOS DE LOS DEDOS

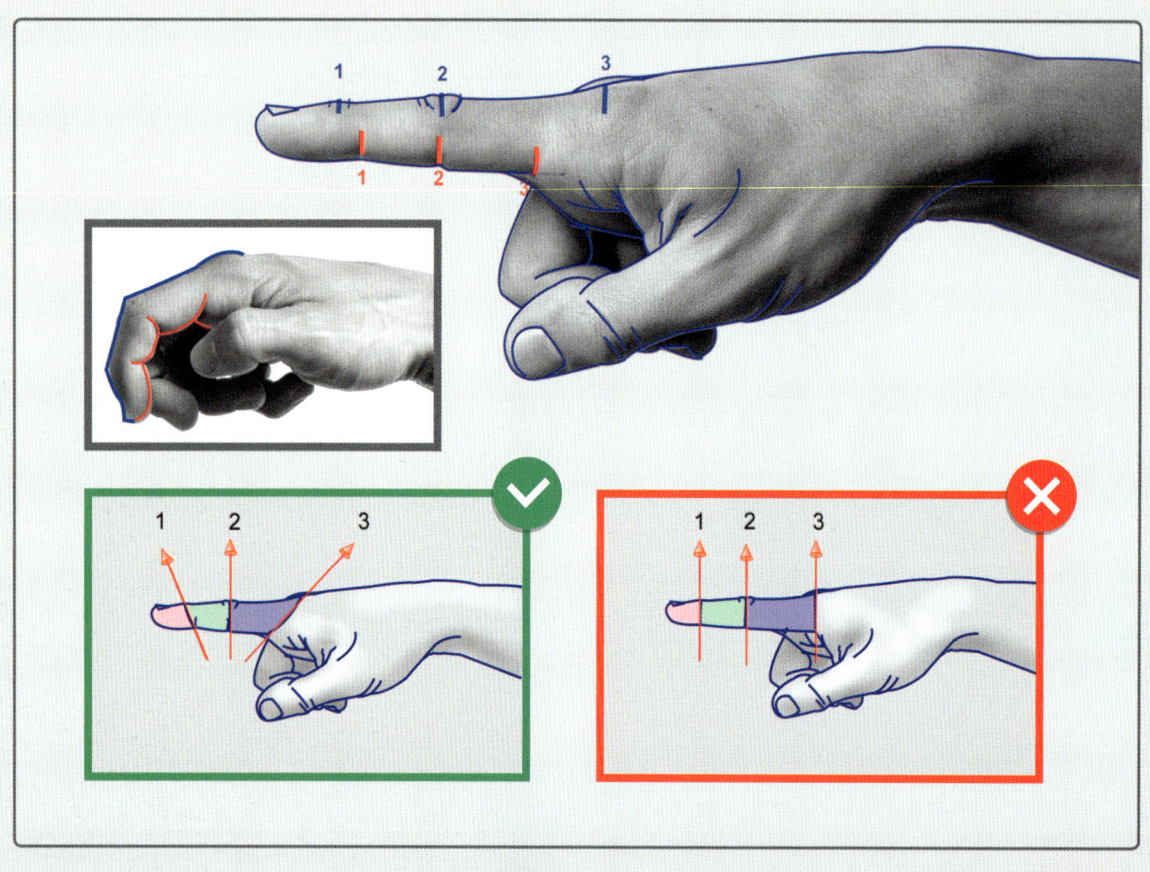

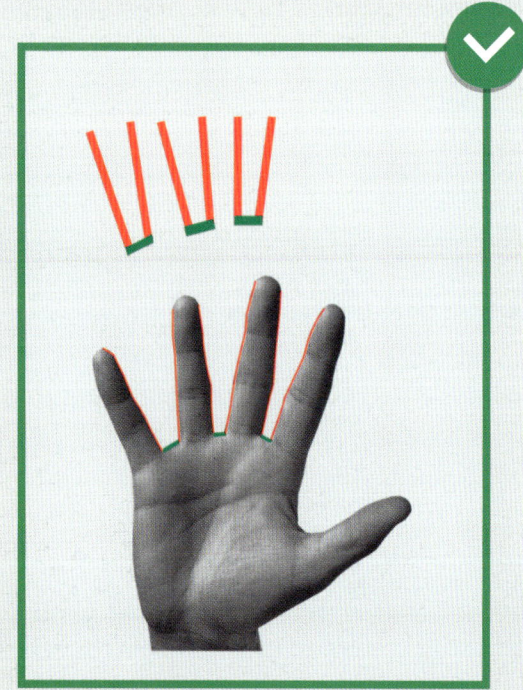

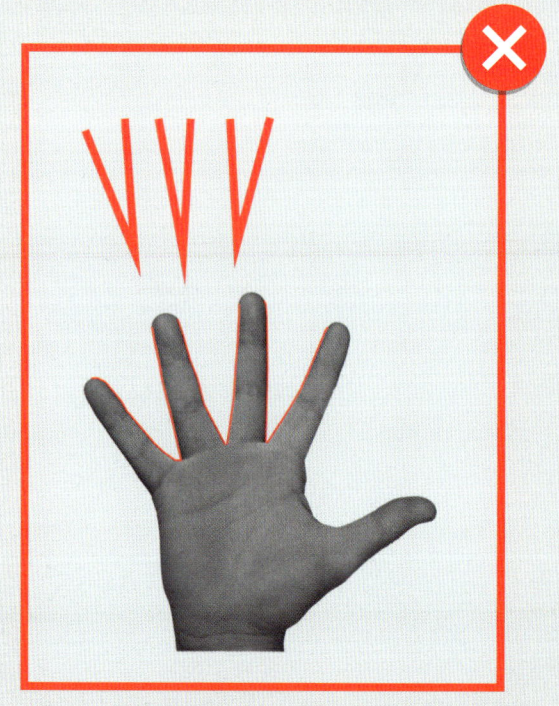

LÍNEA DE FLEXIÓN Y CONEXIÓN DE LOS DEDOS

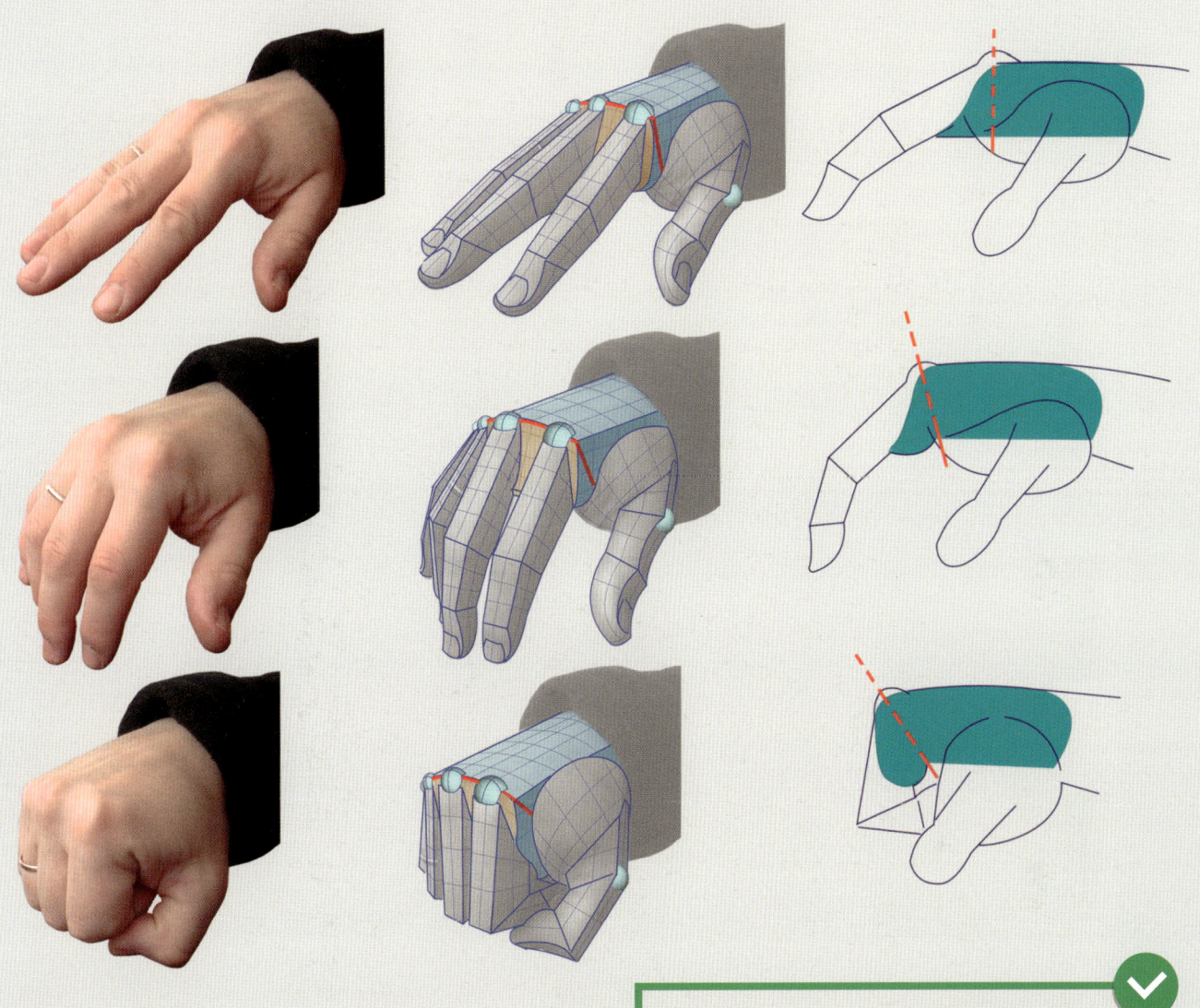

LOS DEDOS SON MÁS CORTOS EN EL LADO PALMAR DE LA MANO.

EL PLIEGUE PALMAR NO COINCIDE CON LA LÍNEA DE CONEXIÓN DONDE LOS DEDOS SE UNEN AL CUERPO DE LA MANO.

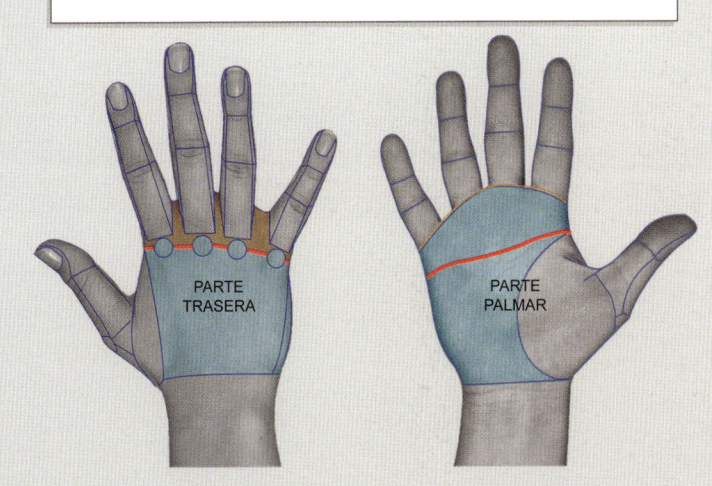

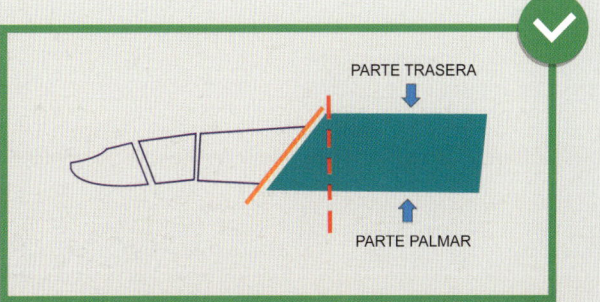

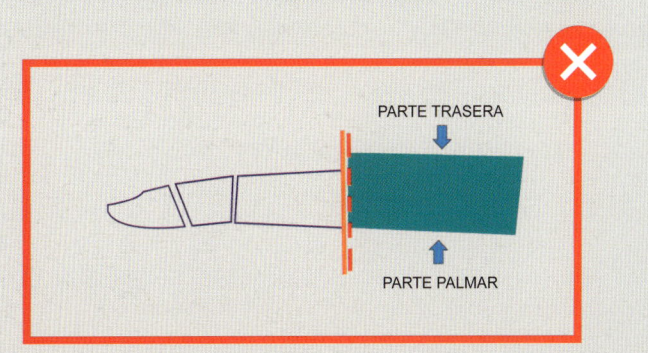

PARTE TRASERA
PARTE PALMAR

PARTE TRASERA
PARTE PALMAR

PARTE TRASERA
PARTE PALMAR

CÓMO ENVEJECEN LAS MANOS

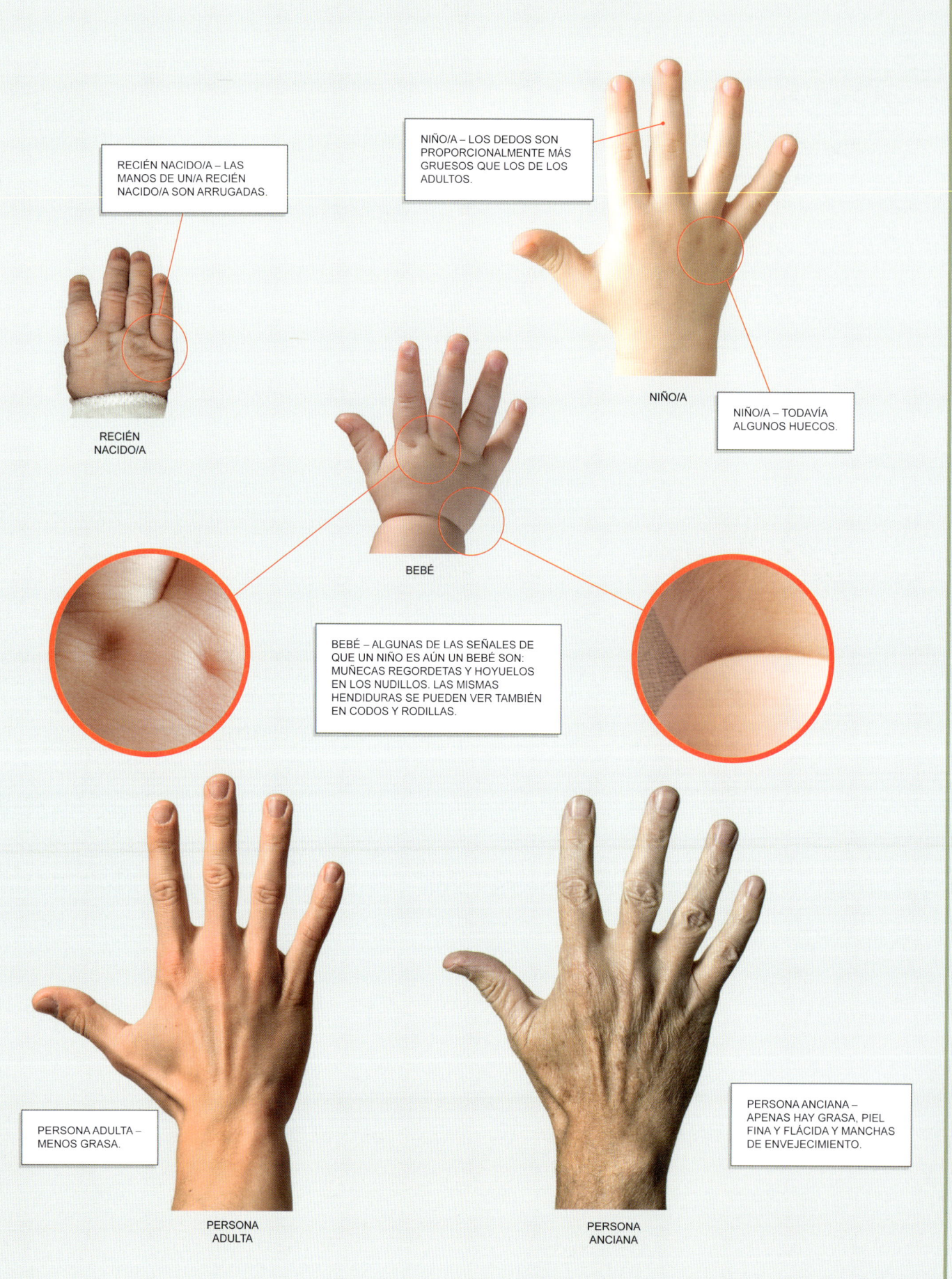

RECIÉN NACIDO/A – LAS MANOS DE UN/A RECIÉN NACIDO/A SON ARRUGADAS.

NIÑO/A – LOS DEDOS SON PROPORCIONALMENTE MÁS GRUESOS QUE LOS DE LOS ADULTOS.

RECIÉN NACIDO/A

NIÑO/A

NIÑO/A – TODAVÍA ALGUNOS HUECOS.

BEBÉ

BEBÉ – ALGUNAS DE LAS SEÑALES DE QUE UN NIÑO ES AÚN UN BEBÉ SON: MUÑECAS REGORDETAS Y HOYUELOS EN LOS NUDILLOS. LAS MISMAS HENDIDURAS SE PUEDEN VER TAMBIÉN EN CODOS Y RODILLAS.

PERSONA ADULTA – MENOS GRASA.

PERSONA ANCIANA – APENAS HAY GRASA, PIEL FINA Y FLÁCIDA Y MANCHAS DE ENVEJECIMIENTO.

PERSONA ADULTA

PERSONA ANCIANA

ANATOMÍA PARA ESCULTORES

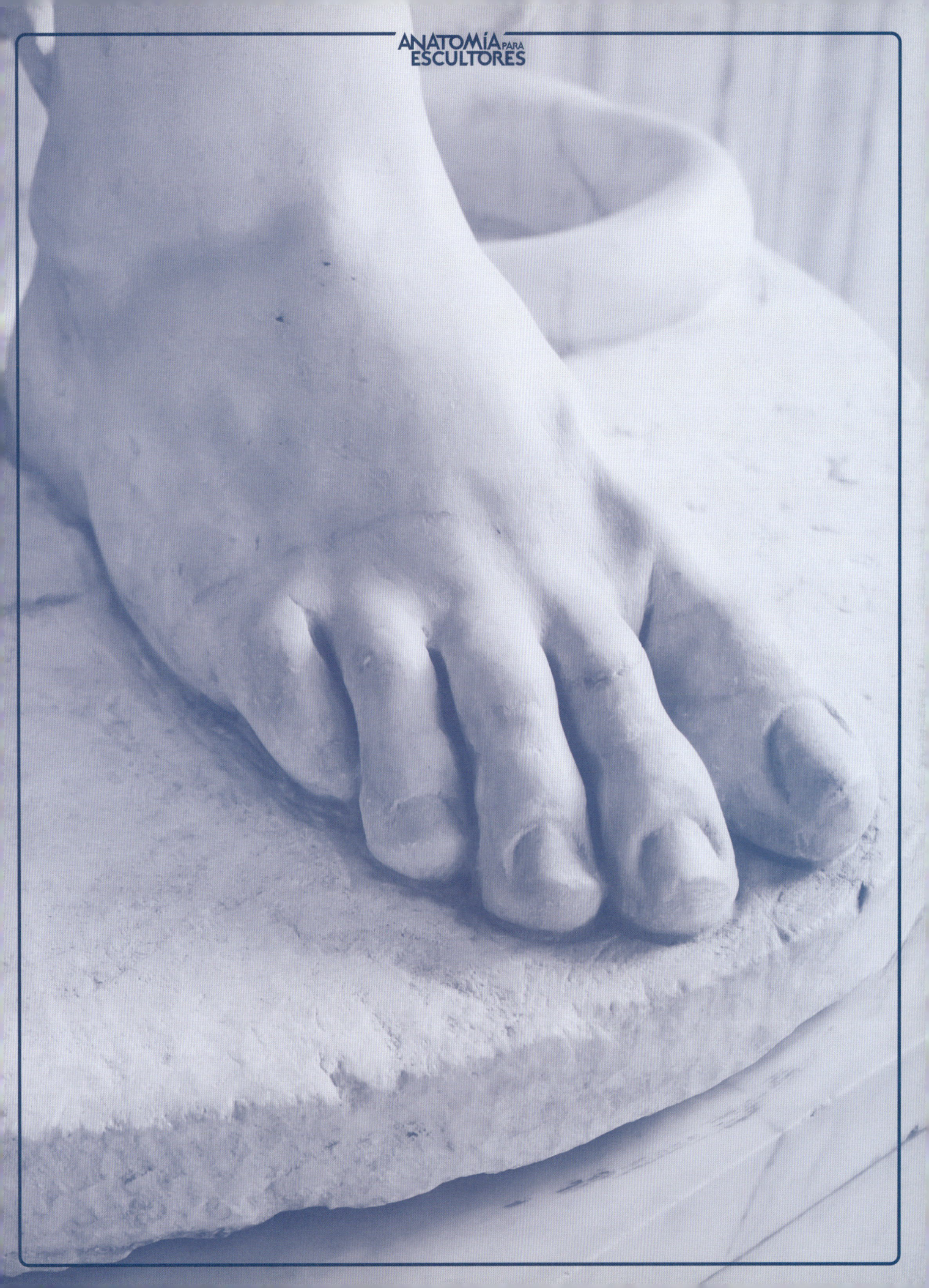

HUESOS DE LA EXTREMIDAD INFERIOR

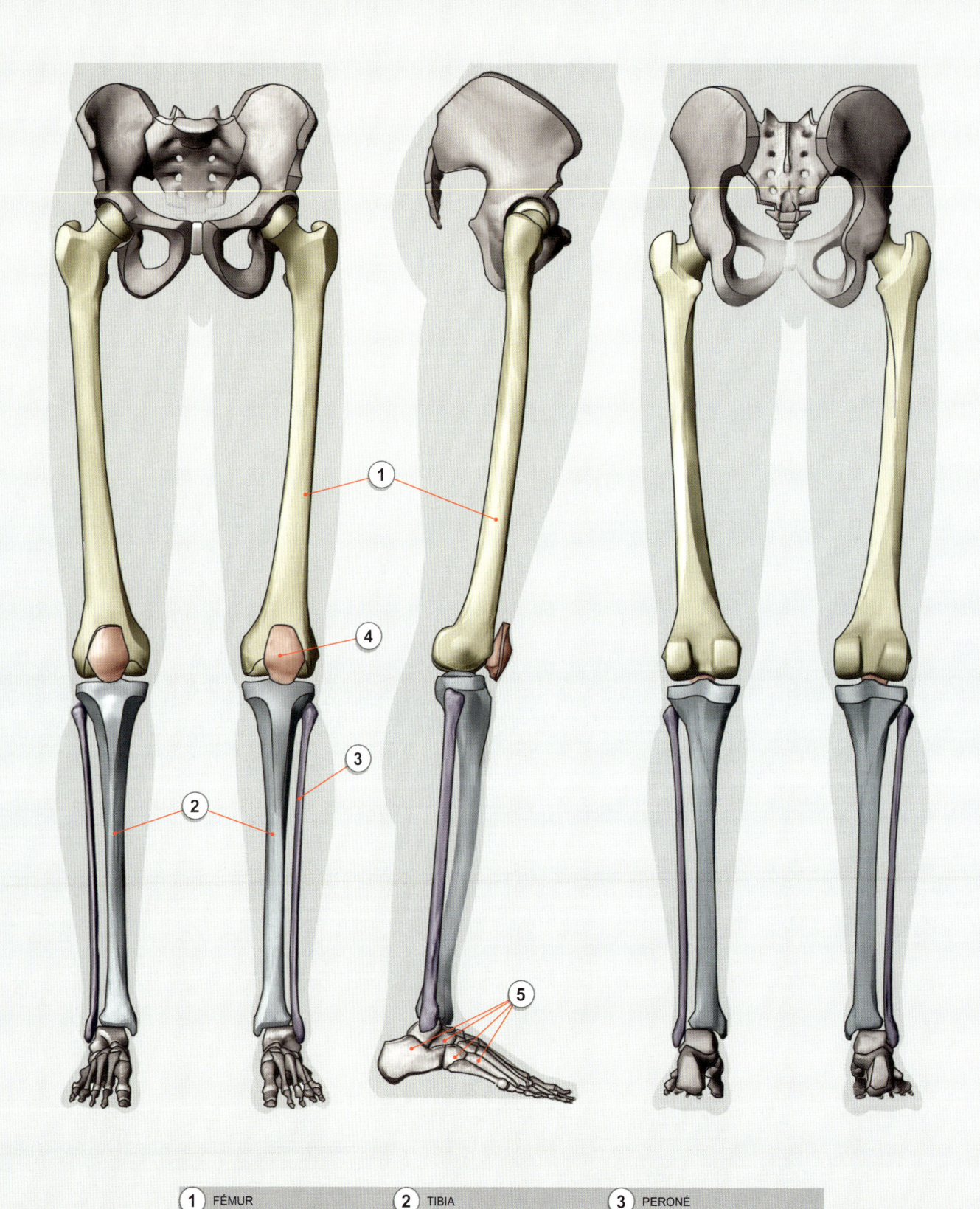

1. FÉMUR
2. TIBIA
3. PERONÉ
4. RÓTULA (patella)
5. HUESOS DEL PIE

186

HUESOS DEL PIE

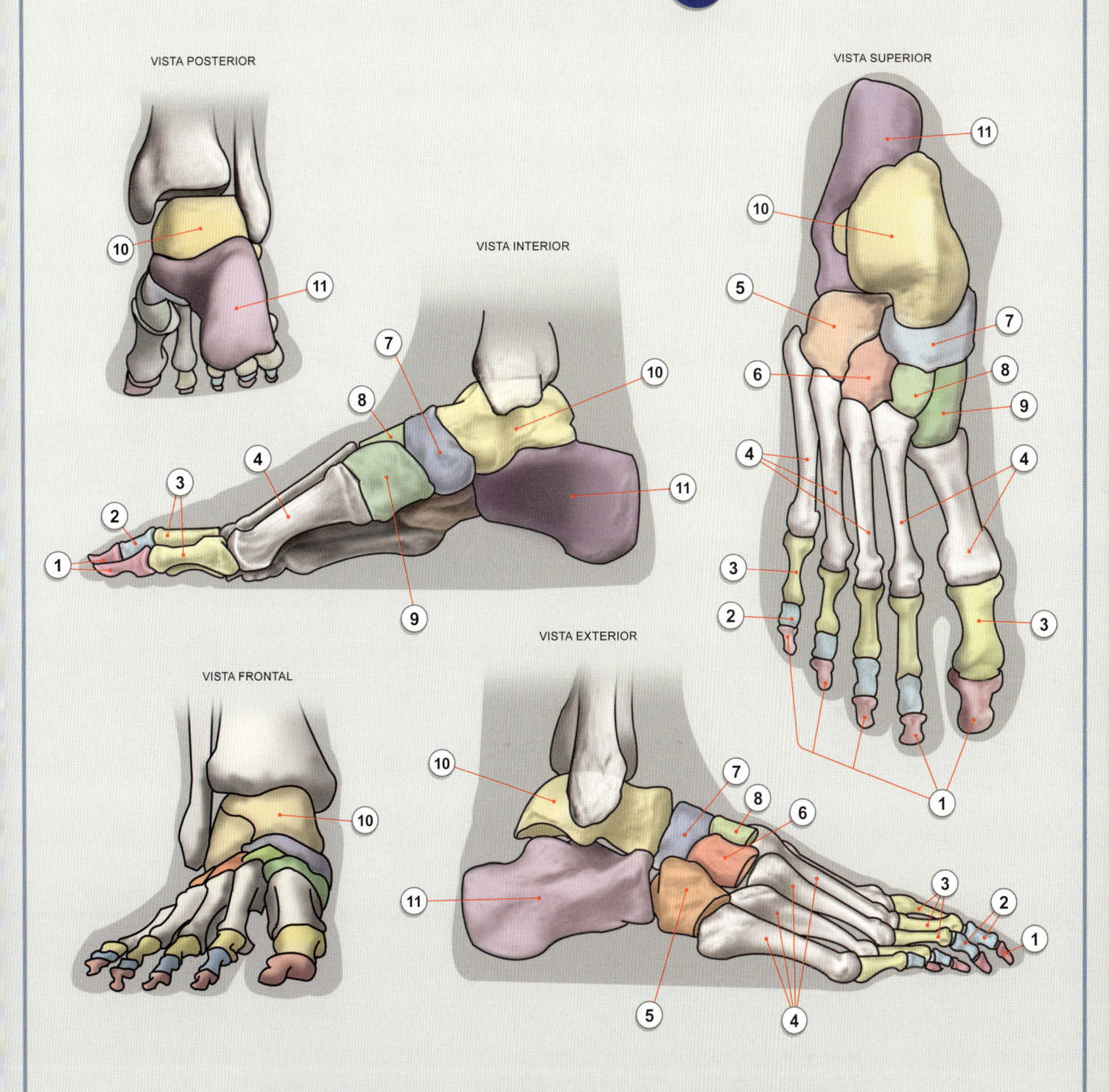

VISTA POSTERIOR

VISTA SUPERIOR

VISTA INTERIOR

VISTA EXTERIOR

VISTA FRONTAL

1	FALANGES DISTALES	5	CUBOIDES	9	CUNEIFORME MEDIAL
2	FALANGES MEDIAS	6	CUNEIFORME LATERAL	10	TALUS O ASTRÁGALO
3	FALANGES PROXIMALES	7	NAVICULAR	11	HUESO DEL TALÓN (CALCÁNEO)
4	HUESOS METATARSIANOS	8	CUNEIFORME INTERMEDIO		

MÚSCULOS DE LA EXTREMIDAD INFERIOR

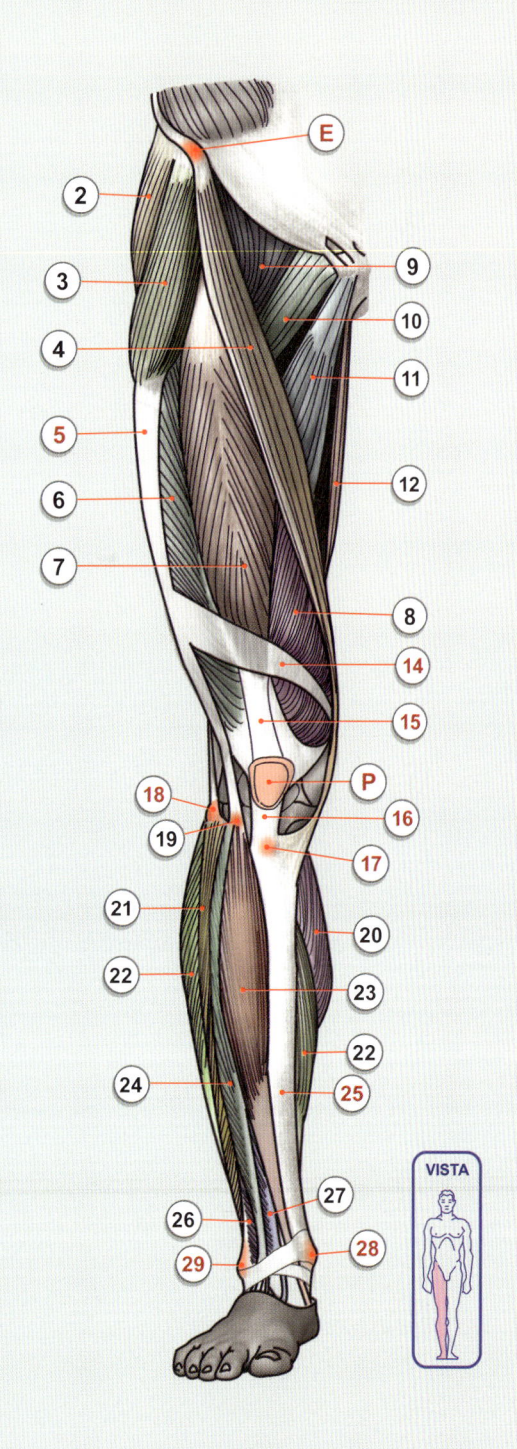

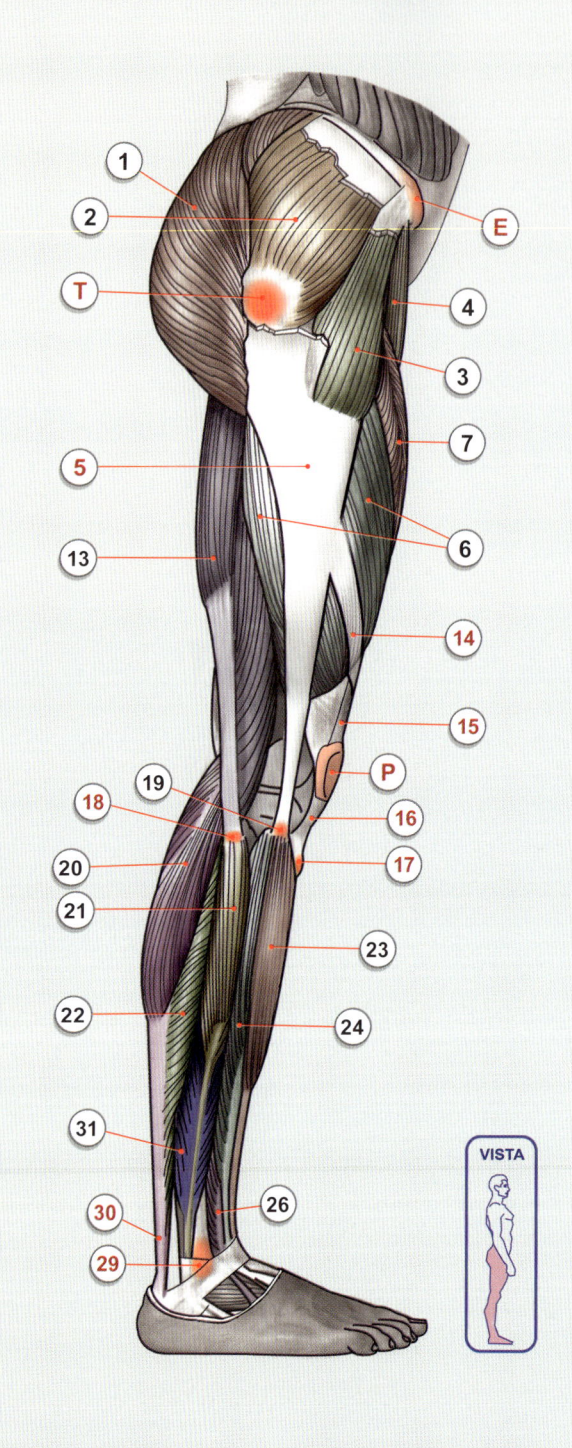

E	E.I.A.S.	5	BANDA ILIOTIBIAL	12	GRÁCIL
T	TROCÁNTER MAYOR	6	MÚSCULO VASTO LATERAL	13	BÍCEPS FEMORAL
P	RÓTULA (PATELLA)	7	RECTO FEMORAL	14	BANDA DE RICHER
1	GLÚTEO MAYOR	8	VASTO MEDIAL	15	TENDÓN DEL CUÁDRICEPS
2	GLÚTEO MEDIO	9	ILIOPSOAS	16	LIGAMENTO PATELAR
3	TENSOR DE LA FASCIA LATA	10	PECTÍNEO	17	TUBEROSIDAD DE LA TIBIA
4	SARTORIO	11	ADUCTOR LARGO DEL MUSLO	18	CABEZA DEL PERONÉ

188

MÚSCULOS DE LA EXTREMIDAD INFERIOR

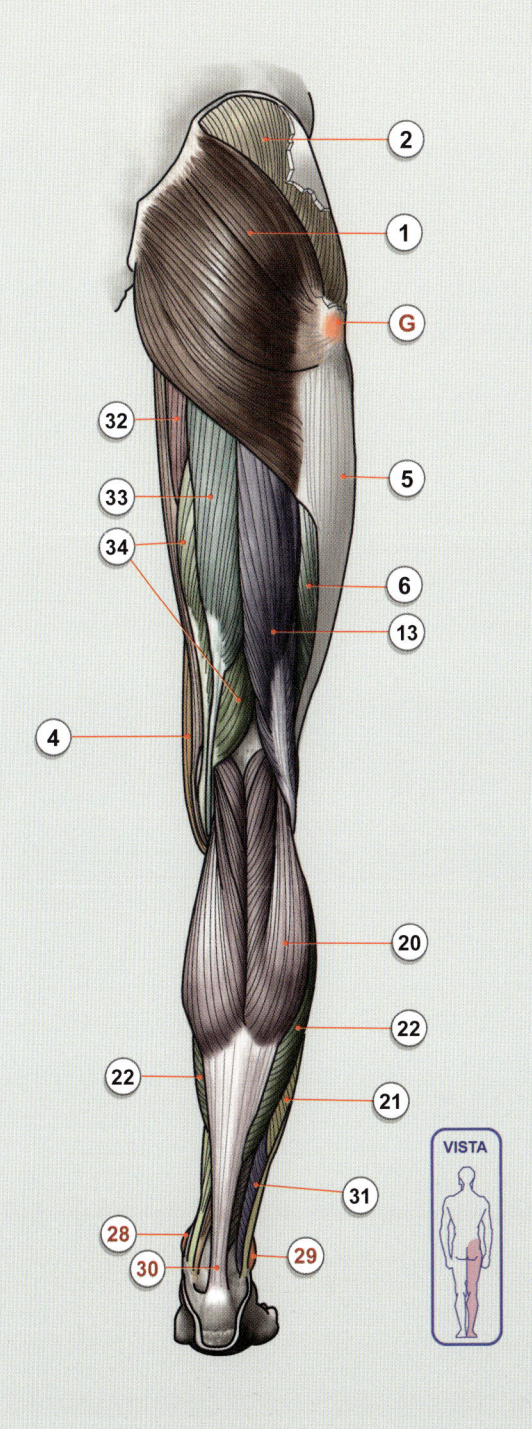

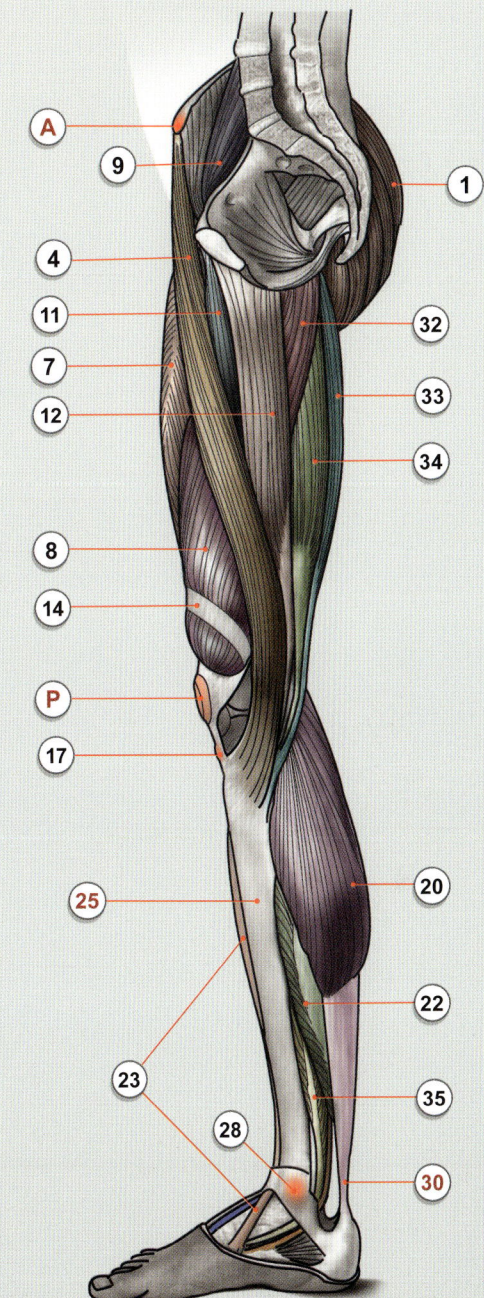

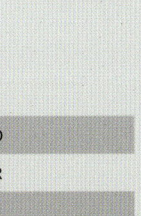

19	CÓNDILO LATERAL DE LA TIBIA	25	SUPERFICIE MEDIAL DE LA TIBIA	31	PERONEO CORTO
20	GASTROCNEMIO	26	TERCER PERONEO	32	ADUCTOR MAYOR
21	PERONEO LARGO	27	EXTENSOR LARGO DEL DEDO GRUESO	33	SEMITENDINOSO
22	SÓLEO	28	TOBILLO MEDIAL (MALÉOLO MEDIAL)	34	SEMIMEMBRANOSO
23	TIBIAL ANTERIOR	29	TOBILLO LATERAL (MALÉOLO LATERAL)	35	FLEXOR LARGO DE LOS DEDOS
24	EXTENSOR LARGO DE LOS DEDOS	30	TENDÓN DE AQUILES		

189

ESCÁNER EN 3D DE LA PIERNA DERECHA

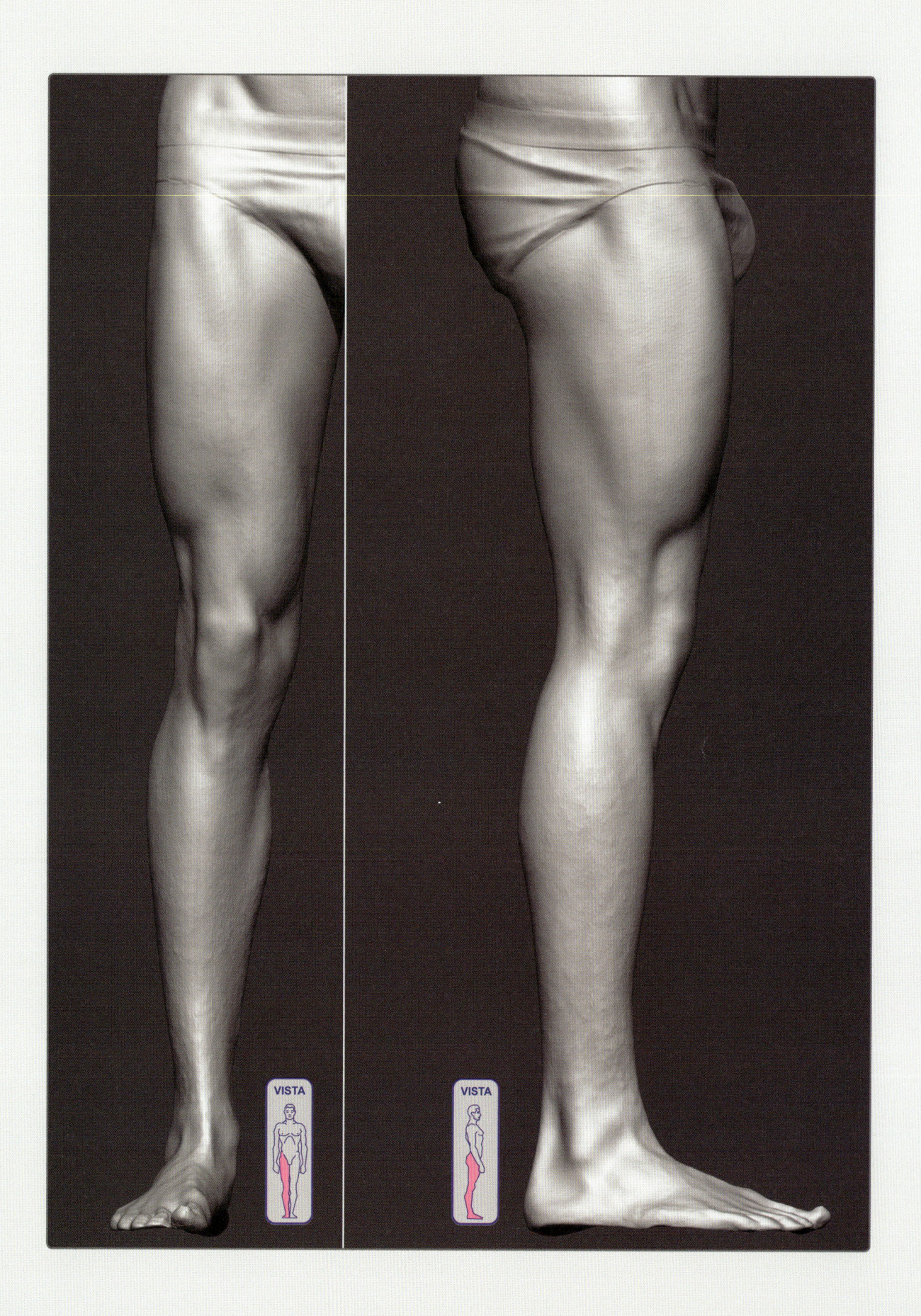

190

ESCÁNER EN 3D DE LA PIERNA DERECHA

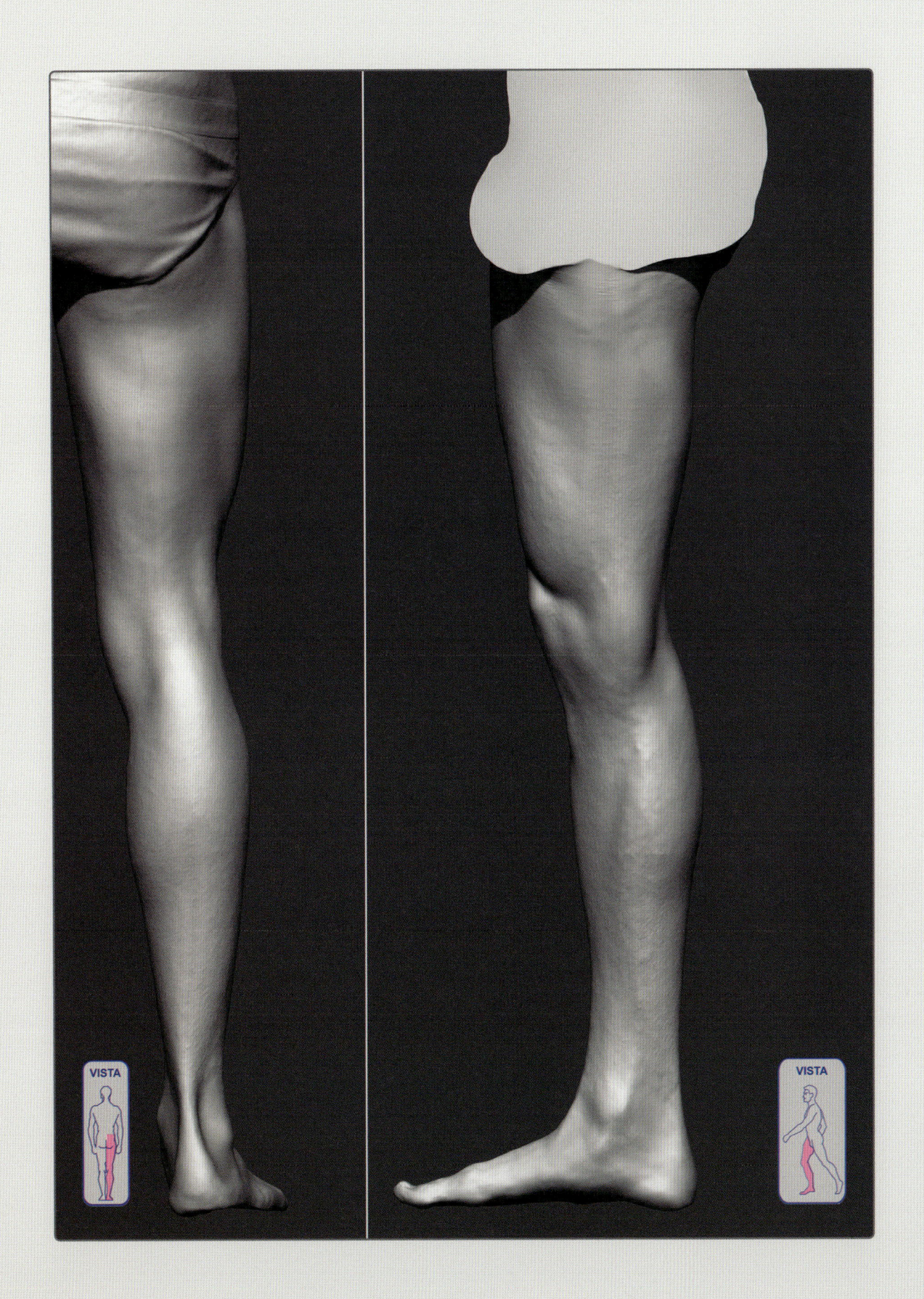

ANATOMÍA PARA ESCULTORES

PUNTOS DE REFERENCIA DE LA EXTREMIDAD INFERIOR

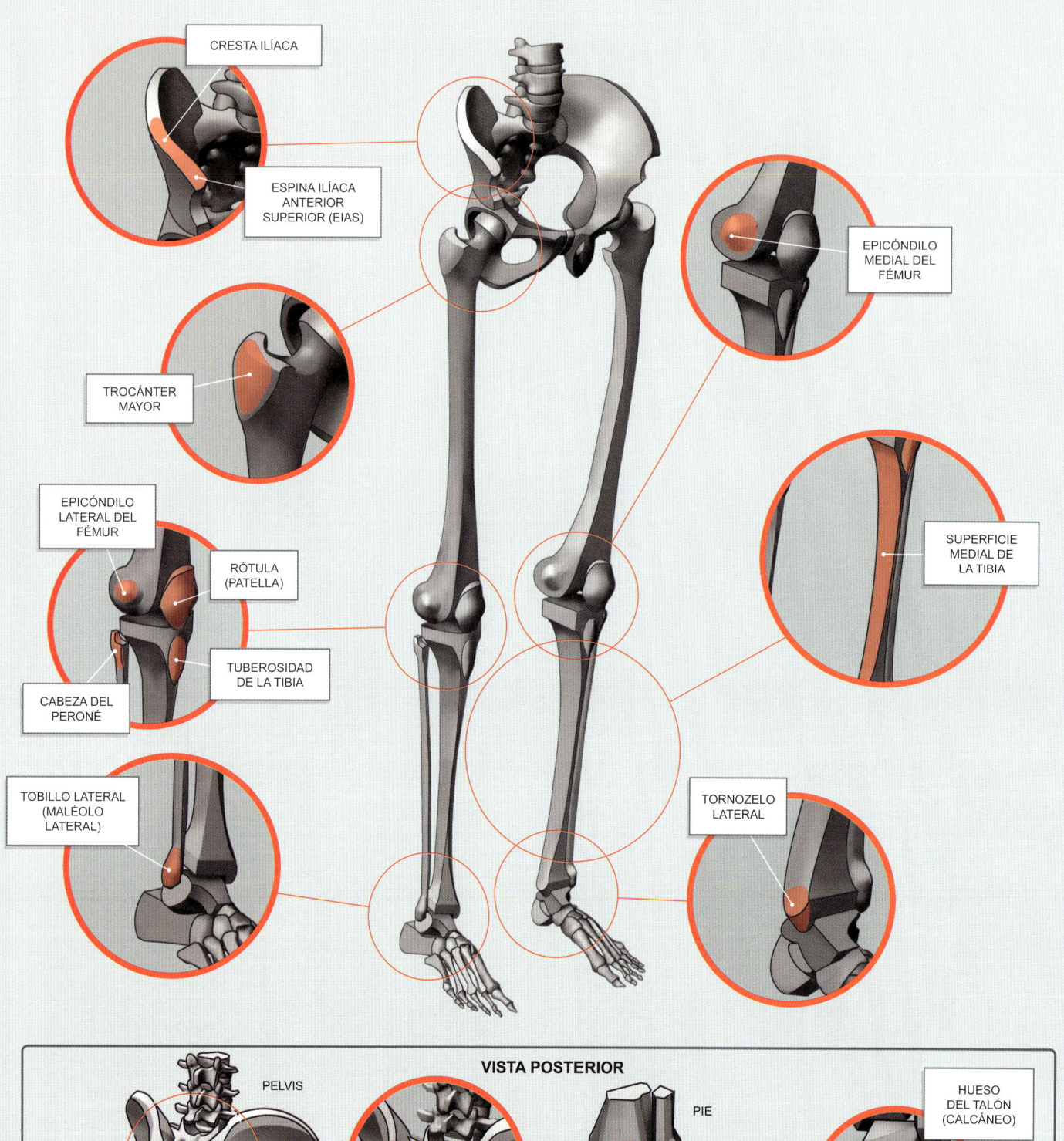

- CRESTA ILÍACA
- ESPINA ILÍACA ANTERIOR SUPERIOR (EIAS)
- EPICÓNDILO MEDIAL DEL FÉMUR
- TROCÁNTER MAYOR
- EPICÓNDILO LATERAL DEL FÉMUR
- RÓTULA (PATELLA)
- SUPERFICIE MEDIAL DE LA TIBIA
- TUBEROSIDAD DE LA TIBIA
- CABEZA DEL PERONÉ
- TOBILLO LATERAL (MALÉOLO LATERAL)
- TORNOZELO LATERAL

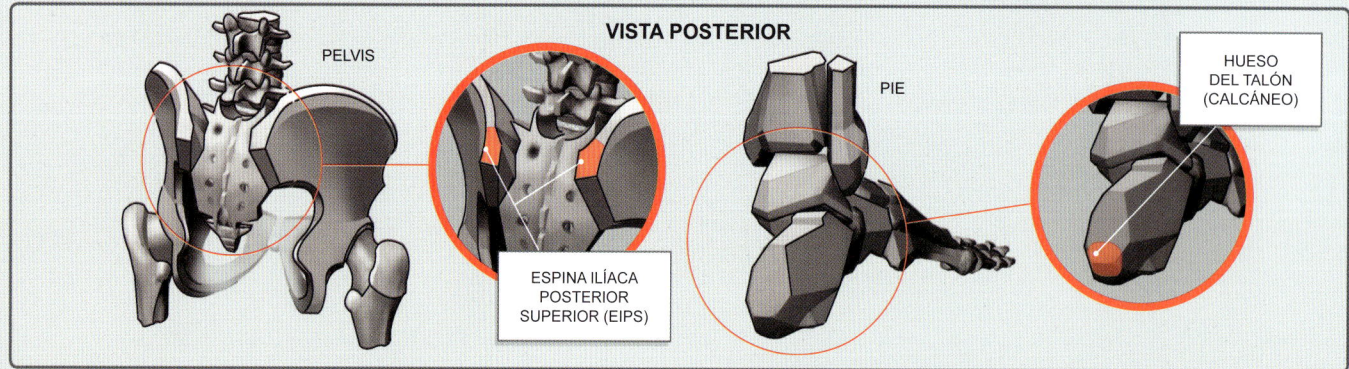

VISTA POSTERIOR

- PELVIS
- PIE
- HUESO DEL TALÓN (CALCÁNEO)
- ESPINA ILÍACA POSTERIOR SUPERIOR (EIPS)

PUNTOS DE REFERENCIA DE LA PELVIS

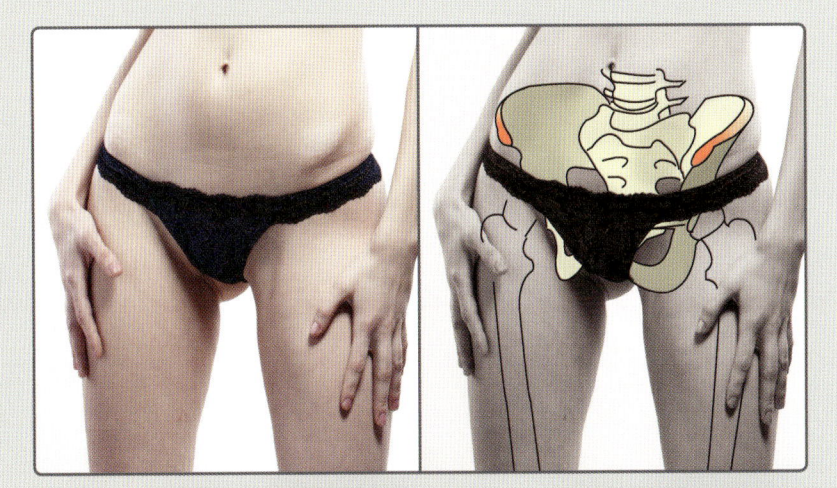

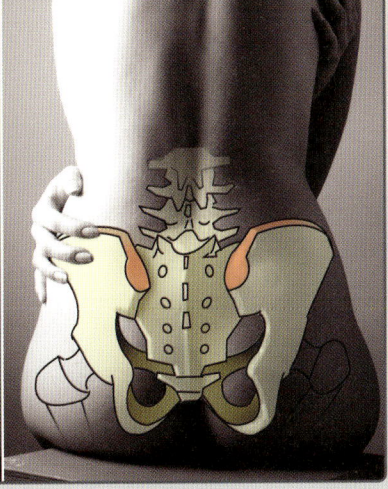

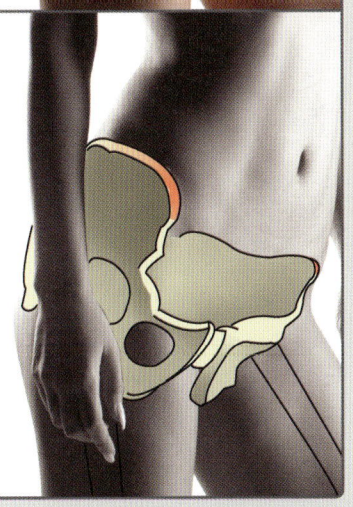

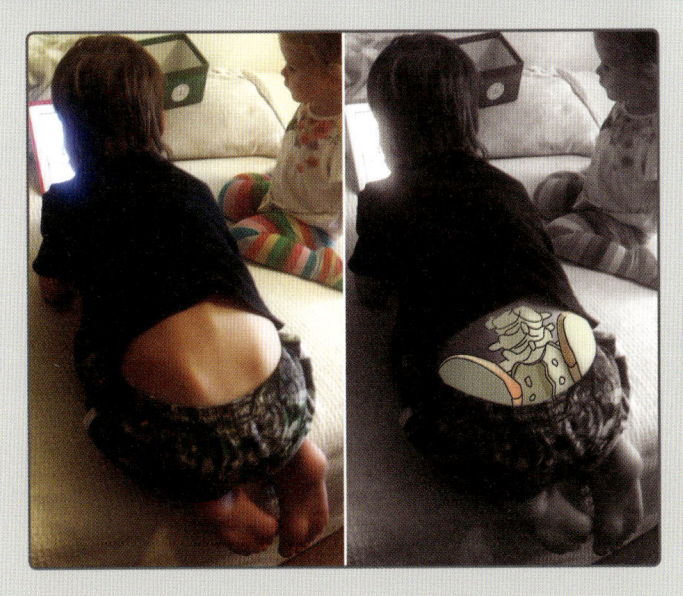

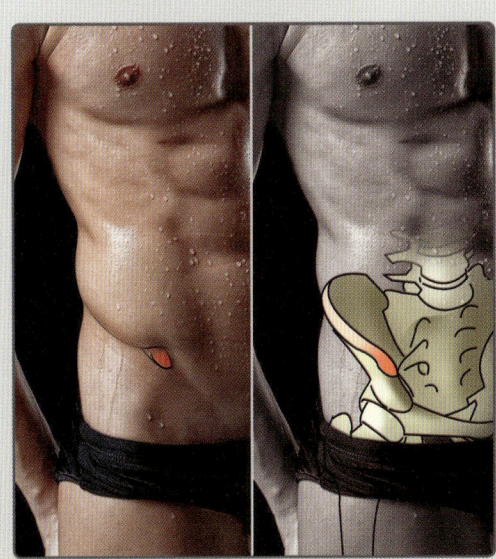

ANATOMÍA PARA ESCULTORES

PUNTOS DE REFERENCIA DE LA EXTREMIDAD INFERIOR
TROCÁNTER MAYOR (TM)

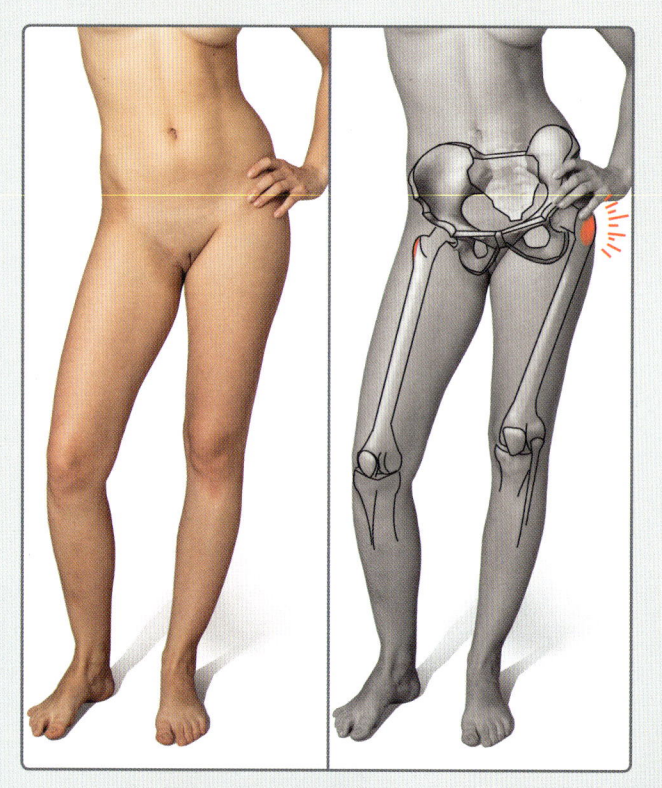

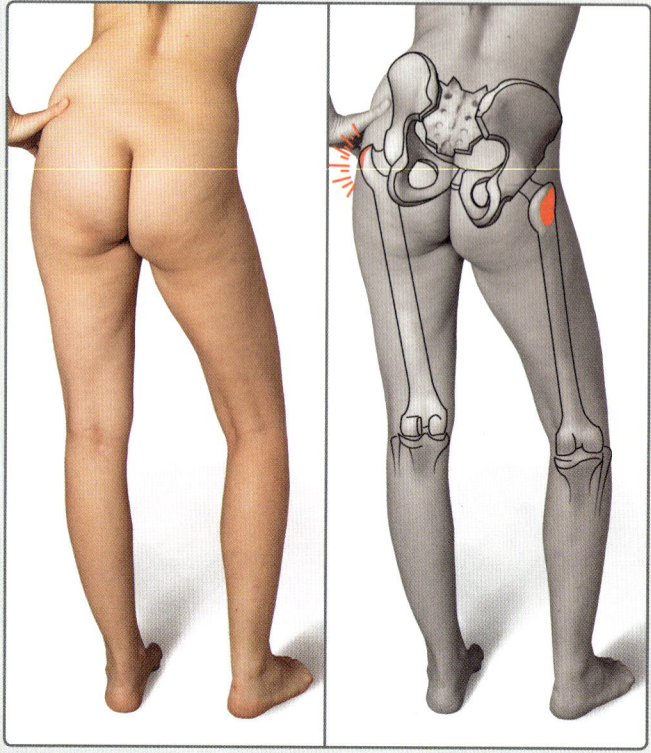

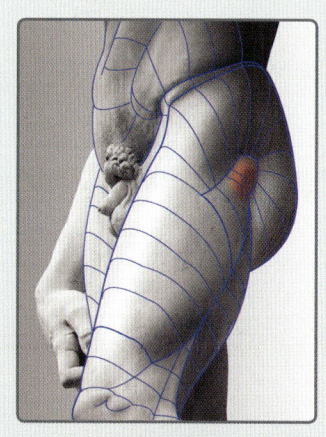

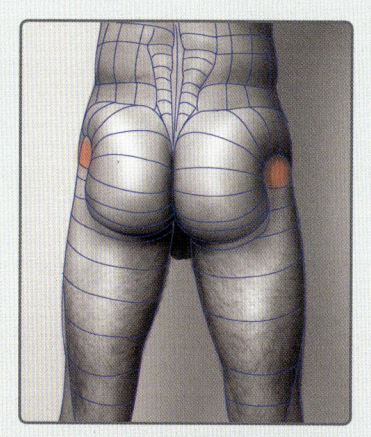

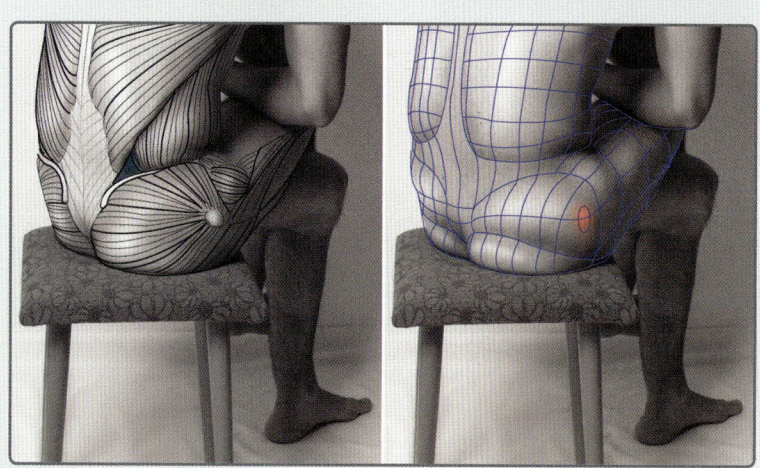

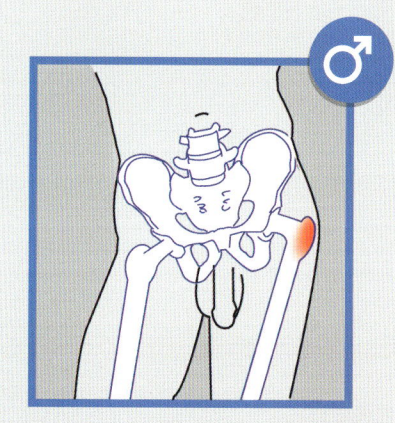

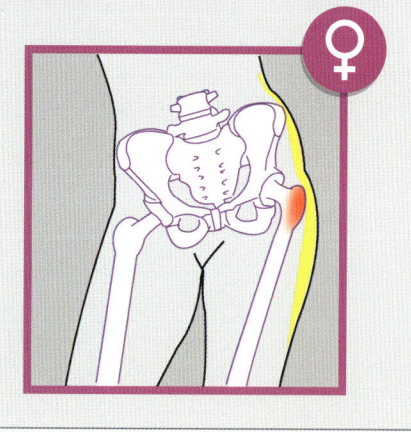

EN LAS CADERAS FEMENINAS, LA **GRASA SUBCUTÁNEA** CUBRE EL **TM** EN LA PARTE SUPERIOR DEL FÉMUR Y, POR LO TANTO, HACE QUE SEA MENOS PROMINENTE.

FORMAS DE PIERNAS MASCULINAS

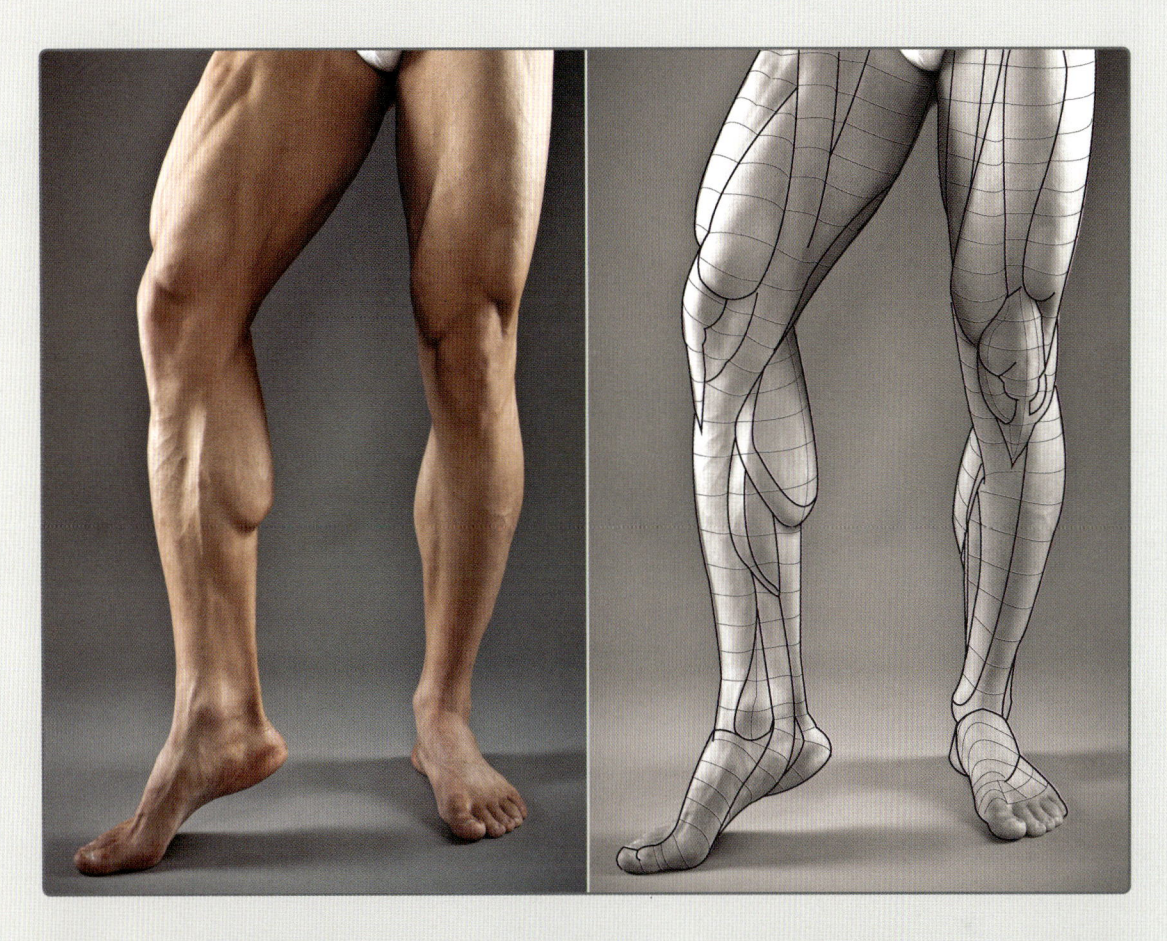

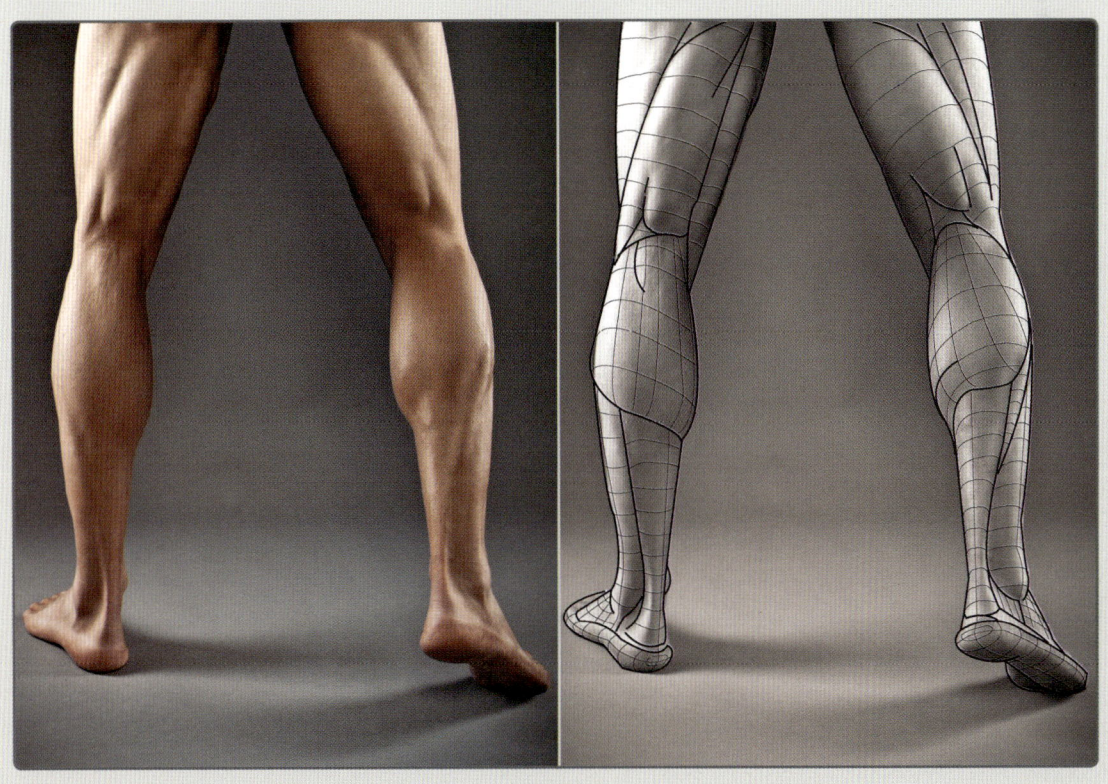

195

ANATOMÍA PARA ESCULTORES

CUÁDRICEPS
MÚSCULO CUÁDRICEPS FEMORAL

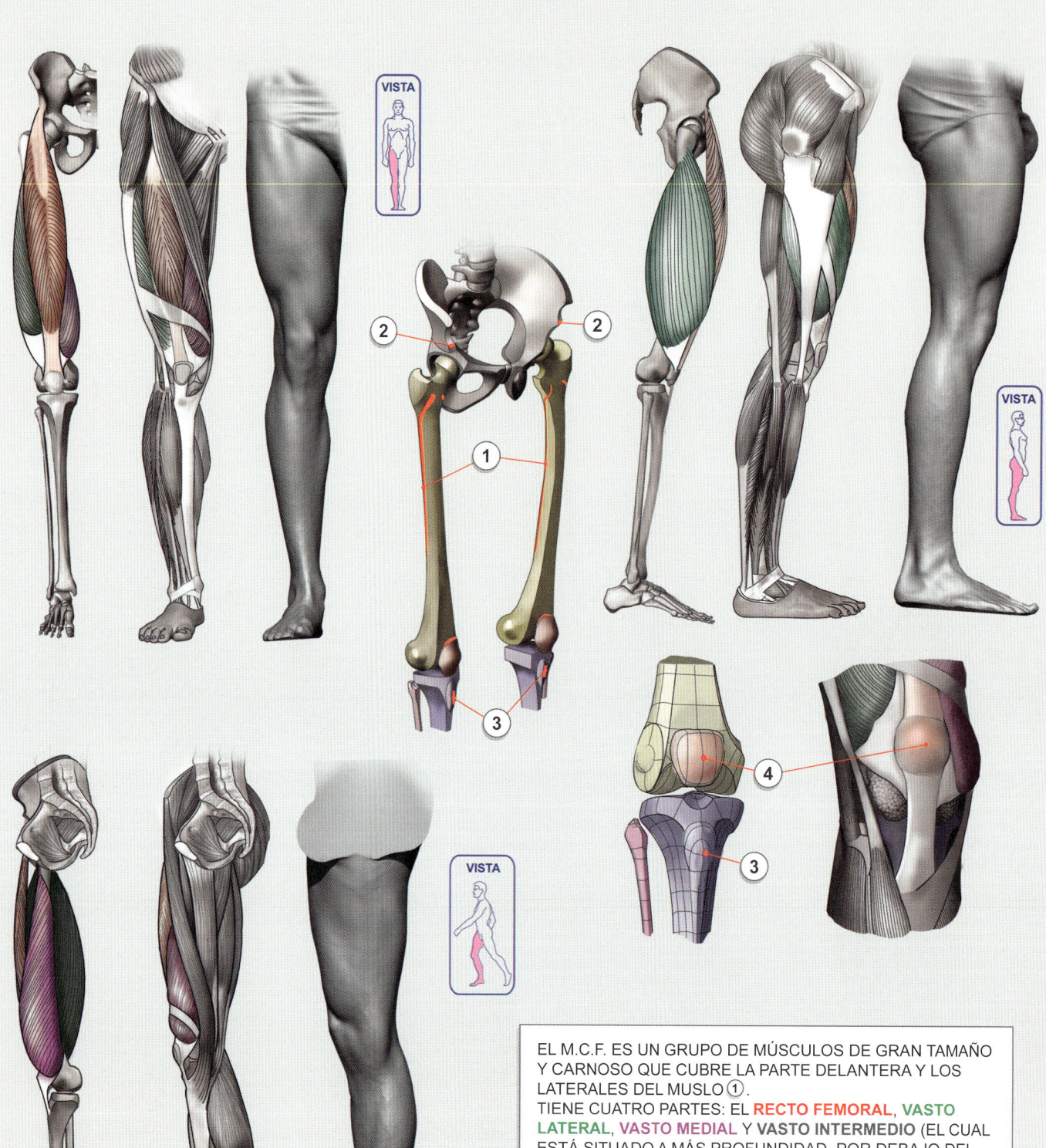

VISTA

VISTA

VISTA

EL M.C.F. ES UN GRUPO DE MÚSCULOS DE GRAN TAMAÑO Y CARNOSO QUE CUBRE LA PARTE DELANTERA Y LOS LATERALES DEL MUSLO ①.
TIENE CUATRO PARTES: EL **RECTO FEMORAL**, **VASTO LATERAL**, **VASTO MEDIAL** Y **VASTO INTERMEDIO** (EL CUAL ESTÁ SITUADO A MÁS PROFUNDIDAD, POR DEBAJO DEL **MÚSCULO RECTO FEMORAL**). SE ORIGINAN EN EL ILION ② Y EL FÉMUR (HUESO DEL MUSLO) ①, SE UNEN EN UN TENDÓN, EL CUAL RODEA LA RÓTULA ④ Y SE INSERTA EN LA TUBEROSIDAD DE LA TIBIA DE DICHO HUESO ③. ESTOS MÚSCULOS EXTIENDEN LAS PIERNAS EN LA RODILLA Y SON IMPORTANTES PARA MANTENERSE EN PIE, ANDAR, Y PRÁCTICAMENTE CUALQUIER ACTIVIDAD QUE REQUIERA EL USO DE LAS PIERNAS.

ANATOMÍA PARA ESCULTORES

MÚSCULO SARTORIO

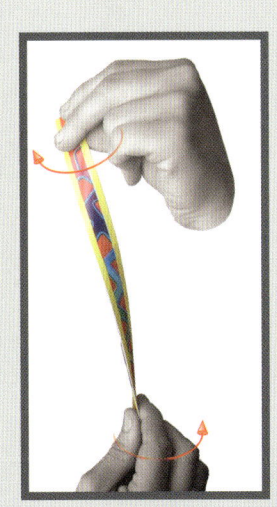

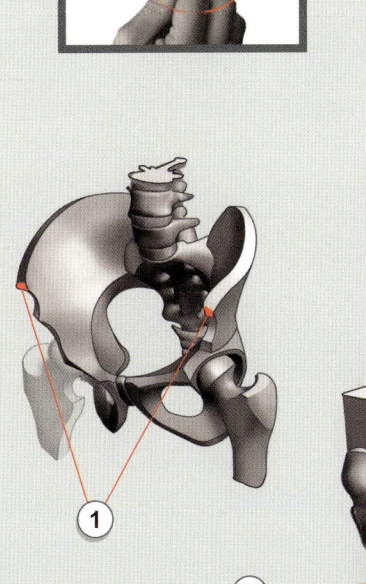

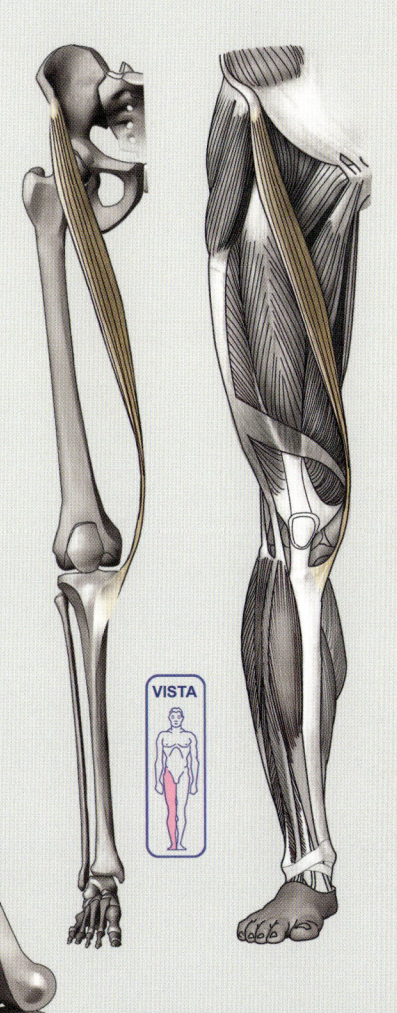

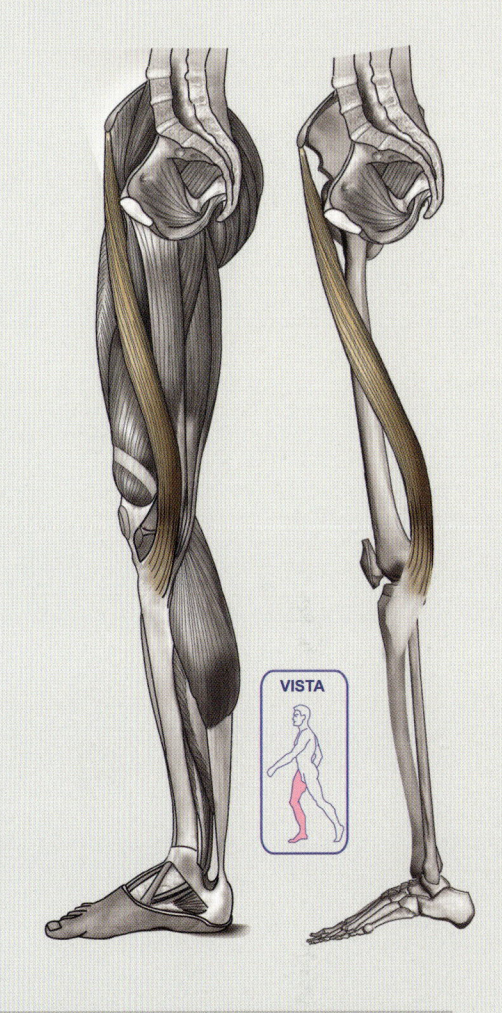

ACCIÓN: FLEXIÓN, ABDUCCIÓN Y ROTACIÓN LATERAL DE LA CADERA, FLEXIÓN DE LA RODILLA

ORIGEN: ① DE LA ESPINA ILÍACA ANTERIOR INFERIOR A LA ESPINA ILÍACA ANTERIOR SUPERIOR

INSERCIÓN: ② SUPERFICIE ANTEROMEDIAL EN LA PARTE SUPERIOR DE LA TIBIA

EL MÚSCULO SARTORIO DIVIDE EL MUSLO EN DOS PLANOS

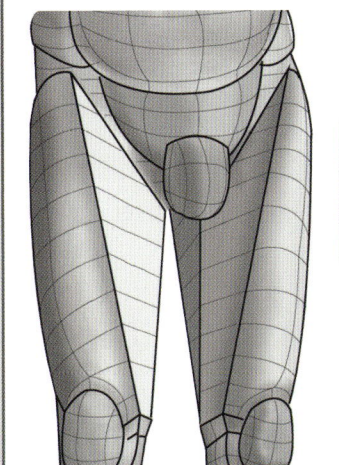

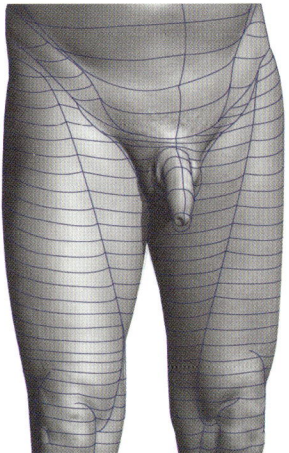

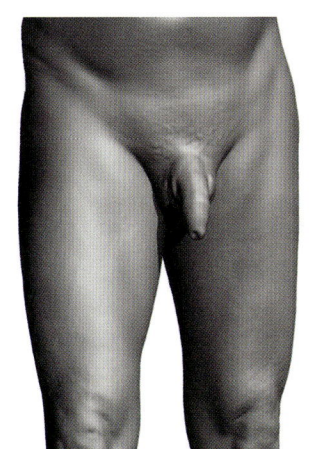

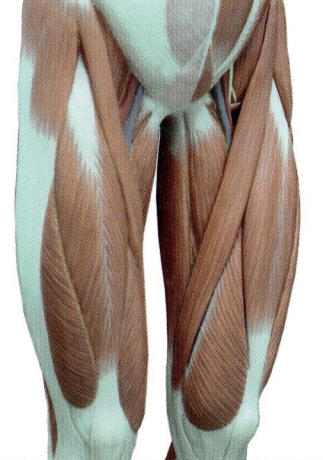

ANATOMÍA PARA ESCULTORES

PECTÍNEO, ADUCTOR LARGO DEL MUSLO, GRÁCIL Y ADUCTOR MAYOR
(MÚSCULOS ADUCTORES DE LA CADERA)

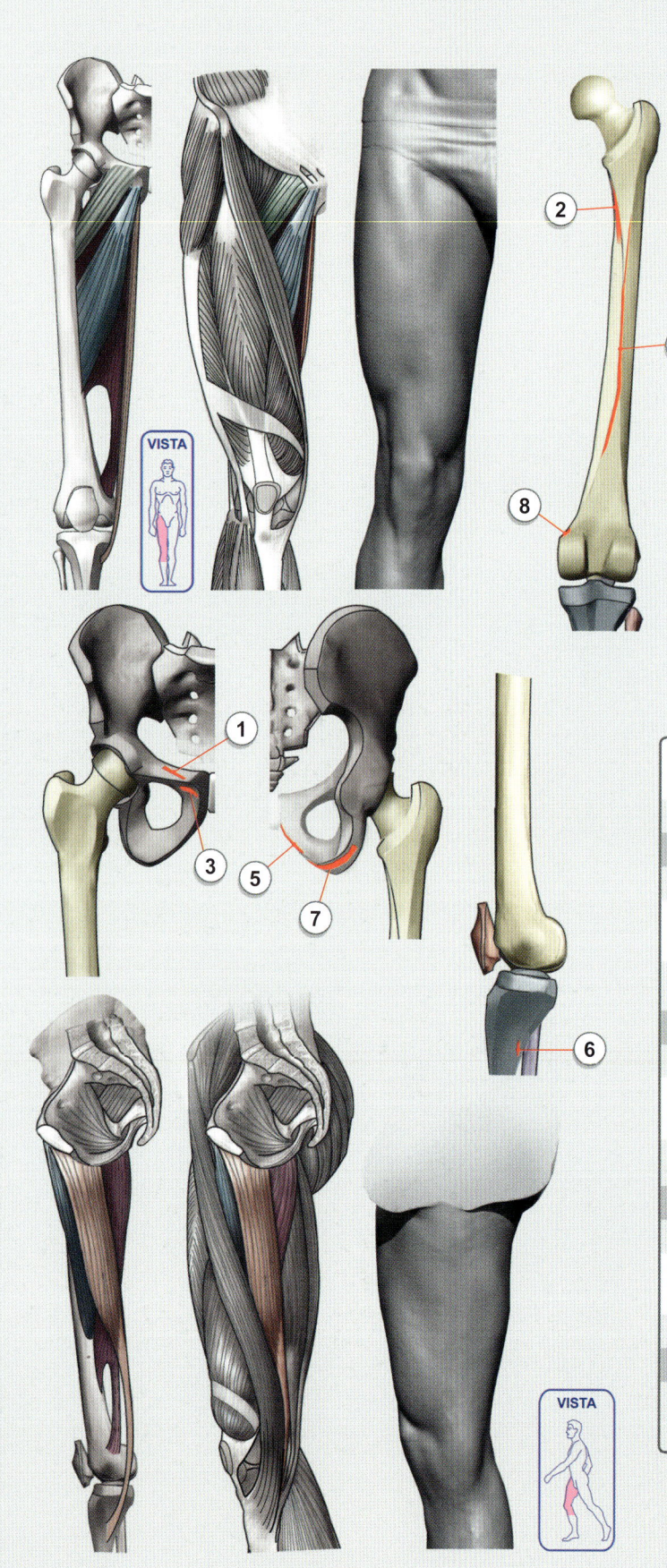

PECTÍNEO

ACCIÓN:	FLEXIÓN Y ADUCCIÓN DEL MUSLO
ORIGEN:	(1) LÍNEA PECTÍNEA DEL HUESO PÚBICO
INSERCIÓN:	(2) LÍNEA PECTÍNEA DEL FÉMUR

ADUCTOR LARGO DEL MUSLO

ACCIÓN:	ADUCCIÓN DE LA CADERA, FLEXIÓN DE LA ARTICULACIÓN DE LA CADERA
ORIGEN:	(3) CUERPO DEL PUBIS JUSTO DEBAJO DE LA CRESTA PÚBICA
INSERCIÓN:	(4) TERCIO MEDIO DE LA LÍNEA ÁSPERA

GRÁCIL

ACCIÓN:	FLEXIONA, LLEVA A CABO LA ROTACIÓN MEDIAL DE LA CADERA Y LA ADUCE, FLEXIONA LA RODILLA
ORIGEN:	(5) RAMA ISQUIOPÚBICA
INSERCIÓN:	(6) TENDÓN ANSERINO

ADUCTOR MAYOR

ACCIÓN:	ADUCCIÓN, FLEXIÓN Y EXTENSIÓN DE LA CADERA
ORIGEN:	(7) PUBIS, TUBEROSIDAD DEL ISQUION
INSERCIÓN:	(4) LÍNEA ÁSPERA
	(8) TUBÉRCULO DEL ADUCTOR DEL FÉMUR

ANATOMÍA PARA ESCULTORES

MÚSCULOS ISQUIOTIBIALES
(FLEXORES DEL MUSLO)
SEMITENDINOSO, SEMIMEMBRANOSO Y MÚSCULO BÍCEPS FEMORAL

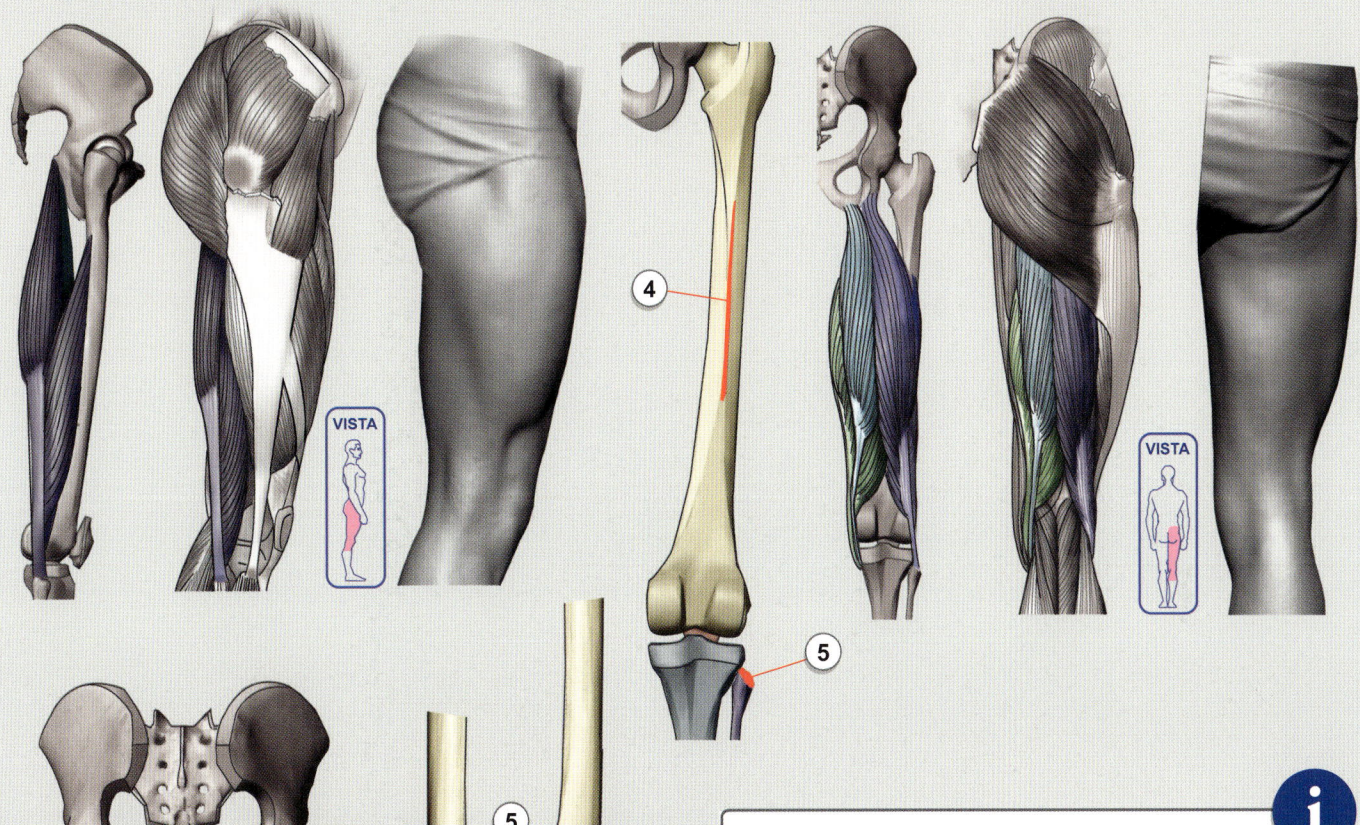

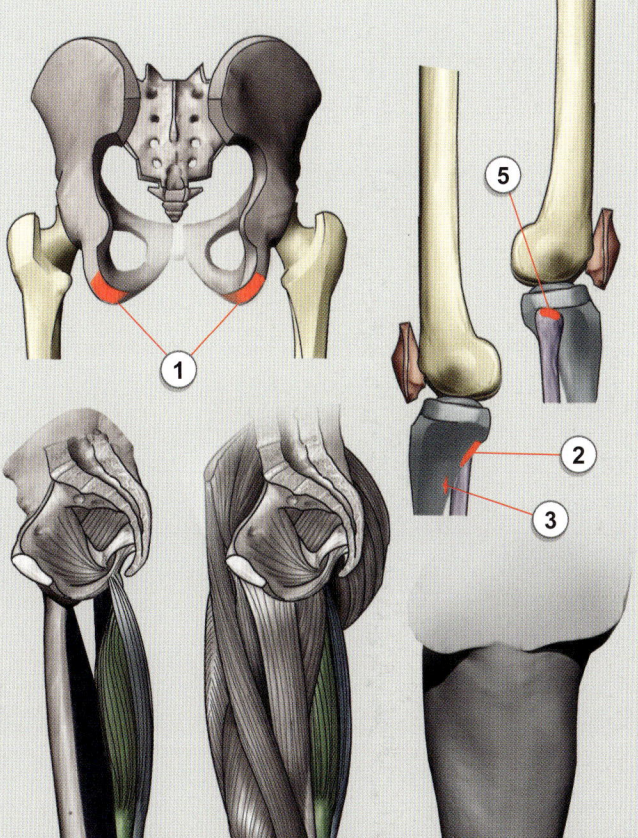

SEMIMEMBRANOSO

ACCIÓN:	EXTENSIÓN DE LA CADERA Y FLEXIÓN DE LA RODILLA
ORIGEN: (1)	TUBEROSIDAD ISQUIÁTICA
INSERCIÓN: (2)	SUPERFICIE MEDIAL–POSTERIOR DE LA TIBIA

SEMITENDINOSO

ACCIÓN:	FLEXIÓN DE LA RODILLA, EXTENSIÓN DE LA ARTICULACIÓN DE LA CADERA
ORIGEN: (1)	TUBEROSIDAD ISQUIÁTICA
INSERCIÓN: (3)	TENDÓN ANSERINO (TIBIA)

BÍCEPS FEMORAL

ACCIÓN:	FLEXIONA LA ARTICULACIÓN DE LA RODILLA, ROTA LATERALMENTE LA ARTICULACIÓN DE LA RODILLA (CUANDO LA RODILLA ESTÁ FLEXIONADA) Y EXTIENDE LA ARTICULACIÓN DE LA CADERA
ORIGEN: (1)	TUBEROSIDAD ISQUIÁTICA
(4)	LÍNEA ÁSPERA (FÉMUR)
INSERCIÓN: (5)	LA CABEZA DEL PERONÉ

PANTORRILLAS (GEMELOS)

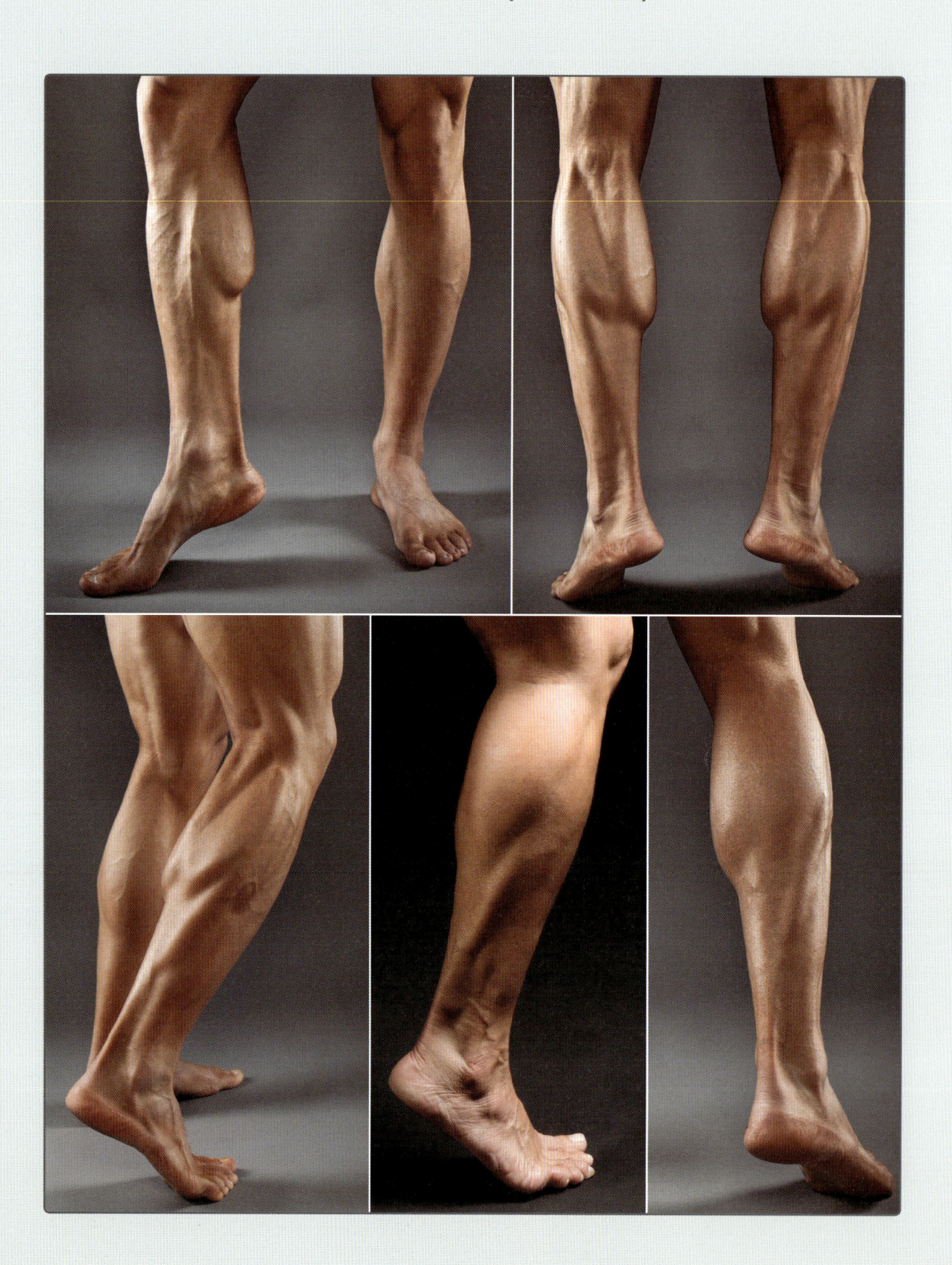

ANATOMÍA PARA ESCULTORES

LA PANTORRILLA
(MÚSCULOS GASTROCNEMIO Y SÓLEO)

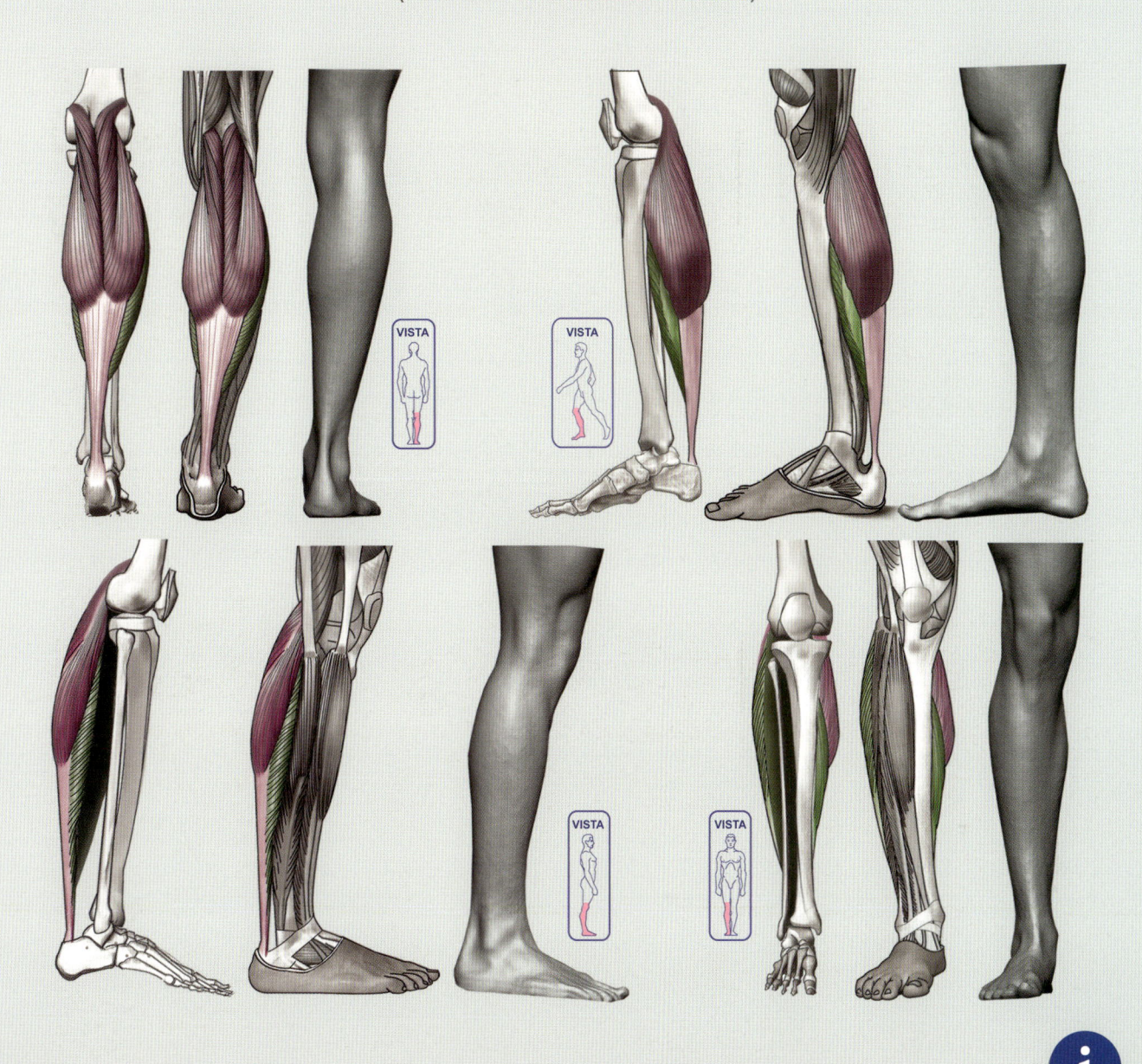

EL MÚSCULO GASTROCNEMIO ES EL MÚSCULO MÁS GRANDE DE LA PANTORRILLA, Y FORMA UN BULTO VISIBLE DEBAJO DE LA PIEL. EL GASTROCNEMIO TIENE DOS PARTES O "CABEZAS", QUE UNIDAS CREAN SU FORMA DE DIAMANTE. EL SÓLEO ES UN MÚSCULO PLANO Y MÁS PEQUEÑO QUE SE ENCUENTRA DEBAJO DEL MÚSCULO GASTROCNEMIO. EL TEJIDO CONJUNTIVO QUE HAY EN LA PARTE INFERIOR DEL MÚSCULO DE LA PANTORRILLA SE UNE CON EL TENDÓN AQUILES. EL TENDÓN DE AQUILES SE INSERTA EN EL HUESO DEL TALÓN (CALCÁNEO).

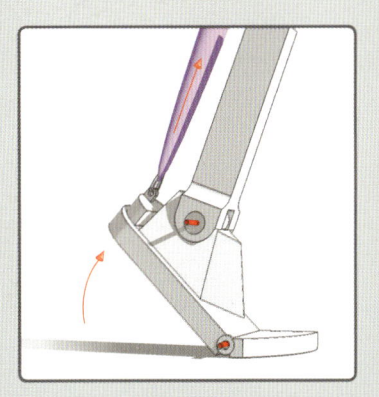

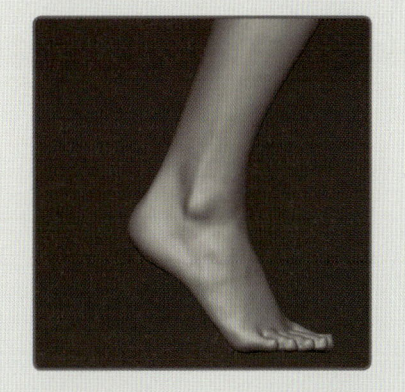

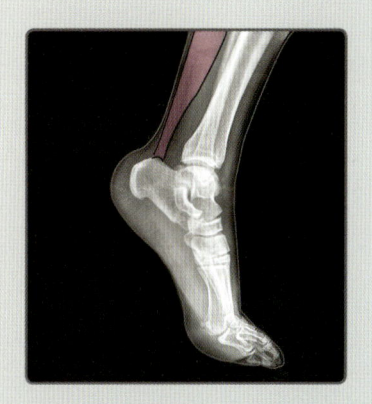

201

MÚSCULOS EXTENSOR LARGO DE LOS DEDOS Y TIBIAL ANTERIOR

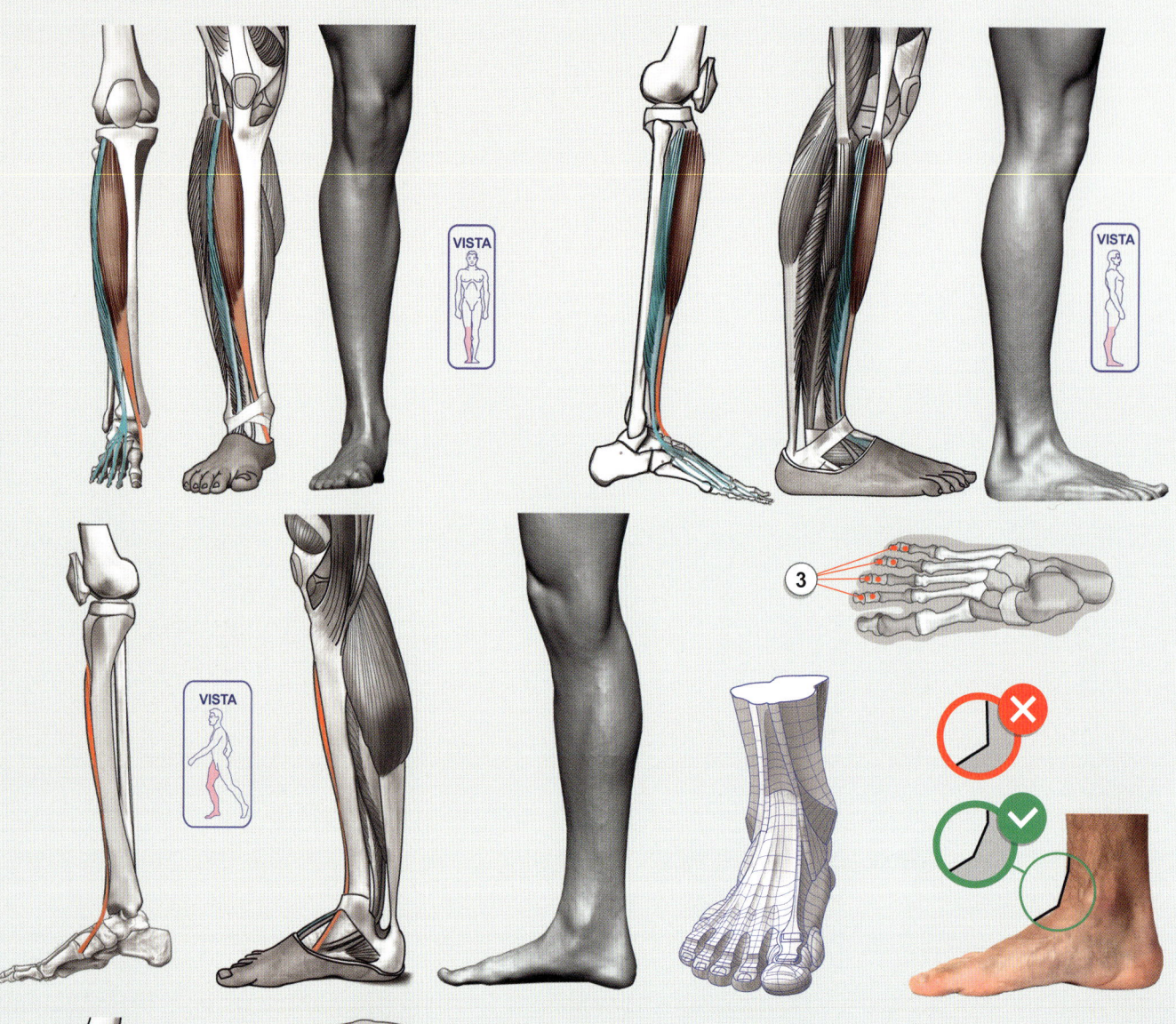

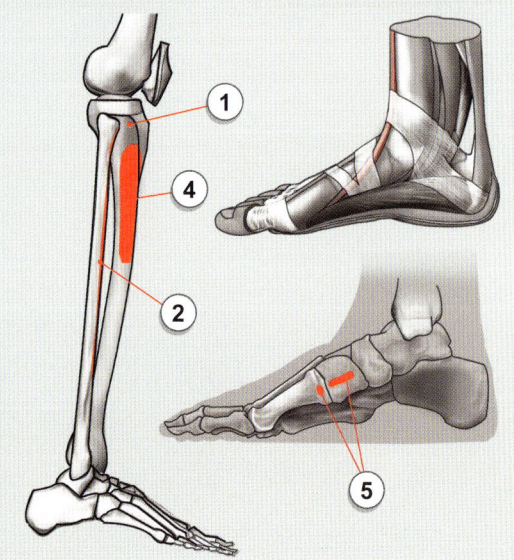

EXTENSOR LARGO DE LOS DEDOS	
ACCIÓN:	EXTENSIÓN DE LOS DEDOS DE LOS PIES Y DORSIFLEXIÓN DEL TOBILLO
ORIGEN: (1)	CÓNDILO ANTERIOR LATERAL DE LA TIBIA
(2)	PARTE ANTERIOR DEL PERONÉ
INSERCIÓN: (3)	SUPERFICIE DORSAL: FALANGES MEDIAS Y DISTALES DE LOS DEDOS 2, 3, 4 Y 5
TIBIAL ANTERIOR	
ACCIÓN:	DORSIFLEXIÓN E INVERSIÓN DEL PIE
ORIGEN: (4)	CUERPO DE LA TIBIA
INSERCIÓN: (5)	CUNEIFORME MEDIAL Y PRIMER METATARSIANO

202

MÚSCULO PERONEO CORTO Y PERONEO LARGO

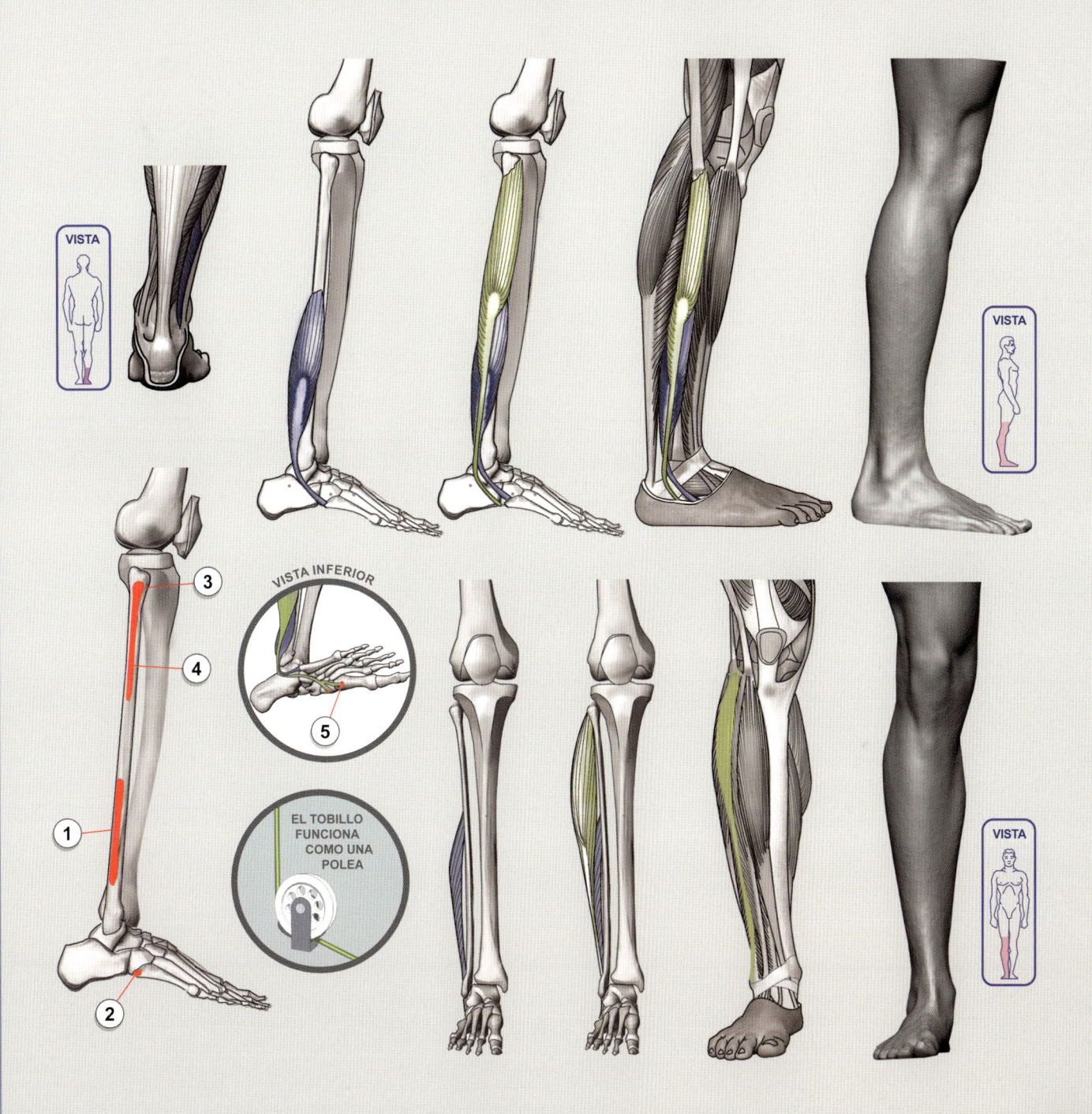

PERONEO CORTO

ACCIÓN:		DA LA VUELTA Y FLEXIONA LA PLANTA DEL PIE
ORIGEN:	(1)	LOS 2/3 INFERIORES DEL LATERAL DEL PERONÉ
INSERCIÓN:	(2)	BASE ANCHA DEL 5º METATARSIANO

PERONEO LARGO

ACCIÓN:		DA LA VUELTA Y FLEXIONA LA PLANTA DEL PIE, MANTIENE EL ARCO DEL PIE
ORIGEN:	(3)	CABEZA DEL PERONÉ
	(4)	LOS 2/3 SUPERIORES DEL HUESO DEL PERONÉ
INSERCIÓN:	(5)	DEBAJO DEL PIE HACIA LA BASE DEL PRIMER HUESO METATARSIANO Y CUNEIFORME MEDIAL

EL TOBILLO FUNCIONA COMO UNA POLEA

203

ANATOMÍA PARA ESCULTORES

CONSEJOS PARA LA PARTE TRASERA DE LAS PIERNAS

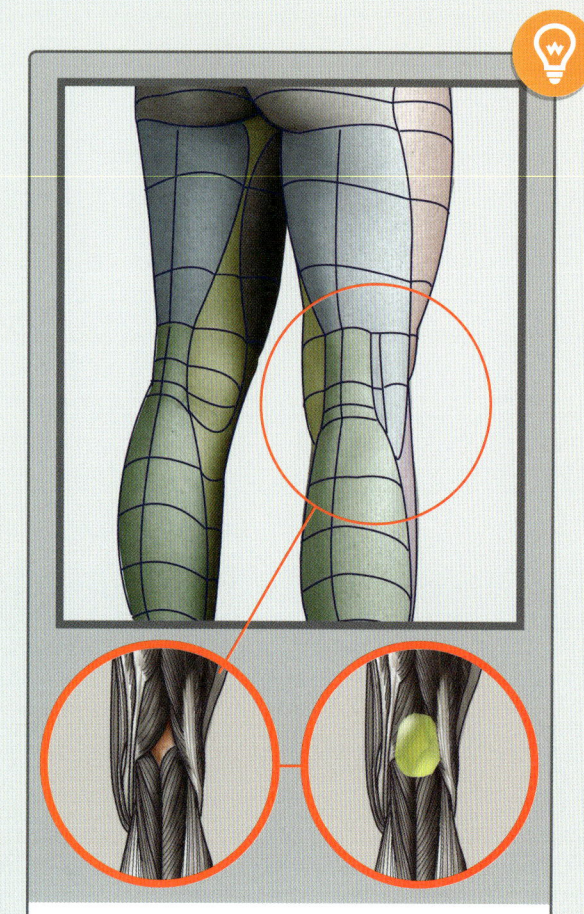

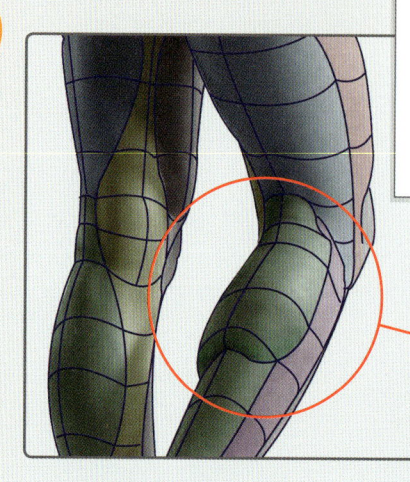

CUANDO LA PIERNA ESTÁ FLEXIONADA, O EL PIE ESTÁ EN UNA POSICIÓN EXTENDIDA, ¡LOS MÚSCULOS DE LA PANTORRILLA (GASTROCNEMIO Y SÓLEO) SE MARCAN MÁS!

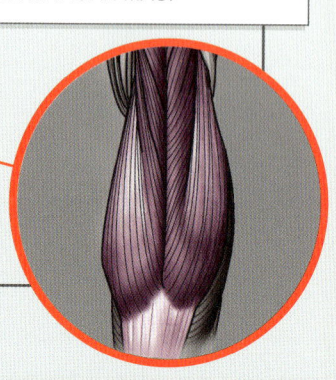

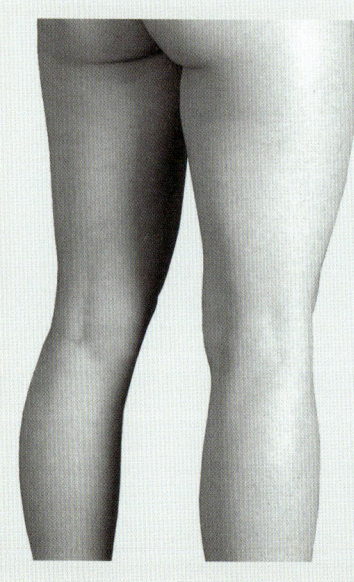

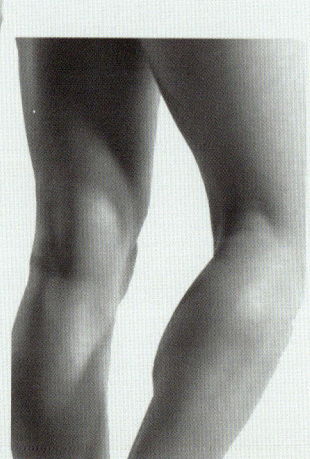

AQUÍ, EN LA VISTA DEL MÚSCULO, LA PARTE TRASERA DE LA RODILLA ES UNA DEPRESIÓN POCO PROFUNDA. PERO EN LA VIDA REAL, CUANDO LA PIERNA ESTÁ RECTA, ESTA PARTE SOBRESALE. ESTO SE DEBE A UNA ALMOHADILLA DE GRASA LOCALIZADA JUSTO ENCIMA DE LA FOSA POPLÍTEA.

A MEDIDA QUE LA PIERNA SE FLEXIONA MÁS Y MÁS, LA DEPRESIÓN, LLAMADA FOSA POPLÍTEA (EL HUECO DE LA RODILLA), SE HACE MÁS PROFUNDA.

① LA FOSA POPLÍTEA (HUECO DE LA RODILLA) SOBRESALE

② MÚSCULOS ISQUIOTIBIALES

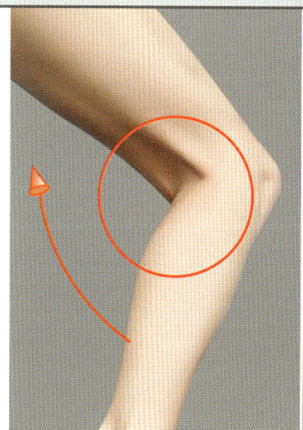

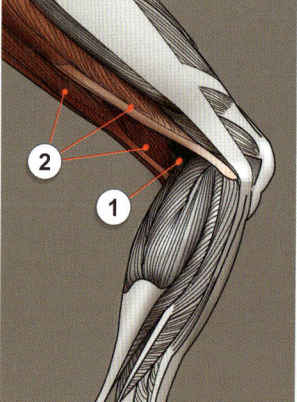

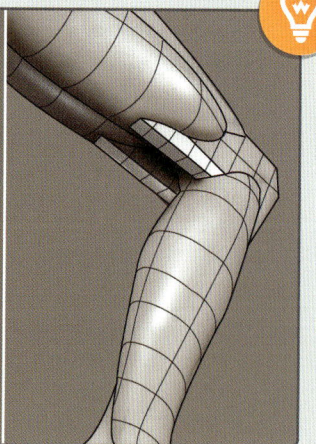

SECCIÓN TRANSVERSAL DE LA EXTREMIDAD INFERIOR

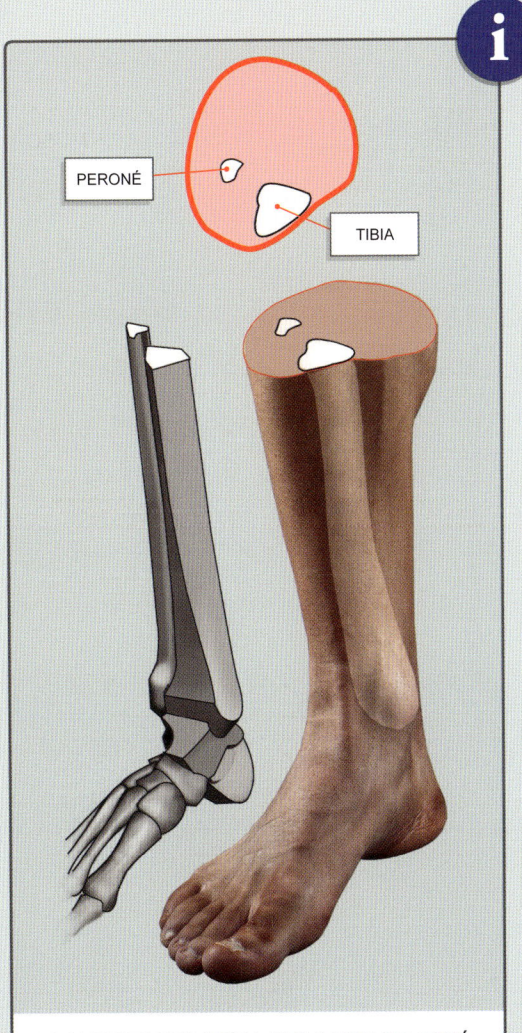

PERONÉ

TIBIA

PARTE FRONTAL

PARTE FRONTAL

PARTE FRONTAL

PARTE FRONTAL

PARTE FRONTAL

PARTE FRONTAL

PARTE FRONTAL

PARTE FRONTAL

LA SUPERFICIE MEDIAL DE LA TIBIA NO ESTÁ CUBIERTA POR MÚSCULOS, POR LO TANTO, ES UN BUEN PUNTO DE REFERENCIA ÓSEO: UN DETALLE IMPORTANTE ES QUE LA TIBIA COMO FORMA Y EN SU EXTREMO DISTAL ES EL PUNTO DE REFERENCIA ÓSEO MEDIAL PROMINENTE DEL TOBILLO.

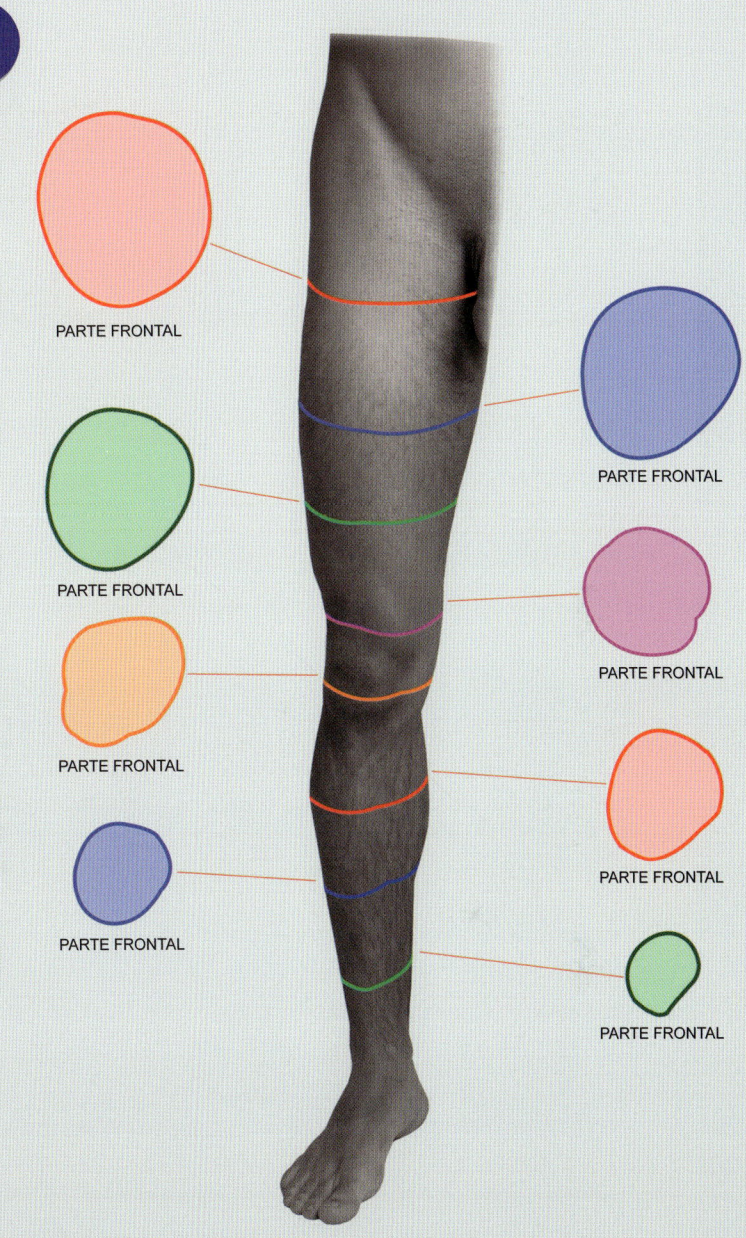

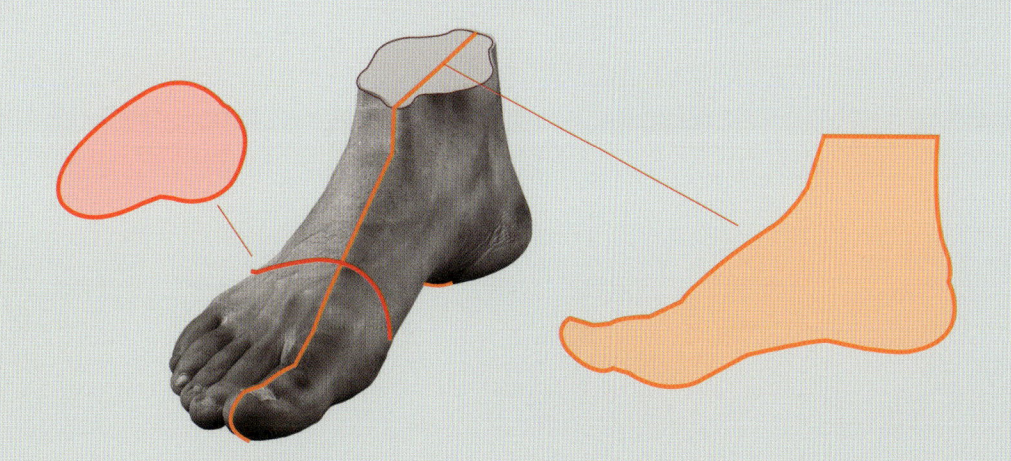

MECÁNICA DE LA RODILLA

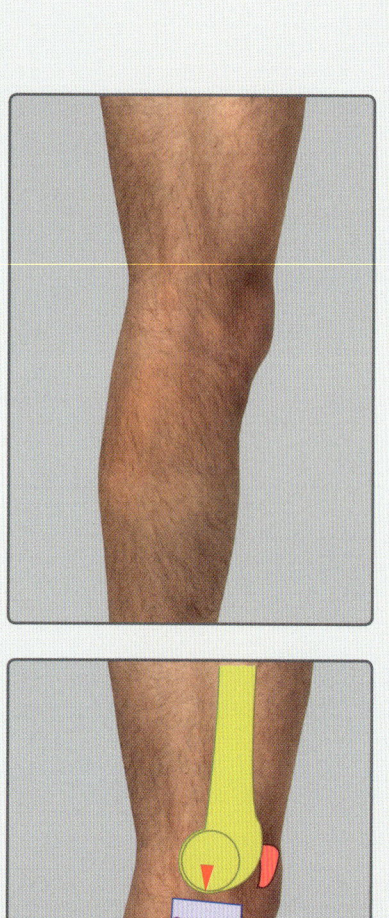

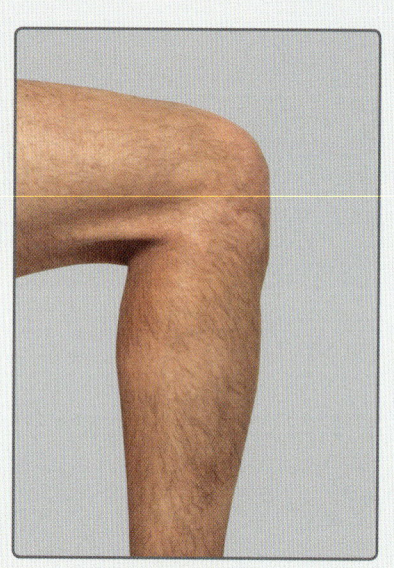

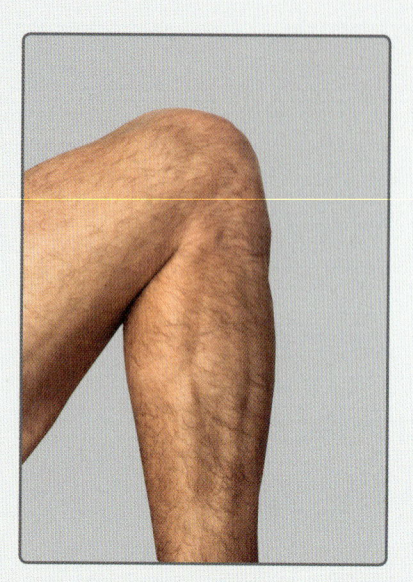

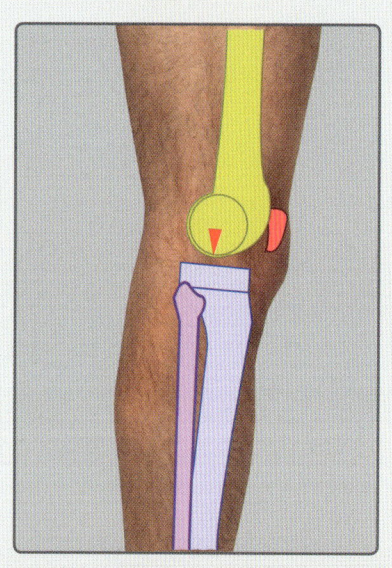

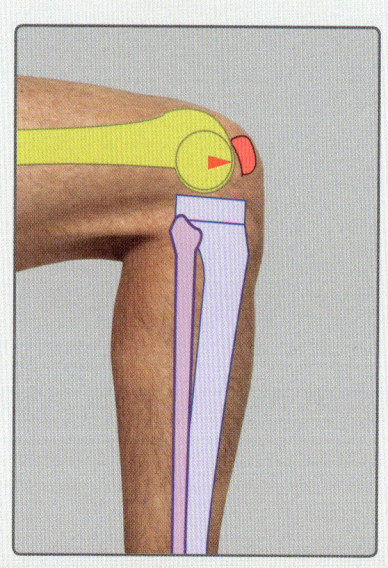

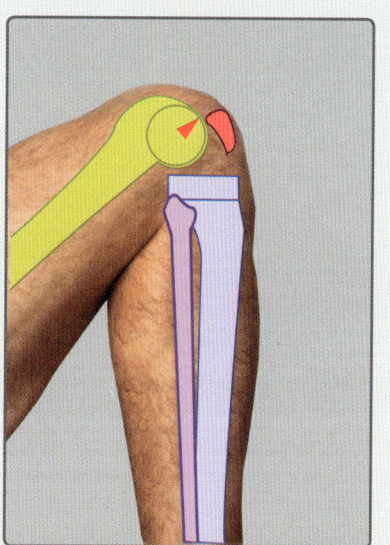

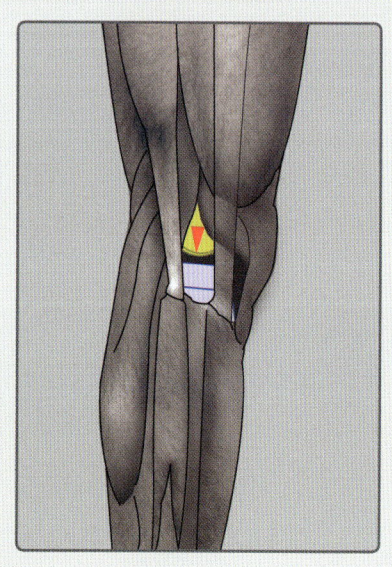

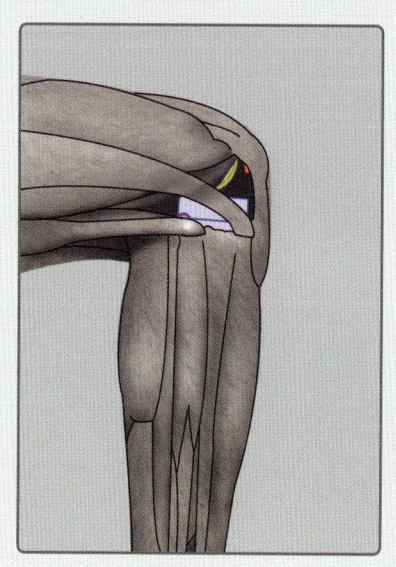

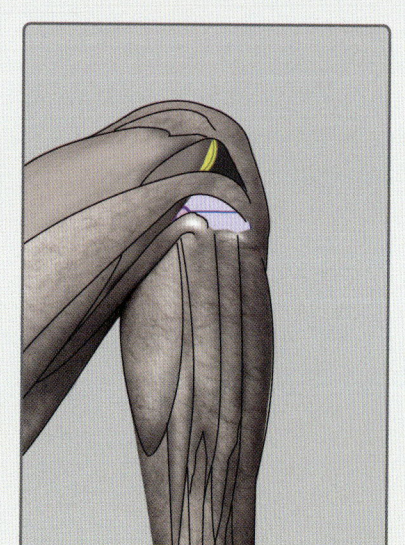

ANATOMÍA PARA ESCULTORES

LA RODILLA
(¿QUÉ SON ESTAS PROTUBERANCIAS?)

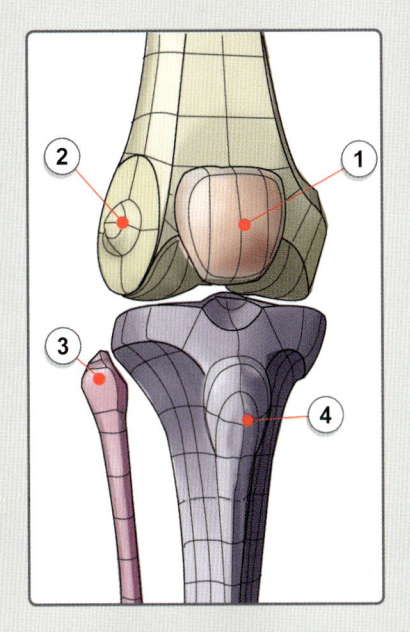

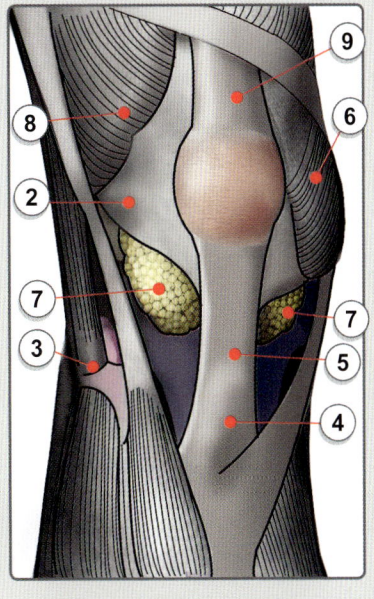

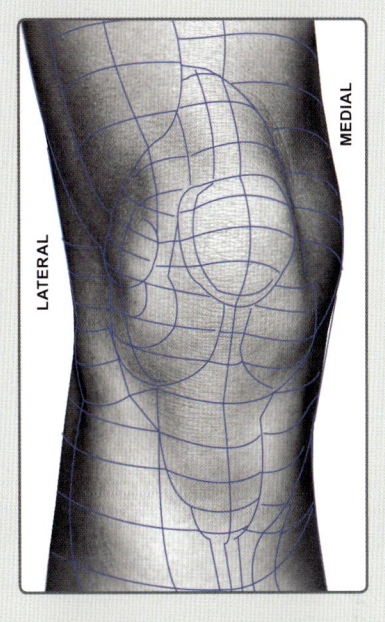

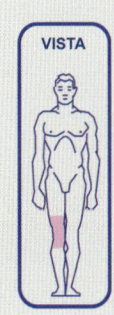

1	RÓTULA (PATELLA)	4	TUBEROSIDAD DE LA TIBIA	7	ALMOHADILLA DE GRASA INFRAPATELAR
2	EPICÓNDILO LATERAL DEL FÉMUR	5	LIGAMENTO ROTULIANO O PATELAR	8	VASTO LATERAL
3	CABEZA DEL PERONÉ	6	VASTO MEDIAL	9	TENDÓN DEL CUÁDRICEPS

LOS **LIGAMENTOS PATELARES** ⑤ NO SE ESTIRAN COMO TENDONES ⑨ ASÍ QUE LA DISTANCIA ENTRE LA RÓTULA Y LA TUBEROSIDAD DE LA TIBIA ④ PERMANECE CONSTANTE.

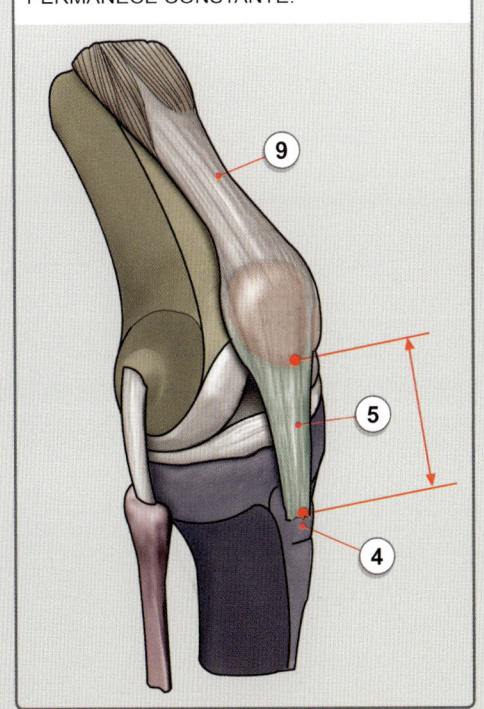

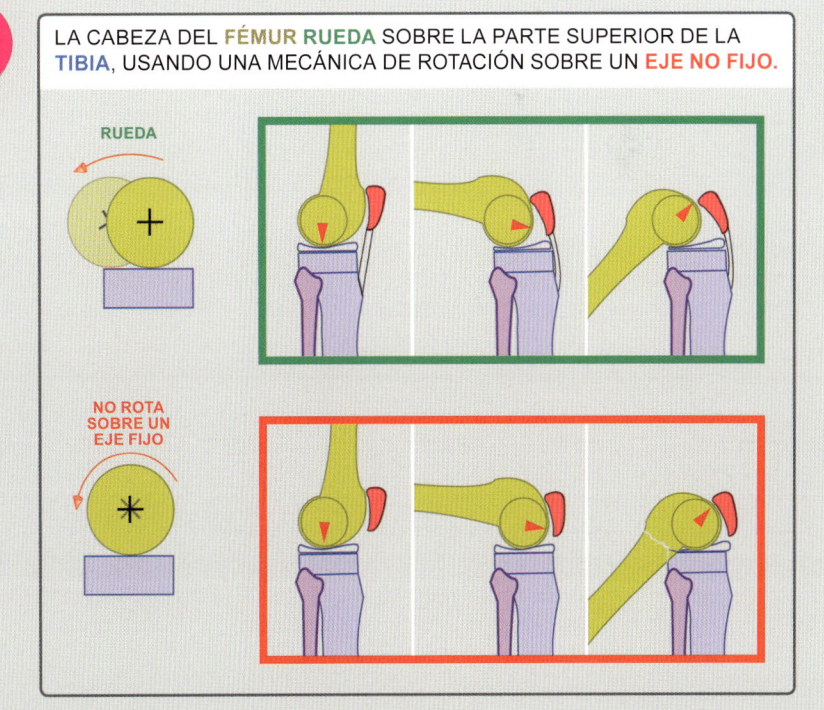

LA CABEZA DEL **FÉMUR RUEDA** SOBRE LA PARTE SUPERIOR DE LA **TIBIA**, USANDO UNA MECÁNICA DE ROTACIÓN SOBRE UN **EJE NO FIJO**.

RUEDA

NO ROTA SOBRE UN EJE FIJO

207

ESCÁNER EN 3D DE LA RODILLA DERECHA

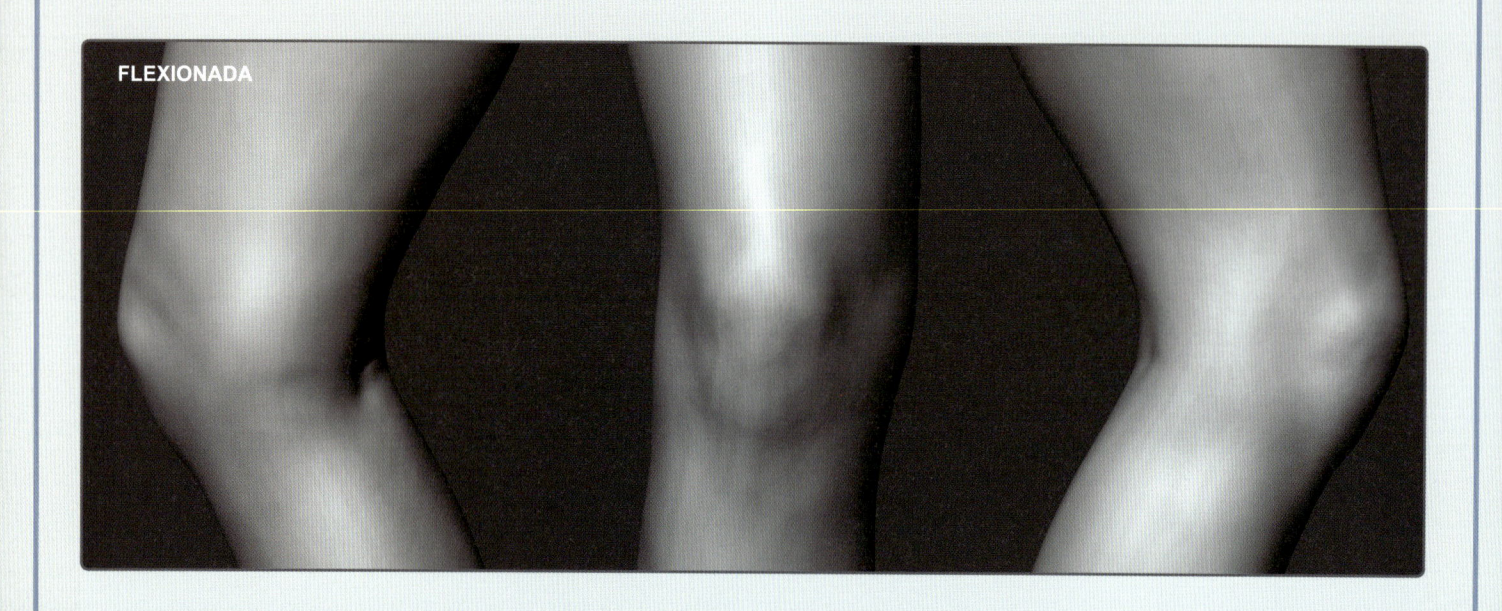

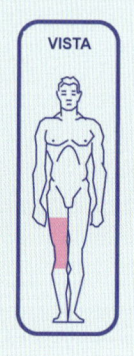

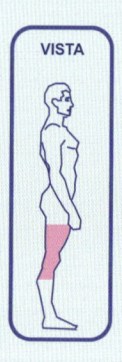

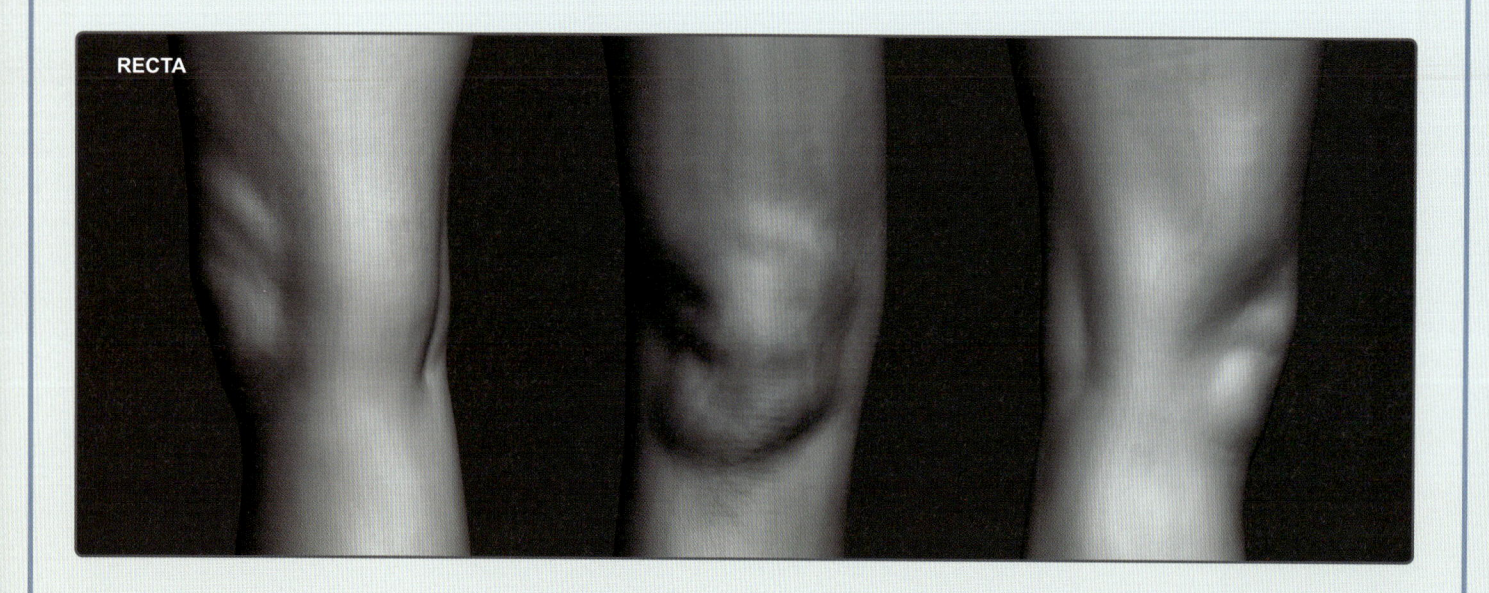

FLEXIONADA

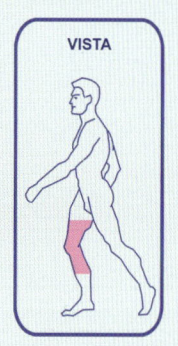

RECTA

ESCÁNER EN 3D DE LA RODILLA IZQUIERDA

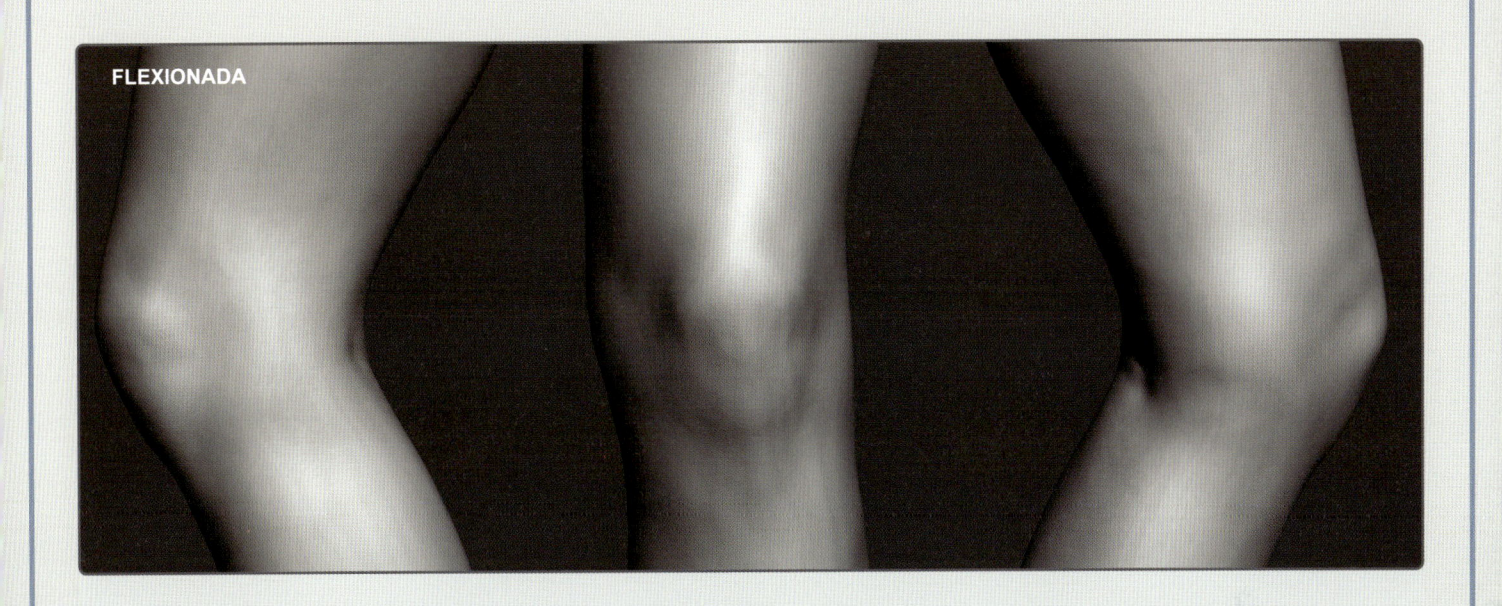

FLEXIONADA

VISTA

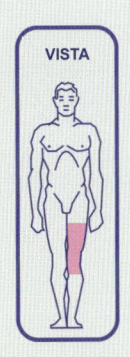

VISTA

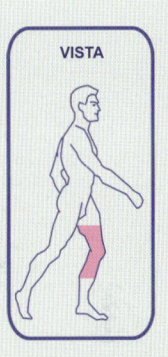

VISTA

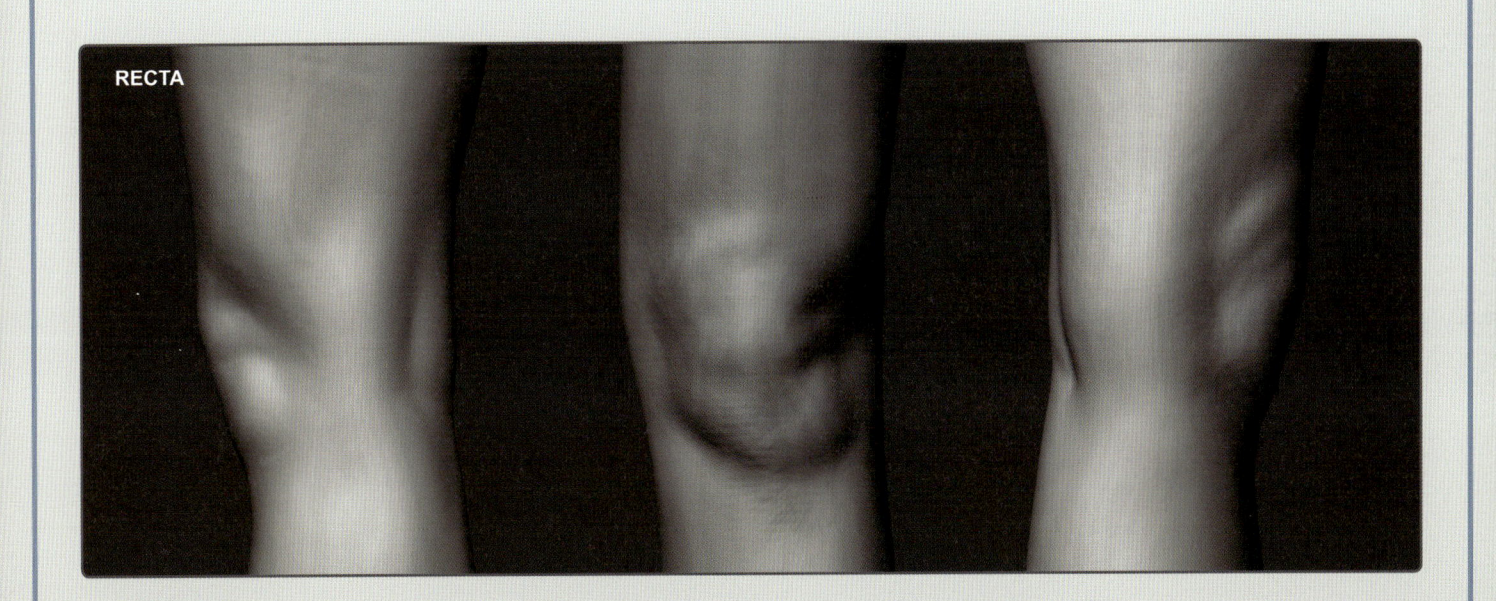

RECTA

ESCÁNER EN 3D DE LAS RODILLAS IZQUIERDA Y DERECHA

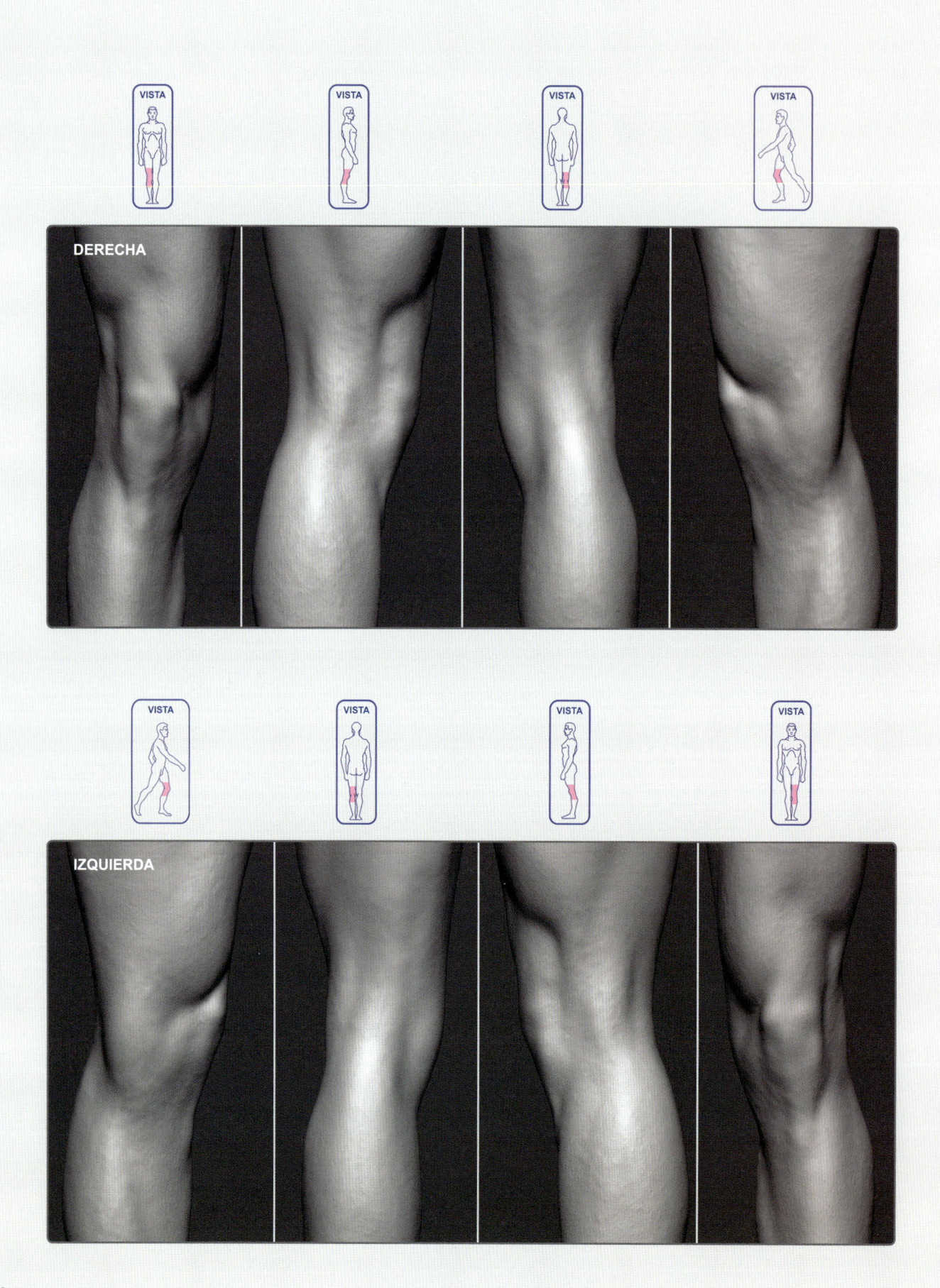

PIERNAS FEMENINAS

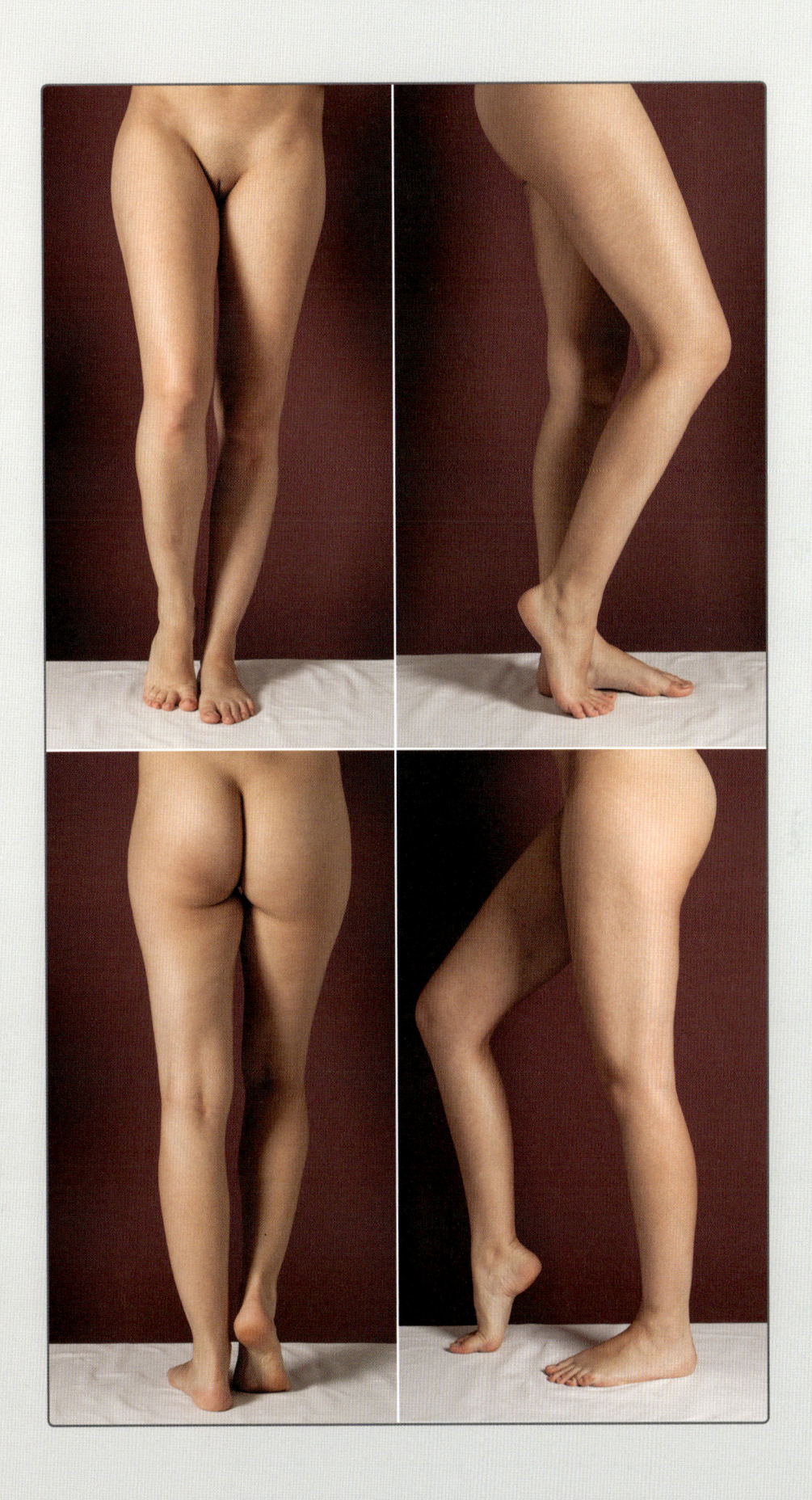

VOLÚMENES DE LAS PIERNAS VISTAS DESDE TODOS LOS LADOS

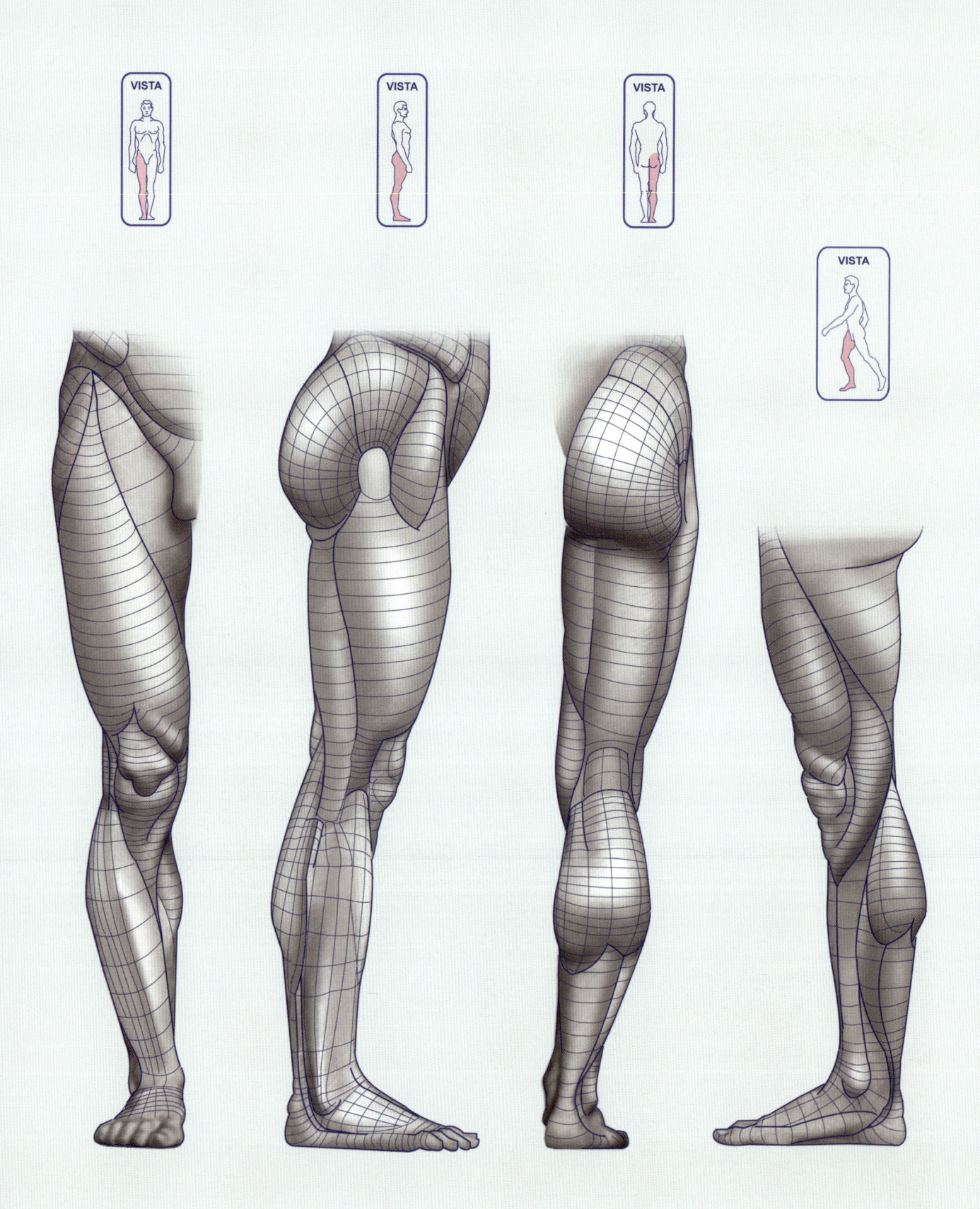

ESCÁNER EN 3D DE LA EXTREMIDAD INFERIOR

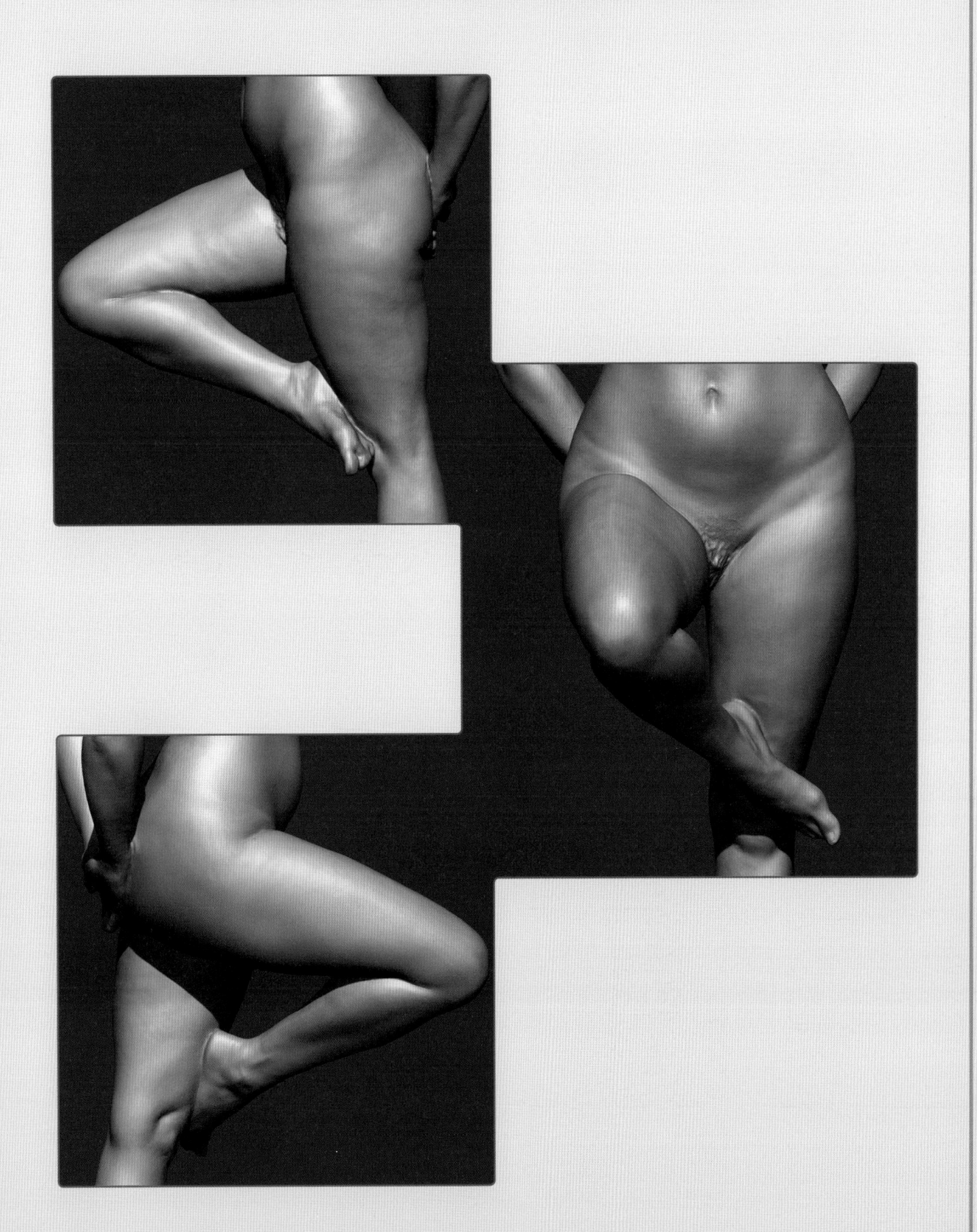

RECORRIDO DE LOS MÚSCULOS EN LA EXTREMIDAD INFERIOR

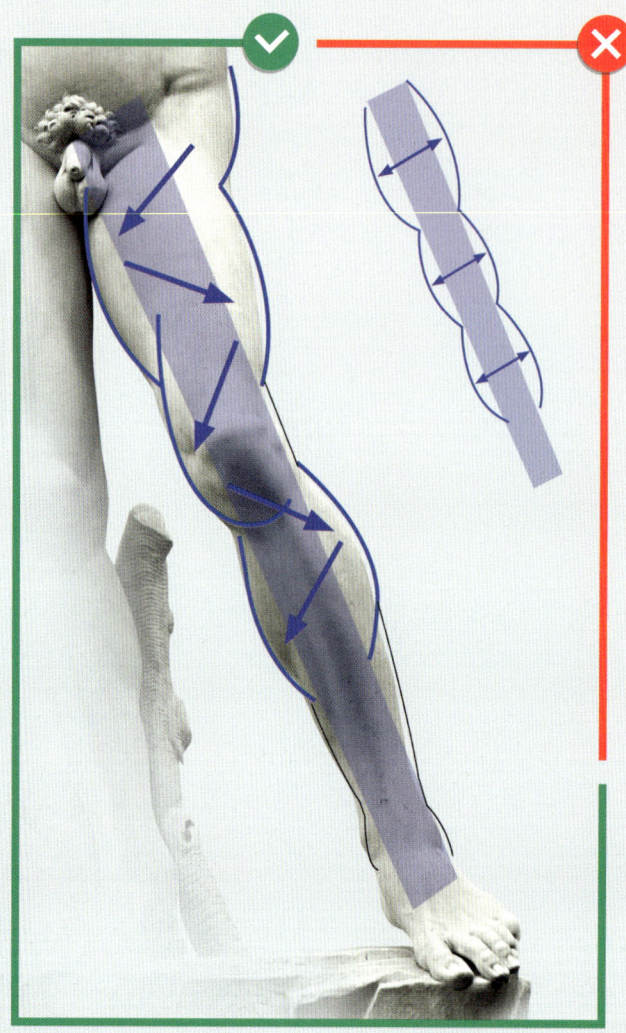

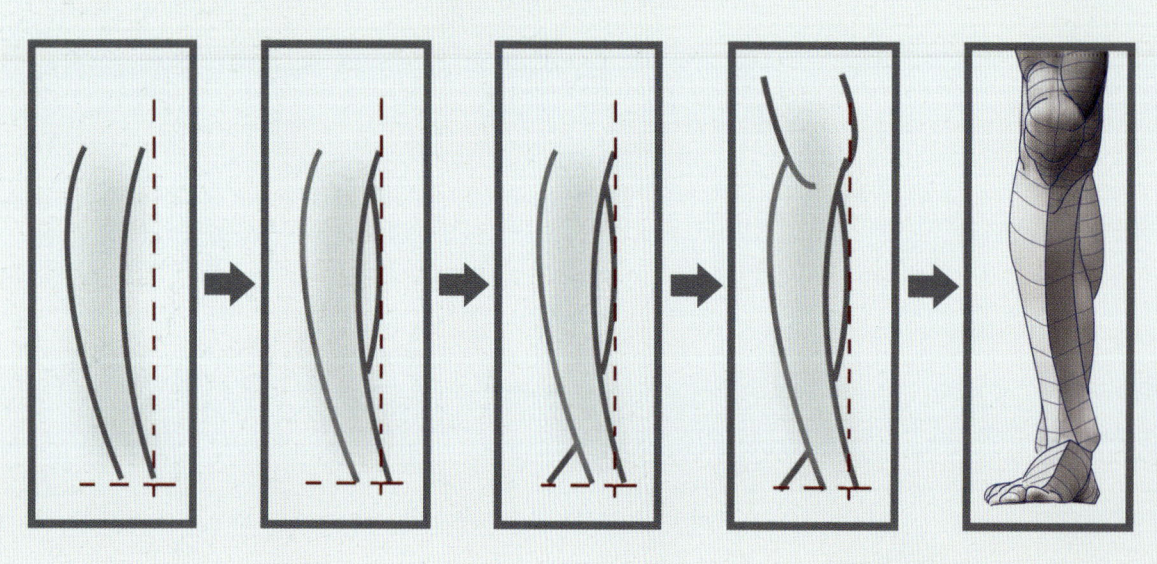

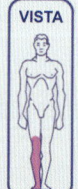

214

FORMAS ADICIONALES DE LA PIERNA Y EL PIE

LA FORMA DEL TALÓN SE DEBE SOBRE TODO A UNA **ALMOHADILLA DE GRASA**.

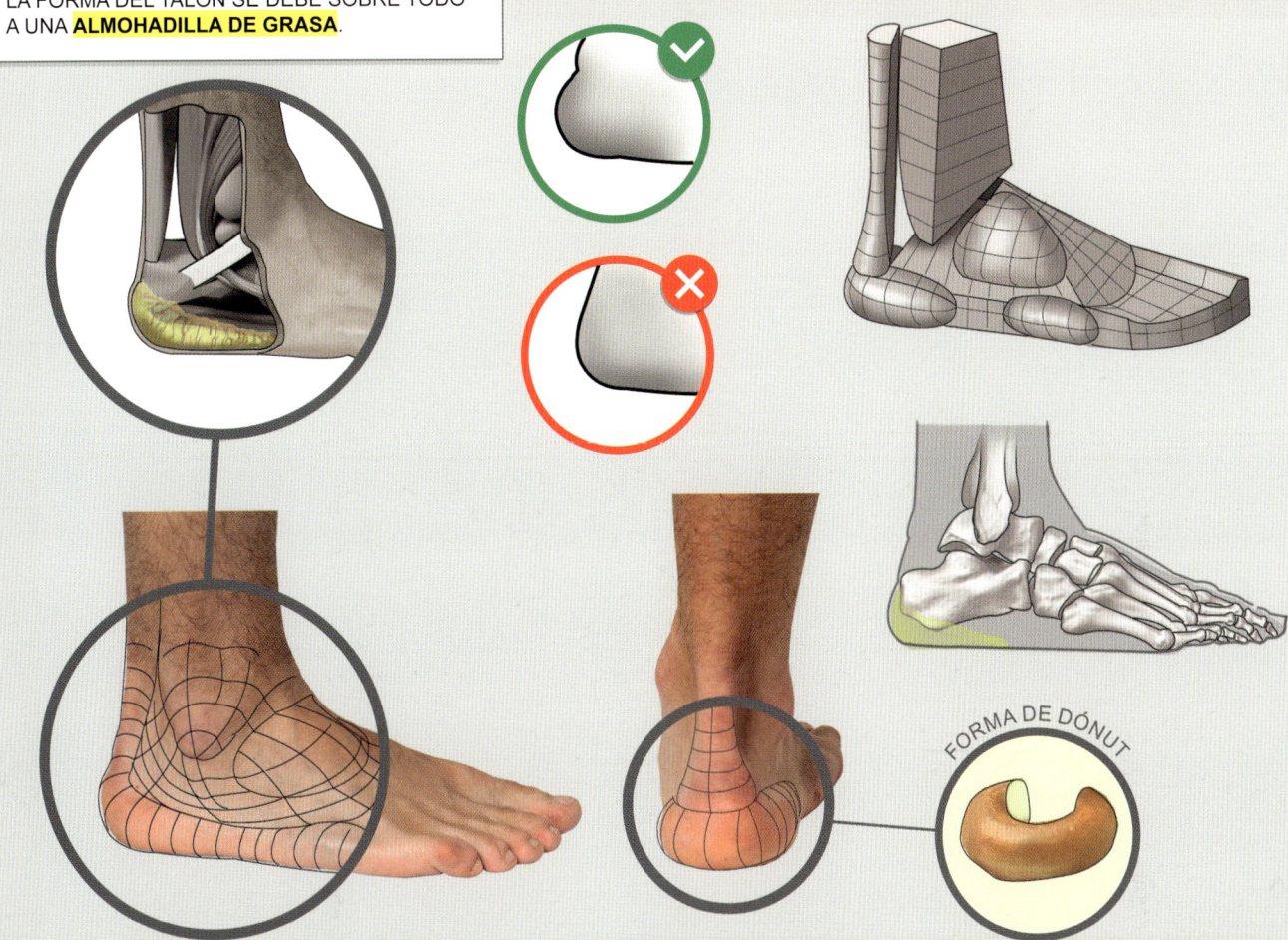

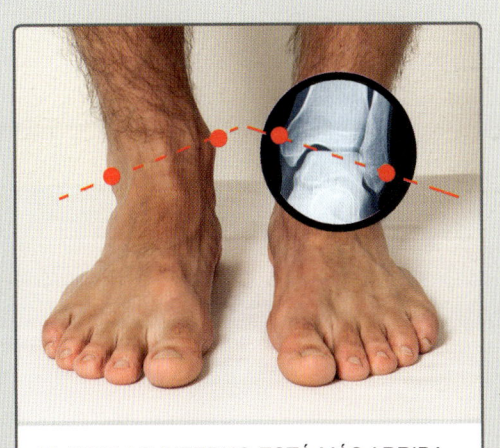

FORMA DE DÓNUT

EL TOBILLO INTERNO ESTÁ MÁS ARRIBA QUE LA CURVATURA EXTERNA.

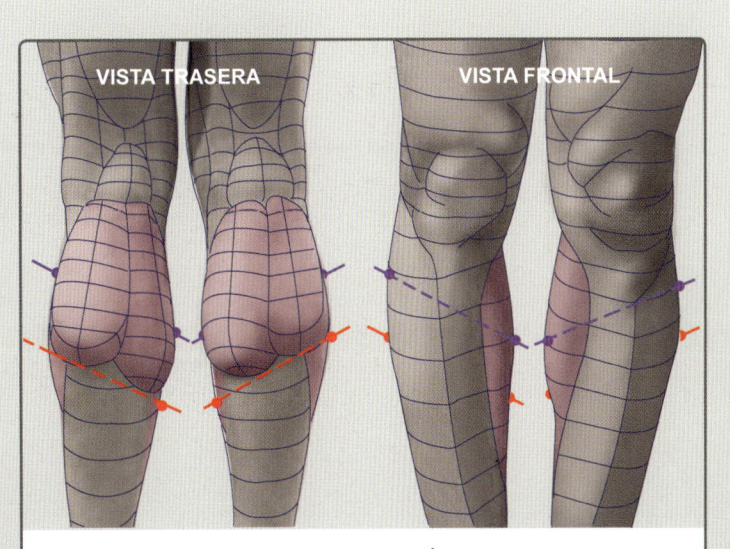

VISTA TRASERA   VISTA FRONTAL

LAS PORCIONES INTERNAS DE LOS MÚSCULOS DE LA PANTORRILLA ESTÁN LOCALIZADAS MÁS ABAJO Y LAS FORMAS SON MÁS REDONDEADAS Y GRANDES QUE LA PORCIÓN EXTERNA.

MÚSCULOS DEL PIE

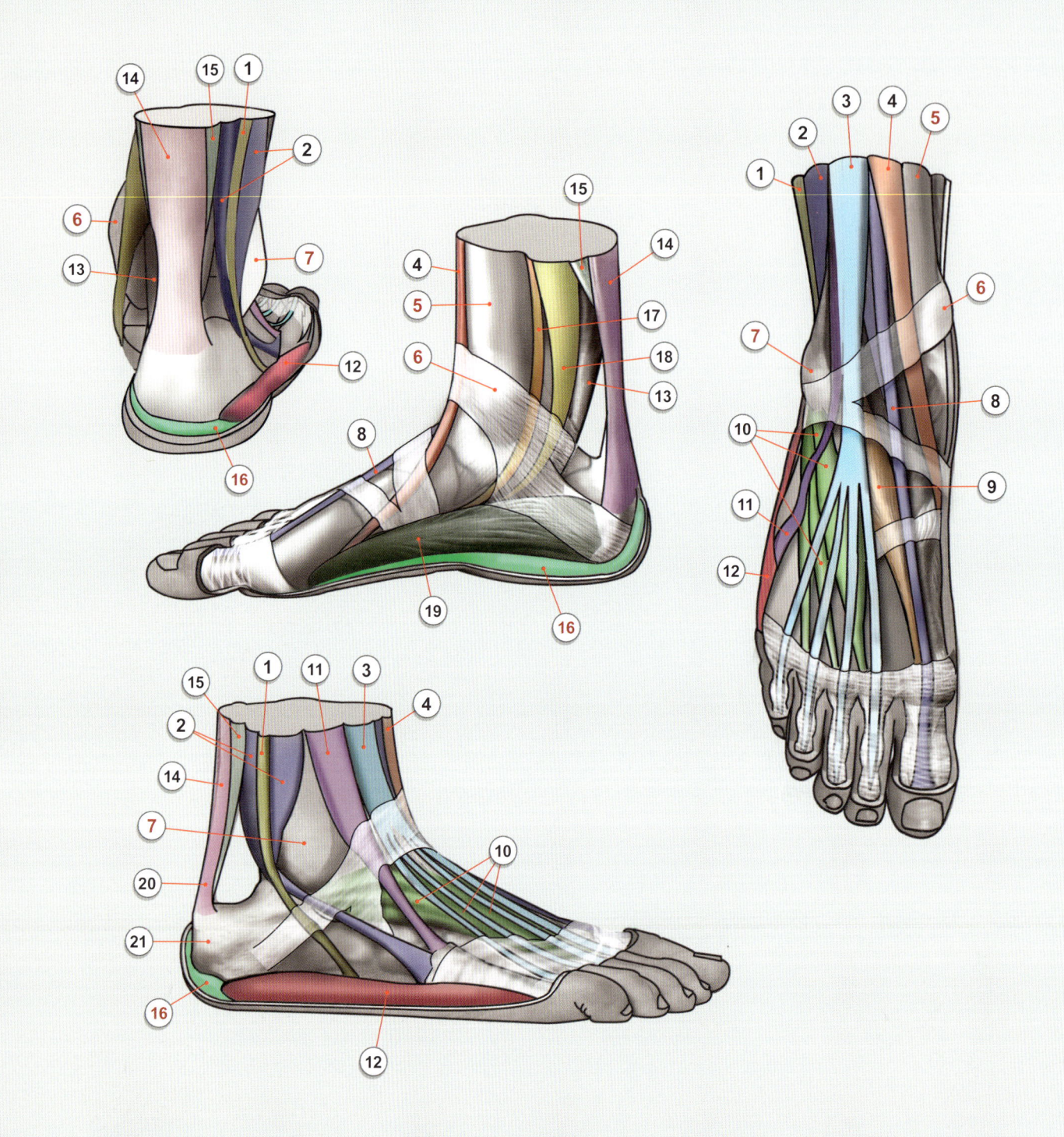

1	PERONEO LARGO	8	EXTENSOR LARGO DEL DEDO GORDO	15	SÓLEO
2	PERONEO CORTO	9	EXTENSOR CORTO DEL DEDO GORDO	16	ALMOHADILLA DE GRASA
3	EXTENSOR LARGO DE LOS DEDOS	10	EXTENSOR CORTO DE LOS DEDOS	17	TIBIAL POSTERIOR
4	TIBIAL ANTERIOR	11	TERCER PERONEO	18	FLEXOR LARGO DE LOS DEDOS
5	SUPERFICIE MEDIAL DE LA TIBIA	12	ABDUCTOR DEL MEÑIQUE	19	ABDUCTOR DEL DEDO GORDO
6	TOBILLO MEDIAL (MALÉOLO MEDIAL)	13	FLEXOR LARGO DEL DEDO GORDO	20	TENDÓN DE AQUILES
7	TOBILLO LATERAL (MALÉOLO LATERAL)	14	GASTROCNEMIO	21	HUESO CALCÁNEO

216

ANATOMÍA PARA ESCULTORES

FORMAS DE PIES

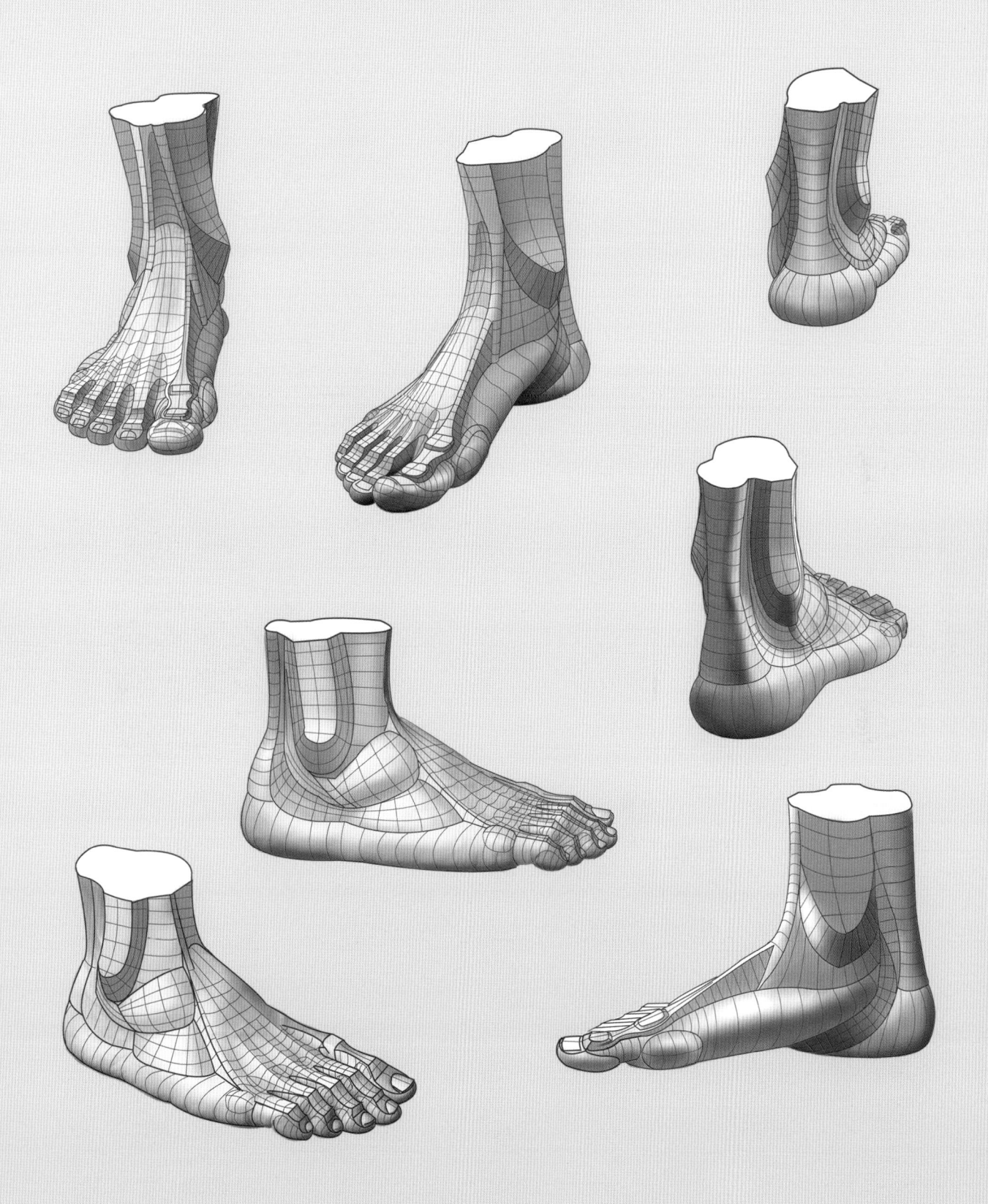

PIE DERECHO

FORMAS DE PIES Y CÓMO FORMAR UNO

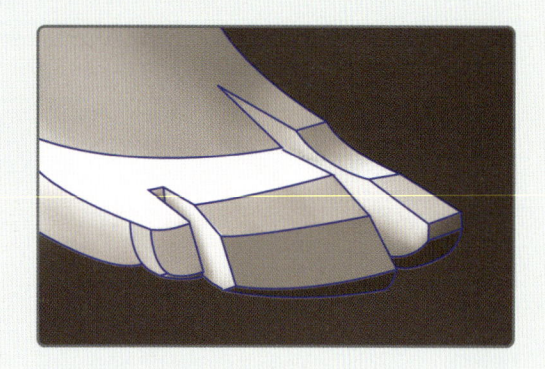

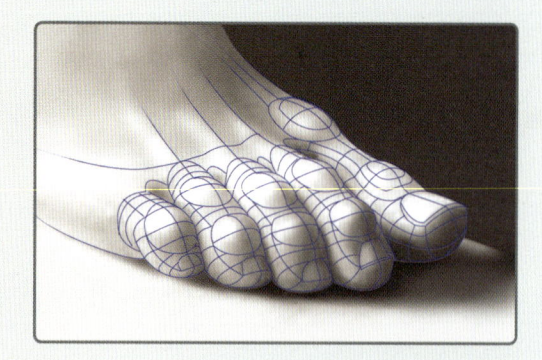

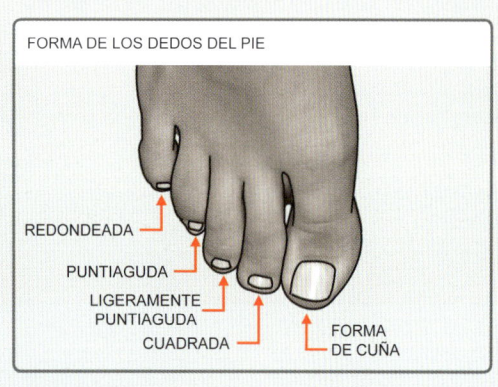

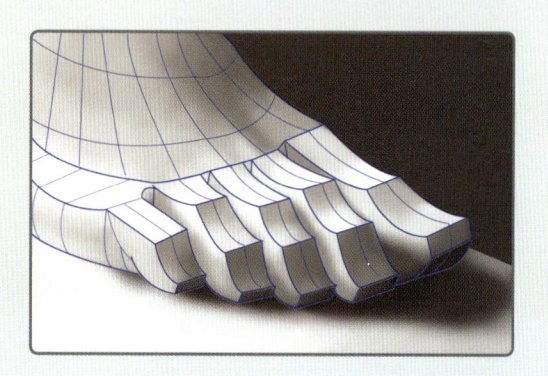

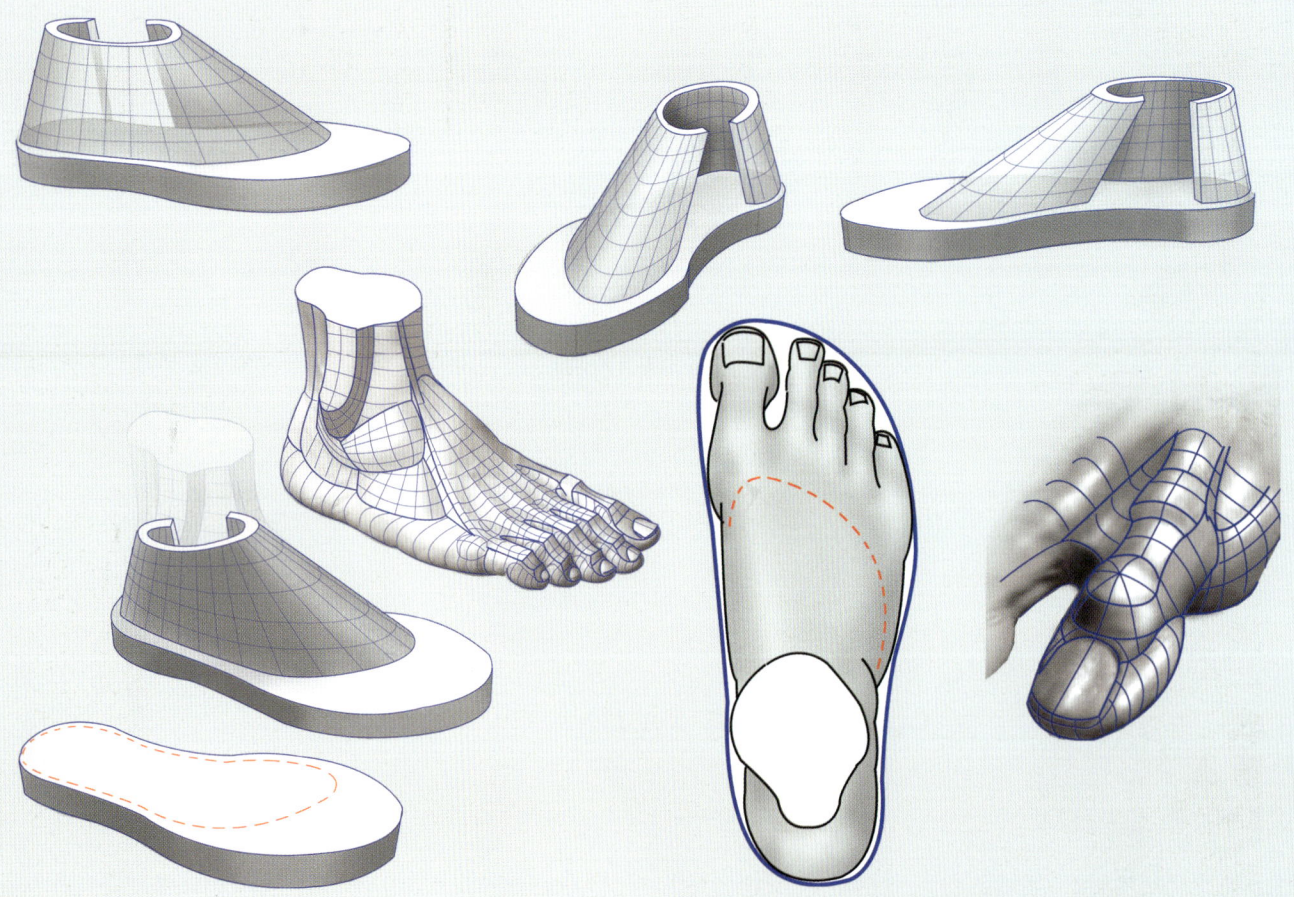

FORMA DE LOS DEDOS DEL PIE

REDONDEADA
PUNTIAGUDA
LIGERAMENTE PUNTIAGUDA
CUADRADA
FORMA DE CUÑA

CÓMO REALIZAR UN BOCETO DE UN PIE

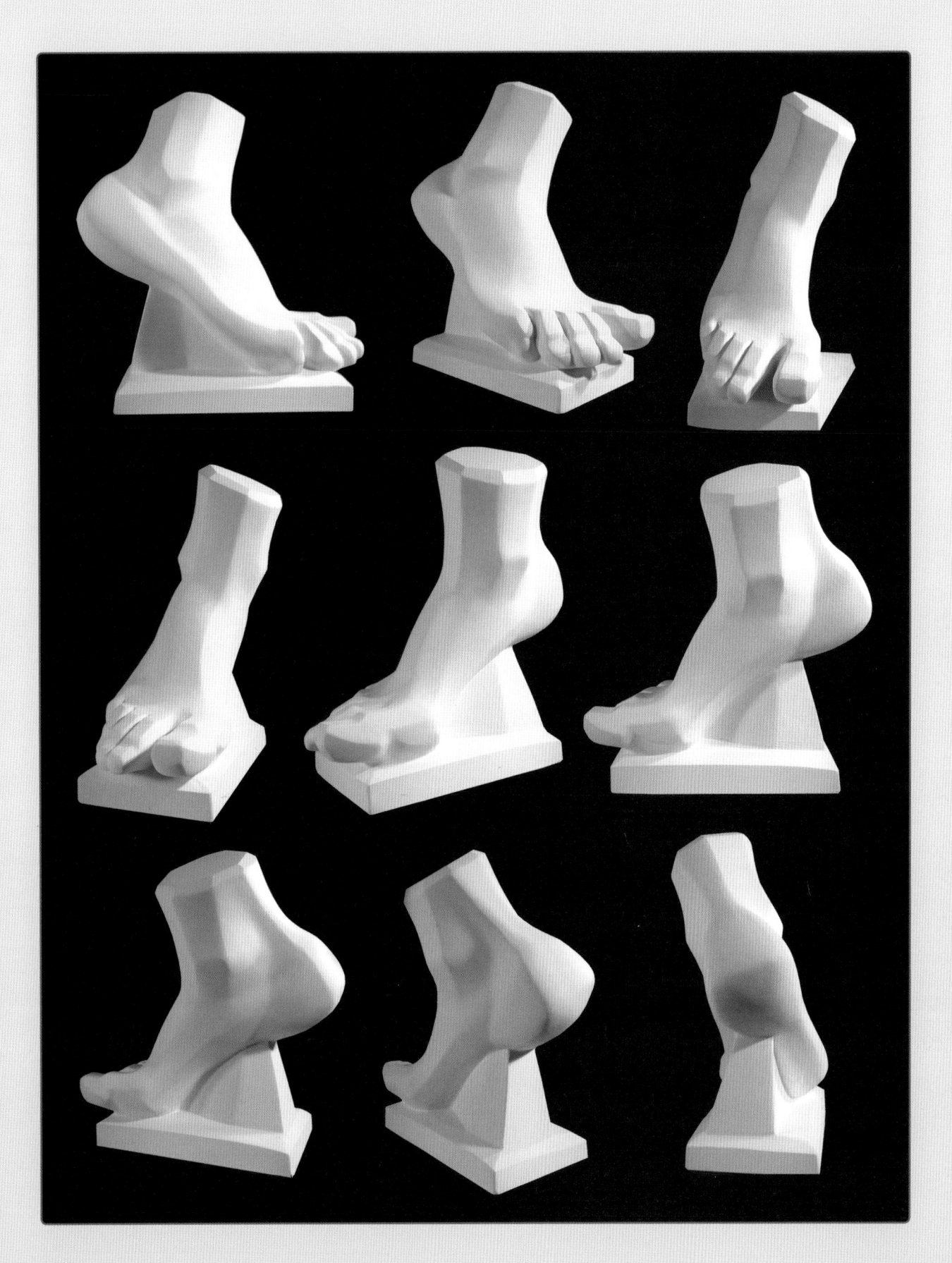

ESCÁNER EN 3D DEL PIE DERECHO

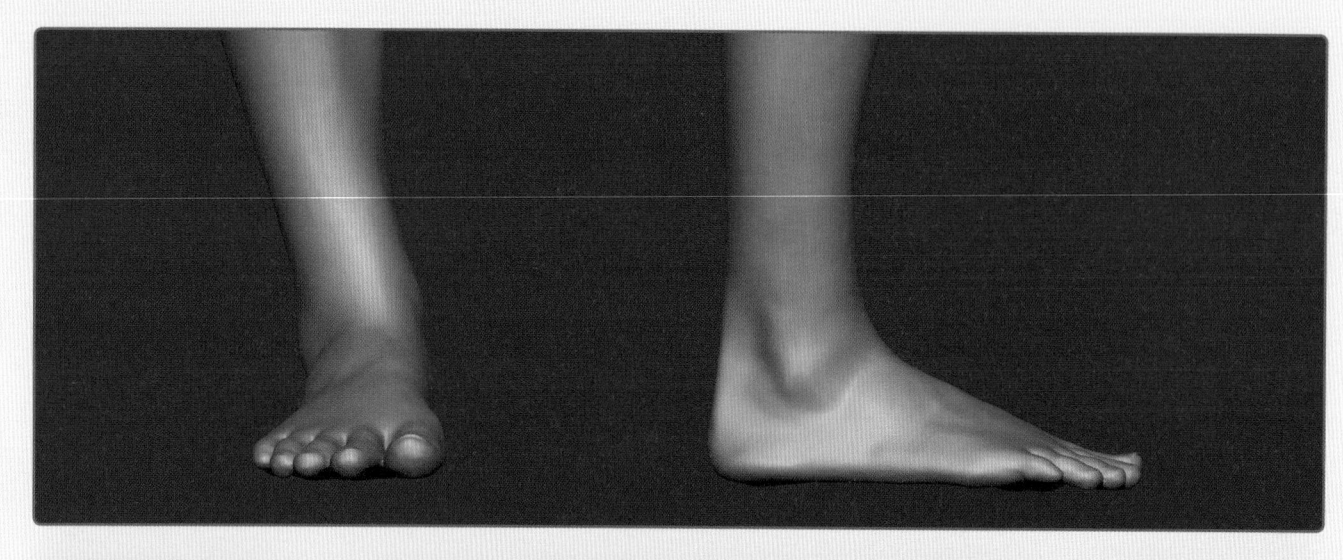

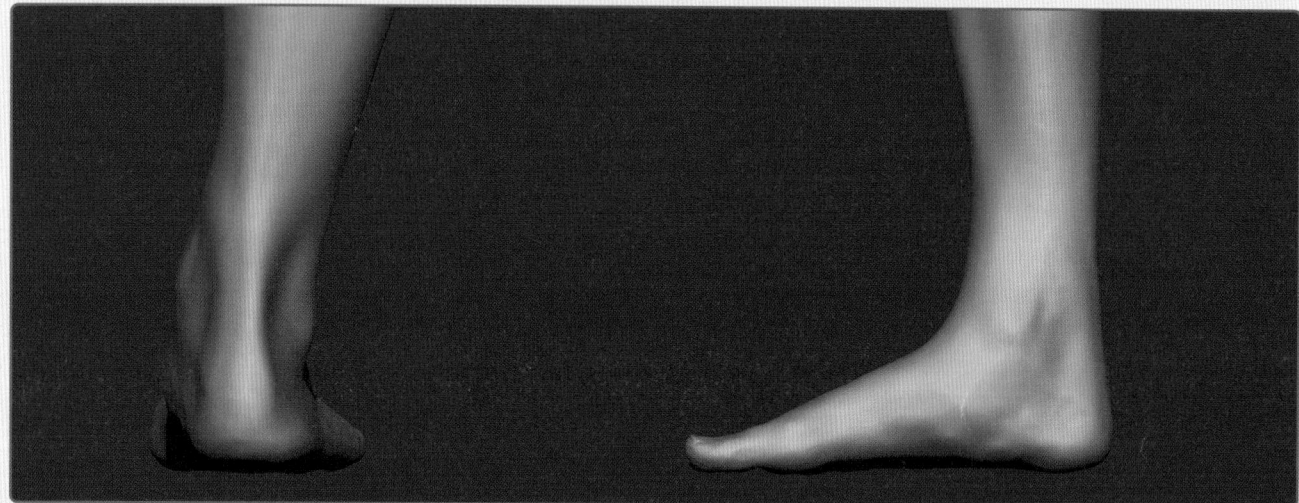

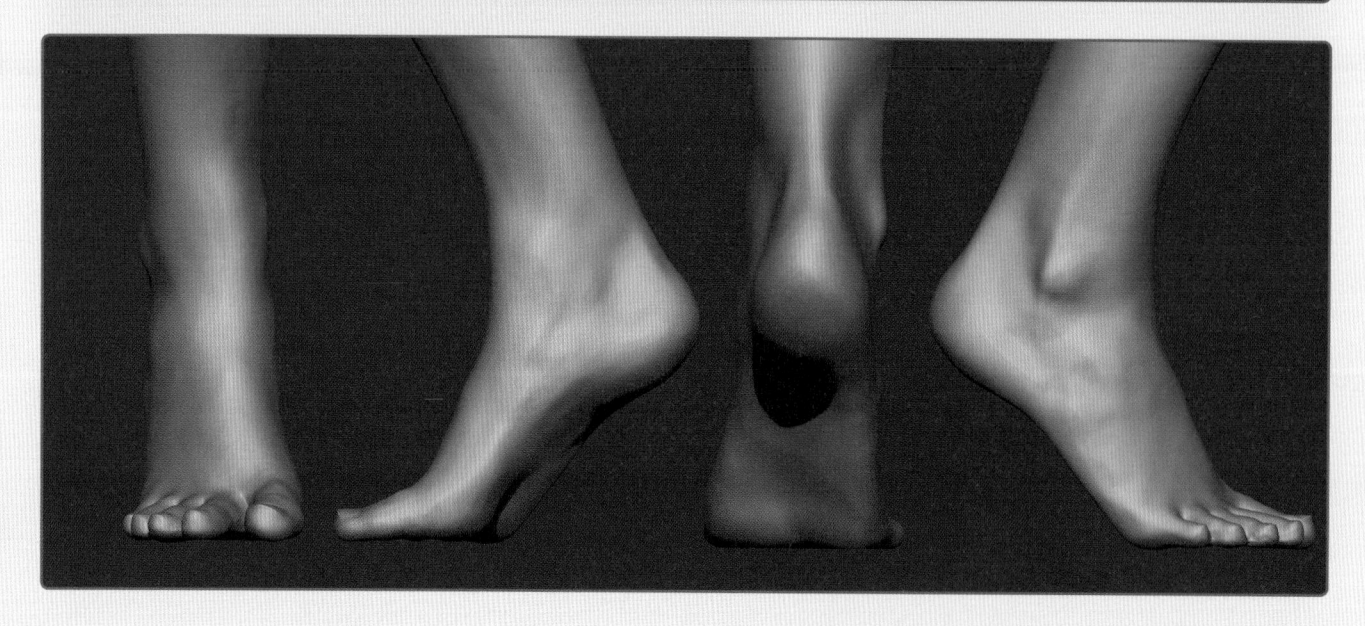

ESCÁNER EN 3D DEL PIE IZQUIERDO

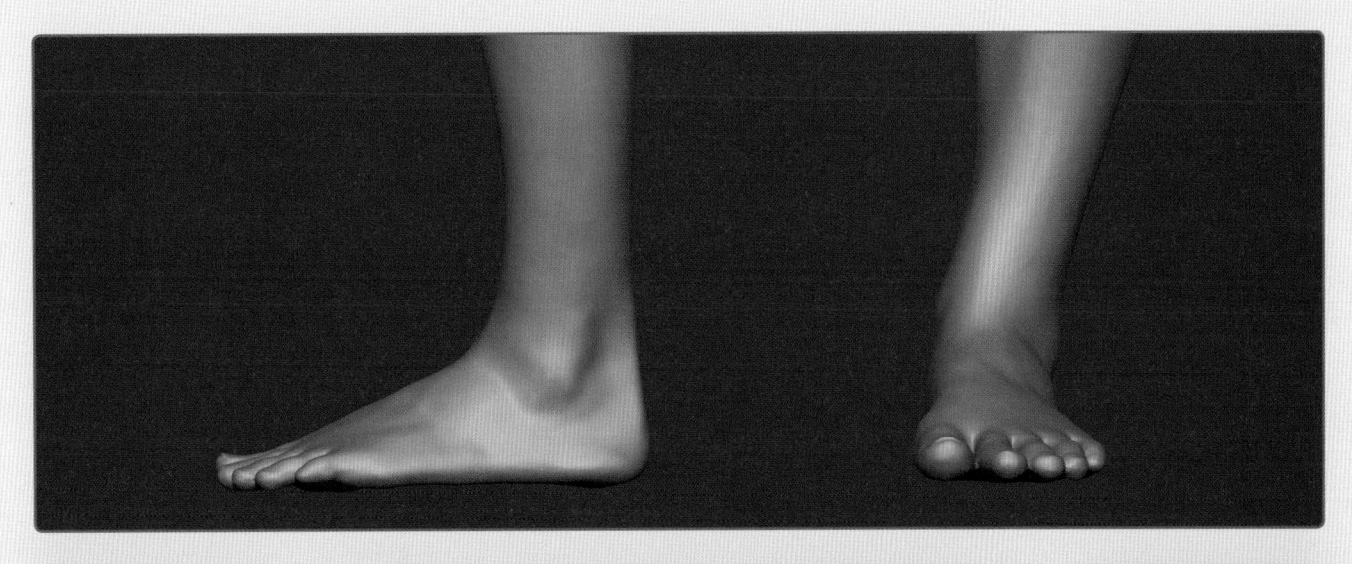

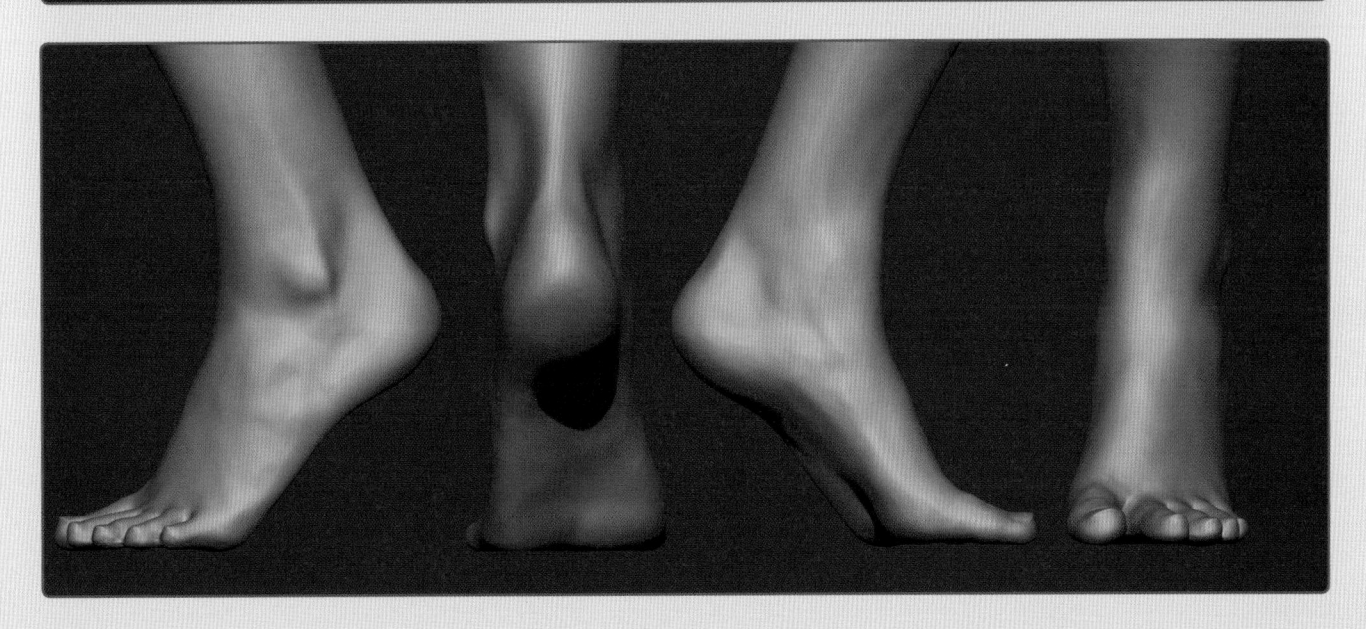

PIES DE BEBÉ

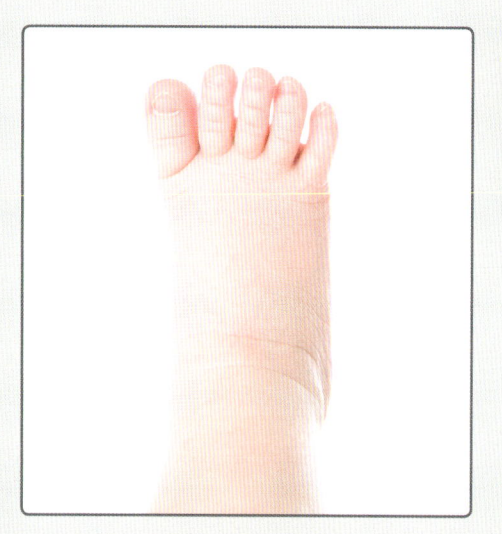

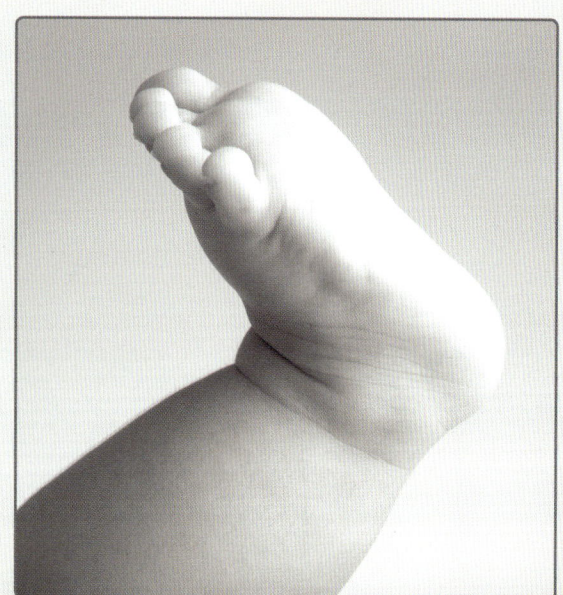

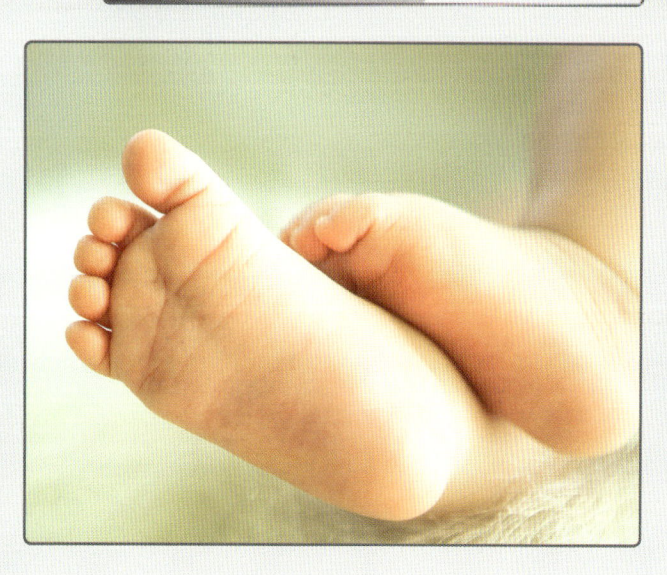

ÍNDICE

"Nuez de Adán" 97
"Rombo de Michaelis" 55
Forma de "S" 16, 33, 53
E.I.A.S. Espina ilíaca anterior superior 10, 11, 26, 188, 189, 192, 193
E.I.P.S. Espina ilíaca posterior superior 10, 11, 27, 189, 192, 193

Abdomen, 22, 28
Abdominales 28, 29
Acromion 10, 11, 43
Acumulación de grasa 62
Ala de Ilion 10, 11, 28
Aleta (alar) 123
Almohadilla de grasa de la pared abdominal 57,58
Almohadilla de grasa del costado 56, 57, 58, 59
Almohadilla de grasa de la parte inferior frontal del muslo 57, 58
Almohadilla de grasa del muslo externo 57, 58, 59
Almohadilla de grasa del muslo interno 57, 59
Almohadilla de grasa del seno 57, 58
Almohadilla de grasa infrapatelar 56, 57, 58, 207
Almohadilla de grasa lateral del glúteo 56, 58, 59
Almohadilla de grasa pectoral 56
Almohadilla de grasa poplítea 56, 58, 59
Almohadilla de grasa posterior del glúteo 56, 58, 59
Almohadilla de grasa púbica 56, 57
Almohadilla de grasa subcutánea 37, 54, 55, 56, 57, 58, 59, 194
Apófisis coracoides 156, 160
Apófisis coronoides del cúbito 160, 166–168
Apófisis mastoides 94
Aponeurosis bicipital 156
Aponeurosis epicraneal 95
Aponeurosis palmar 166–168
Arco superciliar 12
Arrugas 125
Articulación del hombro 52
Articulación glenohumeral 160
Aureola 37
Axila 36

Banda de Richer 188, 189
Banda glútea 56, 59
Banda iliotibial 188, 189
Boca 111–116
Boceto 20, 21, 54, 101, 106, 172
Brazos 14

Cabeza 14
Cabezas 19
Cabeza del peroné 207
Caderas 14, 16, 54
Cejas 103
Cintura 14
Composición 15
Cóndilo anterior de la tibia 202
Cóndilo lateral de la tibia 188, 189, 192, 215, 216
Cóndilo medial de la tibia 188, 189, 192
Contrapposto 16
Cresta ilíaca 10, 11, 28, 53, 54

Cresta púbica 198
Cresta supracondílea 162

Desviación del cúbito (aducción) 180
Desviación del radio (abducción) 180

Écorché 24
Emociones 132–142
Epicóndilo lateral del fémur 192, 207
Epicóndilo lateral del húmero 164
Epicóndilo medial del fémur 192
Extensión inferior de grasa glútea 56, 58, 59

Figura 25
Formas corporales 13
Fosa infraclavicular 36
Fosas nasales 123
Frente 12

Glándula parótida 97, 110
Glándula salivar 110
Glándula tiroides 97
Globo ocular 103
Grasa subcutánea 13

Hombros 14

Ilion 196

Ligamento patelar 188, 189, 207
Línea áspera 198, 199
Línea de la cresta ilíaca 22
Línea de la mandíbula 102, 110
Línea pectínea del fémur 198
Línea pectínea del pubis 198
Línea temporal 12, 94, 102, 103
Lóbulos 37

Maléolo lateral (tobillo lateral) 188, 189, 192, 215, 216
Maléolo medial (tobillo medial) 188, 189, 192, 205, 215, 216
Mandíbulas 12, 110
Mano 14
Margen costal 11, 29
Masas móviles 18, 19, 22
Modiolo del ángulo de la boca 113

Nalgas 13
Nariz 122, 123

Ojo 103–109
Olécranon del cúbito 158, 164
Ombligo 13
Oreja 121

Parte inferior de la espalda 55
Pechos 13, 37, 38, 39, 40
Pezón 37, 38, 39
Pie 14, 216–222
Piel 13, 37
Piernas 14, 16
Prominencia laríngea 97
Pronación 148, 149, 152, 165
Pronación forzada 153
Proporciones 19, 90–92, 126–130, 177
Pulgar 178, 179
Puntos de referencia 9

Puntos de referencia óseos 9
Puntos subcutáneos 9

Raíz (Radix) 123
Rama isquiopúbica 198
Retináculo extensor 144, 145

Semipronación 151
Serpentinata 17
Silueta 15
Simetría 15
Sínfisis del pubis 54
Surco radial 158
Supinación 148, 149, 150, 165

Tabique nasal 123
Tendón anserino 198, 199
Tendón de Aquiles 188, 189, 201, 2016
Tendón del cuádriceps 207
Torso 10, 11, 13, 20, 21
Tráquea 97
Triángulo infraclavicular 36
Triángulo óseo 36
Trocánter mayor 188, 189, 192, 194
Tubérculo del aductor del fémur 198
Tubérculo infraglenoideo de la escápula 158
Tuberosidad del deltoide en el húmero 43
Tuberosidad de la tibia 188, 189, 192, 207
Tuberosidad isquiática 198, 199
Tuberosidad radial 156
Tuberosidad supraglenoidea 156

Uña 145, 176, 179

HUESOS

7ª vértebra 27, 118

Arco cigomático 95, 110
Astrágalo 187

Huesos de las extremidades inferiores 186
Hueso del pecho 9, 11, 34, 96
Huesos del pie 187

Cabeza del cúbito 144, 145, 147, 180
Caja torácica 10, 11, 12, 28
Calcáneo 187, 192, 216
Cigomático 94, 95
Clavícula 9, 10, 11, 26, 27, 33, 34, 35, 36, 45, 96
Columna vertebral 10, 11
Corrugador 95
Costillas 37, 48
Cráneo 12, 94, 98, 99
Cricotiroideo 97
Cúbito 148, 155, 156, 158, 162, 168, 170, 175
Cuboides 187
Cuneiforme intermedio 187
Cuneiforme lateral 187
Cuneiforme medial 187

Deltoide 26, 27, 30, 32, 33, 34, 35, 36, 37, 45
Depresor del ángulo de la boca 95
Depresor del labio inferior 95
Digástrico 97

Epicóndilo medial del húmero 166 – 168
Erector de la columna 50
Escápula 9, 10, 11, 26, 27, 89, 96, 158
Esfenoides 94
Espina escapular 27
Esqueleto 8, 9, 12
Esternón 9, 11, 34, 36

Falange 146
Falanges distales 146, 147
Falanges medias 146, 187
Falanges proximales 146, 187
Fémur 186, 196, 207
Frontal 94

Ganchoso 146
Glabela 12
Grande 146

Hioides 96, 97
Hueso de la cadera 9, 10, 11, 12, 26, 27, 28
Huesos de la mano y la muñeca 146
Hueso del tobillo 187, 192, 216
Húmero 36, 43, 52, 148, 155, 156, 158, 162, 169

Interóseos dorsales de la mano 145

Mandíbula 94, 96, 110
Maxilar 94
Metacarpianos 146
Metatarsianos 187

Nasal 94
Navicular 187

Occipital 94
Omóplato 9, 10, 11, 26, 27, 89, 96, 158
Órbita 12, 103

Parietal 94
Pelvis 9, 10, 11, 12, 53, 193
Peroné 186, 205, 207
Piramidal 146
Pisiforme 144, 146, 167, 180

Radio 148, 155, 156, 158, 162, 169
Rótula (Patella) 186, 188, 189, 192, 196, 207

Semilunar 146

Talus 187
Temporal 94
Tibia 186, 196, 202, 205, 207
Tórax 10, 11, 12, 28
Trapecio 146
Trapezoide 146

MÚSCULOS

Abdominales 26, 28, 29
Abductor corto del pulgar 144, 145
Abductor del dedo gordo 216
Abductor del meñique 144, 145, 216
Abductor largo del pulgar 27, 144, 145, 147, 169

Aductor del pulgar 144, 145
Aductor largo del muslo 188, 189, 198
Aductor mayor 188, 189, 198
Ancóneo 27, 147, 164

Bíceps braquial 26, 27, 147, 155, 156, 157
Bíceps femoral 188, 189, 199
Borla del mentón 95
Braquial 26, 27, 147, 160, 161
Braquiorradial 26, 27, 144, 145, 147, 162, 163
Buccinador 95

Cigomático mayor 95
Cigomático menor 95
Coracobraquial 147, 160, 161
Cuádriceps 188, 189, 196

Dorsal ancho 26, 27, 50

Elevador de la escápula 97
Elevador del labio superior 95
Escaleno anterior 97
Escaleno medio 97
Escaleno posterior 97
Esplenio de la cabeza 97
Esternocleidohioideo 97
Esternocleidomastoideo 26, 27, 96, 97, 118, 119, 120
Esternotiroideo 97
Estilohioideo 97
Extensor común de los dedos 27, 145, 164
Extensor corto del dedo gordo 216
Extensor corto de los dedos 216
Extensor cubital del carpo 27, 144, 145, 164
Extensores de la muñeca 149, 165, 175
Extensor largo del dedo gordo 188, 189, 202, 216
Extensor largo de los dedos 188, 189, 292, 216
Extensor propio del meñique 145, 147, 164
Extensor radial corto 27, 145, 147
Extensor radial largo 27, 145, 147, 162, 163

Flexor común superficial de los dedos 144, 145, 147
Flexor corto del meñique 144, 145
Flexor corto del pulgar 144, 145, 147, 169
Flexor cubital del carpo 27, 144, 145, 147, 166–168
Flexores de la muñeca 149, 165, 166–168, 175
Flexor largo de los dedos 188, 189, 216
Flexor radial del carpo 26, 144, 145, 147, 166–168

Gastrocnemio 188, 189, 201, 216
Gemelos 188, 189, 201, 216
Glúteo mayor 27, 188, 189
Glúteo medio 27, 188, 189
Grácil 188, 189, 198

Hiogloso 97

Lumbricales 144, 145
Iliopsoas 188, 189
Infraespinoso 27, 52
Isquiotibiales 199, 204

Masetero 95, 97, 110
Milohioideo 97
Músculos abdominales 28, 29
Músculo del costado 26, 27, 28, 30, 31, 53
Músculos del cuello 96, 97
Músculos de la cabeza 95
Músculos de la extremidad inferior 188, 189
Músculos de la mano y la muñeca 144, 145
Músculo de Otto 95
Músculo del pecho 26, 27, 30, 33, 34, 35, 36, 37, 45
Músculos faciales 124
Músculos suprahioideos 102
Músculos del torso 26–33

Nasal 95

Oblicuo externo 26, 27, 28, 30, 31, 53
Oblicuo interno abdominal 28
Occipital 95
Occipitofrontal 95
Omohioideo 97
Oponente del pulgar 144, 145
Orbicular de la boca 95
Orbicular de los ojos 95

Palmar corto 144, 145
Palmar largo 144, 145, 147, 166–168
Pantorrillas 188, 189, 201, 216
Pectíneo 188, 189, 198
Pectoral mayor 26, 27, 30, 33, 34, 35, 36, 37, 45
Pectoral menor 35, 37
Peroneo corto 188, 189, 203, 216
Peroneo largo 188, 189, 203, 216
Platisma 117
Prócer 95
Pronador redondo 26, 147, 166–168

Recto del abdomen 26, 28, 29
Recto femoral 188, 189, 196, 207
Redondo mayor 27, 50, 52
Redondo menor 27, 52
Risorio 95
Romboides mayor 27

Sartorio 188, 189, 197
Semimembranoso 188, 189, 199
Semiespinoso de la cabeza 97
Semitendinoso 188, 189, 199
Serrato anterior 26, 48, 49
Sóleo 188, 189, 201, 216

Temporal 95, 102, 110
Tensor de la fascia lata 188, 189
Tercer peroneo 188, 189, 216
Tibial anterior 188, 189, 202, 216
Tibial posterior 216
Transverso del abdomen 28
Trapecio 26, 27, 30, 32, 33, 46, 96, 97, 119, 120
Tríceps braquial 26, 27, 41, 147, 155, 158

Vasto intermedio 196
Vasto lateral 188, 189, 196, 207
Vasto medial 188, 189, 196, 207

CRÉDITOS DE IMAGEN
(SHUTTERSTOCK)

Warren, Goldswain, 90142621, 90096421
Sebastian, Kaulitzki, 149965676 149965781, 149965727, 151423058, 130092965, 130092941, 149965790,
Jessmine, 117845515, 64484938, 64481641, 117466771, 117466276, 117466264, 117845521
Natursports, 78467605
Bayanova, Svetlana, 111461918, 110833442
Hein, Nouwens, 96170264
videodoctor, 132651080
Jonathan, Feinstein, 55878313
Nomad, Soul, 93524935
Warren, Goldswain, 62395870
Vlue, 40254340
Ronald Sumners, 10960006
Aletia, 14865017
ostill, 57482818
Kuttelvaserova Stuchelova, 102217774
Piotr, Marcinski, 66205318
Mykhaylo, Palinchak, 135266447
Shuravaya, 92796607,
DJTaylor, 127760321,
lekcej, 132107012,
Mykhaylo, Palinchak, 133078430
Inga, Marchuk, 148184015
ollyy, 127373738
doglikehorse, 82312213,
Iaroslav, Neliubov, 87812053
Helder, Almeida, 73550245
MaleWitch, 48167611
Joseph, 110880
dreamerve, 113072752
Kaponia, Aliaksei, 132480443
Costazzurra, 56400217
Tatiana, Makotra, 111593462
Sergey, Mironov, 64570630
Denis, Pepin, 975538
Chad, Zuber, 81691177
Joshua, Resnick, 8330860
George, Muresan, 85930732
tanislav, Fridkin, 71181355
Carlos, Caetano, 45122581
damato, 134224493
Lana, K, 90288790
Alan, Bailey, 126181058
yurok, 5410969
windu, 68560594
Syda, Productions, 90817505
Dedyukhin, Dmitry, 65411122
Subbotina, Anna, 125307737
ARENA, Creative, 53914663
YuriyZhuravov, 79329139
AJP, 81447517
marcogarrincha, 111032450
Sofi, photo, 133387154
William, Perugini, 91137608, 91137608
Xiaojiao, Wang, 84857713
Robert, Kneschke, 46317160
Alan, Poulson, Photography, 39265951
Denis, Pepin, 50059336
Maksym, Bondarchuk, 85539439
YorkBerlin, 51940567
Alan, Bailey, 126179492
olyy, 95054386, 98139272, 116560987, 115103842, 125120741, 94663945, 93807922, 94663954, 93808090, 94663906, 94663975, 126009794, 124797709, 93752899, 125153480, 111131864
Zdorov, Kirill, Vladimirovich, 33974851
marcogarrincha, 127177706
CREATISTA, 8661502
William, Perugini, 83391154
Borja, Andreu, 105517841
Creativemarc, 147231275
Aspen, Photo, 94440007
Sanzhar, Murzin, 72845692
Victor, Newman, 19802044
Gorich, 17694211
sam100, 472914, 472912, 712065, 712062, 717898, 717890, 717889, 717889, 717885, 717887
MARSIL, 5789050
Hein, Nouwens, 98545544
ostill, 56259355
Nomad, Soul, 80069689
Warren, Goldswain, 90142603
Aaron, Amat, 99071363
NinaMalyna, 93202033
Nomad, Soul, 102945767, 144129199
Yeko, Photo, Studio, 128487161
Bevan, Goldswain, 123900769
Dan, Kosmayer, 124890325, 124912316, 124898642, 124925690
Warren, Goldswain, 62323036, 62371285, 62444041
Dan, Kosmayer, 124320916, 124320919, 124321279, 124317997
schankz, 96468725
KULISH, VIKTORIIA, 123856489, 123856489
Aleksandr, Markin, 85582952
Marcell, Mizik, 125010791
Elena, Kharichkina, 52284313
Eky, Studio, 60572491, 54317071
Vladimir, Wrangel, 12441757
Janna, Bantan, 97383932
vishstudio, 54725959
iofoto, 3160102
OLJ, Studio, 45691366
Oleg, Mit, 69238201
Valua, Vitaly, 6010267
bikeriderlondon, 122456650, 122456653, 122456641, 122456647, 122456638
steve, estvanik, 90487690
Robert, Kneschke, 46430419
sezer66, 135003521
inxti, 95080585
Steve, Heap, 110911556
Vikacita, 102467513
eAlisa, 105596630, 105596633
Kalcutta, 140991940
carlo, dapino, 16832836
Louis, W, 19469767
Piotr, Marcinski, 90142303
Aaron, Amat, 66987235
Dmitry, Lobanov, 145526410
Serov, 143200726, 143200708
rtem, 110345522
Vadym, Zaitsev, 117927676
juliasv, 142584553
Oleksii, Sagitov, 81766204
Praisaeng, 117990130
Dmitry, Naumov, 24936097
Stanislav, Popov, 62523448
nrt, 112947532
Zurijeta, 112947532
inxti, 95080585
schankz, 127089758
Praisaeng, 123171661
Sementer, 134986943
Hannamariah, 76297324
Dmitry, Naumov, 27592462
Olga, Nikonova, 126697919
Alexey, Losevich, 133365359
Nomad, Soul, 98375987
Photobac, 135561539
szefei, 112430531
Nate, Allred, 55656739
Thorsten, Schmitt, 89107843
Quan, Yin, 15798718
Vitalinka, 100348361
Phase4Studios, 10037467
SvetlanaFedoseyeva, 46941928
Flashon, Studio, 83828884
Giuseppe, R, 63399670
Khamidulin, Sergey, 67382611
Koroleva, Katerina, 59773162
Mike, Tan, 66141739
Hannamariah, 112791160
nikkos, 128463791
Oksana, Kuzmina, 124726813
Surachai, 99262190
Flashon, Studio, 103998416
Luis, Louro, 78481036
In, Green, 136475681
Oleksii, Khmyz, 88582219
postolit, 82399513
Inga, Marchuk, 57254398
aslysun, 100493398
Max, Bukovski, 103574327, 115992457, 103574267, 103574327
Hannamariah, 76297324
Flashon, Studio, 84783586
Ana, Blazic, Pavlovic, 87949297
Velazquez77, 107279963
postolit, 90889808,
Bevan, Goldswain, 105417869
szefei, 98595605
serg, dibrova, 106133648, 129193622
Aaron, Amat, 93831046, 88359478
bikeriderlondon, 144915292, 144914482
AJP, 53997115
doglikehorse, 49778341, 49778338, 49778398
Timothy, Boomer, 74689858
Refat, 148408208, 52914331, 38227024, 38442484, 77810734
Zastolskiy, Victor, 40567864
Daniel, Gale, 13940824
Dundanim, 44063488
Alexander, Mak, 86350783
luxorphoto, 68239186
Elena, Ray, 661302
Zurijeta, 69116677
Kuttelvaserova, Stuchelova, 107349326
iodrakon, 38128294
Warren, Goldswain, 62371276, 62323000
Anna, Lurye, 62395804
Sergiy, Telesh, 62395804
Aleksandar, Todorovic, 61064692
AJP, 55389220
Forster, Forest, 33255931
Kuzma, 38378068, 63929794
ChameleonsEye, 115577692
Oleg, Golovnev, 147241340
Sandra.Matic, 129019715
Khamidulin, Sergey, 116857471
AYakovlev, 4949932
Maksim, Shmeljov, 86482771
Zhernosek, FFMstudio.com, 103060244
iofoto, 3226404
Piotr, Marcinski, 31948714 44205058, 38194312, 98473775, 84929041
AXL, 31948714
Todd, Kuhns, 59770861, 59770870, 59770864
ArtFamily, 124432360
Lana, K, 93898561, 98120972, 100152506, 93898381, 93898378, 98120948, 93813823, 93813832, 98120945
Nomad, Soul, 113083900, 114014062
Ase, 99025028
iofoto, 3160808
Andrei, Shumskiy, 88876774
Jochen, Schoenfeld, 94676488
AstaforovE, 68666050, 68666056, 68650279, 67821814, 67741342
George, Allen, Penton, 3257724
valdis, torms, 60985117
Sergieiev, 84811939
Oleg, Mit, 76138873
Hermann, Danzmayr, 310347
jecka, 40329715
Shots, Studio, 116083300
vita, khorzhevska, 121731133 120882262, 120882310, 144977953
Elena, Kharichkina, 90098173
Iablonskyi, Mykola, 110840702, 125974517, 91203764
OLJ, Studio, 70157020
leolintang, 108579308
Kozachenko, Oleksandr, 114875779, 114875749, 114875752
matka, Wariatka, 34116832
nanka, 13903318
Geo, Martinez, 274127
vishstudio, 69574723
stihii, 119687539, 141240655
Dundanim, 47032852
Cleomiu, 17586670
MAKENBOLUO, 148822124
David, Davis, 2098801
Kokhanchikov, 38159932
hartphotography, 49547803
Timur, Kulgarin, 34385119
Hugo, Felix, 136090493
Alan, Bailey, 126968855
Lana, Langlois, 65826652
nanka, 17785402
Christo, 59119813, 59119819, 59119807
Suzanne, Tucker, 1321449
Warren, Goldswain, 62371354 62323048, 62395789, 62443999
Deklofenak, 121368253
rangizzz, 125847749
Violanda, 134275850
Dan, Kosmayer, 124784974, 124782820, 122024002, 122024002
ollyy, 98507627, 101007865, 98139272
Photobac, 76018261
Isantilli, 126522221
Jessmine, 96225569, 96198590
Fatseyeva, 98660858
Olinchuk, 148247585
Kjpargeter, 65487289
violetblue, 78869944, 131827208
Juriah, Mosin, 956664
somchaij, 62692903
iko, 75874852, 76814590, 75874867, 76814665, 80006443
hartphotography, 51858520
Horst, Petzold, 94209688
Sergieiev, 82760317
ArturNyk, 131505737, 132891266
upthebanner, 59227513
Kletr, 88913938
bikeriderlondon, 122049238, 110933405, 147841997
Kletr, 129612107
Luis, Louro, 78226891
Kokhanchikov, 38159935 29712238, 51129436, 66129568, 30315178, 31617010
eelnosiva, 138749075
ZouZou, 72063973
MaxFX, 42114472, 22119046
Kzenon, 129836039
Alan, Bailey, 126174785
postolit 106193234, 93084466, 95135101
Boonsom, 92967964
Victor, V.Hoguns, Zhugin, 57337156, 56069317
Warren, Goldswain, 62326027
Hasloo, Group, Production, Studio, 84060625
Kaponia, Aliaksei, 130919744
wtamas, 53709325
Elena, Kharichkina, 108823715
Valua, Vitaly, 115693456, 4634093993, 21003097
David, Davis, 2077001, 2077089, 2076672, 2076667, 2076748, 2077331
Mikhail, Vorotnikov, 2429207
Bernhard, Richter, 28722796
simpleman, 95740441
Sergiy, Telesh, 79615684, 79636525, 79271062
Maxim, Kalmykov, 28977712 28977721, 70652293, 70606951, 71000272, 28977718
iko, 77772673, 97302827
William, Perugini, 84814474
bikeriderlondon, 149428529
Serhiy, Kobyakov, 71001646
icsnaps, 147768557, 147766070
Eugenio, Marongiu, 126027872
tommaso, lizzul, 106845431
ArtFamily, 124432360, 134849492
YanLev, 65835514
Sebastian, Kaulitzki, 130094879
vishstudio, 113680927
Deklofenak, 67174966
tommaso, lizzul, 75189454, 75189451, 134739695, 103418333, 68948665
Dmitry, Bruskov, 125408216
Dmitry, Bruskov, 126070703, 127487615, 127487612, 127487627
Sasharijeka, 52336384
vishstudio, 101070697, 58290025, 76555699
ollyy, 105117029, 123005791, 91811378, 123005701, 89863132, 95544481, 71358556
Louis, W, 13940698
Igor, Kireev, 71429899, 71430685
FXQuadro, 73134109
luxora, 35682727
wang, song, 124547809
CURAphotography, 104513321
In, Green, 128661260
Mayer, George, 135668174, 146504588
Belovodchenko, Anton, 124849435
Dundanim, 27603112
Aaron, Amat, 83175736
alessandro0770, 75684934
Sebastian, Kaulitzki, 133427252
R, O, M, A, 100985506
DRAGONFLY, STUDIO, 90702166
Draw05, 136054685
Vladimir, Korostyshevskiy, 110612435
bikeriderlondon, 144403021, 144570887
Alexander, Image, 149135501
Uros, Jonic, 131892440
Belovodchenko, Anton, 130980335,
Robert, Kneschke, 46446019
margo, black, 104257925
CURAphotography, 128052461
Sergey, Dubrov, 73364230
Lucky, Business, 94820398
Levichev, Dmitry, 52367506
Guryanov, Andrey, 121658866
Daniel, M., Nagy, 81984739
Vibrant, Image, Studio, 68242369
Iablonskyi, Mykola, 68606581
Artgo, 69883066
Malakhova, Ganna, 132921032
Oksana, Kuzmina, 131219351, 124726813
greiss, design, 146514278
aniad, 66312775
Ocskay, Bence, 44899549
Kletr, 67947757, 76760608, 75166060
Eric, Isselee, 3567765
Luis, Louro, 73300603
sunabesyou, 138970757
eelnosiva, 138807854
Chris, Harvey, 1773480
Andreas, Meyer, 31321123
Tinydevil, 94287730, 94287712
Spectral, Design, 66526930
CURAphotography, 79745983
Anetta, 41354335
Irisska, 62809045
Tatyana, Vyc, 35406931
Ronald, van, der, Beek, 5825719
Mihai, Simonia, 15643963
SH, Vector, 137517479
vishstudio, 130162256, 72123028, 76555699, 127868369
holbox, 123446350
Aleksey, Klints, 46925731
conde, 47773348
Kamira, 52796635, 52796641
PerseoMedusa, 86306503
Chanclos, 90928370, 93048880
javarman, 46340962
goghy73, 148497206
conde, 49361215
Kletr, 76760611
irakite, 32486428
Malgorzata, Kistryn, 148988921
rebirth3d, 72389452
abxyz, 130948268
voylodyon, 44557759
ndphoto, 137194166, 137194163
GlebStock, 129528308
Katrina, Elena, 146677214
aastock, 132065747
LoloStock, 129093899, 129728291
paffy, 109371149
lenetstan, 84442258
damato, 128977808
cristovao, 135674684
Fesus, Robert, 17154814
Baloncici, 58064404
tadijasavic, 981586
Photobac, 106285127
Willem, Havenaar, 110823767
Sergieiev, 113493250
Sebastian, Kaulitzki, 126579557
Sementer, 144883762, 144883771
Dundanim, 25353145
Vasilchenko, Nikita, 95523337
vishstudio, 130300763, 142746520, 100875295, 127868369, 95061403, 95061445, 127868372
Philip, Date, 190015
Hein, Nouwens, 96170261
Sebastian, Kaulitzki, 128019521, 130094843
percom, 115599847
alexwhite, 125790008, 125789990, 144606533, 125789936, 127036865, 126343718, 127726292
Alexandr, Shebanov, 920178
Piotr, Marcinski, 74535925, 76353238, 40915099
Eldad, Carin, 135692660
Sergieiev, 104672387
Sebastian, Kaulitzki, 128575907, 128575973, 128575865, 128575868
leo, ello, calvetti, 89966491
decade3d, 128700983, 128697350
CLIPAREA, l, Custom, media, 130713542, 130713533
Sebastian, Kaulitzki, 128575298, 128575364, 130095269, 130095167, 128573051
Potapov, Alexander, 131849297,
Mariya, Ermolaeva, 118737772
gresei, 94395274
mexrix, 73744534
v.s.anandhakrishna, 116582779
Samuel, Micut, 93065095
pisaphotography, 107117294
Praisaeng, 120751945
imagedb.com, 144366610
wonderisland, 116574748, 116574772, 140830465, 143865949
Michal, Vitek, 144972160
Nomad, Sou, 80397598
Mayer, George, 15244612
samodelkin8, 98868017, 75700972
Anton, Zabielskyi, 25114882, 25114888
Alexei, Tacu, 115821382, 115821376, 115821376, 115821379
Piotr, Marcinski, 84909685, 105628688, 38194330, 38194315, 85844866
AleX, Studio, Z, 132903422
Maslov, Dmitry, 53316211
iofoto, 3154664
gregg, Cerenzio, 183867
Serg, Zastavkin, 113626030
Sean, Nel, 145249483
Jeff, Thrower, 112401821,
Pavel, L, Photo, and, Video, 120235651
salajean, 147467363
Bairachnyi, Dmitry, 70276336, 72068845, 69233110, 69447340
AXL, 98208059, 95739112
Maksim, Shmeljov, 52107052, 62671336, 63029314, 63747613
Piotr, Marcinski, 118532797, 118532794, 38194330, 38194315
Jeff, Thrower, 114156706, 114156715
Action, Sports, Photography, 56848450
Iablonskyi, Mykola, 111343364, 111343376
Igor, Kireev, 92182354
Falcona, 107724995
vishstudio, 113504449, 142746529, 142746523, 142746520
AleX, Studio, Z, 128654051, 128654021
OLJ, Studio, 65187949, 83170411, 54332437
Anetta, 48991999
InnervisionArt, 112247789, 140418397
Sergieiev, 138036872
FXQuadro, 136191587, 89394481
Petrenko, Andriy, 130469996
Andriy, Solovyov, 3601669
matka, Wariatka, 9885190
Pressmaster, 42560929 42560938, 42560932
vishstudio, 42119887, 42119857, 105197285
Jessmine, 117804904
Anetta, 41354320, 48819106, 41421901, 48819091
Iakov, Filimonov, 44014663
Iablonskyi, Mykola, 64748125
Igor, Kireev, 76388302, 82353619, 82353637
Pressmaster, 78236884
Catalin, Petolea, 8887686
ollyy, 89863132
T, Anderson, 93698323
CURAphotography, 104513321
Stefanie, Mohr, Photography, 105197285
Martin, Valigursky, 109132289
Vladimir, Wrangel, 115657282
Solovyova, Lyudmyla, 122970343
Luca, Elvira, 123976450
Hank, Shiffman, 129511613 138699461, 138699452, 138699491, 138822731
Anetta, 41421910
Dave, Kotinsky, 135050138
Ase, 98901398, 98901398
cristovao, 140158585
AlenD, 141052573
rangizzz, 141067915
Undrey, 140709025
Guryanov, Andrey, 140540572
Hank, Shiffman, 141654913, 141654919
Kruglov, Orda, 143080630, 144070609
Kiselev, Andrey, Valerevich, 143238061
sassystock, 143635654
hemail, 144680255, 144680264, 145542805, 145542811, 145542817
Guryanov, Andrey, 145681400
Vibrant, Image, Studio, 145034443
PutilichD, 144048916, 144048889
Kiselev, Andrey, Valerevich, 144438340
Syda, Productions, 144887467

ANATOMIA PARA ESCULTORES É UM PRODUTO DA ANATOMY NEXT, INC.

UM TIME MULTI-TALENTOSO E INTERNACIONAL DE ESCULTORES DIGITAIS E TRADICIONAIS, DESIGNERS GRÁFICOS, FOTÓGRAFOS, PROGRAMADORES E ARTISTAS DE TODAS AS ÁREAS.

Nossa especialidade abrange desde projetos de pequena escala e freelancers, até soluções complexas para clientes corporativos. Nós desenvolvemos, organizamos e executamos nossos próprios projetos. Nós também realizamos parcerias com empresas para fornecer a elas trabalhos digitais anatomicamente corretos.
Para mais informações, visite nosso website: anatomy4sculptors.com

ANATOMÍA PARA ESCULTORES
Um corpo de referência para todos